公共哲学
PUBLIC PHILOSOPHY

第10卷

21世纪公共哲学的展望

［日］佐佐木毅　［韩］金泰昌　主编　　卞崇道　王　青　刁　榴　译

IN SEARCH OF PUBLIC PHILOSOPHY
IN 21st CENTURY

人民出版社

《公共哲学》丛书编委会

主　编　佐佐木毅　金泰昌

编委会

主　任　张立文　张小平

副主任　陈亚明　方国根

委　员（按姓氏笔画为序）

　　　　山胁直司　方国根　田　园　矢崎胜彦　卞崇道　竹中英俊

　　　　李之美　陈亚明　佐佐木毅　张小平　张立文　罗安宪

　　　　金泰昌　林美茂　洪　琼　钟金铃　夏　青　彭永捷

译委会

主　任　卞崇道　林美茂

副主任　金熙德　刘雨珍

委　员（按姓氏笔画为序）

　　　　刁　榴　王　伟　王　青　卞崇道　刘文柱　刘　荣　刘雨珍

　　　　朱坤容　吴光辉　林美茂　金熙德　崔世广　韩立新　韩立红

出版策划　方国根

编辑主持　夏　青　李之美

责任编辑　方国根

版式设计　顾杰珍

封面设计　曹　春

总 序

公共哲学，作为一种崭新学问的视野

卞崇道　林美茂 *

近年来，"公共哲学"（public philosophy）这一用语在我国学术界开始逐渐被人们所熟悉，这一方面来自于我国学术界对于国外前沿学术思潮的敏感反应，另一方面则与日本公共哲学研究者在我国的推介多少有关。其实，在半个多世纪前，"公共哲学"这一用语就在美国出现了，1955 年著名新闻评论家、政论家李普曼（Walter Lippman）出版了一部名为《公共哲学》（*The Public Philosophy*）的著作，倡导并呼吁通过树立人们的公共精神来重建自由民主主义社会的秩序，他把这样的理论探索命名为"公共的哲学"。但是，此后，对公共哲学的探索在美国乃至西欧并没有取得较大的进展，尽管也有少数学者如阿伦特、哈贝马斯等相继对"公共性"问题做过一些理论探讨。另外，宗教社会学家贝拉等人也提出了

---

　* 卞崇道：哲学博士，原中国社会科学院哲学研究所研究员，现任浙江树人大学教授，我国当代研究日本哲学的知名学者。
　林美茂：哲学博士，中国人民大学哲学院副教授，主要研究领域：古希腊哲学，公共哲学，日本哲学。

以公共哲学"统合"长期以来被各种专业分割的社会科学。然而，把公共哲学作为一门探索新时代人类生存理念的学问来构筑，并没有在学术界受到普遍而应有的关注。

自20世纪90年代开始，东方的发达资本主义国家日本的学术界，却兴起了一场堪称公共哲学运动的学术探索。1997年，在京都论坛的将来世代综合研究所（现更名为公共哲学共働研究所）所长金泰昌教授和将来世代财团矢崎胜彦理事长的发起、倡导以及时任东京大学法学部部长（即法学院院长）、不久后出任东京大学校长的著名政治学家佐佐木毅教授的推动下，经过充分的准备，在京都成立了"公共哲学共同研究会"，并且于1998年4月在京都召开了第一次学术论坛，从此拉开了日本公共哲学运动的帷幕。该研究会后来更名为"公共哲学京都论坛"（Kyoto Forum For Public Philosophizing），迄今为止，该论坛召开了八十多次研讨会，其间还召开过数次国际性公共哲学研讨会，各个学科领域的著名学者、科学家、社会各界著名人士等已有1600多人参加过该论坛的讨论。研讨的成果已由东京大学出版会先后出版了"公共哲学系列"丛书第一期10卷、第二期5卷、第三期5卷，共20卷。这次由人民出版社推出的这一套10卷《公共哲学》译丛，采用的就是该丛书日文版的第一期10卷本。这套译丛的问世，是各卷的译者们在百忙的工作之中抽出宝贵的时间，经过了四年多辛勤努力的汗水结晶。

这套中译本《公共哲学》丛书，涵盖了公共哲学在人文、社会科学的各个领域的理论与现实的相关问题，其中包括了对政治、经济、共同体（日本和欧美等国家地区以及各类民间集团）、地球环境、科学技术以及公共哲学思想史等问题的综合考察。第1卷《公与私的思想史》以西欧、中国、伊斯兰世界、日本和印度为对象,主要由这些领域的专家从比较思想史的角度,就公私问题进行讨论。第2卷《社会科学中的公私问题》围绕政治学、社会学以及经济学各领域中的公私观的异同展开涉及多学科的讨论。第3卷《日本的公与私》从历史角度重新审视日本公私观念的原型及其变迁,并就现代有关公共性的学说展开深入的讨论。第4卷《欧美的公与私》以英、法、德、美等现代欧美国家为对象,探讨其以国家为中心的公共性向以市民为中心的公共性之转变是如何得以完成的问题;并且重点讨论了向类似欧盟那样的超国家公共性组织转换的可能性等问题。第5卷《国家·人·公共性》,在承认20世纪各国于民族统一性原则、总动员体制、意识形态政治、全能主义体制等方面存在着差异的前提下,围绕今后应该如何思考国家和个人的关系展开议论。第6卷《从经济看公私问题》是由具有代表性的日本经济学家们围绕着是否可以通过国家介入和控制私人利益来实现公共善以及应该如何看待日本的经济问题等进行了讨论。第7卷《中间团体开创的公共性》围绕介于国家和个人之间的家庭、町内会(町是日本城市中的街区,类似于中国的巷、胡同;町内会则是以町为单位成立的地区居民自治组织)、小区(community)、新的志愿者组织、非营利组织(NPO)、非政府组织(NGO)等新旧民间(中间)团体在日本能否开创出新的公共性问题进行了探讨。第8卷《科学技术与公共性》,主要由科学家、技术人员和制定有关政策的官员讨论科学技术中的公私问题,以及人类能否控制既给人类的生存、生活带来巨大的便利,同时又有可能导致人类灭亡的科学技术的问题。第9卷《地球环境与公共性》着重讨论了在单个国家无法解决的全球环境问题的今天,如何重新建立环境伦理、生命伦理和环境公共性的问题。第10卷《21世纪公共哲学的展望》由来自不同领域的专家学者从不同的视角探讨着构建哲学、政治、经济和其他社会现象的学问——公共哲学——所必须关心的问题以及相关问题的研究现状。

这套丛书除了第10卷《21世纪公共哲学的展望》之外，其他9卷的最大特点是打破了以往学术著作的成书结构，采用了由各个领域的一名著名学者提出论题，让其他来自不同领域的学者参与讨论互动，使相关问题进一步往纵向与横向拓展的方式，因此各章的内容基本上都是由"论题"、"围绕论题的讨论"、"拓展"等几个部分构成，克服了传统的学术仅仅建立在学者个人单独论述、发言的独白性局限，体现了"公共哲学"所应有的"对话性探索"之互动＝公共的追求。其实，作为学术著作的这种体例与风格，与日本的公共哲学京都论坛的首倡者、组织者、构建者金泰昌教授对该问题的认识有关①，也与日本构筑公共哲学的代表性学者、东京大学的山胁直司教授的学术理想相吻合。② 金泰昌教授认为，"公共哲

---

① 金泰昌教授是活跃在日本的韩国籍学者，他对于东西方哲学、政治学、社会学等领域的学术问题都很熟悉，年轻的时候留学美国，后来又转到欧洲各国，至今已经走过世界的近60个国家，从事学术交流、讲学活动。为了构筑公共哲学，他从20世纪90年代开始就把学术活动据点设在日本，致力于日本、中国、韩国学术界进行广泛的学术交流，为各个领域的学者之间搭起了一座跨学科的学术对话平台，希望能为东亚的三个国家的学术对话有所贡献。

② 山胁直司教授并不是一开始就参与京都论坛所筹划的关于公共哲学的构筑运动。所以，在《公共哲学》丛书10卷中的第1卷、第2卷、第7卷、第9卷里并没有他的相关论说。然而，自从他开始参与"公共哲学共働研究所"所组织的研讨会之后，在至今为止八十多次的会议中，他是参加次数最多的学者之一。本文把他作为代表性学者来把握在日本兴起的这场学术运动，一方面是因为他在1996年就已经在东京大学驹场校区的相关社会科学科学科的研究生院开设了"公共哲学"课程，与金泰昌所长在京都开始展开哲学构筑活动不谋而合。1998年秋，由山胁教授编辑的《现代日本的公共哲学》一书出版了，金泰昌所长在京都的书店里看到了这本书之后马上托人与山胁教授取得联系，从此开始了他们之间关于构筑公共哲学问题的合作、交往与探讨至今。与金泰昌教授作为公共哲学运动的倡导者、

学"应该区别于由来已久的学者对学术的垄断,即由专家、学者单独发言,读者屈居于倾听地位的单向思想输出的学院派传统,让学问在一种互动关系中进行,达到一种动态的自足性完成。所以"公共哲学"中的"公共"应该是动词,不是名词或者形容词。公共哲学是一门"共媒—共働—共福"的学问。"共媒"就是相互媒介;"共働"的"働"字在日语中的意思是"作用",在这里就是相互作用;"共福",顾名思义就是共同幸福,公共哲学是为了探索一种让人们的共同幸福如何成为可能的学问。而山胁直司教授提倡并探索公共哲学的目标在于,如何打破19世纪中叶以来逐渐形成的学科分化、学者之间横向间隔的学术现状,让各个领域的学术跨学科横向对话,构筑新时代所需要的学术统合。那么,在这种思想和目标的基础上编辑而成的这套丛书,当然不可能采用传统的仅仅只是某个专家、学者单独著述的形式,而在书中展开跨领域、跨学科的学者之间的对话互动成为它的一大特色。

从上述的情况我们已经可以看出,关于"公共哲学"问题,无论作为一种学术概念,还是作为一门新兴的学科,都是一个产生的历史并不太长、尚未得以确立的学术领域。针对这种情况,我们认为有必要借这次出版该译丛的机会,通过国外关于公共哲学的理解,提出并尽可能澄清一些与此相关的最基本问题,为我国学术界今后的研究提供一些参考性思路。

5

组织者、推动者,致力于学术对话的社会实践活动的学术方式不同,山胁教授多年来致力于相关学术著作的著述,先后出版了介绍公共哲学的普及性著作《公共哲学是什么》(筑摩新书2004年版),面向专家、学者的学术专著《全球—区域公共哲学》(东京大学出版会2008年版),面向高中生的通俗读本《如何与社会相关——公共哲学的启发》(岩波书店2008年版)等,成为日本在公共哲学领域的代表性学者。

一、公共哲学究竟是怎样的学问

当我们谈到"公共哲学"的时候,首先面临的是"公共哲学是什么"问题。那是因为,近年来冠以"公共"之名的学术语言越来越多,而对于使用者来说其自身未必都是很清楚这个概念的真正内涵,更何况读者们对此更是模糊不清。所以,我们在此首先必须对相关思考进行一些相应的考察和梳理。

李普曼只是从西方自由民主制度下的自由公民的责任问题出发,提出了在现代民主社会中构建一种公共哲学的必要性。至于公共哲学是什么、是一种怎样的哲学的问题并没有给予明确的解答。之后,宗教社会学家贝拉等人为了统合各种专门的社会科学,再次提出构建公共哲学这个问题。他们以"作为公共哲学的社会科学"为理想,通过"公共哲学"的提倡来批判现存的分割性的学问体系。但是,对于公共哲学究竟是什么的问题,同样没有给出明确的定义。很显然,从"公共哲学"产生的背景与学问理念来看,在美国其中最根本的问题并没有得到解决。金泰昌教授甚至指出:李普曼著作中所谓的"公共哲学"之"公共"问题,与东方的"公"的意思基本相近,即其中包含了"国家"、"政府"等"被公认的存在"的意义。但是,对于我们东方人来说,"公"与"公共"的内涵是不同的。① 更进一步,我们不难注意到,李普曼的公共哲学的理念与西方古典的政治学、伦理学的问题难以区别,而贝拉等人所

---

① 汉字中"公"的意思,以及在中国传统文化思想中公和私的问题,沟口雄三教授在论文《中国思想史中的公与私》(参见《公共哲学》第 1 卷《公与私的思想史》)作了详细的介绍。还有请参见《中国的公与私》(沟口雄三等著,研文社 1995年版)以及日本传统思想中"公"与"私"的问题(请参见《公共哲学》第 3 卷《日本的公与私》)。

提倡的统括性学问,与黑格尔哲学中以哲学统合诸学问的追求几乎同出一辙。

当然,日本的学者也同样面临着如何界定"公共哲学是什么"的问题。作为日本探索、公共哲学代表性学者的山胁教授,他在《公共哲学是什么》(筑摩书房 2004 年 5 月初版)一书中,同样也避开了直接对于这个问题的明确界定,只是强调指出"公共性"概念、问题的探索属于公共哲学的基本问题,他把汉娜·阿伦特在《人的条件》一书中对于"公共性"概念所作的定义,作为哲学对公共性的最初定义,以此展开了他对于公共哲学的学说史的整理和论述。从山胁教授为 2002 年出版的《21 世纪公共哲学的展望》(本卷丛书的第 10 卷)中所写的"导言"——《全球—区域公共哲学的构想》一文看出他的关于公共哲学的立场。本"导言"在开头部分作了以下的表述:

> 公共哲学,似乎是由阿伦特和哈贝马斯的公共性理论以及李普曼、沙里文、贝拉、桑德尔、古定等人的提倡开始的在 20 世纪后半叶新出现的学问。其实,如果跨过他们的概念之界定,把公共哲学作为"哲学、政治、经济以及其他的社会现象从公共性的观点进行统合论述的学问"来把握的话,虽然这种把握只是暂定性的,但是即使没有使用这个名称,公共哲学在欧洲和日本都是一种拥有传统渊源的学问。

这种观点包含了以下两个方面的问题意识:一是公共哲学好像是崭新的学问,其实其拥有悠久的传统;二是公共哲学是一种从公共性的观点出发进行诸学问统合性论述的学问。

那么,为什么公共哲学好像是崭新的学问又不是崭新的学问呢?他认为,这种学问的兴起,是为了"打破 19 世纪中叶以来产生的学问的专门化与章鱼陶罐化后,使哲学与社会诸科学出现了分化的这种现状,从而进行统括性学问的传统复辟",以此作为这种学问追求的目标。当然,这里所说的统括性学问的"复辟"问题,与黑格尔的哲学追求有关。但是,他同时指出:公共哲学的立场不可能是黑格尔的欧洲中心主义的立场,而应该是追溯到康德的"世界市民"理念,只有这样的理念才是全球化时代相适应的统括性之崭新学问的目标。为此,他对公共哲学作出了如上所述那样暂定性的定义。很明显,山胁教授在承认公共哲学的崭新内容的同时又不把公共哲学作为崭新的学问的原因是,他不把这种学问作为与传统的学问不同的东西来理解与把握,而是通过对于"传统渊源"的学问再检讨,在克服费希特的"国民"和黑格尔的"欧洲中心主义"的同时,以斯多亚学派的"世界同胞"和康德的"世界市民"的理念为理想,重构黑格尔曾经追求过的统括性的学问,以此放在全球化时代的背景之下来构筑的哲学。这就是他所理解的公共哲学。在此,他创造了"全球—区域公共哲学"的问题概念,提出了在全球化时代构筑公共哲学的视野(全球性—地域性—现场性)和方法论(理想主义的现实主义与现实主义的理想主义)。

与山胁直司教授不同,在构筑现代公共哲学中起到中心作用的金泰昌教授的看法就不是那么婉转,他一贯认为公共哲学是一个崭新的学术领域、一门崭新的学问。并且,这种学问正是这个全球化时代中人们所体验的后现代意识形态才可能产生的学问,才可能开辟的崭新的知的地平线。金教授认为,西方的古典学问体系是以"普遍知"的追求为理想,寻求最为单纯的、单一的、具有广泛适用性和包容性的知识体系。但是,近代以后的学术界,意识到这种统括性的形而上学所潜在的危机,开始重视拥有多样性的"特殊知",诸学问根据学科开始了走细分化的道路,其结果出现了诸学问的学科之间的分割、断裂现象的问题。那么，公共哲学一方面要避免"普遍知"的统括性，另一方面也要克服学问的学科分化，实现学科之间的横向对话，构筑"共媒性"的学问。所以，与传统的"普遍知"和近代以来的"特殊知"不同，公共哲学是一种"共媒知"的探索。为此，2005 年 10 月 11 日他在清华大学所进行的一场"公共哲学是什么?"的对话与讲演中，针对学者们的提问，他提出了公共哲学的三个核心目标，那就是"公共的哲学"、"公共性的哲学"、"公共(作用)的哲学"，并进一步指出三者之间相互联动的重要性。所谓公共的哲学，那就是从市民的立场思考、判断、行动、负责任的哲学;公共性的哲学，就是探索"公共性"是什么的问题之专家、学者所追求的哲学;公共(作用)的哲学，就是把"公共"作为动词把握，以"公"、"私"、"公共"之间的相克—相和—相生的三元相关思考为基轴，对自己—他者—世界进行相互联动把握的哲学，其目标是促进"活私开公—公私共创—幸福共创"的哲学。以此体现日本所进行的公共哲学研究与美国所提出的公共哲学的不同之处，强调日本的公共研究的独特性。①

上述山胁教授所提供的问题意识，对于我们进行公共哲学的研究，拥有许多启发性的要素，在一定的时期，将会为人们进行公共哲学的研究与探索，提供一种学术的方向性，这是其研究的重要意义所在。但是，他那暂定性的诸规定，并没有从正面回答"公共哲学是什么"的问题，只是在公共哲学的概念、问题还处于模糊的状态中，就进入了关于公共哲学的目标和学问视野的界定。其实，这种现象并不仅仅只是山胁教授一个人的问题，也是现在日本在

9

① 公共哲学共働研究所编:《公共良知人》,2005 年 1 月 1 号。

公共哲学的探索过程中所存在的共同问题。①

金泰昌教授的观点与山胁教授相比体现其为理念性的特征，其内容犹如一种公共哲学运动的宣言。这也充分体现了在日本构建公共哲学的过程中，他作为运动的组织者和领导者而存在的角色特征。确实，我们应该承认，金教授的见解简明易懂，可以接受的地方很多。特别是他提出的公共哲学所具有的三大特征性因素，对于打破19世纪中叶以来所形成的学问的闭塞现状，将会起到一种脚手架式的辅助作用。但是，问题是他的那种有关知的划分方式仍然只是停留在西方传统的学问分类之中，还没有超越西方人建立起来的学术框架。仅凭这些阐述，我们还无法理解他所说的"共媒知"与传统的"普遍知"有什么本质上的区别，而"共媒知"是否可以获得与"普遍知"对等的历史性意义的问题也根本不明确。当然，西方思想中所谓的"普遍知"是以绝对的符合逻辑理性并且是以可"形式化"（符合逻辑，通过文字形式的叙述）为基本前提的，而金教授所提倡的"共媒知"却没有规定其必须具有"普遍"适用的绝对合理性。与其如此，倒不如说，其作为"特殊知"之间的桥梁，多少带有追求东方式的"默契"的内涵，也就是"无须言说性"的认知。这种"默契知"的因素，从西方的理性主义来看属于"非理性"，但是，在东方世界中这种不求"形式知"，以"默契知"达到人与人之间、人与世界之间的沟通是得到人们承认的。

那么，很显然，无论在美国，还是在日本，所展开的至今为止的有关公共哲学的研究，明显地并没有对"公共哲学是什么"的问题给予明确的回答。根据至今为止的研究史来看，如果一定需要我

---

① 桂木隆夫著：《公共哲学究竟应该是什么——民主主义与市场的新视点》，东京：劲草书房2005年版。

们对公共哲学给予一个暂定性的定义的话，那么，只能模糊地说：公共哲学是一门探索公共性以及与此相关问题的学问。关于这个问题，我们觉得可能在相当长的一段历史中，仍然会不断被人们争论和探讨。

也许正是由于"公共哲学"的学术性概念的不明确，其研究对象、涵盖的范围也茫然不定，现在仍然被学院派的纯粹哲学研究者们所敬畏。在日本，东京大学的研究者们展开了积极而全方位的研究活动，而保持学院派传统的京都大学的学者们至今仍然保持静观的沉默态度。但是，我们与其不觉得一种学问的诞生，最初开始就应该都是在明确的概念的指引下进行的，倒不如说一般都是在其研究活动的展开过程中，其所探讨的问题意识、预期目标逐渐明确，方法论日益定型，通过研究成果的积累而达到对问题本质的把握。从泰勒士开始的古希腊学问的起源正是如此开始的。为了回答勒恩的提问，毕达哥拉斯也只能以"奥林匹亚祭典"的比喻来回答哲学家是怎样一种存在的问题。对哲学概念的定义，只是在后世的学者们整理学说史的过程中才慢慢得到比较明确把握的。

我们认为，对"公共哲学"的学术界定问题也会经过同样的过程。只有到了我们所有的人都能站在全球化的视阈和立场上思考、感受、共同体验一切现实生活的时候，所有的人理所当然地站在公共性存在的立场上享受人生、悲戚相关的时候，公共哲学在这种社会土壤中就会不明也自白的。对于"公共哲学是什么"的回答，应该属于这种社会在现实中得以实现的时候才可以充分给予的。这个回答其实与过去对于"哲学是什么"的回答一样，学者们在实践其原意为"爱智慧"的追求过程中，通过长期不懈的探索智慧的努力，才得以逐渐明确地把握的。当然，为了实现对于"公共哲学是什么"问题的本质把握，社会的意识改革与实际生活中的

11

坚持实践的探索追求是不可或缺的。要在全社会实现了上述的每一个社会构成员对于公共性问题的自我体验的目标，从现在开始循序渐进地努力是必不可少的。当思考公共性的问题成为人们自然而然地接受和体验的时候，"公共哲学"究竟应该是什么的答案将会自然地显现。从这个意义来说，现在日本所进行的公共哲学的探索，朝着自己所预设的暂定性的学术目标所作的研究和努力，也许可以说正是构筑一种崭新学问所能走的一条正道。

二、公共哲学是否属于一门崭新的学问

在这里，我们涉及一个重要的问题，在日本所展开的公共哲学研究，企图构筑一种崭新的学问。那么，我们必须进一步思考：日本的学术界所谓的公共哲学的崭新性是什么？究竟公共哲学是否属于一门崭新的学问？如果作为崭新的学问来看待的话，必须以哪些领域作为其研究对象？应该设定怎样的目标、采取怎样的方法进行探讨呢？

纵观日本的公共哲学研究，上述的金泰昌教授与山胁直司教授值得关注。笔者对金教授的学术理想虽然拥有共鸣，而从山胁教授的研究视野、所确定的研究领域和研究方法也能得到启发。但是，两者所表明的关于公共哲学的"崭新性"问题，笔者觉得其认识仍然比较暧昧，而有些方面，两者的观点也不尽相同。

如前所述，山胁教授的"公共哲学……似乎作为崭新的学问而出现"的发言，容易让人觉得他并不承认这种学问的"崭新性"。其实不然，他就是站在公共哲学是一门崭新的学问的前提下展开了相关的研究。他在《公共哲学》20 卷丛书出版结束时于 2006 年8 月发表的一篇短文中，明确地表明了公共哲学是一门崭新的学问的认识。他认为：公共哲学是一门发展中的学问，虽然学者之间

可能会有各种各样的见解，但是自己把其作为崭新学问的理由，除了认为它是一门"从公共性①的观点出发对于哲学、政治、经济以及其他的社会现象进行统合性论述的学问"之外，它的崭新性还可以从以下五个方面得以认识：（1）对于现存学问体系中存在的"社会现状的分析研究＝现实论"、"关于社会所企求的规范＝必然论"、"为了变革现状的政策＝可能论"之学科分割问题进行综合研究，特别是没有把其中的"必然论"与"现实论"和"可能论"分割开来进行研究是公共哲学的重要特征。（2）以提倡"公的存在"、"私的存在"、"公共的存在"进行相关把握的三元论，取代原来的"公的领域"与"私的领域"分开对待的"公私二元论"思考。（3）通过提倡"活泼每一个人使民众的公共得到开启，使政府之公得到尽可能的开放"之"活私开公"的社会根本理念，克服传统的"灭私奉公"或者"灭公奉私"的错误价值观。（4）把人们交流、交往活动中的性质进行抽象性把握，探索一种具有公开性、公正性、公平性、公益性之"公共性"理念，这也是公共哲学的实践性特征。（5）在公共哲学的构筑过程中，努力尝试着进行"公共关系"的社会思想史的重新再解释，这种研究也是这种学问的重要内容。②

与山胁教授不同，金教授邀请日本甚至世界各国著名学者会聚京都（或大阪），进行"公共哲学"对话式探讨的同时，积极到世界各国特别是韩国和中国行走，进行讲演和对话活动。到2008年

13

---

① 关于"公共性"、"公共圈"（öffentlichkeit，öffentlich，publicité，publicity）的问题，哈贝马斯在《公共性的结构转换》一书中，对于其历史形态的发展过程做了详细的梳理和研究。日本的"公共性"问题的探索，从哈贝马斯的研究中得到诸多的启示。

② 山胁直司著：《公共哲学的现状与将来——寄语〈公共哲学〉20卷丛书的发行完成》（请参见 UNIVERSITY PRESS），东京大学出版会，2006年第8期。

10 月为止,在中国就进行过十多次关于"公共哲学公共行动的旅行"。在这个过程中,每当人们问及公共哲学是否属于崭新的学问的时候,他都是明确地回答这是一门崭新的学问。但是,纵观其所表明的见解,其中所揭示的"崭新性"也都是停留在这种学问追求的"目标"和"方法"之上。他承认自己所说的这种学问的崭新性,并不是从根本的意义上来说的,而是"温故知新"的"新","是对学问的传统向适应于现在与将来的要求而进行的再解释、再构筑意义上"的崭新性问题。就这样,毫不犹豫地宣言公共哲学是一门崭新学问的金教授的见解,基本上与山胁教授的观点是一致的。只是他明确表示不赞同山胁教授的"统合知"的看法,公共哲学的目标应该是"共媒知"的追求。① 而针对山胁教授所提倡的"全球—地域(グローカル)"公共哲学的探索目标,他却提出了"全球—国家—地域(グローナカル)"公共哲学的学术视野。

上述的两位学者关于公共哲学"崭新性"的见解,基本体现了日本当代公共哲学研究的一种共有的特征。但是,我们面对这种观点,自然会产生下述极其朴素的疑问。

只要我们回顾一下人类思想史就不难发现,人类对于社会生活中的公共性问题的思考、探索的学问,古代社会就已经存在,并不是现在这个时代才产生的新问题。从古代希腊的城邦社会的城邦市民到希腊化时期的世界市民,从近代欧洲的市民国家到现代世界的国民国家,随着历史的发展,公共性的诸种问题在伦理学、政治学、经济学等领域中都被提起,并以某种形式被论述过。因此,并不一定要把公共哲学作为一种崭新的学问来理解,即使过去并没有使用过这个概念来论述,但是,其中所探讨的问题在本质上

---

① 公共哲学共働研究所编:《公共良知人》,2006 年 10 月 1 号。

是一致的。现在所谓的"公共哲学",只是从前的某个学问领域或者几个领域所被探讨的问题的重叠而已。如果这种理解可以说得通,那么现在所探索的"公共哲学"与过去的时代所被探讨过的有关"公共性问题的哲学",即使其所展开的和涵盖的范围不尽相同,其实那只是由于生存世界环境发生变化所带来的现象上的差异,从根本上来说,其问题的内核并没有多大的变化。那么,他们强调"公共哲学"属于一种崭新的学问领域的必要性和依据究竟何在呢?

更具体一点说,public 的概念中包含了"公共性"问题。这种情况下所谓的"公共性",就是相对于"个"(即"私")来说的"公"的意思。通常,从我们的常识来说,构成"个"之存在的要素是乡村、城市,进一步就是国家。把"个"之隐私的生活、行动、思想、性格、趣味等,敞开置放于谁都可以明白的"公"的场所的意思包含在 public 的语义之中。那么,public 本意就是以敞开之空间(场所)为前提的,即"öffentlich"的场所(行动、思想、文化的)。正因为如此,汉娜·阿伦特把"公共性"的概念,定义为"最大可能地向绝大多数人敞开"的世界。但是,个体的世界在敞开的程度上会由于时代的不同而存在着差异。随着时代的变迁,生活的世界也在逐渐地扩大。这种发展的过程到了现代社会,随着全球化的浪潮扩大成为世界性(或者地球)的规模出现在我们面前。因此,如果以个人(私)与社会(公)的对比来考虑这些问题的话,虽然其规模不同,但其根本点是一样的。所以,公共性问题自人类组成社会、共同体制度确立以来,从来就没有间断过、总是被思考和探讨的古典问题。对于个人(私)来说,公的规模从很小的村庄发展到小镇,从县、市发展到大都会,然后是国家,随着其规模扩大的历史进程,其构成员之每一个人之"个"的生存意识也要进行相应的变革,这种一个又一个历史阶段的超越过程,就是人类历史的真实状况。因此,认为现代社会的公共性问题会在本质上出现或者说产生出崭新的内涵是值得怀疑的。

当然,金教授和山胁教授以及日本的公共哲学研究界,对于这种"私"与"公"的发展历史是明确的。正因为如此,金教授在谈到公共哲学之"崭新性"时,承认"如果采取严密的看法的话,这个世界上完全属于新的东西是没有的",强调对于这里所说的"崭新性",是一种"继往开来"意义上的认识。① 而山胁教授更是在梳理社会思想史中的古典公共哲学遗产的基础上展开了他的公共哲学的研究。然后,根据"全球—区域公共哲学"的理念,提出了构筑"应答性多层次的自己—他者—公共世界"的方法论,尝试着以此界定作为公共哲学的崭新内容。② 就这样,即使认识到提出公共哲学之"崭新性"就会遇到各种难以克服的问题,却还要强调并探索赋予公共哲学的崭新意义,日本的这种研究现象说明了什么呢?

如前所述,在人类历史的现实中,公与私的对比是随着规模的不断扩大而发生变化的。个人层次的自他的界限,是在向由个体所构成的社会的扩大过程中逐渐消除的。个体是置身于公的场合而获得生活的领域的。但是,这种情况下"个"性并没有消亡,而是成为新的"公"中所携带着的"个"的内核。也就是说,从对于"个"来说属于"公"的立场的"村",与其他"村"相比就会意识到自他的区别与对立,这时作为"公"之存在的"村"就转变为"私"

---

① 公共哲学共働研究所编:《公共良知人》,2006 年 10 月 1 号。
② 山胁直司著:《公共哲学是什么?》,东京:筑摩书房 2004 年版,第 207—226 页。

的立场。而"村"放在比村的规模更大的"公"（乡镇、县市、国家）的面前，其中的对立就自然消除。接着是乡镇、县市、国家也都是如此，最初作为个体的"个"性所面对的"公"，而这种"公"将被更大的"公"所包摄而产生公私立场的转换。这种链条型动态结构，与亚里士多德《形而上学》中的"实体论"的结构极为相似。这就是自古以来人类社会进化的过程，基本上来自于人类本性中所潜在的自我中心（或者利他性）倾向所致。这也就是普罗泰哥拉思想中产生"人的尺度说"的根本所在。从这种意义上来看，普罗泰哥拉的哲学已经存在着公共哲学的端倪，"尺度说"思想应该属于公共哲学的先驱。

人类在国家这种最大的"公"的场所中寻求"公"的立场经过了几千年，现在却直面全球化的浪潮，从而使原来处于"公"的立场之国家面临着"私"的转变。因此，可以说全球化的产生来源于原来的"公"的立场的国家之"个"性的增强所致。即由于国家之"个"性的增强，由此产生了侵略、榨取、掠夺、环境恶化等生存危机状况的意识在世界各国中日益提高，为此，全球化的问题从原来的历史潜在因素显现出历史的表面，让人们无法拒绝地面对。当然，这种意识根据各国的发展情况不同而强弱有别。那么，新时代的"公共性"问题，要想获得拥有"崭新意义"的概念内涵，就需要各国各自扬弃自身的"个"性，也就是说强烈地意识到个的立场的基础之"公"性，实现站在"公"的立场思考、行动的一场意识形态革命。人的意识变革，不能仅仅停留在立法、政策的层面纸上谈兵。如果不能做到地球上的每一个人真正回到思考作为人的本性、在现实生活中实现把他者当做另外的一个不同的自己之"公"的意识，一切立法和政策都将是空谈，最多也只是国家之间的一时性的政治妥协而已，没有实质性的现实意义。只有实现了这种意识形态的变革,所有的人类在生活中极其平常地接受新的生存意识,崭新的公共性才会成为现实中人们的行为规范。现在日本所进行的公共哲学的研究,有意识地将其作为崭新的学问领域进行探索,应该就是以上述思考为前提而致。金教授的"活私开公"的理念提出和"公—私—公共世界"之三元论的提倡,山胁教授"学问改革"的目标和"全球—区域公共哲学"的构筑等等,都应该属于以新时代意识革命为目标而构筑起来的面向将来的理想。

但是,现在日本的公共哲学研究中所提出的"公"与"私"的关系,并没有明显地把"公"作为"私"的发展来把握。他们过于强调"公"是"私"的对立存在,缺少关于包含着"私"之性质的"公"的认识。因此,在那里所论述的"私"只是始终保持自我同一性之狭义的"私",对于包含着自我异质性的、内在于他者之中的另一个自己,即广义的"私",属于向"公"的发展与转化的问题,还没有得到充分的认识。这种意识结构,明显地受到西方近代以来个人与国家、与社会对立关系的把握与定立方式的影响。那么,在这种思考方式下所展开的公共哲学的研究,其中对于"公共性"问题的领域的圈定、目标的设立、方法论的构筑等,当然无法脱离西方理性主义之知的探索方法的束缚,为此,在这里所揭示的这种学问的"崭新性",只是一种旧体新衣式的转变,根本无法从本质上产生真正"崭新"的内容。

三、作为崭新学问的公共哲学所必须探索的根本问题

那么,我们能否把公共哲学作为完全崭新的学问来构筑呢?能否通过"公共哲学"来探索一种与至今为止在西方理性主义和形而上学的基础上建立起来的学问体系不同的、崭新的思维结构、思考方式并以此来重新认识和把握我们所面临的生存世界呢?如果设想这是可能的话,我们该以怎样的问题为探索对象?应该具备怎样的视阈和目标进行探索呢?对于我们现有的学问积累来说,要回答这些问题需要一种无畏的野心和面向无极之路的勇气。从我们自己现在的浅薄的学识出发,将会陷入一种已经精疲力尽却还要在茫茫大海中漂流的恐惧之中。一切的努力最终都会如海明威笔下的那位老人,拖回海滩的只是一架庞大的鱼骨。然而,我们明白,自己已经出海了。也就是说一旦把上述问题提出来了,就已经无法逃脱,就必须确立自己即使是不成熟也要确立的目标和展望。为此,我们想从以下三个方面,把握公共哲学作为崭新学问的可能性。

1. 首先必须明确公共哲学的构建问题已经在日本引起重视并开始展开全面探索的现实背景问题。一句话,这种学问的胎动与 20 世纪 80 年代前后伴随着信息技术的飞速发展、网络技术的出现与迅速普及、标志着全球化时代的全面到来的时代巨变有直接的关系。在全球化的大潮面前,至今为止处于被人们所依存的公的存在,几千年来,作为处于公的立场的国家,面对其他的国家时其内在的"个"性(私)逐渐增强,伴随着这种历史的进展而出现的弊端(侵略、榨取、战争、环境恶化等),特别是首先出现的经济全球联动、环境问题的跨国界波及等,让世界各国日益增强了现实的危机意识,无论个人还是国家,都面临着作为私的存在领域和公的存在领域该如何圈定的全新的挑战。那么,新时代出现的"公共性"问题,以区别于过去历史中的同类问题,凸显其迥然不同的内核,这些问题成了迫在眉睫的必须探讨的现实问题。人们希望从哲学的高度阐明这个新时代的"公共性"问题的内在性质和结构,为解决现实问题提供崭新的生存理念。

然而,从一般情况来看,现在学术界热切关注的全球化问题,主要集中在政治学、经济学、环境科学等社会科学和自然科学的领域，从文化人类学的角度进行思考的并不太多。特别是从哲学的理性高度出发把握人类生存基础所发生的根本性变化的研究几乎没有。学者们在这个时代所呈现的表面现象上各执一端、盲人摸象式的高谈阔论的研究却很多。这就是现在学术界的现状。而在全球化问题日益显著的20世纪90年代开始在日本出现的"公共哲学"的研究胎动，虽然所涉及的研究领域是全方位的，可是其探索的热点同样也只是集中在政治学、经济学、宗教学、环境科学等社会科学诸领域中凸显的个别问题的个案研究，从高度的哲学理性进行知的探索，对于现实现象进行生存理性的抽象和反思的研究还没有真正出现。从哲学的角度（或者高度）思考全球化时代出现的问题，就必须超越一般的社会科学和自然科学中所探讨的问题表象，通过洞察人类生存的根本基础在这种时代中究竟发生了怎样的变化，这些变化意味着什么，通过前瞻性地揭示人类生存的本质，为人类提供究竟该如何生存的行为理念。那是因为，只要是哲学就必定要探讨人类该如何生存的根本问题，哲学是一种探讨世界观、提供方法论的基础学问，公共哲学作为哲学，同样离不开这样的学术本质。

20世纪的人类历史，科学技术的进步促成了至今为止几千年来所形成的人类生存的基础发生了根本性的改变，使人类面临着全新的生存背景。为此，必须从根本上重新思考人类自身的生存问题，探索出一种可以适合日益到来的未来生存之崭新的思考方式、认识体系。之所以这么说，那是因为20世纪的科技发展从根本上改变了迄今为止的人类生存际遇和意识形态基础。核武器的开发利用，使人类的破坏力达到了极限。宇宙开发所带来的航空技术的发展，登月的成功，使人类的目光从地球转向了宇宙太空，从而打开了把地球作为浮游在宇宙太空中的一个村庄来认识的历史之门。网络技术的发展、利用和普及,使国界线逐渐丧失现实的意义。特别是网络上的虚拟空间的诞生,使人类的现实生存发生了根本的改变,从此虚拟空间与现实空间开始争夺占领人类的生存世界。最后不可忽视的是克隆技术的出现、开发、研究、利用,摧毁了至今为止人类作为人类生存的最后堡垒。也就是说,克隆技术使动物的无性繁殖成为可能,从而使人类获得了本来属于神才能具备的创造力。这些巨大的科学进步,使人类生存的根本之生命的意识、意义必须重新面对和认识。至今为止的人类构成社会基础的婚姻、家庭、所有制、共同体、国家的起源与存续,都必须开始重新认识和界定。我们已经进入了这样的崭新历史阶段,20 世纪发生的全球化现象,来自于上述人类生存基础的根本性改变,这是最为根源的时代基础。哲学是一种关于根源性问题的探索。公共哲学中所关注的以"公共性"为核心概念的诸问题,必须深入到这种时代的根源性认识,只有这样,才能获得作为新时代的崭新学问的基础。

2. 对于崭新时代的思考、认识与把握,当然是从反省已经过去了的时代的历史开始的。为此,我们要对从古希腊开始产生的西方理性主义和形而上学以及中国先秦出现诸子百家思想的历史背景进行一次彻底的再认识,由此出发探索适应于后现代的生存时代可能诞生的学问,并对此进行体系的构筑。

确实我们应该承认,从这套中译本中也可以看出,现在日本的公共哲学的研究,一边关注现实问题,一边整理学问的历史,正进行着适合于这个时代的学问的再认识和再构筑。他们对于公共哲学的构想与探索实践以及对于学问历史的整理和方法论的摸索,都是站在现实与历史的出发点上而展开的,特别是他们鲜明地提

21

出了对于东亚的思想传统的挖掘和再评价的探索目标，具有极其重要的历史与现实意义。但是，问题是他们的这种研究，尚未克服从西方人的思维方法、问题意识出发的局限，还没有获得具有东方人固有的、独特的把握世界方式的自觉运用。为此，在这里所构筑的"公共哲学"，仅仅只是通过"公共哲学"这个崭新的概念对于传统的学问体系所作的重新整理而已。

从泰勒士开始的西方学问的传统，是把与人类现实生活不直接相关的对象即客观的自然中的"存在（最初称之为'本原'）"作为探索的对象。之后，巴门尼德通过逻辑自洽性的批判性质疑，进一步把完全超越于人类生存现实的彼岸世界中、完全属于抽象的存在，作为哲学探索的终极目标在思维中置定。但是，由于从自然主义的绝对性出发，就无法承认人的现实生存的种种际遇的存在价值。对于这种自然主义的人文观，出现了强调人的现实生存的价值问题的反省，这就是智者学派的出现。他们为了把人类只朝向自然的目光在人类生存现实中唤醒，为了高扬人类生存的价值和意义，提出了人的"尺度说"思想。但是，如果要想给予人类存在一种客观的依据，人的"臆见"、主张与具有绝对的客观性之"知识"的冲突问题自然会产生。这种冲突以苏格拉底的"本质的追问"形式在学问探索的历史中出现，从而开始了关于如何给予人的思考方式、接受方式以客观的依据，使人的价值获得认识的哲学探索。继承苏格拉底思想的柏拉图哲学，把迄今为止的自然哲学家的探索进行了综合性的整理和把握，把自然的、客观的存在性与人文的、主观的存在性的探索进行思考和定位，构筑成"两种世界"的存在理论之基本学术框架，为之后的西方哲学史确立了基础概念和探索领域。最后，由亚里士多德把两种世界进行统一的把握，完成了西方学问的范畴定立，从此，建立起西方传统的理性主义和形而上学的一套完整的理论体系。虽然,亚里士多德对于柏拉图的超越性存在的定立持批判的态度,但是,在他的形而上学的"实体论"的体系构筑中,最终不得不追溯到"第一实体"的存在,只能回到柏拉图的超越性世界之中才能得以完成。从此,西方哲学的探索以形而上学作为最高的学问,存在论成为哲学的最基本领域。虽然到了黑格尔之后的西方近现代哲学出现了哲学终结论和形而上学的恐怖的呼声,但是,植根于欧洲传统思维基础上思考与反叛传统的西方近现代哲学思潮,仍然无法从根本上彻底动摇西方学问的思维基础和思考方法。

那么,究竟为什么西方人在哲学探索时必须把探索的对象悬置于与人类隔绝的彼岸世界之上呢? 从简单的结论来说,那是因为,自古以来人类被自身之外的自然世界所君临,对于自然世界中未知的存在潜在着本能的恐怖,彼岸的存在来自于这种恐怖的本能而产生的假说。从而产生了把宇宙世界不可见的绝对者在宗教世界里被供奉为神,在哲学世界里被界定为根源性的存在的抽象认识。为了逃离这种绝对者的君临,从本能上获得自由的愿望成为哲学探索的原动力。但是,人类对于超越现实存在的彼岸世界究竟是否存在都无法确认,又将如何认识与把握这个世界呢? 为此,几千年的努力没有结果之后,自然地会反省自身的最初假设,终于就在这种思考的土壤上产生了"终结论"和"恐怖论",点燃了对于传统思考反叛的狼烟。但是,上面说过,20世纪的科技发展与进步,使人类的存在上升到神的高度。几千年来的人类恐怖从对于彼岸世界的恐怖转移到对于自己生活的此岸世界的恐怖。这时,对于人类的良知和理性的要求,完全超越了智者时代的层次,成为人类从恐怖中解放出来的根本所在。在此,西方理性主义所企图构筑的均质之多样性和谐的传统求知方式,已经成为人类认

23

识世界的过时方法,人类需要探索一种能够把握多元之异质性和谐的超理性主义的知识体系的构筑方法。如果将公共哲学作为崭新的学问体系来探索全球化时代的生存理念的话,那么,首先必须获得的就是这种此岸认识和超理性主义的思考方法,并以此为前提展开公共性、公共理性的思考和探索,构筑起自己—他者—公共世界的三元互动的体系。只有这样,才能够真正地开拓出一道崭新的知识地平线。

3. "此岸"认识与多元之异质性和谐的探索之超理性主义的知识体系,与其说是西方,倒不如说这是我们东方的思维方式。① 但是,只要我们回顾一下至今为止的历史就不难发现,那是一种西方的思维方式向东方、向世界的单向输出的历史,东方的东西虽然有一部分进入西方,对于西方的思考却没有构成太大的影响。特别是近代西方通过工业革命之后,其文明得到极端的膨胀,使得东方文明转变为弱势文明。东方文明在西方强势文明面前为了自我保存,不得不采取通过接受西方的思维方式,整理和解释自己的思想遗产,以此获得文明延续的苦肉之策。现在我们所使用的学术话语基本上都是西方的舶来品,西方的思维方式几乎成了人类思考、认识世界的国际标准,我们无意识中都在使用着一个"殖民地大脑"思考现实的种种问题。在全球化日益进展的后现代社会中,这种倾向更为明显地凸显了出来。那么,在这全球化生存背景下构筑公共哲学的探索中,我们就必须有意识地改变西方文明单向输出的人类文明的交流与对话方式,提出一套平等的文明对话的理念。为了做到这一点,公共哲学的目标就不应该单纯地只是

---

① 这里所说的"东方",只是特指"以儒家文明为基础的东亚世界",不包括印度和阿拉伯地区。

追求打破 19 世纪以来形成的学问体系,而必须更进一步,做到对于西方的学问体系、求知方式进行彻底的反思,充分认识与挖掘东方思维方式的固有特征和内在结构,以此补充、完善西方思维方式的缺陷,探索并构筑起与全球化时代的人类全新生存相适应的认识体系。

确实,现在日本的公共哲学研究,已经开始对于东方的知识体系开始整理,相关的研究已经纳入探索的视野。在古典公共哲学遗产的整理过程中,对于中国、日本甚至印度、伊斯兰世界的思想文化遗产也都有所探讨。在金教授的一系列的讲演和论文与山胁教授的著作中都提供了这种思考信息。还有,源了圆教授(关于日本)、黑住真教授(关于亚洲各国主要是日本和中国)、沟口雄三教授(关于中国)、奈良毅教授(关于印度)、阪垣雄三教授(关于伊斯兰各国)等,许多学者也都发表了重要的论述或者论著。而《东亚文明中公共知的创造》①和《公共哲学的古典与将来》②两本著作的出版,集中体现了这种视野的目标和追求。但是,也许是一种无意识的结果,学者们的视点基本上还是存在着从西方的学问标准出发,挖掘和梳理东方传统思想中知的遗产的思考倾向。也就是说,那是因为西方古典思想中拥有与公共问题相关的哲学探索,其实我们东方也应该有这样的知的探索存在的思考。对于究竟东方为什么拥有这种探索、这种探索所揭示的东方的固有性和认知结构如何等问题,都还没有得到进一步的挖掘和呈现。

21 世纪的世界,正是要求我们对于近代以来在接受西方的思

① 佐佐木毅、山胁直司、村田雄二郎编:《东亚文明中公共知的创造》,东京大学出版会 2003 年版。

② 宫本久雄、山胁直司编:《公共哲学的古典与将来》,东京大学出版会 2005 年版。

25

维方式、学问体系的过程中,形成了东方式的西方思考和学问体系进行反思,从而对于东方的文明遗产中的固有价值再认识和揭示的时代。[①] 在这个基础上构筑新的学问体系,探索新的思维方式应该成为公共哲学的目标和理想。也就是说,以全球化时代为背景而产生的公共哲学问题,在其学问体系的构筑过程中,其最初和终极目标都应该是:打破东西方文明的优劣意识,改变君临在他文明之上的欧洲中心主义所拥有的思维方式以及由此形成的学问体系的求知传统,为未来的人类提供一幅既面对"此岸"生存又可获得"自由"的思维体系的蓝图。

以上三点,只是作为我们的问题和思考基础提出来的,当然要达到这个目标还需要漫长的探索过程。为了实现这些学术目标,西方哲学的研究者和东方哲学的研究者的对话、参与、探索不可或缺。特别是现在从事西方哲学的研究者们,利用自己的学术基础和发挥自己形而上的思维习惯,有意识地接触、思考、探讨东方哲学思维方式,改变已经形成的思维定式和思维结构更是当务之急。也只有这些人的参与,才有可能出现令人欣喜的巨大成果。

四、在我国译介这套丛书的意义

我国长期以来存在着一种潜意识里的接受机制,一提到国外的著述就会产生"高级感"。确实,在学术上国外的几个发达国家在许多方面领先于我们,需要向人家学习的地方还很多。但是,学

---

① 笔者强调"东方",没有"东方中心主义"的追求,无论"西方中心主义"还是"东方中心主义"都是狭隘的"地域主义",都是应该予以批判的。我们强调"东方",是由于几百年来"东方"文明被忽视之后出现了地球文明的畸形发展,要纠正这种不平衡,就必须提醒"东方"缺失的危险性,克服我们无意识中存在的"殖民地大脑"思维局限,明确地而有意识地揭示我们"东方"的文明价值。

术虽然存在着质量的高低、方法论的新旧,但是更为根本的应该是要把握观点上存在的不同之别。我们认为,现在应该是有意识地克服我们学术自卑感的时代了。所以,我们在学术引进时,虚心肯定与冷静批判的眼光都不可或缺。因为肯定所以接受,而批判则不能只是简单的隔靴搔痒、肤浅的意识形态对立,而是在明白对方在说什么的基础上有的放矢。所以,在我们揭示翻译这套丛书的意义之前,需要上述的接受眼光以及相关问题的基本认识。

那么,从我国近年的学术界情况来看,公共哲学的研究也已经展开,即使没有使用"公共哲学"这个学术概念,而与公共哲学的研究领域和探索对象相关的论文和著述陆续出现、逐年增加。比如说,从 1995 年开始,由王焱主编的以书代刊的杂志《公共论丛》,在这个论丛中主要有《市场社会公共秩序》、《经济民主与经济自由》、《直接民主与间接民主》、《自由与社群》、《宪政民主与现代国家》等。而从 1998 年前后开始,在《江海学刊》等杂志上陆续出现了一些关于公共哲学的研究性或者介绍性论文。此外,还有华东师范大学现代思想文化所编辑出版的"知识分子论丛"、清华大学编辑出版的《新哲学》等。特别需要一提的是,中共中央党校出版社编辑出版"新兴哲学丛书",其中在 2003 年出版了一部直接名为《公共哲学》(江涛著)的论著,书中的参考文献中介绍了大量的有关公共问题研究的相关论文。到了 2008 年年初,吉林出版集团也开始出版由应奇、刘训练主编的"公共哲学与政治思想"系列丛书,其中包括《宪政人物》、《正义与公民》、《自由主义与多元文化论》、《代表理论与代议民主》、《厚薄之间的政治概念》等。除此之外,还有一些杂志也登载一些相关问题的文章。从这些丛书的书名中不难看出,在中国,关于"公共哲学"的概念与学术领域的理解是多元的、多维的,其中比较突出的特点是学术视野集中

27

在对于西方学术思想中政治学、伦理学、社会学等介绍和评述上，他们有的循着哈贝马斯的社会批判论，有的倾向于罗尔斯的政治哲学等，所以，在公共哲学的研究中存在着把其理解为管理哲学的倾向，甚至被作为行政学问题进行阐述。因此，这些研究与现在日本的公共哲学研究相比，在学术视野、问题的设定以及参与研究的学者阵容上都相差甚远，基本上缺少一种在现代化和全球化的浪潮逐步深入和拓展的时代背景下，面对日益出现的伦理失范、道德缺席、环境危机、政治困境、经济失衡等一系列与公共性理念相关问题的关联性探讨，更没有把公共哲学作为一种崭新的学问体系来构筑和探索的宏大视野。由于存在着对所研究问题的意识不明确，学术方向和目标定位过于混乱，甚至不排斥一些属于功利的猎奇需要，所以，作为一种学问的公共哲学的研究，至今为止还谈不上有什么引人注目的成果出现。

从这套译丛中我们不难看出，日本的公共哲学研究是建立在各个领域一流学者的参与互动的基础上，寻求构建适应于这个全球化时代的学问体系。他们的那些有关公共性问题的历史与现实的梳理、研究、探索，拥有政治、经济、文化、法律、宗教、环境、科技、福祉、各种社会性组织的作用等全方位的视觉，是一场全面而深入的跨学科的学术对话。因此，在日本学术界掀起的这场关于公共哲学问题的探索与建构，呈现着立足本土、走向世界的一种学术行动的意义。这套10卷《公共哲学》译丛，从其所涉及内容的广度和深度而言，所探讨及试图解决的问题已经不只是局限于日本国内而是世界性的问题，其目标是探讨在新时代生存中与每一个人息息相关的生存理念的确立问题。为此，我们认为，通过这套来自于日本的关于公共哲学研究成果的译介，必定对我国今后关于同类问题的研究有所启发并有所裨益。其意义至少体现在以下三个方面：

第一，借鉴性。日本的公共哲学在建构伊始，首先遇到的是如何把握公与私的内涵、理解公与私的关系问题。因为在不同的文化语境或不同的历史时代，公与私的含义是不尽相同的。从思想史上看，迄今的公私观大体有一元论与二元论之两大类别。灭私奉公（公一元论）和灭公奉私（私一元论）是公私一元论的两种极端形态，尽管二者强调的重点不同，但在个人尊严丧失或者他者意识薄弱的公共性意识欠缺的问题上却是相通的。而公私二元论基本上反映的是现代自由主义思想，它通过在公共领域追求自由主义而避免了公一元论的专制主义；但由于它更多的是在私的领域里讨论经济、宗教、家庭生活等而往往会忽视其公共性问题，从而容易导致单方面追求个人主义的弊端。所以，日本的公共哲学努力寻求在批判公私一元论、克服公私二元论存在着弊端的基础上，提倡相关性的公、私、公共的"三元论"价值观，即在"制度世界"里把握"政府的公—民的公共—私人领域"三个层面的存在与关系，倡导全面贯彻"活私开公"的制度理念，①而在"生活世界"中提倡树立"自己—他者—公共世界"的生存理念，以此促进"公私共媒"

① "活私开公"是金泰昌教授提出的公共哲学的探索理念。根据他的解释："私"是自我的表征，是具有实在的身体、人格的，是人的个体的存在。因此，对作为自我的、个体存在的"私"的尊重和理解，对"私"所具有的生命力的保存与提高，就是构成生命的延续性的"活"的理念。这种个体的生命活动，称之为"活私"。复数的"活私"运动，就是自我与他我之相生相克、相辅相成的运动。而把处于作为国家的"公"或代表个人利益的"私"当中有关善、福祉、幸福的理念，从极端的、封闭的制度世界里解放出来，使之根植于生活世界，进而扩大到全球与人类的范围，使之能够为更多的人所共有，在开放的公共的世界里得到发展与实践（超越个人狭隘的对私事的关心），这就是"开公"。简单说来，就是把我放在与他者的关系中使个人焕发生机，同时打开民的公共性。只有活化"私"（重视并且打开"私"、"个人"），才能打开"公"（关心公共性的东西）。

社会的形成。

上述日本学术界的有关公共哲学探索中所提出的问题，应该是当今世界上卷入全球化时代的无论哪个国家和个人都存在的并且必须面对的问题。特别是几千年来习惯了在巨大的公权力统治下生存与发展的中国社会，"私"与"公"基本上不具备对等的立场和地位，"公一元论"的问题是值得我们反思的问题。相反，随着市场经济的接受、实行、发展，原来的"公一元论"正逐渐被"私一元论"所取代，公私关系的价值观里的另一种极端在当今社会的各个领域已经开始出现。在这原有的公权力作用极其巨大的作用尚未退场的社会里，随之而来的是对于"公"的挑战的"私一元论"的价值观正在蔓延，那么，在巨大的公权力作用下的中国市场经济社会里，对于"他者"如何赋予其"他者性"，应该是我们迫切需要探索的紧要问题。因此，在我国研究、探索公共哲学，就应该把日本的这种对于传统公私关系的反思纳入自己的视野，只有在这种学术视野下的研究，才会出现属于"公共哲学"意义上的成果。如果我们只是把"公共哲学"当做"管理哲学"或者作为"行政学"来理解，至多作为"政治哲学"的一种领域来研究，那么，这种视野里的"公共哲学"，其实在本质上还是"公的哲学"范畴，这里所理解的"公共"，只是长期以来人们习惯了的把"公"等同于"公共"的历史产物。所以，我们相信这套译丛对于我国公共哲学的研究具有重要的借鉴意义。除此之外，采用跨学科的学者之间的对话互动的探索方式，也是值得我们参考和借鉴的。

第二，推动性。对于"公共哲学"这个学术领域的研究，无论在国外还是国内都只是刚刚开始，基本学术方向和学术领域的设定还处于探索阶段，将来会发展成一门怎样的学问体系，现在还不明确。对于这种新兴的学术动向，通过我们及时掌握国外的相关研究信息,促进我国的学术进步,为我国在 21 世纪真正达到与世界学术接轨,实现与世界同步互动,其意义不言而喻。我们的学术研究无论在方法上还是视野上仍然比国外落后,对于这个问题,从事学术研究的每一个学者都应该是心知肚明的。那么,在这思想解放、国门全面敞开、提倡接轨世界的当代学术界,对于国外最新的学术动态的把握、参与,必将有助于推动我国新时代学术视野的世界性拓展,在未来的历史中不再落后于别人,甚至可能让中华的学术再铸辉煌。

从这套译丛中我们可以了解到,日本学术界所探讨的公共哲学,体现着一个基本理念,那就是如何有意识地让公共哲学从传统意义的哲学中凸显出来,他们所追求的公共哲学的学术特色、构筑理念是:其一,其他哲学如西方哲学、佛教哲学等都是在观察(见、视、观)后进行思考或者在阅读后进行论说。与之不同,公共哲学是在听(闻、听)后进行互相讨论。公共哲学的探索不在于追求最高真实的真理的观想,而是以世间日常的真实的实理之讲学为主要任务。所谓讲学,不是文献至上主义,而是参加者进行互动的讨论、议论和论辩。其二,其他哲学几乎都倾力于认识、思考内在的自我,而公共哲学则以自他"间"的发言与应答关系为基轴,把阐明自他相关关系置于重点。其三,公共哲学与隐藏于其他哲学中的权威主义保持一定的距离。权威主义既是对专家、文献权威的一种自卑或盲从的心理倾向,同时也是指借他物的权威压迫他者的态度和行动。但是,人是以对话的形式而存在的,为了实现复数的立场、意见、愿望之不同的人们达到真正的平等、和解、共福,建立对话性的相互关系是必要条件。后现代的世界不再是冀望于神意或良心的权威,而是冀望于对话的效能,这才是后自由、民主主义时代的社会中作为哲学这门学问应有的状态。

日本的这种学术目标和姿态，可以推动我国学术界对于近代以来单方面地引进、移植西方学术话语与思想的接受心态进行一次当下的反思，促进我国在新的时代自身学术自信的建立，并为一些名家和硕学走下学术圣坛、接受新的学术倾向的挑战提供一种心理基础。从日本的公共哲学探索的参与者来看，许多领域的代表性学者基本都在讨论的现场出现，而在我国出现的公共哲学的研究，还只是一些学界的新人亮相。那么，通过这套丛书的译介，我们期待着能够推动我国各个领域的代表性学者也能积极参与这种前沿学术的探索，并且，目前的公共哲学研究还处在探索阶段，对于究竟何谓公共哲学，公共哲学的理论框架以及公共哲学的最终目标是什么等，都还没有一致的意见。这种具备极大挑战性和将来性的学术探索，对于我国的新时代学术研究的推动作用是值得期待的。

第三，资料性。这套丛书的另一个突出特点是问题的覆盖面广，作为了解国外的前沿学术动态，具有极高的资料性价值。这里所讲的资料价值包含以下几个方面的内容：其一，通过这套译丛，有助于我们了解在日本学术界，哪些问题是人们关注的前沿问题，而这些问题的探讨达到怎样的学术高度。特别是日本的学术界基本与欧美的学术界是同步的，通过日本学术界的研究成果，同样可以让我们了解到欧美学术界的最新学术动态、相关问题的代表性学术观点。其二，通过这套译丛提出以及被探讨的问题，可以让我们了解到在当前的日本社会中，存在着怎样的亟待解决的问题。为什么会存在这些问题，问题的起因、症候、状况是什么，这些问题会不会成为正在发展中的我国市场经济社会必将遇到的问题等等，这些都会成为我们的学术前沿把握中不可多得的信息、资料。其三，至今为止，我们翻译外国文献，即使是一套丛书，也只能集中在某个领域、某些时期、某种学科。可是,这套丛书的内容,其中涉及的学术领域可以说是全方位的,而被探讨的问题的时期既有古代的、近代的,也有现代的,成为他们探索对象的国家有欧洲的、美洲的、亚洲的最主要国家,这为我们拓展学术视野、在有限的书籍中掌握到尽可能多的研究对象的资料等,都具有向导性的意义。

一般情况下,资料给予人的印象都是一些被完成了的、静态的文献,可是这套译丛所提供的资料却是一种未完成的、处于动态观点的对话中被提示的内容。这种资料已经超越了资料的意义,往往会成为激发每一个读者参与探索其中某个问题的冲动契机。

正是我们认识到这套丛书至少拥有上述三个方面的意义,我们才会付出许许多多的不眠之夜,才能做到尽可能抑制自己的休闲渴望,尽量准确地把这套前沿性学术成果翻译、介绍给国内学术界,丛书的学术价值就是我们劳动的根本动力之所在。当然,如果仅仅只有我们的愿望,没有得到具有高远的学术眼光和令人敬佩的学术勇气的人民出版社的大力支持,我们的愿望也只能永远停留在愿望之中。在此,让我们代表全体译者,谨向人民出版社的张小平副总编、陈亚明总编助理以及哲学编辑室方国根主任、夏青副编审、田园编辑、李之美编辑、洪琼编辑、钟金玲编辑,对于你们的支持和所付出的劳动,致以由衷的敬意。同时,在这套译丛付梓之际,也要向参与本丛书翻译的每一位译者表示我们深深的谢意。当然,我们也要感谢日本的京都论坛——公共哲学共働研究所金泰昌所长、矢崎胜彦理事长以及东京大学出版会的竹中英俊理事,是他们全力支持我们翻译出版这套由他们编辑、出版的学术成果。

对于刚刚过去的 20 世纪末所发生的事情,相信我们一定还记忆犹新。世界性的 IT 产业从 80 年代兴起到 90 年代陆续上市,世界上几大发达资本主义国家的股市,很快走向来自新兴产业带来

33

的崭新繁荣。网络时代的到来把当时的世界卷入一场新时代到来的欣喜之中。可是随着跨入新世纪钟声的敲响，发生在发达国家的一场 IT 泡沫的破灭体验，让人们在尚未从欣喜中回过神来之时就陷入梦境幻灭的深渊。然而，IT 技术正如人们的预感，由其所带来的世界性信息、产业、资本、流通的全球化格局的形成，正以超越人的意志的速度向全世界波及。改革开放后的中国经过 90 年代的提速，紧紧抓住了这个历史性发展的机遇，逐渐奠定了自己在世纪之交的这一历史时期里名副其实的"世界工厂"的地位，并逐渐从生产者的境遇过渡到作为消费者出现在"世界市场"的前沿，历史让中国成了全球化时代形成过程中世界经济的安定与繁荣举足轻重的存在。可是，正当中华民族切身体验着稳定发展的速度，享受着新中国成立以来未曾有过的经济繁荣的时候，源于美国华尔街并正在席卷全球的"金融海啸"，强烈地冲击着尚处于形成过程中的世界性经济格局。那么，当这场海啸过后，在我们的面前会留下一些什么？幸免者会是怎样的国家？幸免者得以幸免的理由何在？为什么这种全球性的金融风暴会发生？为了避免类似的事件在将来重演需要确立怎样的生存理念？这些问题都将是此劫过后我们必然要面对的问题。

进入 21 世纪，前后不到 10 年，世界就在短短的时期内频繁地经历着彼伏此起的全球性经济繁荣与萧条，无论是所谓发达的资本主义国家，还是新兴的发展中国家，都要为某个国家、某个地区的经济失控付出来自连带性关系的代价。很明显，历史上通过战争转化国内矛盾的暴力方法，已经被经济全球性的互动格局所取代。这种只有通过相互之间的磋商、协助、合作才能实现利益双赢的 21 世纪世界，我们当然应该承认其标志着人类历史的巨大进步。然而，这种现象的出现，让生活在这个时代的每一个人不得不接受一种生存现实的提醒,那就是"全球化时代"的真正到来。"全球化时代"的到来首先在经济上得到了确认,与此相关的是,在国际政治上不同国家之间的对话方式开始发生变化,而如何做到自身文化传统的独立性保持、宗教信仰的相互尊重等问题也日益凸显。那么,一种崭新的生存理念的产生,正在呼唤着适应这种理念发展、确立所需要的人类睿智的探索、挖掘和构筑。那么,"公共哲学"的探索,是否就是这种呼唤的产物呢?当然现在为之下这样的定论还为时过早。然而,在新时代人类生存理念构筑过程中,我们相信"公共哲学"的探索将成为一种不可替代的学术方向。

那么,这套译丛如果能够为这种时代提供一种参考性思路,促进新世纪的中国在学术振兴与繁荣上有所裨益,我们所付出的一切劳动,它在未来的历史中一定会向我们投来深情的回眸。我们期待着,所以我们可以继续伏案,坚守一方生命境界里昭示良知的净土。

2008 年平安夜　于北京

35

目　录

中篇　经济·法·公共性

3

5

前　言

山胁直司

《公共哲学》系列丛书终于出版了第一期的最后一卷。在此前的九卷中,活跃在学术界各个领域第一线的学者们以提出问题、解答疑难、综合讨论、展开论证等形式,就"公与私的思想史"、"公与私的社会科学"、"日本的公与私"、"欧美的公与私"、"国家、个人与公共性"、"从经济角度看到的公私问题"、"中间集团开创的公共性"、"科学技术与公共性"、"地球环境与公共性"等话题展开了热烈的讨论。而本卷收录的是对公共哲学较感兴趣的各领域学者们的新作,他们在本卷中提出了"21 世纪公共哲学的展望"这一问题。本卷的主要目的在于从哲学、伦理学、历史学、思想史、政治学、经济学、法学、科学、公共政策等多种角度,探求适合 21 世纪的"公共性",构建"学科结构改革"的开端。

　　哲学与诸多社会科学的分裂发生于 19 世纪中叶以后。直至今天,这一状况仍对大学的院系结构、学术组织影响深远。在社会研究领域,产生了理想与现实、规范与实证(以及记述)的分离。现在,学术界虽然在表面上提倡跨学科交流,但这种分离现象仍未有消除的迹象。而"公共性"这一概念包含"实证性记述对象"和"规范性价值理念"两方面的内容,作为一个跨学科的课题,能够填补上述差距,为分裂化、隔膜化的各个学科提供一个共同的平

台,促进学术的发展。这是因为,只要提到公共性、公共世界,那些
实证性的、记述性的社会科学也不得不站在哲学的(理念的、规范
的)角度上看待这一问题;而哲学、伦理学也必须援引历史的、经
验的实例来进行论证。本卷共由 15 篇论文组成,这些文章正是以
逐渐推进"学科结构改革"为目的,采用上述形式编辑而成的。

下面我们看一下本书结构上的特色。

首先,"导言"中概述了以下问题:"公共哲学"是一个新名词,
但如果将它视为"从公共性这一角度综合论证哲学、政治、经济及
其他社会现象的学问"加以研究,就会领悟到它其实是一门植根
于传统的学问。然而,随着 19 世纪中叶以来各学科的分裂与隔
膜,公共哲学在大学等研究机构已无立足之地。现在,若要重建公
共哲学这一学科,已不能单凭国家,而是必须建立在集"全球化"
和"地域化"两种因素于一体的"全球—地域化"基础上。另外,在
全球—地域化基础上,要论证活私开公——而不是灭私奉公——
的公共性,必须建立新型的"自己—他者—公共世界"理论。此
外,为了各学科能够互相交流协作,有必要提出新的"方法论"。
这篇"导言"是关于 21 世纪公共哲学的一篇总论或者说是一幅略
图(示意图),今后需要在此基础上进一步充实和润色。

接下来,本书由上、中、下篇构成:"日本公共哲学的展开与创
造"、"经济·法·公共性"、"科学技术·民主主义·公共政策"。

首先,上篇由四篇论文组成,在对日本历史、文化财富再认识
的同时探究日本的公共哲学。在日本,明确提出以对等关系为前
提的"民之公共"理论——而不是以统治、被统治关系为前提的
"官之公"——是在幕末时期。前两篇论文正是针对幕末时期留
下的历史财富(第一章)和文化财富(第二章)进行了严密的论证。
而在后面两篇论文中,以包括日本在内的东亚思想(第三章)、战

后政治理论(第四章)中的正面内容为基础,对 21 世纪的公共哲学提出了大胆的设想。上篇的要点即通过幕末时期的政治思想、东亚思想、战后政治理论,论证了以民为中心的"公共哲学"——它与以官员、政府为中心的"公之哲学"不同——的形成。笔者们试图使这种哲学脱离其产生时所带有的国民主义色彩,使之成为一种新的公共哲学,不仅适用于日本这一局部地区,而且可以影响到全球各地。

中篇由五篇论文构成,着重探讨在"经济"和"法律"领域有关公共性的论述。以前,人们一般认为经济属于私人领域,经济学及其他社会科学也持这种意见。而中篇前三篇论文强调,正因为有了公共价值理念、规则的支撑,经济活动、经济制度才成为对人类有意义的概念。这种"经济中的公共性"还可以通过以下途径进行理解和确认:从理念出发的经济伦理学的方法(第五章),从个人喜好、选择出发的规范经济学的方法(第六章),以及研究经济体制历史变迁的社会经济学的方法(第七章)。在 21 世纪的今天,长期以来势不两立的近代经济学和马克思主义经济学应借助"经济中的公共哲学"这一平台,超越矛盾和对立;经济秩序、经济体制必须在"公共性"这个共同的基础上进行讨论。

与经济不同,法律一直被人们奉为公共秩序的代表。然而,如果对建立法律、改革法制的价值理念进行考察,就必须越过法学层面,研究"法律中的公共哲学"。中篇后半部分采用从价值理念出发的方式(第八章)以及从对目前日本进行的司法改革的现状分析出发的方式(第九章),提出了各自的"法律中的公共哲学"。为了建立"民的公共秩序",构筑法制文化,今后,法学家、哲学家、实定法①

① 实定法:法律用语,即人为法。——译者注

学家、普通市民应以"法律中的公共哲学"为媒介，充分讨论、互动协作。

下篇由四篇论文构成，文中列出了建立21世纪公共哲学所不能忽视的各种问题，如：飞速发展的科技中包含的公共性问题（第十章）；网络空间能否成为公共空间的问题（第十一章）；跨国公共性的首倡者——地方城市、自治体问题（第十二章）；为施行公共政策，在现实生活中应建立起怎样的哲学等问题（第十三章）。希望读者们能够通过这些跨越自然科学、科学社会学、政治社会学、政策学等领域的课题，认识到21世纪公共哲学打破以往学科专业的界限，取得了较大发展。

本书由上述上、中、下篇构成。另外，本书编者之一金泰昌先生非常重视"活私开公"的思想，他曾向稻垣久和与今田高俊两位先生求稿，并将两位先生的评论收录在本书的结尾部分。稻垣、今田两位先生积极参与公共哲学运动，其评论必将促进21世纪公共哲学取得更大的发展。此外，本系列的出版者是"公共哲学共同研究会"，该会得到将来世代国际财团理事长矢崎胜彦先生的大力资助。矢崎先生为本书亲自撰稿，作为"特论"收入本卷中。从文中可以看出，作为经营者的矢崎先生在面对公共性这一问题时严谨、认真的态度。

《公共哲学》系列丛书到本卷为止全部出齐了，而面向"学科结构改革"的21世纪公共哲学才刚刚起步。从这个意义上来说，本系列丛书只不过是未来公共哲学发展的一个准备阶段。事实上，这十卷书中未能涉及的课题还有很多。我们会在已出版的《公共哲学》丛书和计划出版的新系列中对这些问题进行探讨。

导 言

"全球—地域"公共哲学的构想

山胁直司

公共哲学,似乎是由阿伦特(Arendt,H.)哈贝马斯(Habermas,J.)的公共性理论,以及李普曼(Lippmann,W.)、沙利文(Sullivan,W. M.)、贝拉(Bellah,R. N.)、桑德尔(Sandel,M. J.)、古丁(Goodin,R. E.)等人①的提倡开始的,在 20 世纪后半叶新出现的学问。其实,如果跨过他们的概念之界定,把公共哲学作为"哲学、政治、经济以及其他的社会现象从公共性的观点进行统合论述的学问"来把握的话,虽然这种把握是暂定性的,但是即使没有使用这个名称,公共哲学在欧洲和日本都是一种拥有传统渊源的学

---

① 分别参见 Lippmann,W. *The Public Philosophy*,London:Hamish Hamilton,1955(李普曼著,矢部贞治译:《公共哲学》,时事新报社 1957 年);Sullivan,W. M. *Reconstructing Public Philosophy*,University of California Press,1982;Bellah,R. N. et al. *Habits of Hearts:Individualism and Commitment in American Life*,University of California Press,1985(贝拉等房,岛蘭进等译:《心的习惯》,水篙书房 1991 年[原文:みすず书房]);Bellah,R. N. et al. *The Good Society*,New York:Alfred A. Knopf,1991(贝拉等著,中村圭治译:《善的社会:道德生态学的制度论》,水篙书房 2000 年);Sandel,M. J. *Democracy's Discontent :America in Search of a Public Philosophy*,Harvard University Press,1996. Goodin,R. E. *Utilitarianism as a Public Philosophy*,Cambridge University Press,1995.

问。当今,为了打破19世纪后半期以来学科专业化、隔膜化所造成的哲学与众多社会科学的分裂,必须恢复公共哲学这种综合性学科的传统。本章首先从这一点开始论证(第1节)。今天,我们正处于一个历史发生巨大变革的时期,因而要提出21世纪公共哲学的构想,必须先正确认识束缚于"国家"这一基础上的19世纪、20世纪的公共哲学,然后超越这个基础。接下来,循着国家公共哲学的发展轨迹,探求向新型公共哲学的过渡途径(第2节)。事实上,适合21世纪的公共哲学,应该是一种"全球—地域"的哲学,即在立足本地区的同时,对全球性问题进行探讨。① 因此,为给这种理论打下坚实的哲学基础,必须拥有纵观全球的视角;同时,应正确认识到自己所在地区的局限性和现实性。此外,还必须加深与其他地区之间的相互理解,建立起一种"自己—他者—公共世界"理论并使其得到发展(第3节)。最后我想论述一下,面对大量的全球性问题,公共哲学应如何将哲学和实学统一起来,成为具有社会有效性的跨领域学科;为此应运用怎样的新型方法论(第4节)。

1. 公共哲学的概念及其传统

思想家阿伦特和哈贝马斯将"公共性"这一明显不同于"国家

---

① 20世纪90年代以后,学术界开始频繁使用"全球—地域"这一形容词。本文继承了2001年9月1日至3日进行的"第一届'全球—地域'公共哲学京都会议"中对此词的理解。关于这次会议的详情,请参见拙稿《"和"的解构、重构与"全球—地域"哲学》,《UP》杂志(东京大学出版会)2002年1月号,第36—41页,以及今田高俊《"全球—地域"哲学的射程:与新自由主义相对抗》,《UP》杂志2002年2月号,第6—17页。

之公共"的概念引入了 20 世纪后半期的学术界。事实上,1958 年
和 1961 年出版的《人的条件》(阿伦特)和《公共性的结构转型》
(哈贝马斯)这两部著作,从不同的视角研究并发展了由平等的人
的"活动"及"讨论"所形成的"公共性"这一概念,具有划时代的
意义。①

　　阿伦特将古希腊的邦城(城市国家)政治视作典范,认为公共
性通过兼具"独立性"和"共同性"的人类语言活动而形成,并且是
"明示万人的世界";他指出,这种公共性随着近代的财产私有制
和市场经济(她认为这些具有"社会性")的发展正在逐渐消亡。
因此,在书中提出并展开论述了重建公共性的理论。

　　另一方面,站在近代启蒙主义思想立场上的哈贝马斯认为,近
代欧洲的公共性与古希腊不同。他从 18 世纪民众与国家、宫廷所
代表的公权力抗争时形成的"公论"中找到了近代欧洲的公共性,
并揭示了与"国家之公"相抗衡的"市民的公共性"。哈贝马斯还
指出,19 世纪以后,随着国家行政体制和货币经济体制的臃肿化,
通过市民的公共性来形成公论已越来越困难。此后,他在东欧剧
变后的 1990 年出版的《公共性的结构转型》第二版序言中把公论
形成的场所定义为"市民社会"(Zivilgesellschaft),即"从教会、文
化沙龙、学术团体、独立媒体、体育团体、娱乐团体、辩论俱乐部、市
民广场、市民运动,到行业工会、政党、劳动工会、为构建人与自然
协调发展的社会而设立的设施,以及基于自由意愿而成立的非国

3

　　① 参见 Arendt, H. *The Human Conditions*, The University of Chicago Press, 1958
(阿伦特著,志水速雄译:《人的条件》,筑摩学艺文库 1994 年);Habermas, J. *Struk-turwandel der Öffentlichkeit*, Frankfurt a. M.:Suhrkamp, 1961→1990(1961 年表示该书
初版年,1990 年表示本文引用版本年)(哈贝马斯著,细谷贞雄等译:《公共领域的
结构转型》,未来社 1994 年)。

家、非经济的结合关系"(association)①。

这样,阿伦特与哈贝马斯明确提出了与"政府之公"、"官"的理论不同的"民众(民)的公共性",作为 20 世纪的知识财富受到高度评价。但是,对于"公共哲学"这一概念来说,仅有上述理论是不够的。这是因为,不仅阿伦特,连哈贝马斯也没有把"经济活动的公共层面"纳入研究范围。从这一点来说,我们还是要追溯到亚当·斯密的"道德哲学"那里去。在 18 世纪的苏格兰,亚当·斯密写下了《道德情感论》。在第六版(1790 年)中,他指出:对于利己的经济活动,应交给"公平的第三者(impartial spectator)的共感"(sympathy)来判断。亚当·斯密历来主张在"看不见的手"的支配下,自由经济活动将得到意想不到的丰硕成果。但是,他并没有忘记,个人的经济活动需要经过普通人乃至市民——而不是国家——的认可,即必须取得公共赋予的正当化。② 公共哲学不仅是一个政治学的课题,与经济学课题也是紧密相关的。从这一点来看,亚当·斯密的道德哲学可算是公共哲学的经典之一。

当然,除亚当·斯密的"经济哲学"之外,"政治哲学"也是构成公共哲学的重要因素。在 20 世纪后半期的美国,哲学家们纷纷引经据典,倡导公共哲学:公共哲学的提倡者李普曼追溯到了柏拉图时代;而沙利文、桑德尔等人追溯到了亚里士多德时代。事实上,柏拉图的《理想国》、《法律》,亚里士多德的《尼各马科伦理学》、《政治学》称得上是欧洲最早的公共哲学经典。柏拉图的政治哲学中有其精英主义的局限性,即只承认优秀者统治的思想;但

① Habermas 1990, pp. 45 – 50 Habemas, J. *Strukiurwandel der Öffentltchkeit*, Frankfurt a. M. :Suhrkamp,第 37 页以后)。

② Smith, A. *The Theory of Moral Sentiment*, Oxford University Press, 1790 → 1976. (斯密著,米林富雄译:《道德情感论》,未来社 1969—1970 年)

是,他同时持有以民的利益为"公共之善"的思想,成为了公共哲学的先驱者。亚里士多德批判了柏拉图政治哲学中与现实相去甚远的理想主义(观念论),他的学问以当时希腊的社会秩序为前提,以城邦(城市共同体)中人们(成年男子)的"与'德'相符合的活动"为基础,追求人类的"幸福"和"善的共同体"的实现。① 从思想角度看,这种观点正是共和主义的公共哲学思想;而从治学方法来看,与论证严密、追求唯一真理的理论学不同,这是一种通过"深思熟虑"对"可采用别的方法进行研究的具体事物""进行考察、论证的实践之学"②。中世纪以后,欧洲学术界对亚里士多德的思想进行了新的解读,而上述研究方法的定义对此后的欧洲产生了深远影响。

接下来我们简单回顾一下此后欧洲公共哲学的发展历程。城邦制消亡之后,欧洲进入了罗马帝国时代。这一时代,斯多噶派和基督教为欧洲公共哲学打开了新局面。斯多噶派把"世界同胞主义"、"自然法"、"万民法"等理念引入了公共世界,这是城邦制时代未曾有过的。在其影响下,西塞罗(Cicero)提出"共和国"(res publica)是"由法律联结起来的人的集合",为法治国家的共和制打下基础。另一方面,基督教把"教会"这一信仰共同体作为与国家公共性相区别的一个概念引入公共世界。中世纪的兴盛时期,托马斯·阿奎那(Thomas Aquinas)把基督教、自然法思想和亚里士多德的实践学统一起来,提出了以实现人类的"共同之善"为最高目标的公共哲学构想。然而,这种旧教式的公共哲学虽然对中

① 关于古希腊的政治思想,请参见拙著《欧洲社会思想史》(东京大学出版会 1992 年)第一章。

② 参见《尼各马科伦理学》第六卷(亚里士多德著,高田三郎译,岩波文库1971 年)。

世纪后期苏阿勒茨(Suarez)、马里亚纳等人的基于自然法思想的国际政治论起到了极大的促进作用,但在天主教会外部的影响已日渐衰微了。

为宗教革命后发生的宗教战争画上休止符的,是博丹(Bodin)的国家主权思想和以霍布斯、洛克为代表的社会契约学说。从公共哲学这一观点来看,其中可称作自由主义公共哲学的,是洛克的社会契约学说。博丹的学说以家长制秩序为前提;霍布斯虽然从"平等的个人"这一近代主义的构想出发,但是他认为在公共权力建立以后,只有担负上传下达的"国家之公共"才能成为政治行为者。与此相对,洛克认为政治行为者应该是通过私人教育形成的"自律的个人",从这一点来说,洛克可算是"自由"公共哲学的创始人。[1]

这样看来,亚里士多德的实践学、托马斯的"共同善"思想、洛克的社会契约学说、亚当·斯密的道德哲学都可看作欧洲公共哲学的经典。除此之外,17世纪荷兰的阿尔图苏斯、斯宾诺莎的政治思想,18世纪法国的孟德斯鸠的多文化主义思想,主张共和制的卢梭的社会契约论,吉伦德党员孔多赛(Condorcet)的思想,也属于近代公共哲学的范畴。孔多赛强调,在"公共政策"中引入概率论对社会进步具有重要意义。此外,他还指出了税收理论、终身年金制、储蓄救济金等保险制度中所包含的科学依据。他的投票理论成为现在的社会选择论的开端。孔多赛不仅是一位公共哲学家,而且是提倡人类的直线式进步史观(从这一意义上来看,他站在反孟德斯鸠的立场上)的意识形态论者。另外,18世纪末英国

---

[1] 关于这一时期的思想史,请参见拙著《欧洲社会思想史》(1992年)第二、四章。

出现了边沁的功利主义,倡导以"最大多数人的最大幸福"为最高准则,提出了各种具体政策;这也是构成公共哲学的重要一环。①

那么,与上述欧洲公共哲学发展史相对,在东亚有哪些思想曾起到过公共哲学的作用呢?儒教作为"统治者之学",与柏拉图思想一样有着精英主义的局限性。但是,孟子主张政府的正统性必须经过人们的认可,对于王者的残暴专制,民众有权发动革命将其推翻。从这种学说中可以清楚地看到"民之公共"的苗头。孟子主张"四端之心"寓于人之自然本性,在他看来,"善的公共秩序"以仁义礼智为基础,它是以不压制人的自然本性为条件而形成的。而"无恒产则无恒心"这种福祉思想中也包含着公共哲学的因素,与当今的社会保障论有着相通之处。② 另外,始于宋代的朱子学提出"理气哲学",将以往的儒学中所不具有的宇宙论与儒教结合起来。朱子学所包含的公共哲学因素在于,与佛教的出世主义不同,它主张在现实中寻找普遍的价值理念。而明代的阳明学倡导"知行合一",这是一种主张个人通过实践创造公共秩序的哲学。

我们再来看一下深受儒学影响的日本近世即德川时代的情况。在熊泽蕃山的重农主义、环境主义,伊藤仁斋的人道主义、伦理主义,荻生徂徕、太宰春台的经世济民思想、法治主义,以及否定儒学的安藤昌益的宇宙论思想、平等主义等思想中都能看到公共

① 关于斯宾诺莎、阿尔图苏斯,请参见柴田寿子《斯宾诺莎的政治思想》(未来社 2000 年);关于孟德斯鸠,请参见川出良枝《贵族之德,商业的精神:孟德斯鸠及批判专制的源流》(东京大学出版会 1996 年);关于孔多赛,请参见 Condorcet, M. J. A. N. de C. M. 1994. *Foundation of Social Choice and Political Philosophy*, translated and edited by MacLean, I. and Hewitt, F. , Vermont Hant: Edgar Elgar;关于其他出版物,请参见拙著(1992 年)及《新社会哲学宣言》(创文社 1999 年)第一章。

② 《孟子·上、下》(小林胜人译注,岩波文库 1968、1972 年)。

哲学的因素。① 然而,提到公共哲学的倡导者,当数横井小楠。在幕末时期,横井小楠提出"天地公共之实理"这一理念,描绘出政治、经济应有的状态。他认为,政治正统性依据,最终要追溯到自我与他者通过讨论、对话所形成的"公论"中去。正是在这种"公论"的作用下,日本才能够成为"有德之国"。面对当时国内出现的经济困难,横井小楠提出旨在增加民之收入的"经世济民之学"。这一构想可与亚当·斯密的"道德哲学"相媲美。横井小楠之所以被称为日本公共哲学的倡导者,正是因为他提出了"经世济民"的构想和以公论为基础的政治哲学。②

然而,横井小楠的这种构想,在以 19 世纪后半期的学科分裂为前提创建的大学各院系中很难得到研究和应用。在学科分裂化日益严重的大学中,对于作为"从公共性这一角度综合论证哲学、政治、经济及其他社会现象"的公共哲学,至今未能进行真正意义上的研究。我们必须打破这种学科分裂,进行学科结构改革,复兴公共哲学。

尽管如此,在现今的历史背景下,重要的并不只是对公共哲学的重建。在横井小楠看来,"天地公共的道理"需要突破自我的局限,得到万民承认,从而成为制约各国利己行为的公正、公平的原理。如果把这种思想与西方思想相对照,会发现它与斯多噶派的

---

① 关于江户时代的思想史,请参见源了圆《德川思想小史》(中公新书 1973年),平石直昭《日本政治思想史——以近世为中心》(放送大学教育振兴会 2001年)等;从公共哲学角度重新评价熊泽蕃山的著作有桑子敏雄《环境的哲学》(讲谈社学术文库 1999 年),第 129—159 页;关于对安藤昌益的重新评价,请参见拙稿《安藤昌益留下的文化财富》(石弘之、义江彰夫编:《环境与历史》,新世社 1999年),第 269—276 页。

② 关于横井小楠的公共哲学,请先参见本系列第三卷收录的源了圆的论文。

"基于自然法思想的宇宙观"十分相似。在近代,这种思想在 18
世纪末康德的《永久和平论》中得到明确。康德认为,建立在理性
的法治国家联合基础上的"世界市民体制"是实现全球永久和平
的必要条件。① 然而,19 世纪国际社会的现状与康德的上述国际
公共思想背道而驰,国家主权论和霸权政治四处蔓延,欧美列强对
殖民地的掠夺日趋激烈。目睹这一形势的横井小楠对于深陷于
"国家利己主义"的列强持批判态度也在情理之中。事实上,19 世
纪以后的公共性的历史是无法脱离建立"国民国家"这一语境的;
而这一时期提出的公共哲学也未能摆脱国家主义的性质。在下一
节中,我将通过对这种国家公共哲学的局限性及其历史命运的考
察,探究 21 世纪公共哲学的新起点。

2. 19—20 世纪国家公共哲学的展开、命运和
21 世纪公共哲学的新起点

19 世纪公共性发展的历史,与法国大革命后欧洲社会的变迁
密切相关。1789 年的法国大革命一方面打破了此前的旧制度,开
创了通往近代国家的道路;但在另一方面也造成了雅各宾派的独
裁。雅各宾派的专制统治倒台之后,法国政坛逐渐过渡为拿破仑
体制。为把居住在法国境内而不使用法语的各种居民统一为法国
国民,进行学校体制改革,将法语规定为国语;此外,进行税制改

---

① Kant, I. *Kleinere Schriften zur Geschichtsphilosophie, Ethik und Politik*, Ham-
burg: Felix Meiner,1784→1973(前者表示该书初版年,后者为本书引用版本年),
(康德著,篠田英雄译:《什么是启蒙》,岩波文库 1970 年);*Zum ewigen Frieden*,
Stuttgart:Reclam,1795→1973(康德著,宇都宫芳明译:《为了永远的和平》,岩波文
库 1985 年)。

革,创立国民军。这一时期,人们普遍认为大革命时期用于攻击贵族等特权阶级的"第三等级"(nation)①。与此同时,在德国,康德的世界市民体制论迅速衰落,为抵抗拿破仑的对外侵略,出现了费希特的名言"抵抗的国家主义"②,即散居于德国的各民族(Völker)必须作为统一的"国民"(Nation)团结起来。

在这里,如果从自我论这一角度重新探讨1795年康德思想和1808年费希特思想之间的差异,就会得到以下结论:康德主张把近代的自我构建成为"作为世界市民的自我";而这一构想被费希特"作为国民的自我"所替代。接下来,黑格尔公共哲学将"作为国民的自我"与"作为欧洲中心的自我"结合起来。在1820年出版的《法哲学》中,黑格尔试图对历经法国大革命、产业革命等历史变迁的欧洲社会进行一种"理性的、现实的"概念性把握。他一方面批判了康德派世界主义的非现实性,拥护在国民"自由意志的相互承认"下建立起来的立宪国家的"主权";而在同时,与费希特不同,他对超越国家的"世界精神"持积极态度,曾对拿破仑进行了很高的评价③。但是,这里所说的"世界精神"——就像他在以自由意志为标准论证历史进步的《历史哲学讲义》中写的那样——是把19世纪初的欧洲社会作为历史发展的顶点所进行的认识;它是对立宪国家成员的一种讴歌,赞颂他们创造出拥有如此

---

① 参见 Sieyes, E. J. 1789, 1822. *Qu' est que le Tiers-Etat?* Paris(西耶斯著,大岩诚译:《什么是第三阶级》,岩波文库1950年)。笔者认为应译作"什么是第三身份"。

② 参见 Fichte, J. G. 1808→1978. *Reden an der Deutschen Nation*, Hamburg: Felix Meiner(费希特著,大津康译:《告德意志国民》,岩波文库1940年)。

③ 参见 Hegel, G. W. 1820→1970. *Grundlinien der Philosophie des Rechts*, Frankfurt a. M. : Suhrkamp(黑格尔著,藤野涉等译:《法的哲学》,中央公论社1970年)。

高尚的世界精神的自我。① 然而，我们不能忘记，这种理论在另一方面断定"欧洲以外的人们"处于尚未能达到世界精神的未成熟精神阶段。

黑格尔逝世以后，欧洲的社会理论出现了以下变化：在德国，强调德意志独立性的历史学派在法律、政治、经济、历史等领域盛极一时，公共哲学的国民主义色彩日益浓厚。② 与此同时，在法国和英国，托克维尔（Tocqueville）的自由主义公共哲学指出民主主义包含着造成"多数人专制"的危险，主张地方自治；边沁（Bentham）的功利主义也被道德、实际的快乐等理念所修正；另外，讴歌女性解放的 J. S. 穆勒（Mill）的公共哲学受到人们的推崇③，立宪体制逐渐完善起来。这一时代整个欧洲社会系统的特征可归结为"国民国家之间的矛盾"；在对外方面的特征是围绕争夺殖民地所展开的"帝国主义侵略"。这种矛盾的顶点就是第一次世界大战。第一次世界大战粉碎了高唱劳动人民大团结的"社会主义国际主义"的幻想。另外，为克服近代社会分工所引起的无秩序现象，法国社会学之父迪尔凯姆（Durkheim, E.）开出了"公共哲学"

---

① 参见 Hegel, G. W. 1840→1970. *Vorlesungen über die Philosophie der Geschichte*, Frankfurt a. M. : Suhrkamp（长谷川宏译：《历史哲学讲义》，岩波文库 1994 年）。

② 关于这一方面的详细论述，请参见拙著（1999 年）第二章及拙稿《历史主义再考》（义江彰夫等编：《历史的对位法》，第 229—249 页，东京大学出版会 1998 年）。

③ 关于维克托尔，请参见宇野重规《在民主中生存：再论维克托尔的政治》（创文社 1998 年）；关于穆勒请分别参见 Mill, J. S. *On Liberty and Other Essays*, ed. By J. Gray, Oxford : Oxford University Press, 1859, 1861, 1869→1998 年（穆勒著，早坂忠译：《自由论》，第 211—348 页，中央公论社 1970 年）以及伊原吉之助译《功利主义》，第 459—528 页（中央公论社）；大内兵卫、大内节子译《女性的解放》（岩波文库 1957 年）。

这一处方①,通过区别于国家的"中间团体"人们有机地公共性地团结起来;而这一构想也由于第一次世界大战的发生化为乌有。第一次世界大战后欧洲的历史始于极不平等的凡尔赛条约,而希特勒的大屠杀和第二次世界大战的发生则为近代欧洲写下了最野蛮的一页。

近代日本开始于1868年,可以说与19世纪后的欧洲经历了相同的发展历程。前面已经论述过,幕末时期的思想家横井小楠从欧美列强对殖民地的瓜分中看到了其利己主义,并对其进行了批判。然而在明治时期的日本,开明派的思想课题,则是如何创造出一种足以抵御欧美列强的国民意识。其中最清楚地意识到这一课题的,是思想家、公共哲学家福泽谕吉。福泽提倡"一身独立,一国独立",以取代封建的身份观念。他认为,个人的自立和国家的独立是不可分割的,成为一个近代人也就意味着成为日本国民的一员。② 也就是说,"近代的自我"等价于"国民的自我"。这一主张是从微观角度提出的,与他的"'主权国家体系'是'近代文明'的重要因素"这一宏观构想密切相关。福泽把"进入'主权国家'行列"视为日本的"近代文明化即进步",提出自己的文明理论,把建立不逊色于欧美的主权国家列为当务之急。③ 福泽曾一度支持过金玉均领导的朝鲜开化运动,然而极具讽刺意味的是,运动受挫后,他却开始倡导"脱亚",明示"入欧"。④ 福泽明示日本

---

① Durkheim,E. 1901→1930. *De la division du travail social*,Paris:PUF(迪尔凯姆著,井伊玄太郎译:《社会分工论》,讲谈社学术文库1989年)。

② 参见福泽谕吉:《劝学篇》第三篇,岩波文库1873→1942年。

③ 参见福泽谕吉:《文明论之概略》第十章,岩波文库1875→1995年。

④ 参见福泽谕吉:《脱亚论》(《福泽谕吉选集第7卷》,第221—224页,岩波书店1885→1981年)。

应该"入欧",然而19世纪后半期的欧洲,不仅没有半点"文明"应有之态,而且打着国家主权的幌子,大肆进行帝国主义殖民地掠夺,正处于一个"野蛮"的时代。因此,陷入这一思想陷阱的福泽晚年逐渐发展成为国权论者,也就不足为怪了。

下面,让我们再来简单看一下福泽想要脱离的东亚在当时处于怎样的状态。在中国大陆,知识分子们怀着对欧美列强侵略的危机意识,提出了"五族共和"——这可以说是一种"抵抗的国家主义"——"建立国家"等口号,发动了辛亥革命。虽然道路曲折,但仍然朝着建立近代国家公共圈的方向发展。而中国台湾地区和韩国则处于日本的殖民统治之下。20世纪20年代第一次世界大战结束后,受到孙中山亚洲主义的影响,在一部分日本知识分子中间,出现了"为对抗西方而建立东亚合作,尤其是加强与中国的合作"这一观点,但最终未能实现。20世纪30年代,中国第二次国共合作提出"抗日爱国主义",与日本展开斗争①。日本在"东亚协同体"后又在1940年提出"大东亚共荣圈"思想,施行了一系列不平等政策,如强迫处于大日本统治下的亚洲各国把日语作为官方语言等。这些与"多文化的相互承认"这一理念背道而驰,因此它并不是什么"共荣圈",而是模仿近代欧洲殖民统治政策建立的"日本文化统治圈"。

顺便提一下,作为"大正民主"的中坚力量,吉野作造和福田德三提出了他们的公共哲学:政治哲学——民本主义、经济哲

① 有关这一时期的详细情况请参见西村成雄《从20世纪历史中看到的中国爱国主义的两重性》、村田雄二郎《作为20世纪体系的中国爱国主义》(西村成雄编:《现代中国的结构变化3,爱国主义——从历史角度看》,第3—68页,东京大学出版会2000年)、酒井哲哉《无政府主义的想象力和国际秩序——以橘朴为例》(山胁直司等编:《国家的轨迹》,第51—70页,新世社2001年)等。

学——为维护生存权而实行的社会政策;直至今日,这些仍然值得我们继续研究和探讨。[1] 但是,这些哲学并未发展到超脱殖民统治理论、跨越国界的高度。除此之外,和辻哲郎呼吁与普遍主义伦理学决战,提出了自己的伦理学,田边元倡导超越西田哲学的抽象性,提出"种的逻辑"[2];然而遗憾的是,这些哲学事实上使公共哲学朝着"恶"的方向加速发展。

由丸山真男、南原繁代表的战后日本启蒙主义公共哲学,把如何培养出民主主义的国民意识以代替天皇制下的臣民意识作为最大的课题。丸山对福泽谕吉推崇备至,南原对费希特评价极高[3];对于丸山、南原来说,要在冷战局势下的日本树立"现代自我"意识,与培养"作为国民的自我"紧密相关。这一构想意味着在政治上,日本要从美国的附庸转变为中立的独立国家。而从国际局势看,为使亚非各国摆脱列强的殖民统治而兴起的"抵抗国家主义"直到20世纪70年代中期还发挥着积极的作用;它与日本树立"现代自我"意识这一构想有着异曲同工之处。与此同时,日本的构想与其作为和平主义国家的立场也是一致的。因此,第二次世界大战后的"革新国家主义"虽然对战后民主主义风气的形成起到过一定的积极作用,但在另一方面,它所展开的自我论并没有超越近代国民意识,也未能产生出一种"跨越国界"的公共哲学,以批判的眼光来看待日本在当代东亚所采取的政治行为。纵观战后日

① 另外,关于重新评价福田德三的问题,请参见拙著1999年《新社会哲学宣言》,第170页,拙稿《面向伦理经济学和经济伦理学的构想》(科斯洛夫斯基等编:《资本主义的理论》,第195—215页,新世社1996年)。

② 请分别参见和辻哲郎:《和辻哲郎全集》第9—11卷,岩波书店1962年;田边元《田边元全集》第6、7卷,筑摩书房1963年。

③ 分别参见丸山真男:《读福泽谕吉的〈文明论之概略〉》,岩波新书1986年;南原繁:《费希特的政治哲学》,岩波书店1959年。

本经济,由于朝鲜战争特需等方面的有利因素,以提高国民收入为最高指令的赶超政策确实提高了国民收入,然而另一方面也导致了"经济国家主义"的出现,日本国民被外国讽刺为"经济动物";这使得国民之中很难产生一种跨国界的公共意识。而从公共哲学角度看,不可否认,凯恩斯经济学、大河内一男派的社会政策论,正是与上述经济国家主义相呼应的。①

随着1989年秋柏林墙的倒塌,国际局势在转瞬之间发生了巨大变化。第二次世界大战后持续四十多年的冷战格局崩溃了,20世纪90年代以后,世界进入了"不稳定的国际化"时代。放眼欧洲,西欧各国告别昔日恩怨,建设出一个超越国家、国民限制,跨越国界的欧洲联盟,统一了货币;与此相对,在东欧各国,原南斯拉夫的内乱造成人民死伤,东欧世界至今还是民族纷争不断,局势极不稳定。而在世界范围内,随着经济全球化的深入,贫富分化现象也愈加严重。东南亚的经济曾一度取得奇迹般的增长,然而马上遭到了历史的嘲笑:1997年7月始于泰国的世界金融危机发生了。另外,围绕历史认识展开的日本与东亚各国的关系问题仍然举步维艰,2001年8月首相对靖国神社的参拜更凸显了这一问题的严重性。此外,尽管伊朗总统哈塔米提出了"文明间对话"的口号,但2001年9月发生的多起恐怖主义行动及美国的报复行动,为今后的世界局势投下了阴影。

在这种局势下,21世纪的公共哲学已不能再束缚在19世纪、20世纪的国家这一基础之上。然而另一方面,"全球公共哲学"的

15

---

① 大河内一男的社会政策论涉及了从第二次世界大战中总动员体制下的国民伦理到战后的唯物论生产力主义,具有近代主义性和国家主义性,可以说是公共哲学的反面教材,在此暂且不做进一步的论述。

提法也是对 21 世纪公共哲学的一种误解。因为这一提法容易使人认为 21 世纪的公共哲学就是美国益格鲁-撒克逊式的单一化、平均化的全球主义。笔者认为,21 世纪的公共哲学首先应该摆脱原有的国民主义公共哲学;人们在对自己所处状况的地区性(局部性、现场性)进行充分理解的基础上,站在世界的高度上相互承认彼此文化的多样性,达成普遍性的认识和协议;这才能真正称之为"全球—地域公共哲学"。那么,与原有的 19 世纪、20 世纪公共哲学不同,这种"全球—地域公共哲学"需要怎样的哲学基础呢?这一点我想在下一节中进行讨论。

3. 交流型、多层次的"自己—他者—公共世界"
   理论:"全球—地域"公共哲学的基础

公共哲学是一门哲学,其中很多内容是单纯追求实用的公共政策论与社会科学所不具有的。它站在规律性、理念性的层面上看问题,不能只凭经验观察来推导。在很多情况下,这一点正构成了公共哲学的核心部分。然而更进一步来看,倡导"活私开公"的公共哲学,它的一个重要课题就是人们在生存过程中产生的这个无法回避的问题:究竟"什么是自我? 什么是他者? 什么是公共世界?"笔者在第一节开头部分举了阿伦特的例子,他认为人具有"独立性"和"共同性"这两个方面,人们通过语言活动和"明示万人的世界"创造出公共性。要在超越国界的全球区域化平台上构筑这一公共性,需要怎样理解"自己—他者—公共世界"这一过程呢? 事实上,这个问题的解决不仅有助于突破 19 世纪、20 世纪的公共哲学,对于克服本文开头所述美国型公共哲学的局限性也有着至关重要的意义。

如果我们回顾一下 19—20 世纪公共的自我理论就会发现，作为国民的自我在另一方面也具有由费希特哲学所代表的抵抗帝国主义、殖民主义的"近代自我"这个侧面。例如，在中国近代，"作为国民的自我"成为与封建势力、殖民主义作斗争的"抵抗国家主义"的原型。与此相对，在日本，"作为国民的自我"则表现为由福泽谕吉代表的、稳健推进国内改革的中坚力量，即"近代的自我"。然而，与"作为国民的自我"相对，"作为非国民的他者"在理论上必然处于外人的地位。黑格尔认为，在自我形成过程中，与他者的和解是不可或缺的；然而就连他也信奉"欧洲乃至日耳曼中心主义"，把欧洲以外的人们视为落后的人群。

　　与此不同，21 世纪的"全球—地域"公共哲学应该回到 18 世纪末康德倡导的"作为世界市民的自我"这一观点，再次踏上征程。我在前一节开头部分已经提到过，在康德看来，所谓"近代的自我"首先是指有着身为世界市民这一意识；这并不是要预先设定一个世界政府，而是各国作为以永久和平为目标的多国联盟的一员，各自充分拥有的一种意识。① 这是一种在西方被称为世界同胞主义的思想传统。而面对日本幕末时期的危机，横井小楠提出了"天地公共的道理（实理）"这一观点，可以说是一种朱子学式的世界同胞主义吧。斯多噶派和朱子学把世界、天地公共作为其理念，它们突破了人为的世界，涉及宇宙观乃至生态论的范畴，因此超越了把自然理解为人类统治对象的近代"自然观"。考虑到这一点，我们必须强调指出，对于作为 21 世纪公共哲学基础的自我论来说，"作为世界人的自我"这一观点是不可或缺的。所谓"作为世界人的自我"，就是指把"全球范围内的公共性"放在心

---

　　① 　参见康德：《什么是启蒙》与《为了永远的和平》。

上，"与他者通力协作"，致力于实现和平、环境问题等各种全球性问题的"自我"。可以说，这种自我论正是在 19—20 世纪的公共哲学中所欠缺乃至受到压抑的部分。

然而，与美国益格鲁-撒克逊式单一化、平均化的全球主义不同，21 世纪的"全球—地域"公共哲学必须相互了解（承认）"文化的多样性"，不能通过建立"作为世界人的自我"而采取普遍主义的做法，把不同于自我的层面统统包括在自我之中。这是因为，这种普遍主义很容易忽视文化差异、公共空间多样性等问题。从思想史角度看，在 18 世纪曾与康德进行论战的赫尔德（Herder）的思想中，已经可以找到这种普遍主义的原型。赫尔德是一位语言哲学家，他认为，语言的差异是造成文化间差异、地区性特征的决定性因素；对于这种差异，人类不应将其抹杀，而必须对其灵活运用。否则，就会使文化帝国主义四处横行，用一种特定的语言及文化去统治其他的语言、文化。赫尔德认为我们应该对打着普遍主义名号进行的文化帝国主义、强国的文化统治有着清醒的认识，提倡与其抗衡的"多文化共存发展"①。因此，他对康德的世界市民思想持批判态度，认为那是一种无视语言、文化差异的一般论；他提出了与康德不同的一种观点：应该在文化多样性、各民族共同发展的角度上去看待人类的历史。然而，正如上一节中提到的那样，19 世纪以后，历史发展的方向与上述多文化共存的思想背道而驰。21 世纪的公共哲学，必须吸取赫尔德的上述认识。

尽管如此，要建立既包含全球性，又具有地区性的"全球—地域"公共哲学，很重要的一点是对于赫尔德"多文化共存发展"的

---

① Herder, J. G. 1784→1964. *Ideen zur Philosophie der Geschichte der Menschheit*, Berlin: Aufbau-Verlag.

观点和前文提到的"世界同胞主义"的观点,不能视为不可调和的矛盾,而应该将二者"优势互补"地结合在一起。为此,必须建立起一种交流型、多层次的"自己—他者—公共世界"理论。那么,让我们来看一下这种理论的哲学及人学的基础。①

从自然性、文化性、历史性的角度来看,每个人都是由许多不能被他者代替的"偶有性"(contingency)所规定的。人不能选择自己身体的自然属性,也不能预先设定自己生活的家族、民族乃至国家等环境。并且,出生于哪个时代也完全是偶然的产物。这样想来,人从出生开始就不是一个自由的存在者,而是一种在偶然支配下的宿命的存在者。然而,这些只说出了一半真理。人类与其他动物不同,或多或少地具有将作为"所与"(Gegebene)的世界转化为作为"课题"(Aufgabe)的世界的能力。人类通过对包括大脑在内的身体部位进行各种锻炼,在一定程度上可以控制自我,而且可以通过某种交流、类推等方式来理解他者身体的自然属性。另外,人类不仅可以对构成其生活基础的文化环境进行改善和变革,对于不同于自己的他者的文化环境,也可以通过某种交流进行理解。不仅如此,人类凭借想象力可以理解与自己生活在不同时代的人们的历史;而且,人类不仅可以创造微观的、自我的历史(生活史),还可以齐心合力地为宏观历史开辟道路。正因如此,这一点在很多层面上得到了证明:不甘于听从命运摆布的人们具有了自由的创造力;人们对于有着不同自然属性、生活在多种多样的文化、历史环境中的他者,也培养起了一种理解能力。

19

---

① 另外,关于这一定式,在拙著(1999 年)第四章及第七章,以及拙稿《多样的近代、国家主义、自我论的重构》(山胁等编,2001 年)第 7—25 页中进行了更为详细、深入的论证。

　　就这样，人类一面受到作为"所与"的自然、文化、历史的限制，在另一方面又在处理自我与他者关系过程中发展出一套"自我—他者"理论，我们可以将它称为交流型（responsive）"自我—他者"理论。交流型"自我—他者"理论站在"全球—地域"这个平台上，对于不能通过扬弃使之与自己统一的他者，采取交流、沟通的方式，不断丰富人类的生存。因此，与以往各种"自我—他者"理论有着根本的区别：它不同于笛卡尔提出的有着唯我论倾向的"自我"，不同于黑格尔提出的将他者扬弃为自我的、有着某种帝国主义倾向的"精神"，也不同于和辻哲郎伦理学中的人学理论，片面地将人际关系理解为国民。① 根据这一理论建立起来的跨越国家、民族的"公共世界"将不是均质的世界，而是带有多样性、充满动感和活力的世界。

　　这种交流型的"自己—他者"理论，与上述的多种文化共存的观点以及世界同胞主义优势互补，三者的完美结合涉及另一个问题，即多层次（Multidimensional）的"自己—他者—公共世界"理论。所谓多层次的"自己—他者—公共世界"理论是指认识到自我的多层次性，如：自我与全世界紧密结合的"作为世界人的自我"，承担国民责任的"作为国民的自我"，带有某种文化背景的"作为某民族一员的自我"，作为地方公共团体、企业、NGO（英文"Non-governmental Organization"的缩写，汉语直译为"非政府组织"——译者注）、NPO（英文"Non-Profit Organization"的缩写，汉

———————

　　① 分别参见 Descartes, R. 1636→1960. *Discours de la Méthode*, Paris：Garnier（笛卡尔著，落合太郎译：《方法序说》，岩波文库 1960 年）；Hegel, G. W. 1807→1970. *Die Phänomenologie des Geistes*, Hamburg：Felix Meiner（黑格尔著，樫山钦四郎译：《精神现象学》，河出书房新社 1973 年）；以及前注中列举的和辻哲郎著作（1962 年）。

语直译为"非营利组织"——译者注)、教会(或相当于教会的共同体)、学校、家庭的成员,承担着相应责任的"肩负责任的自我"等。与此同时,也要认识、理解"他者"的多层次性。另外,对于"公共社会",也要站在世界市民、国家、地方公共团体、NGO、NPO、宗教、学校等多种角度来看待。这种多层次的"自己—他者—公共世界"观,不同于国家至上的国家主义"自己—他者—公共世界"观,也不同于使世界变得整齐划一的单一化"自己—他者—公共世界"观,而是考虑到每个人所处的自然、文化、历史的各种状况及其地区性,同时在跨越国界、民族的角度上使人际关系活性化,创造出一个和谐的公共圈。

　　上述交流型、多层次的"自己—他者—公共世界"理论(见表1)应成为21世纪"全球—地域"公共哲学的基础。每个人的生活由很多层面构成,如何在这种多层次的生活中认识、理解、变革自我与他者的关系,应该创造出一个怎样的公共世界? 交流型、多层次的"自己—他者—公共世界"理论为解决这样一个极为实际的问题提供了理论基础。在下一节中,我将继续论证这一问题,同时回到第一节提出的问题点,就21世纪公共哲学的学术理论和方法论进行探讨。

表1 "全球—地域"公共哲学存在论的基础

○交流型、多层次"自己—他者—公共世界"理论
vs
×唯我的"自我—世界"理论
×帝国主义的"自我—他者—世界"理论
×国家主义的"自己—他者—公共世界"理论
×单一化的"自己—他者—公共世界"理论

4. "全球—地域"公共哲学的学术理论与方法论

在文章开头部分曾提到,公共哲学作为一门"从公共性角度综合论证哲学、政治、经济及其他社会现象的学问",在学科隔膜(分裂)化的大学、学会里,至今没能贯彻到研究和教学中去。而打破上述隔膜、分裂的状态,推行学科结构改革正是公共哲学的使命和课题(Aufgabe)①。那么,21世纪的"全球—地域"公共哲学应采取怎样的学术理论与方法论来完成上述使命和课题呢?

为了明确这一问题,在这里我想介绍一下19世纪后学术史的观点。在第二节中提到了黑格尔的《法哲学》(1820)。在《法哲学》中,黑格尔试图从哲学角度,概念性地把握该时代欧洲的政治、经济、社会,这可以说是一种以欧洲为中心的公共哲学。黑格尔体系崩溃后,欧洲学术界出现了哲学和社会科学分离的倾向。笔者将这一学术界的巨大变化称为学术界从"前专业化时代"向"专业化时代"的过渡。进入"专业化时代"后,首先是经济学出现了学科独立化现象,接着政治学也逐渐从哲学中分离出来。② 前者发生于19世纪后半期到20世纪前半期,产生了著名的奥地利学派、洛桑学派、剑桥学派等;而出现于20世纪20年代后的美国芝加哥学派尤为明显地体现出后者,也就是政治学"脱哲学化"现象的轨迹。1919年,马克斯·韦伯在晚年时期提出了他的学术理论和政治理论,对上述"专业化"时代的趋势作出了权威认定。这

---

① 关于公共哲学的使命和课题,请参照公共哲学网 http://homepage2.nifty.com/public-philosophy/network.htm,以及拙稿《通过公共哲学推行学科结构改革》(《环》2002年春第9号,第303—305页,藤原书店)等。

② 有关此问题请参见拙著(1999年)第二章。

一理论发表于第一次世界大战结束后不久的一次讲演中。韦伯认为,政治理论应限定于权力、统治、责任理论等代表的强权政治范围内;而另一方面,社会科学专业化的潮流已不可逆转,对于这种变化的认识不应带有"价值判断(而不是价值认识)"的色彩。基于上述观点,韦伯否定了构建社会哲学、政治哲学的可能性。[①] 在韦伯的这种政治理论、学术理论中,已经看不到 20 年前迪尔凯姆学术理论中的公共哲学(通过中间团体,构建人与人之间的有机连带以克服社会性混乱现象)成分;公共性只是在政治家的责任理论以及学者的专业研究这一层面上才被提及,这一点给后人以乘虚而入的机会。韦伯逝世后,视敌我思想为政治本质的卡尔·施密特提出了所谓"反公共的政治哲学"[②],成为思想史上不容忽视的一个教训。这一观点作为强权政治时代的政治哲学理论,成为纳粹以及冷战体制下东西世界和"左"翼右翼世界的意识形态。

接下来,让我们聚焦于冷战体制下的日本学术界。在经济学领域,以社会主义为理想的"马克思主义经济学"与以(修正)资本主义为理想的"近代经济学"的两大阵营长期就理论"科学性"的标准问题争论不休。然而,在论战过程中,几乎没有人提到过与"政府乃至官之公共"不同的"民之公共"这一范畴。20 世纪 90年代后,日本马克思主义经济学逐渐衰落,新古典派成为主流,以数理模型分析为核心的"专业化"趋势不断深化。此外,游戏理论

---

① 参见 Weber, M. 1919 → 1968. "Wissenschaft als Beruf", in: *Gesammelte Aufsätze zur Wissenshaftslehre*, Tübingen: Mohr, pp. 582 – 613(韦伯著,尾高邦夫译:《作为职业的学术》,岩波文库 1980 年);以及 1919→1980. "Politik als Beruf", in: *Gesammelte politishen Schriften*, Tübingen: Mohr, pp. 505 – 560(韦伯著,胁圭平译:《作为职业的政治》,岩波文库 1980 年)。

② 参见 Schmitt, C. 1932. *Der Begriff des Politishen*, München: Dunker und Humblot(施密特著,田中浩译:《政治性事物的概念》,未来社 1970 年)。

以纳什均衡为标准答案,建立在彻底的利己主义基础上。正如第一节中提到的,这种理论缺乏亚当·斯密倡导的"公平的观察者"这一公共性观点。而打着"弥补市场的缺陷"这一幌子粉墨登场的公共经济学,将"公共性"(public)完全等同于"政府性"(governmental)①。与此相对,在第二次世界大战后政治学领域,第二节提到的丸山政治学,在建设民主主义国民国家这一理念下展开了其公共哲学,而丸山本人一针见血地批判了学科隔膜化现象。然而,这一尝试也在20世纪70年代后逐渐衰落,以行为主义和实证主义为基础的美国政治学进入日本的学术界,加速了丸山所批判、警戒的政治学"专业化、隔膜化"现象的发展。②

既然学术界已不能再回到"前专业化"时代,要重建"从公共性角度综合论证哲学、政治、经济及其他社会现象"的"全球—地域"公共哲学,就必须将其定位为"后专业化"时代的一门学科。所谓学术的"后专业化"时代,是指各学科在灵活运用其专业优势的同时,也要认识到各自的局限性、相互交流、相互影响,面对社会各种问题的学术时代。因此,要建立"全球—地域"的公共哲学,必须确立一种学术、教育体制;在这种体制下,哲学、政治学、经济学、社会学、法学、科学技术理论、教育学等学科相互影响,共同面对、探讨各种跨学科、跨专业的"全球—地域"问题。不仅如此,我们应该打破诸如"日本某某学会"这种局限于国家范围内的学术

---

① 针对经济学领域的上述状况,本系列丛书的编者金泰昌提出了其根本方针,即采用"官之公共、民之公共、私之经济"三元论,笔者对这一观点深表赞同。请参见拙稿《从公共哲学角度看社会保障问题:历史与现状》(《海外社会保障研究》第138号,2002年3月,第5—13页)及拙著《经济的伦理学》(丸善《近刊》)。

② 关于这个问题,请参见小林正弥:《政治的恩赐主义论——日本政治研究序说》,东京大学出版会2000年。

体制,在国际范围内建立起一种开放型的研究机制;这也是建立"全球—地域"公共哲学亟待解决的一个问题(见表2)。

表2 "全球—地域"哲学的学术理论

前专业化时代	专业化时代	后专业化时代
哲学与社会理论的统合、未分化状态	哲学与社会理论的分离各社会学科的专业化	哲学与各社会科学的合作
	国民国家时代	"全球—地域"公共性的创立
19世纪中叶以前	19世纪中叶到20世纪末	21世纪

那么,在对"全球—地域"公共哲学的前景进行展望之后,让我们看一下应采用怎样的方法论来实现各学科真正意义上的交流与合作。在这里,我想以另一种视角来对公共哲学进行考察。对于社会"实际"的经验性考察,对于"应有的"理想社会的理论性构筑,对于实现这种理想社会的"可能性"的追求,三者相互区别,而又不可分割,对它们进行考察的学问正是公共哲学。通往"全球—地域"公共哲学的途径有两条:一为"理想的现实主义"(idealistic realism);二为"现实的理想主义"(realistic idealism)。

从和平、正义、人权、环境保护、公共之善、多种文化的相互承认、和解等哲学概念出发,在现实生活中冷静地寻找实现这些理念的途径,这种方法叫做"理想的现实主义"。这种方法一般从哲学、社会规范理论角度入手,南原繁的政治理论正是如此。最近,社会哲学家吉登斯将这种方法命名为"乌托邦现实主义",而笔者也一直提倡采用这种方法。① 人们尊重乌托邦(理想之乡)这一理

---

① 请分别参见加藤节《南原繁》(岩波新书1999年),Giddens, A. *The Consequences of Modernity*, Cambridge: Polity Press, 1990(吉登斯著、松尾精文等译:《近代是什么样的时代?》,而立书房1993年)第五章,以及拙著(1999年)第103页。

想实现的可能性,而不是将其视为不现实的空想嗤之以鼻。从理想的现实主义角度来看,现实的现实主义是可憎的犬儒主义,理想社会的梦想、希望拥有无限潜力和价值。然而,理想的现实主义与理想的理想主义,即观念论、乌托邦主义亦不相同,它站在社会科学的角度冷静思考,分析这种梦想、希望在现实社会中能否实现。如果情况不允许,也可以采取次善(second best)之策或是选择招致灾祸(less evil)较轻之途。

反之,"现实的理想主义"从对现实社会的考察出发,在考察过程中探寻建立较为理想社会的可能性。这种方法从经验性社会科学角度出发,以波普的渐进式社会工学为代表。[1] 与从理念出发的途径不同,现实的理想主义的出发点是实际的社会分析,但是它没有停留于对于现状的分析,而是以现状分析为基础,探索打破现状的道路,不断追求建立更好的社会的可能性。这种方法与观念论、乌托邦主义等理想的理想主义迥然不同,与实证主义、犬儒主义等现实的现实主义也有着明显的区别。

上述两种方法,即理想的现实主义和现实的理想主义,在构建"全球—地域"的公共哲学时互为补充,相得益彰。两种方法应突破途径的差异,将"现实的社会认识"和"理想的实现"统一起来,反对犬儒主义、乌托邦主义、观念论、实证主义,推进"后专业化"时代公共哲学的发展(请参见图1、表3)。"全球—地域"公共哲学所面临的课题很多,涉及政治、经济、科技、环境、文化思想等众多领域。笔者由衷希望学者们能够通过上述两种方法论的协调、互补,打破实学、哲学二分天下的错误认识,使实学与哲学相互促

---

① 参见 Popper, K. The Poverty of Historicism, London: Routledge, 1957(波普著,市井三郎译:《历史主义的贫困》,中央公论社 1961 年)。

进;并跨越学科界限,使"全球—地域"公共哲学在世界范围内得到实践。

图1　"全球—地域"公共哲学的方法论:之一

表3　"全球—地域"公共哲学的方法论:之二

○理想主义式的现实主义 　理想社会(应该)的追求→现实社会(存在)的分析→理想的实现可能性(能够)的深思熟虑
○现实主义式的理想主义 　现实社会(存在)的分析→理想社会(应该)的现实可能性(能够)的深思熟虑
×　现实主义式的现实主义 　　a　犬儒主义　现实社会(存在)的分析→对思想社会(应该)的无视　或者 　　　　　　　　　现实社会(存在)的分析→对理想社会(应该)实现可能性(能够)的深思→对理想社会(应该)的无视 　　b　实证主义　现实社会(存在)的分析→对理想社会(应该)的漠不关心
×　理想主义式的理想主义 　　a　乌托邦主义　理想社会(应该)的追求→现实社会(存在)的误解乃至轻视→对理想社会(应该)实现可能性的(超)乐观主义 　　b　观念论　对理想社会(应该)的憧憬→现实社会(存在)的误认乃至轻视→对理想社会(应该)的漠不关心乃至不作为

27

上　篇

日本公共哲学的展开与创造

第一章

幕府末期日本公共观念的转变
——议会制观念的形成过程

三谷太一郎

政治体制的变革总是伴随着为统治正当性寻求理由的公共观念的转换。这一点在由幕藩体制向明治国家的权力转移过程中也不例外。面对国门被叩开的政治危机,幕藩体制需要重新讨论作为政治秩序组织原理的公共性,于是为了强化这一公共性,提出了两个基本方针。其一是为了幕府的政治决策而扩大政治交流。即幕藩体制为了重新构筑能够抵御外界压力的权力,不得已在一定程度上扩大参与决策过程的人员范围,同时还导入了讨论的形式。与从前传统、闭塞的政治交流相比,可以说,为形势所迫的幕府开创了更为广泛、更为开放的政治交流的可能性。而且,以此为开端,政治交流中的公共性随着时代的发展急速增长,最终使幕府无法掌控。

这种幕府末期政治交流的公共性的极大化绝不是在没有任何前提的情况下产生的。尤尔根·哈贝马斯(Jürgen Habermas)在《公众社会的结构变化》一书中论及欧洲"市民公共性"(bürgenliche öffentlichkeit)的形成时指出:"非政治形态的公共性形成于公共权力的公共性保护伞下。这就是成为具有政治功能的公共性的前驱的文艺公共性。"①所谓"文艺公共性"是指17世纪后期至18世纪,法国、英国将文艺作品作为交流的媒体,通过对文艺作品的共享和讨论而形成的、以"读书的市民公众"(das bürgenliche Lesepublikum)为基础的公共性。哈贝马斯说:"政治的公共性逐渐显身于文艺的公共性当中,并通过公论(öffentliche Meinung)成为国家与社会欲求之间的媒介。"②

其实,在日本也曾经存在承担着欧洲这种作为"政治公共性"前期形态的"文艺公共性"(die literarische öffentlichekeit)的相应作用的历史实体。日本在18世纪末宽政时期以后,幕府的官立学校"昌平黉"不仅向幕府的大臣、武士开放,而且也向陪臣以及平民开放。这样就形成了一个以被各藩录用的、毕业于"昌平黉"的人为中心的横贯全国的知识分子阶层,他们构成了相互间自由交流的网络。作家森欧外的作品《涩江抽斋》、《伊泽兰轩》等描写的正是以超越所属阶层和身份壁垒的知识阶层为基础的、全国性知识共同体的实际状态。③"文艺公共性"无疑在其中起着重要作用,它促成了超越于各藩的"讨幕派"政治联合,实现了幕府末期的全国性政治交流,并成为脱胎于此的新"政治公共性"的前提条件。例如,赖山阳的《日本外史》等论著成为了促进幕府末期政治交流的有效媒介。这些确实脱胎于"政治公共性"之前的"文艺公共性"。

处于政治危机的幕府所采取的另一个方针是:通过与以前一

---

① Jürgen Habermas, *Strukturwandel der öffentlichkeit* (durchgesehene Auflage, Hermann Luchterhand Verlag, 1965) p. 40。细谷贞雄、山田正行译:《公众社会的结构变化》(第二版,未来社 2002 年)第 48 页。

② Ibid. p. 98, p. 41, 细谷贞雄、山田正行译, 同上书, 第 116、50 页。

③ 参见三谷太一郎著:《森鸥外〈涩江抽斋〉中的学术和政治》(《UP》第 335 号, 2000 年 9 月), 第 5 页。

直被排挤在决策过程之外的朝廷的合作,幕府在"公仪"的名义之下象征公共性的程度得以提高。幕府赋予统治以正当的公共性,并通过对公共性的具体化不断增强政治效力。哈贝马斯将之称为"代表性的被具体化的公共性"(repräsentative öffentlichkeit)。他说,在欧洲带有"代表性的被具体化的公共性"的教会和地方贵族逐渐失去了这一性质,象征公共性的功能集中于国王的宫廷。[1]日本明治维新的意义之一,不言而喻,就是逆旧幕府的意图而行之,"代表性的被具体化的公共性"从将军转移到天皇。本章的目的就是俯瞰以上两种意义上的幕藩体制下的公共观念的转换。换言之,就是考察明治国家的两个历史范畴的形成过程及其相互关系。

1. 幕府末期"传统之统治"危机的应对

为了维持幕藩体制中实质的中央集权统治,幕府贯彻了以下基本方针。第一,排除幕府之外的自立性权力。首先,对于朝廷,幕府使朝廷承认"皇室及朝臣诸法度",据此将天皇排挤到政治过程之外,同时使"关白"及"武家传奏"占据朝廷的运营中枢,并由幕府掌控这两个官职的任免权。[2] 但是幕府一方面彻底使朝廷政

---

① Habermas, *op. cit.* p. 19. 细谷贞雄、山田正行译:《公众社会的结构变化》,第21页。

② "皇室及朝臣诸法度"的日语原文为"禁中并公家诸法度","禁中"意为"禁阙之中",指宫中、皇居、皇室。"公家"指朝廷大臣,与之相对应,幕府的武士系统称为"武家"。后面出现的"公"、"武"均为此意。——译者注

"禁中并公家诸法度"是1615年德川家康所制定的天皇和朝臣应遵守的法规,第一条便是天子应以学问为第一位。

"武家传奏"是朝廷中负责将武士的奏折呈给天皇的官职名,江户时期设两人,职位仅次于关白。

治形同虚设,另一方面只要不妨碍中央集权统治的实质,就不剥夺作为正当性源泉的朝廷政治的地位。

其次,排除政治自主性在幕府对诸侯的关系上得到了最严厉的贯彻。众所周知,关于修理居住城堡的限制、禁止新建城堡、禁止自由婚姻、参勤轮换制等"武士诸法度"严格限制了各诸侯的自由行动范围。将军,正如新井白石所指出的那样,德川家康与织田信长、丰田秀吉的不同点,在于面对诸侯不是"伯者"(同位诸侯之长),而是要求其臣服的"王者"本身。① 尽管如此,幕府还是把全国米谷收获量的约四分之三给了诸侯,幕府的全国统治在使诸侯领国制存续的同时,通过与各个诸侯关系中压倒性的优越性而得以维持。

进而,对于对幕府具有潜在抵抗可能性的宗教势力,幕府也进行了强烈压制。在幕府成立前就已经大势尽失的佛教势力,被置于"寺社奉行"②的监督下,通过信徒证明制度③起到幕藩体制末端行政机构的作用。对基督教则实行全面禁止,禁教原因与其说是源自对其教义的敌意,不如说是源自对其通过与内外政治势力的勾结而产生的威胁幕藩体制的可能性而产生的警戒感。这通过闭关锁国的形式得以贯彻。

幕府为实现对全国的集权统治而采取的第二个基本方针是排除幕府的自立权力。首先,幕府的决策原则上采取合议制。"老中"以下的各职制不是独立任职,而是采取合议制。例如,"老中"

---

① 山路爱山:《新井白石》1894 年(山路《史论集》,みすず书房 1958 年),第189 页。

② "奉行"为"奉命行事"之意,是幕府所设的官职。"寺社奉行"是掌管涉及寺院和神社的所有事务的官职。——译者注

③ 证明不是基督教信徒而是某个寺院的佛教信徒。——译者注

4—5 人，"若老中"3—5 人，"大目付"4 人，"目付"10—30 人，"寺社奉行"35 人，"町奉行"2 人，"勘定奉行"4 人，①各种决策都是通过合议制争论与妥协的结果。这主要是第三代将军德川家光时代的成果，之前的德川家康和德川秀忠时代所表现出的向辅佐将军的特定人格的权力集中，通过合议制以及同时进行的按月轮流的制度得到了抑制。通过幕府各机构内部相互制约、均衡的机制，防止了特定机构和以之为据点的特定势力的绝对优越化。

马克斯·韦伯认为，在行政任务进行了质的扩充，因此专业知识逐渐变得不可或缺的情况下，统治者一方面利用专门知识，另一方面在专业知识的优势不断增大的倾向下保护自己，为对抗专门知识而主张自己作为统治者的立场。合议制就是适合这种目的意识的典型形式。即统治者通过合议制，使参与合议制的专业人士相互竞争而控制他们，避免统治者自身通过特定个人的垄断性影响而作出恣意的决定。韦伯说，合议制在成立期是决定君主制的典型制度，是为了确保行政无主观性的最实力强大的手段之一。②随着全国统治地位的确立，幕府在行政方面需要质的飞跃，同时还必须确保处于专业化进程中的将军的行政领导，可以说，幕府政治初期形成的合议制是同时兼顾这两者，是为了达成高度平衡这两项权力的目的的一种权力的合理化。

另外，合议制确立的背景是武士的官僚化。合议制通过剥夺

---

① "老中"、"若老中"、"大目付"、"目付"、"寺社奉行"、"町奉行"、"勘定奉行"，这些是幕府自上而下的官职，"老中"大概相当于宰相。——译者注

② Msx Weber, Wirtschaft und gesellschaft : Grrndriss der Verstehenden Soziologie (J. C. B. Mohr (Paul Siebeck) Tübingen, 1956)2 Halbband, pp. 582‑583. 世良晃四郎译：《统治的社会学》（创文社 1960 年），第 127—129 页。

武士本土性（及由此起因的独立性）而得到促进，并通过作为"武家诸法度"中的本职伦理所导入的儒教意识形态而达到正当化。这必然阻止了相对于幕府或者幕府中的自立权力的增长。

而且，幕府机构中的权力分散遏制了幕藩体制中政治自主化的可能性。其显著表现是，名目性权力（地位）和实质性权力（实权）的分离形式，启动了幕府机构内部相互制约的平衡机制。关于这一点，福泽谕吉曾指出："大凡幕府的政务组织，此种情况不胜枚举，列举愈详，便愈能看到平均主义的细致周到。"①

这样，在权力机构的内外排除自主权力的幕府，不仅要排除明显存在或者潜在的政治势力，而且也要扼杀全社会的自主性萌芽。阻断整个社会的自主交流，使一切的社会人际关系均不能进行自主交流，并尽量使之固定化、形式化。即各种社会性人际关系一方面作为身份关系被形式化，另一方面，作为地域性割据关系被固定下来。在幕藩体制社会中，通过身份制度将行动方式细微地类型化，这弥补了自主性交流的缺失。另外，空间上的自主交流也被严格禁止，幕府不仅限制和禁止自由旅行，而且还限制自由访问。作为首任驻日英国公使到幕府末期的日本任职的卢瑟福·阿尔科克（Rutherford Alcock）在《大君②之都》中有如下记述："严格的法规甚至禁止诸侯们的相互访问。这是有一天阁老们特意指着在谒见室坐成一排的诸侯们对我明确说明的。诸侯们都是朋友、同僚，但他们是不允许相互跨过各家门槛的。因此，究竟他们是否有社会

---

① 福泽谕吉：《国会的前途》，1891 年（收录于《福泽谕吉全集》第六卷，岩波书店 1959 年），第 44 页。

② "大君"是江户时代对外国使用的对幕府将军的称呼。后面出现的"大君"均为此意。——译者注

生活还是个问题……"①

　　在全社会进一步压抑自主性的是布满权力机构内外的相互监督组织。伴随着合议制与权力的分散,幕府内部还具有精密的相互监视功能。关注这一点的阿尔科克在《大君之都》中描述如下:"每一职务都具有双重功能。各人之间都相互警戒。不仅整个行政机构是复数制(合议制——三谷注),而且在基于马基雅弗利主义原则的,牵制别人,同时也被别人牵制的制度的最严密谨慎的体制,在此地被精密地发展到了极致。"②例如,"老中"以下所有的幕府官吏均处于无所不在的眼睛的监督之下,这种眼神处于"若年寄"③的统治下,同时复数的眼睛相互之间还在互相监视。

　　如上所述,幕藩体制的权力在全社会规模上使自主性、流动性几乎趋于零,完全将人际关系类型化、固定化,从而使幕府统治得以存续。这如同福泽谕吉在《文明论概略》中形容的那样,制造出对内的封闭状态,"日本国内的几千万人,被封闭在几千万个箱子中,如同被几千万堵墙壁隔开,丝毫动弹不得。"④而且,对内的封闭状态必然归结为对外的闭关锁国。

　　在这种对内、对外的封闭锁国状态之下所确立的秩序作为规定幕藩体制的"祖法"获得了正当化身份。"祖法"是体现传统的根本法。将军具有传统之统治的正当性,将军的权力行使受传统制约。因此,将军打破传统时,就会使统治的正当性濒于危殆。这

　　①　Sir Rutherford Alcock, *The Capital of the Tycoon : A Narrative of a Three Years' Residence in Japan* (Messrs. Longman and Co. 1863) Vol. 1, Preface 10 - 11. 山口光朔译:《大君之都——幕府末期日本生活记》(岩波文库 1965 年),第 41 页。

　　②　Ibid. ,p. 228. 同上书,第 340 页。

　　③　"若年寄"是江户幕府官职名,仅次于"老中"。——译者注

　　④　福泽谕吉著,松泽弘阳校注:《文明论概略》(岩波文库 1995 年),第 244 页。

正是韦伯所说的"传统之统治"（Traditionelle Herrschaft）①的典型。
德富苏峰将这种幕藩体制中的"传统之统治"恰当地形容为"习惯
之专制"。他说："当时实际的主权者究竟为谁？达识之士必曰，
非天子，非诸侯，……必另有其物，此为何物？乃习惯也。……封
建社会依习惯而立且与习惯共存。一旦习惯被废，其组织将立即
崩溃。因此习惯之专制只能生存于锁国之中。"②

　　德富苏峰称为"习惯之专制"的幕藩体制的"传统之统治"最
终崩溃是由于传统所无法规定的领域不断扩大，最后导致若不否
定传统本身就无法维持统治的结局。在这个意义上，"传统之统
治"的动摇才是促使其对外开放的外部压力，而且也在某种意义
上促进了对内开放。也就是说，它直接攻击了"传统之统治"的支
柱——对内及对外的双重意义的闭关锁国体制。幕府面对挑战其
统治正当性的根据（即传统）本身的外部压力，为了维护其体制而
不得不全力应对。

　　面对"传统之统治"的危机，幕府首先在已有的统治框架中谋
求能应对危机的权力合理化。第一是合议制的扩充强化，它包含
两个方向。一是强化对外问题的专职人员。负责对外问题的机构
是1845年（弘化二年）设置的"海防局"，掌管"海防局"的首席
"老中"阿部正弘为了顺应并强化日趋紧迫的对外问题，不问出
身，锐意起用幕府官吏中的优秀人才。对于这些安政时期外交交
涉上海防官吏的作用，福地樱痴说："海防局被公认为当时幕府人
才荟萃之地，天下大事大抵出于此局之决议且受此局左右。"③

　　①　Weber, *op. cit.*, pp. 552－555. 世良晃四郎译：《统治的社会学》，第39—44
页。
　　②　德富猪一郎：《新日本之青年》（集成社书店1887年），第41页。
　　③　福地源一郎：《幕府末期的政治家》（民友社1900年），第57页。

合议制扩充强化的另一个方向是参与人员的扩大。首先给予原来完全无缘于幕府决策过程的诸侯一定发言权①。其开端就是当培理(Matthew Calbraith Perry)呈上美国总统的亲笔信时,阿部正弘召集任职于江户的诸侯,咨询相应对策。这当然未必是期待各诸侯给出实质性的对策,而只是明知无法拒绝美国开国要求的幕府当局作出让步决定时,希望得到各诸侯的"众议"的支持。也就是说,为了使废弃闭关锁国这一"祖法"、大规模修正"传统之统治"的决定合理化,需要"众议"。幕府所必需的未必是"众议"的内容,而是"众议"的形式。对于幕府来说,这不过是为了政治目的的操作和工具而已。但是,一旦被导入决策过程的"众议"成为进一步扩大政治参与的诱因,那么它反过来就会限制幕府的行动。也就是说,本来为了合议制的扩充强化而导入的"众议"在情况的变化过程中,终于超越合议制的框架,取代了作为传统制度的合议制。

　　对合议制参与的扩大,除了导入"众议"之外,另一方面还接纳"嫡系诸侯"以外的实力强大的诸侯的实质性参与。培理访日后不久,阿部正弘任命前水户藩藩主德川齐昭为幕府海防参赞,为对外问题提供咨询。之前德川齐昭曾经就对外问题,劝阿部正弘听取从"御三家"至"旁系诸侯"的各有志诸侯的"众评"。另外,阿部正弘与代表"嫡系诸侯"的越前藩藩主松平庆永、代表"旁系大诸侯"的萨摩藩藩主岛津齐彬以及开明派"旁系诸侯"伊达宗城保持密切的合作关系,并试图使幕府的施政参考他们的意见。因为对外问题迫在眉睫,而由只从一部分限定的"嫡系诸侯"中选出

39

---

　　① 尾佐竹猛:《日本宪政史大纲》上卷,1938 年(复刻版,宗高书房 1978年),第4—5 页。

的老中所主宰的"传统之统治"的体制无法处理这样的对外问题，所以合议制不得不改变其实质。与之相伴，从前的合议制所体现出来的公共观念（"公仪"）的内容也被重新讨论。①

除上述的扩充强化合议制之外，幕府为了对应危机而试行再构筑"传统之统治"的另一项措施是，谋求朝廷的同意（敕许），以作为幕府对外政策决策正当化的根据。对于培理要为美国叩开日本国门这件事，幕府根据阿部正弘的呈报将此汇报给京都的朝廷，而且附上了美国总统书简的日文译文。自此，"京都上奏"成为惯例。幕府在对外问题的决策过程中引入了"敕许"手续。为了寻求改变"祖法"、处理从前闭关锁国之下不存在的与外国的外交关系的正当性依据，是需要诸如"众议"及"敕许"这样的形式的。闭关锁国这一"祖法"的基本支柱的废除，必然导致对自幕府创立以来，将军肩负"治乱"的一切责任而不必对朝廷的"上奏政道"这一"祖法"的改订。

自培理来日至缔结日美友好条约的整个过程中幕府所进行的"传统之统治"的修正，在其后日美通商条约的缔结过程中也沿袭了下来。幕府在正式签署通商条约前，一方面努力获取各诸侯的支持，另一方面还努力获取朝廷的"敕许"。关于前者，幕府在对美谈判成立之前，就让在江户的诸侯阅读美国总领事馆首任领事汤森·哈里斯（Townsend Harris）向将军呈递的美国总统奉劝其缔结通商条约的亲笔信以及相同主旨的哈里斯的陈述笔记等公文，

---

① "御三家"、"嫡系诸侯"、"旁系诸侯"是日本江户时代的诸侯类别。"御三家"指德川家族的三支，即尾张藩的德川家、纪伊藩的德川家以及常陆藩的德川家，他们位列各诸侯之上。"嫡系诸侯"指在成为德川家康打天下的转折点的"关原之战"之前就跟从德川氏的家臣；"旁系诸侯"则指"关原之战"后追随德川氏的诸侯。——译者注

向他们公开幕府应对谈判的打算,征求他们的意见;在谈判大体达成协议时,又命令各诸侯晋谒,向他们报告、说明谈判经过,同时反复征求他们的意见。幕府当局对各诸侯的这些积极咨询和说明,和培理舰队来到日本时一样,是为了应对缔结通商条约这一"开天辟地以来的紧急大事"而采取的"非常措施"。其结果,除了少数例外,各诸侯或者支持缔结通商条约,或者表示了追随之意。这样,似乎可以说,幕府成功地运作了支持从根本上修改"传统之统治"的"众议"施政方式。

但是,在获取朝廷的"敕许"方面,与签订友好条约时不同,在缔结通商条约时进展迟缓。培理来日时,当时的首席"老中"阿部正弘曾尝试使"嫡系诸侯"以外的实力强大的诸侯参与幕府政策的决策,但由于在缔结日美通商条约的谈判达成协议前阿部正弘病逝,幕府与实力强大的诸侯之间的沟通也随之停滞。允许逗留下田的哈里斯进江户城准其谒见将军,这是对传统制度的一项重大改变,但幕府事先并没有向这些有实力的诸侯进行充分的咨询和沟通,使他们产生了强烈不满。因此,这些诸侯的一部分(水户、萨摩、土佐、长州等)通过姻亲关系及其他渠道向朝廷的权臣做工作,妨碍了"敕许"的下达。

另外,关于给幕府威信带来负面影响的第十三代将军德川家定的继位人选问题而产生的对立甚至波及京都的朝廷,使朝廷介入将军继位人的选定。德川家定并无子嗣,关于其继位人的拥立出现了互相对立的两派意见:一是拥立在血统上相近的纪伊藩藩主德川庆福;二是拥立德川齐昭的次子——被公认"英明"的一桥庆喜。其中,一桥派希望获得朝廷的支持,积极推动朝廷的介入。这件事也使得朝廷对于幕府所奏请的对通商条约的"敕许"采取压制态度。幕府派往京都获取朝廷"敕许"的"老中"堀田正睦在京都停留了两个月后只能无功而返。

没有获得"敕许"的幕府有两个选择。其一是,通过确定有才能的继位人,恢复将军的威信,强化幕府的领导权,进而重新运作"敕许"与"众议"。从京都返回江户的堀田正睦考虑的正是这一选择。他希望通过任命既是朝廷中意的又是实力强大的诸侯所支持的一桥庆喜作为将军继位人来恢复将军的威信,打算靠此来运作对通商条约的"敕许"和"众议"。堀田正睦手下负责幕府外交工作的大多数海防官僚,都主张作出这一选择。在"传统之统治"("习惯之专制")中不成问题的将军个人的政治能力在非常事态时受到了重视。也就是说,伴随着传统制度的动摇,传统的将军也必须符合实际状况的要求。

幕府第二个选择是,放弃"敕许"和需要"敕许"的"众议",一味通过恢复传统("祖法")权威来重建幕府的统治。换言之,就是回归"习惯之专制"。在纪伊派的支持下补任"大老"[1]的井伊直弼所选择的就是这种复活幕府统治的强硬手段。井伊直弼在就任大老的10日之内,就秘密决定以纪伊藩藩主德川庆福为将军继位人。这基于井伊直弼的传统将军观,他认为对于将军来说,第一必要的不是"贤明",而是"威德",而"威德"来自于"正统"。这的确可以说是与一桥派绝对主义将军观的正面交锋。而且,在井伊直弼看来,不拥立"贤明"的将军就不能进行内外政治活动的想法,是背离重视从"嫡系诸侯"选出的阁老的权威这一幕府的政治传统的。于是,井伊直弼依据其重视"血统"与"传统"的将军观,采取果断措施,决定了将军的继位人。

---

① "大老"是日本江户幕府辅佐将军的最高职位,是非常时期在"老中"之上增设的一个职位,统辖整个幕府。——译者注

继而,井伊直弼肃清了幕府内部的一桥派官僚。这些官僚大部分是担任幕府外交工作的开明官僚,通过这种人事肃清,确立了他鲜明的幕府传统主义路线。而且,作为传统主义路线的归结,井伊直弼在没有获得"敕许"的情况下强行签订了通商条约。这并非因为井伊直弼和同样赞成签署通商条约的一桥派官僚一样,持积极的门户开放论的立场,而是因为他认为,通商条约的签署是幕府的决定,即使朝廷不同意,幕府也必须保持其威信坚决地贯彻这一决定。也就是说,对于井伊直弼来说,比起通商条约的签署本身,更为重要的是,幕府可以不顾朝廷和实力强大的诸侯的反对,通过签署通商条约来维持幕府的传统权威。可以说,他随后一手制造的、企图扫清国内反幕府派的"安政大狱",正是以通过权力的直接行使而达到恢复幕府"传统之统治"的目的。

然而,由于作为"传统之统治"最大支柱的闭关锁国政策已经被放弃,井伊直弼再次确立"传统之统治"的强权的企图也就有了不可逾越的界限。他是在妄想维持住为了守住"传统之统治"而打破"传统之统治"这一矛盾。"安政大狱"引发了"樱田门事变",井伊直弼被暗杀,他的企图落空,同时幕府的"传统之统治"也理所当然地急速解体。而且与此同时,象征幕藩体制中的公共观念的"公仪"的功能也逐渐弱化,取而代之的"公议"和"天朝",作为新的公共观念的象征逐渐浮出水面。

2. "公仪"的解体与"公议"的喷出

以"樱田门事变"为转折点的幕府"传统之统治"的解体,有如下两种表现形式。其一是旁系雄藩政治影响力的扩大;其二是超越藩的界限的"尊王攘夷"运动的兴起。关于前者,在旁系雄藩中,通过在幕府与朝廷之间推进公武(朝廷和幕府)合体政策而增强其影响力的是萨摩和长州两藩。首先,长州藩在樱田门事变以后,站在积极的开国论立场上,促使朝廷和幕府之间达成相互了解,倡导公武合体政策。长州藩此举得到了樱田门事变之后意欲通过公武合体政策恢复幕府权力的、以"老中"安藤信正为首的幕府当局的赞赏,幕府当局授予藩主毛利庆亲主导权,让长州藩负责公武合体的具体事宜。迄今被排挤在幕府决策过程以外的旁系雄藩接受了幕府当局的委托,开始公开承担重大的任务。

长州藩的公武合体政策因为藩内部以尊王攘夷派为中心的反对派的抵抗而夭折,随后,萨摩藩取代长州藩取得了公武合体政策主动权。萨摩藩藩主的父亲、掌握藩政实权的岛津久光在镇压尊王攘夷派的同时,向朝廷和幕府施加压力,派自己的亲兵护送朝廷派往江户的钦差,迫使钦差向幕府传达符合萨摩藩意向的关于幕府人事改革的"诏书"。结果使一桥庆喜成功就任将军辅佐、松平庆永成功就任政事总裁。樱田门事变之后,由萨摩藩所代表的旁系雄藩的政治影响力甚至能影响幕府最重要的人事安排。在这样产生的新政权之下,幕府对朝廷的限制得到缓和,制造安政大狱的幕府相关官员被流放,参勤交代制也开始放松。朝廷及拥护朝廷的旁系雄藩对于幕府的独立化倾向得到了进一步强化。

幕府"传统之统治"的解体,促使了以朝廷为背景的旁系雄藩的抬头,甚至利用幕府授予的主导权大幅度地进行幕府政治的改革。与旁系雄藩的抬头并行、促进幕府"传统之统治"解体的是尊王攘夷运动的掀起。这一运动的思想结合了尊王论和尊王攘夷论,其实尊王论和尊王攘夷论两者本身并不包含任何反幕府的意向。以知道君臣名分上下有序的"华"和不知道君臣名分上下有序的"夷",即所谓的"华""夷"区别为前提,主张应该攘"夷"的攘夷论,当然与维持体现君臣名分上下有序的幕藩体制并无矛盾。这对于尊王论来说也同样如此。尊王论以现存的名分论和上下秩序为前提,能够以天皇为直接尊崇的对象,对其呈现忠诚的只有将军;诸侯只能通过将军、陪臣和庶民只能通过诸侯及将军才能实践"尊王"。因此,对于诸侯以下身份的人来说,"尊王"与"敬幕"是一体的。也就是说,尊王论是使对身份高的人的直接的尊崇与忠诚正当化的论说,对幕府"传统之统治"来说,本来是具有维持其现状的功能的意识形态。直到幕府未得到"敕许"而强行缔结通商条约为止,毋宁说尊王攘夷论是推进以幕府为中心的公武合体政策的主要因素。例如,作为理论上和实践上的尊王攘夷运动的先驱者吉田松阴,在幕府签订通商条约前绝不是讨幕(讨伐幕府)论者,而是倾向于公武合体政策的。

然而,以吉田松阴为代表的尊王攘夷论者的态度,随着条约的签订发生了突然转变。吉田松阴说签订条约是"幕府背叛天朝,背叛众议,仗外夷之援逞其私意"①。他认为,幕府无视"敕许"与"众议"而进行签署条约,是幕府自己阻碍了以幕府为主导的对应外来压力的国家统一、公武合体的推进。之前在攘夷论中成为一体的"尊王"与"敬幕"也由此而分离,迄今为止作为攘夷论支柱的现存上下秩序的名分论,也因为其核心、幕府的背信弃义而失去其意义。而且,背叛"敕许"和"众议"的"公仪"也已经失去其作为公共性的象征的功能,沦落为单纯的"私意"。如此,吉田松阴的攘夷论由公武合体论向讨幕论收缩,与此同时,他所谋求的攘夷论的主体也超越了以幕府为政治向心力的身份秩序,转向现有统治

---

① 吉田松阴:《时势论》,安政5年(1858年)9月22日(《松阴遗文》,见东京大学法学部明治报纸杂志文库所藏的吉田作造文库)。

机构的局外人即"草莽崛起之人"。

可以把吉田松阴的尊王攘夷论的这种蜕变推而广之,看作是尊王攘夷论本身的蜕变吧。签订通商条约后,尊王攘夷论脱离了名分论的上下秩序的约束,一方面不需经由将军、诸侯,可以直接对"天朝"结成忠诚关系;另一方面也使超越了藩、身份的具有很强自主性的"众议"得到发展。通过尊王攘夷运动而形成的自由交往的政治风气,成为产生对抗幕府的新权力的媒介。如果说幕藩体制下的"传统之统治"通过切断乃至限制一切自主性交往而得以维持下来,那么必须说通过扩大"众议"这种形式而实现的、以尊王攘夷论为媒介的藩际交往即对内开放,与国际交往即对外开放一样,也是"传统之统治"必然解体的重要因素。而且,反对对外开放的运动促进了对内开放,并且通过促进对内开放,事实上也反过来促进了对外开放。在这里我们能看到一个历史的反论(黑格尔称之为"理性的狡智"):通过尊王攘夷运动实现了开国,换言之,以"封闭的社会"的意识形态为媒介的交往反而成为了向"开放的社会"转换的媒介性契机。幕府末期日本公共观念就是通过这一反论的展开来实现其转换的。

从"传统之统治"裂缝之中,一方面浮现出基于公武合体路线的幕藩联合政权的构想;另一方面掀起了排斥幕府、要与朝廷直接联系的尊王攘夷运动。而这两个方面的推进力都是要强化自己独立于幕府的地位的旁系雄藩。在基于积极的开国论的公武合体路线遭受挫折以后,首先进入京都,扩大了对朝廷的影响力的是长州藩。长州藩通过尊王攘夷论集结了超越藩的"众议",并通过获得朝廷对这些"众议"的公认而形成了"公议"。在此意义上的"公议"成为其对抗幕府的权力正当化的根据。

但随后反击长州藩、追求基于公武合体路线的幕藩联合政权的是萨摩藩。萨摩藩与支持幕府势力的军事支柱会津藩合作,发动宫廷政变(文久3年8月18日的政变)将长州藩从朝廷驱逐出去,建立起支持幕府的势力和旁系雄藩(萨摩、土佐、伊予三个藩)的联合政权。这就是所谓的"参与会议"。但是这个联合政权却因为内部对立,即代表幕府的将军辅佐一桥庆喜与代表旁系雄藩的前萨摩藩藩主岛津久光的对立而解体。之后,萨摩藩强化了其反对幕府的立场,与经过与幕府军队的第一次长州战争以及与英、美、法、荷兰四国联合舰队的马关战争后从"尊王攘夷"转为"尊王讨幕"的长州藩接近。萨摩藩放弃了幕藩联合政权的设想,将政治前途托付给排斥幕府的以萨摩、长州两藩合作为基轴的雄藩联合政权。而且,萨摩藩反对幕府所计划的第二次长州战争,其论据就是朝廷以及拥护朝廷的雄藩联合的"公议"。

　　以将军家茂的死为契机不得不停止第二次长州战争的幕府,在继家茂之后成为将军的德川庆喜领导下,接受法国公使莱昂·罗苏的建议,以拿破仑三世的第二帝国政权为模型,着手重新确立幕府权力的绝对化。这便是当时处于幕府机构边缘、支持幕府权力绝对化的福泽谕吉所说的"大君的专制"。其最终结果必然是藩权力(特别是像萨摩、长州这样的旁系雄藩)的废除。至此,幕府与雄藩联合的对立已成定局。雄藩联合当然认识到"大君的专制"是其重大政治威胁,"武力讨幕"论开始表面化。

　　但是,雄藩联合所引出的并不仅仅是"武力讨幕"论。在萨摩和长州两藩达成"武力讨幕"的协议时,另一方面,土佐与萨摩两藩为了推进以和平移交权力为目的的幕府的"大政奉还"也缔结了盟约。这个盟约中出现的"大政奉还"论的主旨是:将军将政权归还给朝廷,将军降到诸侯之列,设置"议事院"(后来土佐藩主向幕府提出的建议书将之称为"议政所"),通过"议事院"的"公议"

来施政。当然,在"武力讨幕"论中,也预定在权力移交后采取这种"公议政体"。所以,无论阻止"大君的专制"的政治战略采取何种形式,取而代之的政治体制方面必然会采取议会制,权力必须以"公议"为基础。

幕府接受了土佐藩的建议书,在以萨摩、长州为中心的讨幕派行动之前先发制人,断然实施"大政奉还"。幕府所设想的"大政奉还"后的政治体制,也仍然是一种"公议政体"。早在幕府开始考虑在以一桥庆喜和松平庆永为中心的政权下,实现以公武合体路线为基础的幕藩联合政权时,幕府就已经有了相当于国会、地方议会的议会制的构想,对此最为系统地描述了幕府在"大政奉还"之后的"公议政体"前景的则是,在"大政奉还"之际,将军庆喜的智囊西周受命所准备的"议题腹稿"(庆应 3 年 11 月)。即"大政奉还"之后应继续确保作为全国性政权的主体的"大君"(武士政权)的地位,同时设置作为全国立法权主体的"议政院"(由上院和下院构成,即由一万石以上的诸侯①组成的上院及由各藩派一名代表组成的下院)。② 将军庆喜在"大政奉还"的上奏文中所说的"若穷尽天下公议,仰仗圣断,齐心协力共保皇国,则必可与海外万国比肩鼎立"③,也反映了其"公议政体"论。所以,无论幕府方面还是反幕府方面,在为了以"公议"为各自政治生存的理由而引入议会制这一点上是共通的。可以说,幕府末期公共观念的转换,是通过天皇制和议会制来体现公共性的明治国家的最重要的历史性前提条件。

---

① "石"原为谷物的计量单位,1 石等于 10 斗。江户时代以此来计算诸侯的领地和级别。——译者注
② 大久保利谦编:《西周全集》第二卷(宗高书房 1962 年),第 177—182 页。
③ 尾佐竹猛:《日本宪政史大纲》上卷,第 76 页。

结　语

　　明治国家形成过程的第一阶段,是幕藩体制的解体。这可以分为两个进程。第一个进程是促使旧幕府势力的废绝,加强非幕府势力的协调。这就是从王政复辟到明治2年6月的版籍奉还的时期。取得了王政复辟主导权的讨幕派,一方面为了不仅在形式上而且在实质上解除旧幕府势力,进行彻底的内战;另一方面为了打赢内战,努力争取全体非幕府势力的支持与协助。于是,作为全体非幕府势力的一致意见的政治象征的"公议舆论"被动员起来。这表现为,这一时期明治政府设置了各种"公议舆论"的运作机构。这应该统称为前期议会制。

　　王政复辟后的庆应3年12月,首先设置了基于土佐藩的"公议舆论"论的上下议事所。随后明治元年3月根据政体书设置了由上局和下局构成的议政官。虽然前者是立法机构和行政机构未分化的形态,还不能说体现了真正的议会制,但后者是作为行政机构的"太政官"①所分立的立法机构,在这个意义上可以说是最初的议会制尝试。两者的目的都是确保能协调朝廷以及幕府以外的各藩组成的非幕府势力的"公议"。

　　幕藩体制解体的第二个进程是各藩权力的解体。这开始于明治2年5月箱馆战争的结束。明治政府在结束内战的同时,进一步提高其权力的集中程度。与之相伴,"公议舆论"的政治比重逐渐减少。这也意味着明治政府已经开始着手解除成为"公议舆

49

---

　　① "太政官"是庆应4年(1868年)根据政体书而设置的最高官厅,相当于内阁。——译者注

论"的实际基础的各藩权力。箱馆战争结束后第二个月开始的"版籍奉还"成为决定性的第一步。这期间,"公议舆论"的运作机构逐渐收缩。明治元年9月奥羽战争结束的第二个月,议政官被废除。作为其下局的后身,明治2年3月设立了公议所,这也在决定了"版籍奉还"以后,于同年7月改称集议院,其权限被缩小到成为单纯的咨询机构和上传下达的机构。明治4年7月伴随着"废藩置县",太政官的编制被分散,同时集议院被收缩为太政官左院的一个机构,至明治6年6月完全废除。这种"公议舆论"的运作机构逐渐收缩的过程,也是一直支撑这些机构的各藩权力逐渐被解除的过程,同时还是中央政府逐渐压服地方权力的过程。与这个过程并行的,是"公议舆论"的主体逐渐由以各藩为据点的地方政权向各种形式的反政府势力过渡。"公议舆论"由政府的政治象征转化为反政府势力的政治象征。

明治6年6月集议院被废除后,第二年1月向太政官左院提出的民选议院设立建议书所要求的,是重新确立"藩别议院"所曾经体现的"采用公议舆论的制度"。以此为导火索所展开的明治10年到20年的自由民权运动,是以实现政党制的议会制为目标的政治运动,不过促进这一政治运动的却是明治政府自己提出的"公议舆论"。

在民选议院设立建议书的署名中,也有像江藤新平那样的不是投身自由民权运动,而是参加自由民权运动之前的士族叛乱的人。虽然士族叛乱本身并非以实现议会制为最优先的目的,但其指导思想是以以前的反幕府势力曾主张的"公议舆论"为本质内容的尊王攘夷论(只是士族叛乱的尊王攘夷论是以朝鲜为攘夷对象的),在此意义上与后来的自由民权运动之间有着深层的精神联系。事实上,对士族叛乱深感共鸣、在西南战争的第二年暗杀明治政府最高负责人大久保利通的石川县士族岛田一郎等人的"斩奸状",所列举的第一个理由便是"杜绝公议,压抑民权,以政事为私",他们批判明治政府最后甚至废除集议院和左院等使"公议舆论"的运作机构不断缩水的一系列政策。① 也就是说,无论自由民权运动还是士族叛乱,两者对于明治政府的抵抗理论,与以前对于幕府权力的抵抗理论是相同的。明治政府是"第二个德川幕府",因而需要"第二次维新"。正如民权派将维新革命的"公议舆论"的旗帜转化为反政府运动的旗帜那样,士族叛乱派也将讨幕派的"尊王攘夷"的旗帜转化成反明治政府的旗帜。两者在对"背叛革命"的公愤方面是共通的。

然而,被反政府势力指责为无视和背叛"公议舆论"的明治政府当局,作为维新革命的主体,却又不得不从"公议舆论"中寻求其统治的正当性的根据。明治8年颁布的明确"立宪政体"建设的方针的诏敕、明治14年颁布的开设国会的诏敕,无非都表明了明治政府的这种态度。因此可以说,在政府和反政府势力之间,关于议会制的设置本身双方意见是一致的。不同之处在于双方对议会制的构想。反政府势力所构想的是与政党制相结合的议会制,而政府当局的议会制的概念则是与政党制割裂开的议会制。可以说,这种政党制的议会制概念与反政党制的议会制概念的对立和矛盾,在某种程度上贯穿了整个明治宪法体制,这给以议会制为基础的公共观念带来了两重性。

当然,将这两个分裂的议会制概念(以及与之相对应的两种公共观念)统一起来的是天皇制。但是天皇制概念(以及基于此的公共观念)也存在着分裂。这种分裂源自究竟应该如何解释天皇的统治,换言之,源自天皇的定位究竟是政治主体,还是非政治

---

① 渡边修二郎:《大久保利通之一生》(大学馆1900年),第191—192页。

主体的不同见解。如此一来,来自幕府末期的公共观念转换的、明治宪法体制下的公共观念,由于其两个来源,即天皇制和议会制各自的概念分裂而不得不带有多重性。

现行宪法体制下的公共观念随着天皇制和议会制的变质而变得稀薄化。因为天皇制和议会制失去了它们在明治宪法体制下所拥有的、哈贝马斯所说的"代表性地实现的公共性"的意义。天皇制已经不再具有决定所有价值序列的超越性和普遍性。天皇制很难再成为公共性的表象。议会制在国民主权之下占据了政治体制的中枢,与以前的天皇制一样,成为了公共性的源泉,但是不能说它也具备以前的天皇制的绝对性。现在与政党制完全一体化的议会制,几乎代表了所有的特殊利益。但却没有代表唯一的重要的利益,那就是国民的公共的利益。这就是第二次世界大战后日本的政党政治所产生的被称为利益政治的政治状况。如何取得各种特殊利益之间的均衡,是第二次世界大战后日本政党政治一贯的重要课题,而且现在仍然如此。换言之,在现今的日本虽然存在少数意愿、多数意愿,但并不存在卢梭所说的"普遍意愿"。而且,"普遍意愿"才是国民的公共利益的表现。"普遍意愿"的存在说明国民主权在发挥其功能。这种意义上的"普遍意志"与少数意愿、多数意愿不同,它并不是自然存在的,它必须被制造出来,而制造它的就是政治。今天的政治课题,是从多元特殊利益之间的对抗与冲突的现实中找到与它们相通,而且超越它们的公共性的表象。日本民主政治要超越利益政治生存下来,最必需的是约翰·斯图亚特·穆勒(John S. Mill)曾经对陪审制度所指出的"公共精神的学校"(school of public spirit)①。

---

① John S. Mill, *Considerations on Representative Government* (1861, People's Edition, London : Longmans, Green. and Co. , 1875) pp. 27 - 28.

第 二 章

"不可思议的世界"的公共哲学

——横井小楠的"公论"

苅 部 直

1. 天皇行幸与"公共"政治

庆应 4 年(1868)8 月 27 日的京都,连日阴雨于早晨时停了,天有些闷热。明治天皇(睦仁)的即位典礼在京都御所的紫宸殿隆重举行。虚岁 17 岁的新天皇向俯首排列的"群臣"正式宣布即位。当时,东北地区仍有会津、米泽、仙台等旧"幕府"派的诸藩继续对抗高举"王政复古"旗号的新政府,但是新政府应该有能力使他们降伏,只是时间的问题。这一天的仪式,摒弃了从前中国式的礼服、装饰和即位灌顶等佛教礼仪,采取了朝臣以外的、从旧诸侯("大名")武士中提拔的那些新政府官僚也列席的新形式。另外,特别在会场摆放了巨大的地球仪,以向世界各国展示继承了天照大神的系统。9 月 7 日,按照一代天皇一个纪元的新制度,改年号为"明治"。拥戴年轻天皇的新政府,代替了旧的德川政权,牢牢掌握了日本的统治权,向全世界宣告了新时代的开始。①

53

---

① 参见《明治天皇纪》第 1 卷(吉川弘文馆 1968 年),第 804—812 页;井上胜生:《近代天皇制的传统与革新》(《法学研讨增刊,综合特辑系列》第 33 号,1986 年5 月);高木博志:《近代天皇制的文化史研究》(校仓书房 1997 年),第 25—27 页。

在新政府的立法机构"议政官"任"上局参与"（相当于上院议员）的熊本出身的儒学家横井小楠（平四郎）（1809—1869 年）也参加了这次即位列席之礼，他于 9 月 15 日给在美国留学的外甥们的书信中，记录了当时的感慨。

变成了很不可思议的世界，都是一些意外之事。①

"不可思议"这个词，叙述出自德川末期开始整个日本急速变化的情况，同时也是小楠回顾自己所经历的曲折离奇的命运的表述吧。正好 10 年前，小楠在安政年间应福井诸侯松平庆永（春狱）之召，参与了富国政策的拟订与实施，然后随就任幕府（"公仪"kogi）政事总裁一职的庆永来到江户，并参与了文久的幕府政治改革。但是不久被迫下台，被熊本藩剥夺了武士身份，隐居于熊本郊外的沼山津，直至大政奉还、王政复古之后他的命运才再次得到转机。他应新政府之召，作为最年长的"参与"（60 岁）、位居可以于"一间②之处"（Y534、557。Y 是横井的读音 Yokoi 的第一个字母，表示此处数字是《横井小楠遗稿》的页码）对天皇进言的高位。

小楠在这一年所写的书信当中，常有关于青年天皇的"聪明"、奋勉等的欣喜记述（Y535、557、571）。在与天皇相关的新政府工作中，小楠特别注意的是发布于即位大典次日的日程布告中所列的，从 9 月至 12 月的"关东行幸"，即天皇对改称为"东京"的江户的访问（Y538、541、546、549、552、558、563、571）。这暗示了新

---

① 参见山崎正董：《横井小楠遗稿》（日新书院 1942 年，"追加（二）"并录版），第 557 页。以后对此书的引用，均只在正文中用诸如（Y557）的符号标明页数。再有还参照了山口宗之等人校注的《日本思想大系 55：渡边华山、高野长英、佐久间象山、横井小楠、桥本左内》（岩波书店 1971 年），《井上毅传》史料篇第 3（国学院大学图书馆 1969 年）的收录文本。引用时适当改变史料的书写形式。

② "一间"是日本的长度单位，大约 1.8 米。——译者注

政府未来有迁都的可能性。天皇进到从前武士政权中心的关东,在江户城内处理一段时间的政务。这个计划并不是率军队的"亲征",而是天皇有意作为"皇国父母"临幸关东人民,给疲于内战的人们施以恩惠(抚恤)。政府内部从 6 月就开始了行幸的准备,小楠很早便察知圣意,并坚决支持这一行动。① 这次关东行幸的目的是使宫中旧例焕然一新,同时通过天皇亲自赴关东"安抚"万民,缓和因戊辰战争引起的人们的反感情绪,让东日本的庶民知道天皇的存在。小楠也对此予以很高的评价,他说,这次行幸虽然是 3300 多人的大队伍,但和从前德川时期将军("公方"kobou)到日光神社参拜不同,是简装出行,这表现了君主的仁慈之心(Y538、547、553、558)。

天皇远离京都(平安京)这件事本身在当时就是破例的。明治天皇在这一年 3 月起已经有过对大阪的 50 天左右的行幸,但那是同幕府进行的内战中为朝廷军队的"亲征"。因此,关东行幸是自大约 8 世纪平安京迁都以来天皇首次在和平时期的长距离出

──────────

① 决定关东行幸的经过如下:在 5 月 9 日的朝议中,天皇吐露了想亲自去关东、东北地方"东征"的意思,但因松平庆永、锅岛直正(闲叟)等人的反对而没有下文。但天皇后来又对岩仓具视表明了,不再是"德川讨伐"的亲征,而是为了"抚恤"万民,想以"简易"、"轻便"的形式("行列"gyouretsu)访问关东的意向。对此,松平庆永在 30 日写给岩仓的信中,建议应先斟酌关东的形势再作决定,主张慎重论,但小楠很积极,他在 6 月 6 日给熊本沼山津的家人的信中说"三四天内肯定会公布"(Y538)。另一方面,听说新政府军在江户打败了幕府的彰义队后,大木乔任与吉井幸辅、大久保利通密谈了江户行幸计划,得到岩仓的同意。而为了处理浦上的基督徒问题到长崎的木户孝允,6 月 3 日回到京都便开始与副岛种臣等人以及岩仓商量"东幸"的事(10 日、11 日),接着在 12 日的朝议上,天皇正式下命木户去江户做准备调查。在现存的小楠书简中,唯一一封给副岛的信件就是有关此事的吧(Y540)。参见《明治天皇纪》第 1 卷,第 722 页;松平庆永:《戊辰日记》(日本史籍协会 1925 年),第 384—385、437 页;《岩仓具视有关文书》第 3 卷(日本史籍协会 1930 年),第 533—536 页;《木户孝允日记》第 1 卷(日本史籍协会 1932 年),第 53 页;《大木乔任日记抄》(大木远吉编《纪念》私家版 1904 年,第 88—89 页)。

行,无论是从行列规模、出行距离,还是从行幸旧政权的首都这一特点来看、都比行幸本身更具有重大意义。在行幸途中,举行了天皇观看农民收割、渔民围网捕鱼等仪式。一改天皇往日处于神秘深宫中的印象,给庶民树立了走向外部世界、走到百姓面前的新天皇形象。当天皇进入重新定为"东京"、"皇城"的江户城时,数十万人聚集观礼,盛况空前。而且,行幸期间,描绘行幸队伍和围观群众的彩色版画也在各地上市销售。没有亲眼看到行幸队伍的全国人民也通过观看绘画,分享了亲身参加盛大活动的感觉。

从前德川时代的将军("公方")、诸侯都是通过在人们面前展示体现威望的威严队伍,来表明作为统治者的权威。而这次的关东行幸,却是以以往人们无法亲眼目睹的天皇作为队伍的主角出场。而且日本全国很多地方的人都目睹了这一情景,感觉到自己也是天皇统治下的一个"臣民"。作为一种政治礼仪的行幸所具有的这种社会("演出")效果使天皇的形象在被统治者心目中深深扎根,稳固了取代德川政权的明治政府统治全国的基础。①

横井小楠不仅对关东行幸的实施感到高兴,而且他还进而设想作为这次行幸的发展,让天皇作全国巡幸。当天皇从京都出发时,小楠在给外甥们的书信中写道:"此后东幸西巡,理应屡屡进行。"(Y564)实际上,在政府内部决定关东行幸的6月份,小楠就打算向天皇进言全国巡幸了。这可以从他5月末因病倒而作了死的心理准备后向弟子们口授的给天皇的四条遗表中看到。② 不过

---

① 参见佐佐木克:《江户成为东京的那天》(讲谈社 2001 年),第 133—143 页;原武史:《可视化的帝国》(みすず书房 2001 年),第 13—17 页。

② 参见山崎正董:《横井小楠传》下卷(日新书院 1942 年),第 102 页。因为在 7 月 3 日的小楠的书简中关于病情有"曾一度极为凶险,但(岩佐)玄珪等十分尽力,即将痊愈,令人高兴"(Y541)的记述,所以可以推定口授时间为 6 月中旬。

不久他的病就渐渐好转,实际上遗表也并没有交给天皇。四条遗表的主题分别是:有德君主的心得;宫中的风俗改革;全国巡幸;与外国交际。对天皇巡幸的提议在第三条中提出,在开头提及"关东行幸"计划以后,阐述如下。

> 敬愿吾皇,由此以往,以简易神速之御举,屡屡巡幸,不限于关东,皇国七道,或陆路或海路,应其时宜,巡幸四方,知府县令、藩主及其重臣,招致御前亲幸,可亲自询问风土得失、政令布置等。①

口述这一遗表的半年后,明治2年(1869)1月,小楠被尊皇攘夷派的志士暗杀,他的提议也因此成为泡影。然而,明治天皇终于在明治5年(1872)开始了对近畿、四国、中国(日本的一个地区)、九州地区的长期巡幸,此后,至明治20年(1887),行幸了近畿、东海地区,举行了多达八次的全国规模的巡幸,明治天皇的足迹几乎遍及日本所有的地方。

政府实施全国巡幸的契机是明治5年陆军省的"全国要地巡幸建议"。根据其主张,通过全国要地巡幸,"大政一新"所引起的混乱得到平息,天下逐渐安定。但在远离首都的地区,仍然有很多百姓不能理解"天朝旨意的内涵",未能被帝王恩德所感化。如果

---

① 遗表的引用依照堤克彦校订、的《服部直道(伦太郎)写〈小楠先生遗稿〉》(《近代熊本》第23号,1992年,第86页)确定语句,并参照德永洋《发现! 感动!! 横井小楠》(私家版,2000年),第84—91页,松浦玲《横井小楠》(增补版,朝日新闻社2000年),第388页。关于此遗表,德永洋在《横井小楠〈时务策〉考》(收录于熊本近代史研究会编《近代的黎明与展开》,创流出版2000年)中谈及放弃将之收录进20世纪30年代小楠的遗稿集的事情。

不对这些地区加强管理,人们可能会加深对政府的疑虑,成为推行"开化进步"的障碍。因此,有必要通过天皇巡幸全国来建立"万世不拔的制度"。① ——在这里我们可以想见西乡隆盛的意向起了很大作用。充分表现出通过巡幸,全国的人心集聚于天皇一身,谋求统治稳定的意图。地方的人们与为天皇"关东行幸"而狂热的江户市民一样,通过目睹巡幸队列,也切身体会到自己是天皇"臣民"的感觉。通过这种视觉效果,从此以后,在近代日本,天皇的巡幸、行幸作为维护国家统治秩序的一项措施起着重要作用。

但是,虽然表面形式相同,但明治政府实行的这种天皇行幸政策与小楠当初的设想所追求的目标相比,已经发生了变化。陆军省的建议所关心的是利用天皇这一象征来吸引人们关注政府的"开化"政策,而小楠的遗表则没有这种招揽人心的企图。小楠的遗表主张的是天皇视察地方官、藩主等的施政,是统治者内部严格的自我检查。在遗表的第二条中,建议天皇脱离女官环绕的虚礼之充满"骄奢淫逸之风"的传统宫廷生活,与广大"百姓(众庶)"交流,"体恤下情"。我们从这些可以看出,小楠认为,行幸同时也是天皇扩大自身见闻、反省自己、从而达到更好的统治而进行练习的机会。

小楠曾经将儒学古籍《书经》中所记述的中国古代圣王舜每五年一次"巡游天下,以通天下"的事迹作为政治模范大加赞赏(Y881)。他还认为,为实现更好的统治,广集全国的意见、君臣齐心协力互相讨论正是儒学家理想的"三代"(夏、殷、周三个王朝)的政治模式(《学校问答书》Y4)。而且他在遗表中也通过内政、外交两个方面反复论述"大道"和"条理"的实践才是政治的本质

---

① 《明治天皇纪》第2卷(1968年),第674页。

（第一条、第四条）。在小楠看来，不能囿于狭小视野来考虑"事物之利害"、"国家之存亡"，一心一意努力实现"条理"才是政治原则，行幸也无非是君（天皇）、臣（官僚）一起找出并实行正确"条理"的统治者的自我修炼。

小楠和其他政府首脑之间，在关于政治制度的具体方案和政策内容方面的看法并没有大的差异。政权成立之初发起的《五条誓文》的第一条"广开会议，万事由公论决定"的表述就来自起草时的"参与"（即议员）由利公正的老师小楠的思想，这一表述也成为引入议会制的出发点，关于这点已经有众多学者指出了。① 另外，据由利公正后来回忆，出任新政府之职时小楠曾说"吾邦拥世界无比之幸福，此乃皇统一系也"（Y930）。虽然小楠本身持批判世袭制的立场，但他首先期待在当前连绵延续的"王室"（Y97）后裔中有德高望重的君主出现，大概他从青年睦仁的言行中看到了贤明（有德）君主的资质吧。

但是对于究竟在一国乃至世界的秩序当中，人与人应该处于何种关系这一秩序的构成原理问题，小楠的设想与后来逐步确立的明治国家却大相径庭。在大政奉还的半年前的庆应 3 年（1867）4 月的书简中，小楠提倡朝廷和各诸侯，乃至不问身份的众多武士都集结到"幕府"这个中心，设立包括上、中、下院议会的"日本之大政府"，举行"公供②之政事"（Y504）。"公共之政"也是以前在文久改革时小楠向幕府所提议的口号。另一方面，小楠将"公共"这个词作为形容"正大公共的王道"（Y23）、"天下公共

① 例如最近的有：渡边浩《东亚的王权与思想》（东京大学出版会 1997 年），第 209 页。

② 在日本的古文献中、一般的"供"与"共"是相通的，因此，这里所谓的"公供"，也就是"公共"之意。——译者注

之止理"（Y391）、"公共的天理"（Y612、911）以及在政治上应该实现的理念的"理"、"道"的词汇来使用。对他来说，政治的目标就是实现适应普遍理念"天理"的"公共"秩序。这种"公共"秩序的相关设想，相对于以往日本思想史上多见的"ooyake"①的秩序意识，加入了正面批判，提倡朱子学"公"的理想的现实化。而且不仅停留于此，也包含了超越朱子学"公"的理想，同时也超越了西洋"public"概念的界限的独特的"公共"哲学的发展方向。关于这点，笔者将在后面再作详细讨论。

2. 由"ooyake"向"公共"发展

横井小楠设想"公共"政治时，认为制度上的要点在于议会。笔者在前面已经提到他在庆应 3 年的书简中建议设立上、中、下三院。他还向大政奉还时加入新体制前往京都的松平庆永建议将"议事院"的设立列在制度构想的首位（Y93）。在他担任新政府的"参与"（即议员）时也主张"议政"与"行政"要严格分立（Y103）。通过不分贵贱地将富有才德的人聚集到议会中进行对等讨论来找到符合"理"的适当方针，小楠认为这才是"公共"政治的骨架。同时，这也符合小楠彻底贯彻朱子学理想，对世袭制和身份制发出了"啊，血统论，此岂合乎天理哉"（Y880）的批判。当然，既然以儒学世界观看问题，就并不能否定对父母、君主等尊长的尊重。但存在于天地全体、万物内部，使万物生机勃勃的"理"

---

① "ooyake"是日本对汉字"公"的训读。在日语中训读的"公"与"公共"等汉字词汇的"公"的内涵并不完全一致，所以本套丛书特意分开来讨论。这两句话中有三个并列的词汇：日本思想史上的"ooyake"、中国朱子学的"公"、西洋的"public"。——译者注

（天理），作为共通的"性"潜在于每个人的心中。因此，只有站在排除了出身和地位的区别的对等讨论的立场，人们才能相互纠正彼此的偏颇，找到使全体协调的"理"，让它最终成为适合个别情况的方案。

小楠对议会制度的设想，直接来源于他于安政 2 年（1855）阅读的中国的世界地理书《海国图志》（魏源编，1843 年初刊）所描绘的美国、英国、俄罗斯的议会政治。但是，在接受有关的西方知识以前，小楠已经开始提倡基于讨论的政治了。这从他在福井对藩政改革提出的设立藩校建议的《学校问答书》（嘉永 5 年，1852）中可以看到（Y4—6）。他在这本著作中说，理想的政治即中国古代尧、舜、禹三代所实行的政治方法，是君、臣作为相互对等的"朋友"互相"讨论"，对"当时的人情、政事的得失"共同作出判断。实施政策的虽然是直接担当政府"职务"的官员，但决定政策的是"不分老少贵贱"的所有武士（士大夫）均可参加的"学校"中的对等讨论，即"讲学"。因此，小楠在通读《海国图志》后称赞西洋诸国的议会制度时，最初是将其作为"学校"来加以理解的（Y243）。学校、议会是通过多数人参加的讨论，即"公论"（Y243）来找出"公共的天理"（Y612），制定"天下公共之国是"（Y450）的地方。①

当然，若只从诸侯家（藩）、幕府等通过协商决定政策这一点来看，小楠的主张在德川时代并不罕见。从前，政策决定在多数场合是由多数重臣列席的会议来做出的，进入 19 世纪，由普通武士、

61

———————

① 魏源的《海国图志》在记述俄罗斯的历代皇帝事迹的结尾部分，介绍了叶卡捷琳娜二世"广开文艺"的事迹，紧接着就在从历史转到官制、军制、财政的记述的开头部分开始介绍"国汗"（查理）"常在公会上议事"的制度。可能小楠将这两项记述叠加起来，就把"公会"理解成了学校吧。参见《海国图志》六十卷本《俄罗斯国总记》（清代古微堂重订本 1849 年，卷三十六，第 6 页正反面）。

第二章 "不可思议的世界"的公共哲学

民间人士等向幕府和诸侯提交意见的例子也并不少见,在诸侯家的各种"会议"上,还经常会有更多层次的武士参加。正如很多研究所指出的那样,这个潮流引起了与谋求"公议"、"公论"、"舆论"的手续和决议的德川末期的政治运动,以及始于《五条誓文》的议会制度("公议正体")的导入。① 另外,随着各地藩校的设立,也萌生了使学校的议论直接与政治结合起来的设想。② 可以说,在合议制和"学政一致"两方面,小楠的体制设想继承并进一步具体化了同时代已有的思想。《学校问答书》所描述的学校应该成为与政府直接结合的"聚会处"(集会场所),就充分显示了小楠与同时代思想的关联性(Y6)。

但是,小楠"公共的政事"的设想,并没有仅仅停留于行政政府及与之直接结合的议会内部的讨论。他在《学校问答书》中说:"不仅朝廷(藩)之间,父子兄弟夫妇之间也应相互劝善补过,论及天下政事之得失。"(Y4)追求理的讨论,不应只在政府内部,还应该在普通家庭,以及人类社会的所有场所中进行。经过这些各种小空间内的讨论的积累,才能实现"广集天下之言论,通天下之人心,得天下之利病得失"(Y232)的"公共的政事"。而且,小楠认为这种讨论过程,不但在一国内政方面,而且在国际社会的国与国之间的关系方面也是不可或缺的。世界上每个国家的人既然都生长在同一个蓝天下,那么内心深处就都会有在实践上结合"公共

---

① 其中富有启发性的实例研究有:上田纯子:《安政五年萩藩的"会议"与政治机构》(《史学杂志》,第107篇第6号,1998年6月),朴薰:《幕府末期水户藩"议论政治"的形成》(东京大学博士论文,综合文化研究科地域文化研究专业2001年)。

② 参见中田喜万:《家塾与学问所的隆盛》(收录于伊原弘等人编著的《读书人的诸相》,勉诚出版2001年)。

天理"的人性。因此,"不仅限于日本,世界之内皆我朋友"（Y933）。例如,或门户开放或闭关锁国这种关乎国家之间交际的政策,必须由"地球上之全论"即通过世界各国参加的讨论而论定的"全世界之道理"（Y424）来决定。

这样,从一家之内至整个地球,探索共存之理的各种各样的大小讨论场所相互掺杂,反复累积。小楠所设想的"公共"秩序归根结底就是各种议论空间的综合。当然,作为对其时代现实的建议,他主张的最大重点在于处于紧迫的世界形势中的"一国独立"（Y96）。但是关于"公论"的思想,并非仅仅为了确保日本统一与独立这一现实目的而全力集结"天下"智慧。在一国政府中,不仅要确立基于讨论的政治,而且要通过在超越国家统治领域的广大空间内的讨论,以及一个地方、一个团体、一个家庭等更小单位内的讨论,上下通达,以产生整体的"公共的政事"。为实现它而作的努力是超越当前的利害关系的,是"天理"所要求的义务。

这个体制设想的基础中有着朱子学所代表的、从宋代以后的中国思想中所继承来的"公"的概念。频繁使用"公论"、"公共"这些词来表述的小楠的"公",植根于培育万物的"天"的存在方式中（"公共的天理"）,作为"正大公共的王道",具有严格辨别执政者之心的"公私"（Y349）的伦理性。每个人都发挥其内心所具有的仁爱之心,向全体协调（"和顺"）（Y920）是"公";相反,因"自己得益"（Y906）使心受到蒙蔽,只顾自己利益的态度则被批判为"私"。这样的特征包含着基于"天理"的伦理性、公开性和公平性,是朱子学的"公"这个概念的原意。而且,作为发现理的手段,人与人之间对等的讨论（"讲论"）也是为朱子学、阳明学所重视的。

但是,小楠并没有将这种中国思想中的"公"的概念,以及与

63

人类本来的平等性对等的讨论的设想仅仅停留于执政者的精神和学问修养的方法论上。小楠思想的划时代性在于,他以这一"公"的概念为基础而产生了与整体秩序相关的制度的构想。① 小楠所思考的不只是君主与其下属的官僚、议员,而是所有人都以某种形式加入有关全体决定的"讨论"过程的一种开放的体制。在福井藩的藩内政治改革纲领《国是三论》(万延元年,1860)中,小楠称赞最高统治者的地位不世袭、由人们选出"贤能的人"任政府首脑的美国总统制度是"公共和平"的体制;也称赞了政府所有政策都必须基于"民议"的英国议会制度;还对西洋各国通过这些决策过程,完善了学校、医院、孤儿院等福利设施、对别国的战争进行调停等"好生之仁风"大加赞赏(Y39—40)。在德川末期的小楠看来,比起执政者只考虑自家"便利私营"(Y39)的日本和中国,西洋各国更为确切地实现了作为儒学理想的尧舜禹三代的"公共的政事"。

刷新朱子学"公"的理念,从中导出广泛参加制度的设想,这也表现在小楠的用词上。"公共和平"、"公共天理"、"公共之政"等,他很喜欢用"公共"这个词。朱子学集大成者朱熹在语录中说,应该从父、子、君、臣等各种立场实践的各种德行,虽然形式不同但都出于同一个理,理是各种德行所共有的根据。朱熹用"一个公共底道理"(共有的一个道理)来表述。小楠的用词也是以此为基础的,但通常中国学者的儒学著作中,表示统治集团以外

---

① 参见平石直昭:《主体、天理、天帝——横井小楠的政治思想》第 2 回(东京大学社会科学研究所《社会科学研究》第 25 卷第 6 号,1974 年 3 月),第 85 页;源了圆:《横井小楠的学问、教育、政治》(《季刊日本思想史》第 37 号,1991 年 5 月);拙稿《"利欲世界"与"公共之政"——横井小楠、元田永孚》(《国家学会杂志》第 104 卷第 1、2 号,1991 年 2 月)。

广泛的人们时更多使用的是"天下"这个词,很少有使用"公共"这个词的。① 但对小楠来说,阐述理想的秩序时使用"公共"这个词最合适不过了。他反复谋求的就是德川政权能将"天下之政事"与"天下共议","与天下之人才共同处理天下之政事"(Y232、470)。他还将"与天下黎民共享天下之治平"列为关于日本全体的"国是"之一(Y92)。这种不分统治者和被统治者,人们广泛平等地结合起来讨论"天下之政事"的政治就是小楠所设想的理想秩序。表达人们在对等立场"共同"支撑、运营全体的政治,"公共"这个词是最贴切的。

当然,小楠并非从其思想形成之始就将这种形式作为理想的秩序。在天保 11 年(1840)他 32 岁时所写的江户游学记中,认为下属对于上级的命令不持"异议"、不论内容"善恶"均谨慎遵从的旗本②风俗充分维护了幕府政府的"权威",对此大加赞赏(Y806)。小楠初期的这种想法,与德川时代多数人的秩序意识是一致的。例如,虽然本居宣长说"道乃天皇治理天下之正大公共之道",使用了"正大公正"这个词,给统治者应该遵照的"道"赋予了特征,但这里被当作前提的秩序是"所有下属,无论上级命令之

---

① 参见《朱子语类》卷 13(北京中华书局 1986 年,第 231 页)。关于朱熹存在这个用例,笔者得到了平石直昭氏的赐教;关于中国思想中一般用词法,笔者得到了吉田公平氏的赐教。再有,八木清治在其论文《横井小楠的"仁"》(东北大学《日本思想史研究》第 16 号,1984 年)中指出,小南称赞为"真儒"的熊本的朱子学者平野深渊(1706—1757)的《程易杂话》(宽延 4 年,1751)也有"公供之道"的用语(国立国会图书馆所藏写本,第 27 页正反面)。关于中国思想中的"公私"概念,参见沟口雄三等编《中国思想文化事典》(东京大学出版会 2001 年)的"公私"条目(池田知久、沟口雄三执笔)。

② "旗本"原意指大将旗所在之处。这里是对将军直属的家臣的称呼,指江户时代俸禄在 1 万石以下的直属将军的武士,有拜谒将军的资格。——译者注

第二章 "不可思议的世界"的公共哲学

善恶，均须完全遵从，乃古代之道"，这无非是以统治秩序的上下关系为前提，下级对上级的命令没有发言权，只能一味顺从。这种秩序不具有中国思想的"公私"的伦理性，倒是恰好体现了显示统治秩序中上下级关系的、当时日本的"ooyake"、"watakushi"①的概念。② 例如，用"公仪"、"公边"、"公方"等带有"ooyake"意义的"公"字来称呼江户的德川政权，这是直至德川末期"幕府"的称呼普及为止的惯例。

也就是说，小楠通过朱子学的"公"的理念打破了曾经统治自身的固有的"ooyake"秩序的印象，并进而使其理想具体化，设想出一种全新的、任何人都可以在平等的位置相互讨论的"公共"秩序。带来这一变化的是，小楠在摸索克服混乱的藩政、激烈的党派对抗乃至整个日本的危机的方法的过程中，与熊本的"实学"人群持续进行的热烈讨论的经验积累。③ 在通过《学校问答书》提出建议之后，他从《海国图志》学到的关于西洋议会制、总统制的知识

---

① "watakushi"是日语中汉字"私"的训读。与"ooyake"和"公"的关系一样，"watakushi"与汉字词汇的"私"的内涵并不完全一致。这里是指相对于中国思想中的"公"和"私"，日本思想中的"ooyake"和"watakushi"。——译者注

② 本居宣长《宇比山踏》（《本居宣长全集》，第1卷，筑摩书房1968年，第10页）。不过，正如尾藤正英在其论文《伊藤仁斋的思想中的"道"——公共性的日本形态（Ⅱ）》（《大仓山文化会议研究年报》第10号，1999年）也曾指出的那样，无论是在中国还是在日本，在涉及义务的各种主张中所看到的"公"、"公共"、"ooyake"这三个词的内容意义与现实中其主张所产生的社会的秩序通常并非一致。这里本居宣长的用例也同样如此，他这里的"公共"是指"所有的人都应该尊敬的东西"，只有从宣长的行文全体来解明他在说这个词时脑中所想的是哪种秩序，才能确认 ooyake—watakushi 的上下秩序的存在以及承认此种秩序的规范意识。

③ 参见源了圆：《横井小楠的"公"的思想及其"开国"观》（国际基督教大学《亚细亚文化研究》第27号，2001年）；平石直昭：《横井小楠研究笔记》（上列《社会科学研究》第24卷第5、6号，1973年3月）。

更强化了他对其"公共"秩序设想的确信。当今在遥远的大海彼岸,的的确确存在通过"公共和平"的方式而实现的"几乎符合三代的治教",发挥着"圣人的作用"的理想的政治。

令人惊叹的还有,小楠对汉语"公"的含义的感觉相当敏锐。关于这点我们可以在他亲笔书写的、为进行文久改革向松平庆永提出建议的《国是七条》的草稿(横井和子氏寄存,熊本市横井小楠纪念馆藏)中看到明显的痕迹。在《国是七条》中小楠认为,如果继续容许西洋各国的自由通商要求,那么就会发生外国不法商人牟取暴利的事态,所以他主张采取由政府管理的"官方交易"的方式(Y98)。在草稿中,小楠最初用了"停止私交易"的表述,但觉察到"私"是形容违反全体利益的,并非表示统治者的"官"(即"ooyake")的反义词,所以涂改为"停止相对交易"。①

3. 作为他者感觉的"诚"

我们再回过头来看看庆应4年8月的明治天皇即位典礼。当日,作为新天皇即位宣言的即位宣诏("宣命")采用了划时代的形式。替天皇在南庭中央宣诏读圣旨的宣命使,以前均按照祭神仪式小声朗读,但这次则改用符合国家喜事的高昂声调进行朗读,因此在晴空之下,天皇的话响彻整个会场。而且除了以往的即位宣诏引用的天智天皇之外,此次的即位宣诏首次提到神武天皇。但是,其文章形式还是因袭自古以来的惯例,同样是对"亲王"、"诸臣"、"文武百官",以及"天下公民众"发话。这里出现的汉语词汇"公民"在中国古典典籍中找不到用例,是古代日本创造的词汇。

67

---

① 得到松浦玲氏的赐教后,笔者改变了在前列拙稿中的解读。

这个词,原本是指在天皇(大王)的王朝里任职的官员,后来作为指代王朝统治下的普通民众的词汇,在历代宣诏中成为呼称文句固定下来。① 这个"公民"的"公"明显带有统治秩序中表示上位者的"ooyake"的语义。也就是说,相对于横井小楠所追求的新的"公共"的秩序,明治天皇的即位宣言中所显示出来的是,政府主流依据传统的"ooyake"的秩序意识,使天皇牢牢占据秩序顶点的姿态。

当然,明治政府在其成立初期,在拼命集中权力的同时,在另一方面也实行尊重扩大参政范围的"公议舆论"的方针,如《五条誓文》、设置"议政官"、"公议所"等。但这其实是基于以下战术上的考虑:在政策决定中充分汲取各藩的意向,以利于巩固新政权的支持基础。② 小楠去世后的明治2年(1869)1月,岩仓具视向三条实美提出的设立"议事院"的建议就充分说明了这点。岩仓在建议中表明,既然"我皇国采用公论,神代已始",那么,若不在"众议"的基础上采取"朝议一决"的形式,就会"异论百出",最终恐怕会"蹈旧幕府末期之覆辙,致使人心越来越离散"。③ 也就是说,议会的设立,比起"众议"中人们广泛参加的意义,毋宁说其目的首先是为了稳固拥戴天皇政府的基础。

作为辅助手段纳入议会制度、立宪政体,同时将正当的最终决

① 参见水林彪《律令国家的变化时期的"公民"概念》(西川洋一等人编:《罪与罚的法文化史》,东京大学出版会1995年)。"公民"一词后来在明治21年(1888)公布的市制、町村制的条文中,被作为拥有参政权的citizen概念的翻译语使用。

② 参见冈义武:《近代日本政治史大要》第1册(私家版1941年),第40—43页;《近代日本政治史Ⅰ》(《冈义武著作集》第1卷,岩波书店1992年),第90—91页。

③ 《岩仓公实记》中卷(再版,岩仓公旧迹保存会1927年),第687—688页。

定权力向唯一的天皇集中的这个方针,其后一直被政府主流继承,成为明治国家关于自我规定的正统理论。后来,帝国宪法的官方解说书《大日本帝国宪法义解》(1889 年)在说明"臣民"的权利和义务时,引用了即位宣诏的"公民"一词,论述道:"在上者致以爱重之意,以邦国之宝待之;在下者自身以服从君主为幸福之民。"①普通民众不是主动参与"公共的政事",而只是受到最高的"ooyake"即天皇的"爱重","服从"其统治的俯首听命的存在而已。近代日本国家所探索的是通过天皇亲权的理念和立宪政体的新衣来重建传统的"ooyake"的秩序的道路。

与之相对,小楠所体现的以朱子学"公"的理想为基础,追求基于讨论的政治的动向,则在谋求政府以外的议会政治的制度化运动中被继承下来。曾以小楠为师的、《五条誓文》起草者之一的由利公正,在明治 7 年(1874)参加了板垣退助等人发起的民选议院设立建议。在熊本,小楠的弟子们为地方议会的开设而努力、参加自由民权运动的事也广为人知。② 另外,在帝国议会开设时,中江兆民的不分政府和民间、各种势力对等参加、通过互相"讨论"找到"真理"的主张,从其思想形成过程中儒学作用的大小来考虑,也可置于这一潮流中吧。③

但是,我们不能简单地将历史的经纬一分为二地表述为:进入明治的"有司专制"时代以后,一方面政府维护"ooyake"的秩序,另一方面朱子学"公"的理想引导了批判政府的运动。其实,认为

---

① 伊藤博文:《宪法义解》(岩波文库 1940 年),第 45—46 页。

② 参见花立三郎:《明治初期的中央与地方》(国际基督教大学《亚细亚文化研究》第 18 号,1992 年)。

③ 参见中江兆民:《政党之论》(1882 年,《中江兆民全集》第 14 卷,岩波书店 1984 年),第 97 页。

西洋的议会制度更为符合儒学的理想,将之赞美为基于讨论的政治的观点,除小楠之外,也是高度评价近代西洋思想的"明六社"的知识分子所共有的。其中,"明六社"的成员之一、曾经作为御用儒学者任职于昌平坂学问所的中村敬宇(正直)也持此观点,很早就开始关注议会制度。但是另一方面,我们从早期敬宇的思想中也能看到他从朱子学的"公"的理想出发,批判现实的基于讨论的政治的倾向。

敬宇在大约刊行于明治5年(1872)的穆勒的《自由论》(John Stuart Mill, *On Liberty*, 1859)的日语译本《自由之理》的第二卷中,在译完穆勒对社会多数派认为自己的见解正确无误(infallibility)而压制少数意见的批判之后,还附加了原文中没有的对"公论"的怀疑:

> 给异说之人定罪,乃听从众民之公论也。既为公论则无恶,理应如此。然国中之公论,有陷入总体谬见却无自知的见解,须察之。①

虽然敬宇的说明对该处的翻译来说是画蛇添足,但这也符合

① 中村敬太郎(敬宇)译《自由之理》第2卷,第3页正面。与之对应的穆勒的原文参见 *On Liberty*, Chap. II. par. 3(Penguin Classics. 1985. p. 77)。再有,《自由之理》全5卷,虽然第1卷的封二印有"明治[5年]壬申二月发兑"字样,但东京大学所藏的三套刊本(分别为冈百世、渡边信、濑木博尚的旧藏书,冈百世藏书第3卷以后缺)互有微妙差异。现存两套书的第5卷的版本记录页均为同人社(明治6年2月创办)的藏版。因此,如果此版本记录是表示第5卷初刊,那么,全卷的刊行就是自明治5年至明治6年以后的很长一个时期(其最大的下限是秀英舍刊行《改正自由之理》的明治10年3月),在这个时期之内有对初期卷的改订、再版的可能性。

穆勒的思想主题,即对舆论因嫌恶出现不同观点而封杀讨论这一
"社会的专制"(social tyranny)的警戒心。不过,敬宇还在这段话
的前几行之处,将基于"众民的公论","给异说之人定罪"的主体,
翻译成"无论是官府还是平民",加上了原文没有举出的"官府",
而且还给译文附上头注,自己作出"公论未必为是"的评议。从这
里我们可以读到,比起穆勒所说的多数派舆论自身,敬宇通过议会
制度,对于与"国中的公论"直接联结的一国的"官府"压制少数派
的"异说"的事态有着强烈的危机感。作为议会决议的、表明多数
意见的"公论"在现实中未必是"是",也有可能导致利用政府权力
封杀热烈的讨论,违反朱子学所说的"公"。穆勒的重点在社会之
内自由讨论,而敬宇将之置换为对政府权力的自由的问题,并对此
发出强烈的警告。

　　从正确理解原书的角度来看,这确实是遮挡了穆勒对"社会
的专制"的敏锐视线,回归到政府压制人民的从前的旧问题来了。
但这表明了敬宇对明治初年日本所谓的"公论"、"公议"的国家制
度的失望和警戒。在岩仓具视提出建议后,明治2年3月,明治政
府设立了立法机关"公议所",由诸藩派出227个代表作为"公议
人"集结而成,审议政府内外所提出的议案。但是,这些"公议人"
均倾向于保守,让武士的废刀(与否)自由、禁止买卖人口等议案
都遭到他们的否决,扫清基督教教徒的主张反而获得了压倒性的
支持。① 这个"公议所"不久就被改组为"集议院",权限被缩小,
其作为立法机关的功能也移至由政府任命议员的"左院"(明治4

————————————

　　① 《公议所日志》以及《议案录》(《明治文化全集·第4卷·宪政篇》,日本
评论社1928年,第84—98、110—13、141页)。关于公议所的政治过程参见山崎有
恒《"公议"抽出机构的形成与崩坏》(收录于伊藤隆编:《日本近代史的再构筑》,
山川出版社1993年)。

年 7 月设立)。

日本首次成立的代表议会中的"公议"如实反映了统治阶层的多数意见、成为保守派的根据地这一事实,使对议会制度期望颇高的敬宇深感失望。尤其在他通过与到日本来的美国教师(静冈洋学校)的交流,加深了与基督教的共鸣之后,对于政府作为"国中的公论"采用了排外的多数意见、对人们加强了统治的事态,他的危机感变得更为强烈。我们可以在敬宇翻译的《自由之理》中出现的、对于配备了议会制度的"官府"的警惕中读出这种危机感。此后不久就有了板垣退助等人的建议设立民选议院的活动,敬宇对此大力支持,他认为这是摒弃"有司"专制的弊害,培养人民"参政的精神"的手段。[1] 虽然也有"公议所"作为议会还不成熟的原因,但本来是议会制度的支持派的敬宇,早在明治初年就在译著中表明其对现实的议会政治的失望,实在令人印象深刻。

敬宇的观点显然与朱子学的传统有密切关联。朱子学始终将讨论作为追求一种"理"的过程,而非仅围绕当前议题作意见交换。内在于万物之中、作为所有事件的个别规范的"理",归根结底是一个东西("理一分殊")。因此,在学问以及在政治上,讨论是找出万人由衷赞同的、作为唯一的"公"的真理的过程,人们通过参加讨论和寻找真理,摆脱执著于"私"的欲望,追求"公"的和谐状态。这是朱子学者对议会制度所期待的讨论的方式。主张作为涵养人民精神的手段,倡导开设国会的敬宇希望,使一种"理"作为"性"深藏于内心深处的人们经过互相讨论,最终找出这个万物同一的"理",成为回归本来的同质的存在。

_____

① 《民选议院论纲序》(1875 年,《明治文学全集 3:明知启蒙思想集》,筑摩书房 1967 年,第 289 页)。

然而,正如卡尔·施密特(Carl. Schmitt)在20世纪20年代所指出的那样,议会的讨论并非为了追求一个决定性的真理的作业。其基本态度是,暂且把开会期间在各种意见的竞争中胜出的结论看作临时的"真理",将其认定为社会的商定内容。如果周围的状况发生变化、各讨论主体的目标配置发生变化,那么被看作讨论的结果的"真理"也会变得截然不同。[①] 因此,这里的讨论的性质,与追求普遍真理的讨论是似是而非的,不能保证其结论就是"公"的见解。敬宇所说的"公论未必为是",正是他痛感于此的苦涩之言。诚然,朱子学的"公"的理想与重视讨论的传统,对议会制度的导入确实起了很大的作用。但是,在议会的活动中围绕多样交错的主张和利害的、竞争与调整的过程,如果从发现"公"之"理"这一目的来看,那也不过是不久之后将剔除的杂质而已。因此,从正面认可议会中的讨论自身的价值是很难的,这就导致了知识分子对现实的议会和政治家的失望。

明治国家远离小楠所构想的"公共"的秩序,反而致力于重建"ooyake"的秩序的理由与这种失望也不无关系。小楠在熊本时的年轻朋友、曾作为小楠的弟子一起钻研"实学"的元田永孚(东野),维新后作为"侍读"、"侍补"担任教育明治天皇的工作,他在明治12年(1879)6月,建议天皇要坚持"君主亲裁的国体",同时应立即着手制定宪法,开设国会。[②] 其意在先发制人,从天皇和政

73

---

① Carl Schmitt, *Die geistesgeschichtliche Lage des heutigen Parlamentarismus*, 7. Arflage (Berlin, Duncker & Humblot, 1991), S. 46(稻叶素之译:《现代议会主义的精神史地位》,みすず书房2000年,第48页)。长谷部恭男:《讨论民主主义及其敌对者们》(《法学协会杂志》第118卷第12号,2001年12月)。

② 参见渡边几治郎监修:《日本宪政基础史料》(议会政治社1939年),第259—265页。

府方面采取措施,而不是迫于民间运动才开设议会。元田强调,国会的决议仅应作为"亲裁"的参考材料,最终必须以天皇的"决断"为最优越。这是因为"多数未必是公论"。代表议会的多数意见的决议即"众论"不一定就是为了全体共生的公正和公平的"公"的结论。因此,"岂能以多数为公论,以一二人之议为私论乎?"比起国会决议这一各种党派的利害的综合,由德高望重的君主通过"从中决议"而找出"公论"才能实现更好的政治。

当然,元田的意见是政府当局者为了对抗民间开设国会的运动而提出的,从元田的处于最高的"ooyake"的近侧的立场来看,这也是理所当然的。但这不仅是在政治状况内表明态度,其思想内容还体现了朱子学的设想对于现实的基于讨论的政治的失望和不信任。明治国家以大力限制议会的机能、强调天皇大权作为国家制度之原理的背景里,自然存在着对基于讨论的政治本身的不满所起到的一定作用。而且,认为议会对各种利害冲突的调整只是迂回的方式,或者只是肮脏的把戏,主张毋宁干脆弃之,而期待立即能实现全体利益的领导者的"决断",这种倾向对现代人来说绝不是旧话。

万人之心本来就是同质的,人只要纯粹地还原其本来的性质,便能实现符合普遍的"理"的世间的和谐状态,这样的设想当然为朱子学者横井小楠所认可。小楠重视纯粹的怜悯他者的"恻怛之诚"。他认为所有人的心中都有"恻怛之诚",这也是能够找到"理"的线索,他说:"我恻怛之诚,宇宙间皆无不响应者"(Y900),即不仅限于人,世间万物均能同样共感于这一怜悯之情。

但是支撑这一怜悯之情的、小楠所说的"诚",并没有停留于从心底来实践道理这一朱子学的通常意义,小楠从正面审视他者的异质性,摸索与异质的他者共生的途径,将"诚"的内容置换为

敏锐的他者感觉。在他的晚年、庆应元年(1865)的问答录《沼山闲话》(由元田永孚整理成书)中,他对元田永孚说:

> 我唯有尽诚意言明道理。听否在人,我亦不知其不听。若预计其不听而不言则失其人,若因其不听而强辨我言之是,则失我言也。(Y928)

这里小楠提出了包括讨论的场合在内的与他者共存的普遍之道,论述了与他者一起探讨具体方案时应有的思想准备。将自己所把握的道理说给他者听,有时很容易便获得理解,但有时也会无论如何也得不到理解。不过,总而言之是不会出现他者完全不理解的情况的。如果不明白这种道理而向他者讲述,那么结果只能使人不解而去。相反,若为了引起别人注意而夸大迂回地说,那么就会偏离本来的问题。作为这种思想准备的模范,小楠还介绍了《论语》宪问篇中孔子晚年的逸事。邻国齐国发生了大夫陈恒刺杀国君简公的事件,孔子认为这是关乎人伦的大事件,建议鲁国的国君哀公讨伐陈恒。但哀公只是有点发牢骚地让孔子对握有国家实权的三位重臣说,而那三位重臣也听不进此建议。即使如此,孔子认为"既然自己也位列大夫之末席,则不能不说",还是继续暗自劝说三位重臣。小楠非常欣赏孔子的这个态度,认为这才是"处世的标准"。

这里的重点不在于作为孔子的主张的根据的、臣下对主君的忠诚义务。据朱熹的《论语集注》,其时鲁国的三位重臣已经与陈恒一样有了轻蔑主君之心。已经察觉这点的孔子在避免与三人正面冲突的同时,对他们采用了"暗示性警告"的手段,"既然自己也位列大夫之末席"就是孔子希望他们能有所悔改的试探性语言。

也就是说,面对现实,充分认知与自己相对的他者的异质性与状况的困难,同时又在其中摸索实现"道理"的途径,这样的态度正是小楠所说的"诚"。

因为小楠认为同一的"理"贯穿于一切的事物和所有的人,所以他从承认个人不可替代的个别性意义倾向薄弱的朱子学思考方式出发的同时,通过正面承认他者就是他者,从而克服了其局限。① 这也使小楠关于"公共"的秩序的构想具有了超越西洋的"public"概念的问题性的特质。小楠将不一定理解自己意见的他者的异质性作为思想的主题来考察的背景,在于他将蒙蔽人心的"割据之见"作为深刻的问题来重视。对于在熊本藩亲身体验了深刻的党派斗争、目睹着水户藩的内讧和德川末期的政治动乱而积极摸索"公共"秩序的方式的小楠来说,最为切实的问题是,各个主体为自我的利害所困,由于各自心中相互断绝的对现实的看法而产生相互冲突。他认为基于讨论的"公共的政事",正是克服这种分裂状况的方法。

小楠在具备理想政治制度的西洋各国也见到了这种"割据之见"的弊病。荷兰将爪哇岛、英国将印度征服为殖民地,以及欧洲各国间燃起的持续战火,究其原因都是缘于"割据之见"(Y906、908)。对此,"公共的天理"要求各国撤掉自身的"割据之见",通过和平的通商活动,在对等的立场上互相交流。因此,地球上的任何国家都必须废弃华、夷的差别,放弃侵略他国,为实现世界和平

---

① 参见沟口雄三:《中国的公与私》(研文出版 1995 年),第 10—11 页。再有,正如同上书第 193—194 页所指出的那样,小楠重视"真实本心之诚"(Y911),站在心的道德的立场的同时,还主张"随势理亦不同"(Y907),将外界作为从自己的心隔开的对象认真仔细地审视理之原貌的基础上,依照它来行为这一思考态度,也与其对他者感觉的敏锐性相关。

而努力。小楠在阅读了《海国图志》的次年即安政 3 年（1856）就说过："道乃天地之道也，无我国外国之分"，认为日本必须担当起使各国放弃战争的"维护世界的职务"①。

如上所述，小楠的"公共的政事"不仅停留于在一国之内实行以"公论"为基础的政治，其内涵还包括通过各国参加的"地球上之全论"来实现世界和平。这不同于西洋的"public"的概念的倾向，即无论是一个国家还是一个城市，"public"的概念通常是指在某一领域内共通的事物，且屡屡与国家重合，具有将此范围之外的外部作为其他空间加以排斥的倾向。持有以天地万物共生为目标的朱子学的"公"的理念的小楠，与只指定一个领域、将参与"public"的决定的参加资格限定于其内部成员的设想是无缘的。② 一个地方的政治要从一个国家的政治、一个国家的政治要从世界的政治的角度来重新认识。当今归属于议论空间的"公论"，若从更加广泛的视点来衡量，也可作为"割据之见"的产物来批判吧。人只有重新定义从狭小空间向广阔空间归属的对象，通过不断扩展共生的范围，"公共"的秩序才真正是"公共"的。

因此，小楠在谈论"公论"时，与中村敬宇和元田永孚所说的意思是有微妙差异的。无论是将"公论"这个词运用于全社会的广泛意见这一意义上的敬宇，还是将其作为君主找出公正之见解

①　村田氏寿：《关西巡回记》（三秀社 1940 年），第 35 页。
②　参见渡边浩：《"ooyake"与"watakusi"的语义》（佐佐木毅、金泰昌编：《公共哲学Ⅰ·公与私的思想史》，东京大学出版会 2001 年，第 147 页），Jürgen Habermas, *Strukturwandel der Öffentlichkeit*, 2. Auflage（Neuwied am Rhein, Luchterhand, 1965), S, 12（细谷贞雄译：《公共性的构造转换》，未来社 1973 年，第 12—13 页）。当然，正如康德在论"本来意义上的公众（Publikum）"的《启蒙是什么》一书中所指出的那样，关于作为"public"概念的前题的"领域"，如果规定为超越集团和国家的界限的人类全体，那么"public"一语就带有不断要求扩大参加范围的规范性了。

的元田,都将"公论"作为一个确定的主张。对此,小楠例如在说明俄罗斯根据"一国之公论"(Y243)决定大臣的去留时所用的"公论"这个词,带有在一个国家的广泛范围的人们参加讨论的过程以及由此产生的公正结论这两重意思。而在有关"公共"的秩序的设想中,重要的是作为过程的"公论"。

　　人的生命经常处于各种各样的偶然性以及与他者的断绝之中。即使人在日常生活中很少意识到这一点,但是在某一瞬间,这一世界的真相会无情地现出其原形。在这个意义上,不只在德川末期,无论何时展现在人面前的永远都是"不可思议的世界"。在多元化和不断变动之中的现代社会更是如此。我们应该在接受这种现实的基础上,灵活地探索与他者的共生。而且,只有面对随着状况变化而新出现的各种各样的他者,适时地为得出一致意见而作连续的讨论才是横井小楠所说的"公论"。① 这个作为无限展开的过程的"公论",创造出大小各种各样的空间,随着这种空间的积累,"公共"秩序逐渐产生。——虽然小楠的设想在现实的历史过程中只是美好的幻想,但是它也清晰地描画出与近代国家不同的、另一个重要的公共秩序的轮廓。

---

　　① 关于小楠的政治构想,从"比起政见的内容,更重视其产生的过程"中看出其重要意义的先行见解,有三谷博《人,述古,思今》(义江彰夫等编:《历史的语法》,东京大学出版会1997年,第161页)。

第 三 章

公共形成的伦理学

—— 以东亚思想为视界

黑 住 真

本章探讨围绕公共性的形成，人所遇到的伦理以及由此产生的问题。公共性也是政治、社会、经济、科学、政策等诸学科的重要主题，自然也会产生相应的伦理问题。但是，本章不从这些切入，笔者要讨论的是"人怎样处理自己、他人、人们及其他生命等"的问题。也就是说，不是深入以上诸学科，而是以身边的、更为基础的人际关系方面的伦理经验为主题。

公共性在现代的状况下被频繁地当作主题，其实，在过去的各个时代、地区，公共性也经常被论及，这表现在以前的诸思想中。所以，本章将带着笔者个人现在的问题意识，通过包括日本和东亚在内的过去的思想例子，来论述上述课题。

关于研究的方法和态度，笔者首先要说明一下对于作为研究线索的诸思想的接近方法。笔者尊重诸思想原来的历史和社会关系，但并不想回到其发生的关系背景对其进行还原，而是结合笔者自身现在所关注的问题，在与诸思想进行对话的过程中，尽量尝试一般性的考察，进行反省的、为了达成正确认识的实践性研究。

这种与对象联系起来的方法，从现在研究过去的，尤其是研究

79

日本和东亚过去思想的普遍方法来说，是"违反规则"的。因为在研究以前的古典时，有"述而不作"的稳健习惯，而且在近代日本人的研究中，以文本为前提条件、重实证的学院派做法也已经定型。接受某种思想并对此进行解释或批判的研究方法，不是皈依研究对象就是康德式的处理方式，与这种研究方法相关的建构性地进入适用的问题等的研究，毋宁是应该谨慎回避的。从这一习惯来看，本章所展开的考察就是"另类"的、"不慎重"的。

无论持肯定还是否定立场，笔者都反对轻易地把思想投影于实践空间，赋予其意识形态的作用。笔者认为对这种"放大法"必须慎重并且加以节制。然而反过来，按照上述传统做法，尊崇过去的思想，主张"禁欲"和"诚实性"，就能够作为最公正的、最好的方法加以肯定吗？笔者不这样认为。近代日本和东亚的这种学问研究方法在很大程度上包含了知识的必然性。但另一面，在社会关系中，学者一方面使自己和民众、大众的感情二元化，同时却成为与国家相结合的权威的帮凶，这不正说明了传统做法的偏倚不公吗？《论语》中说，"学而不思则罔，思而不学则殆"（《为政》），在学问上使思考驰骋固然使人身陷无底之幻想，但若过分束缚思考则也会禁锢思想，使其可能性收缩，使其僵化而没有活力。笔者觉得东亚的学问状况正陷入这种两极分裂的状态。

现代还有一种研究方法，与保守、严密的实证方法不同，由于具有伦理—政治的敏感性而采取"不构筑"的立场，即将批判主义无限化。然而，"脱离构筑"本身必然已经包含"构筑"。既然如此，那么它所强调的"不参与"反而暗地成为"隐藏自己"的装置，这或许会使一定或既定的看法和立场当然化，或者会固守一些意识。那么，为了避免发生这种情况就应该继续"暴露自己"吗？这样一来，又陷入了两极分裂状态。但我们这里的问题不在于围绕"不构

筑"的无责任或无限责任,而在于进一步明示"构筑"的逻辑和伦理,
在两极之间是有路可走的,我们应该做的就是找到这条道路。

在西欧的学问传统中,与柏拉图或亚里士多德、耶稣、托马斯
等的对话就是现代的理智的问题,有着从与其对话的积累中构成
思考这一持续的理智上的习惯。虽然也许不够完美,但至少西欧
的学者一直在尝试、在继续这种培养理智的方式。但是为什么对
于释迦牟尼和孔子、朱子和亲鸾就不能那样做呢?是不是他们只
能被供于"殿堂",如果一出殿堂就变成意识形态了呢?笔者认为
这里有着围绕东亚的智慧应该分析的认识论以及历史社会的问
题。虽然这种分析本身不是本章的论题,但是至少在这里,笔者想
思考以下课题的可能性:围绕包括过去在内的思想,我们不仅要
"述"而且还要"作",而且这必须在一个开放的空间——既不是专
家的也不是宣传者的,通过对话的过程来实现。这并不是为了捏
造一个"东亚思想"、"××哲学"的品牌,而是为了使人们的思想,
或处理人们思想的我们,与更为广泛的思考与责任——更为"公
共的"的理智与伦理——的场所联系起来,这是最必需的。

1. 人与物:作为前提和先决条件的伦理

(1)被"物化"、被遗忘的伦理的明示化

首先,关于"公共性",应该考虑其应有样态的基础论。

第一,当只有"物"存在时,是不会产生"公共的"问题的。也
就是说,当事物的周围出现关注它的人时,即当不只"有物",而且
还"有人"时,就有可能产生公共性的问题。换言之,只有存在"生
命"才有公共性这个概念。如果没有生命,那么既不会有公共性
的问题,也不会有对公共性问题的解答。再换句话说,所谓"公

的"是植根于"伦理"之中,离开了伦理便不成立。这虽然是理所当然的,但笔者首先想确认这一点。

这是因为,回顾我们的历史和经验,世界、自己或他者,不是作为"人"存在,而只是作为"(完全的)物"存在的情况绝不少见,是大量存在的。例如,无论是政治性的全体主义或专制,还是更浅显的"垂帘听政"的形式,当绝对的主体、权力成立时,与之相对的人(他者)就被客体化、工具化为"物"了。在日常生活中,当我们"无视人"的时候也同样,人变成了与桌子、墙壁和树木等没什么不同的东西。或者当世界像一种机械的系统时,自己和他者就被物化,于是呼吸的"人"的感觉就会消失了。此时,人就失去对伦理的实质的追问,随之也失去对公共性问题本身的实质性追问的空间——因此对这个问题的解答也就容易被从问题圈外决定。

在刚才所举的日常的例子中,最初的例子是只有自己是"人",他者、世界成了"物",最后的例子是自他均同等成为"物"了。但即使是后者,其实有很多时候在系统的背后潜藏着各种个别的、共同的自己(人)。而且即使是在前者,因为本来自己是自己这件事,在与他者的关系中本质上具有被形成的一面,所以物化他者实际上必然有使自己也被物化的反语,这就不得不产生颠倒的循环(就像黑格尔用"主人与奴隶"的辩证法所指出的悖论一样)。此类事情使人遭遇"伦理—公共的"其自身不成为或者受到歪曲的层面,但是反过来,也告诉人它成立的条件。

以上并不是说不存在非伦理的"物"的世界及其构造和逻辑。即使物归根结底是以与观察者联动的方式而存在的,但从人的行为中独立出来的物的世界也确确实实作为"它"而存在。但即便如此,人其实并不把"物"作为它,而是把它与人的应有样态、行为结合起来构成伦理的世界。对于"人"则更是如此。所以,人为了生存,为了更好地生存,不能不自觉地认识到如何与物和其他人结合起来的方法。但是,因为近现代的文明把世界理解为物(而不是人),这种认知浸透于人们之中,所以人们常常比前近代的人们更加被物的客观主义束缚。而且因此而忘却了伦理的图式,丧失了作为人应有的认知和技能,陷人无意识之中。作为人应如何定位"物"和其他"人"的存在,这是人们自古以来每天构筑的各种各样的"生存方式"。在现代,物很富足,并且人的范围和人类的技术在不断扩张,所以更应该提起,更应该追问伦理的图式与技能。"公共性"就与这个被遗忘但更应该追问的领域有着密切的关系。

(2)"人"的伦理的超越和根源:基于人,为了人

众所周知,康德(1724—1804 年)将"人格"与"物件"区分开,认为作为人格的人应作为目的,而不能被手段化。[①] 康德并非在所有场合都将人论述为人格,他认为人还具有作为物的侧面,但是,人常常同时是人格,他叙述了这个绝对命令的本质。

康德的"人格"的概念,将自身以及他者作为具有根源性和超越性的东西来把握("人格的尊严"),即自己和他者不能完全通过某一系统或自己来操作——即不能成为"物"。他者不能完全回收自己,其实,在上述意义上自己也不能完全回收自己。"人格的尊严"就是这样的自他共同具有的东西。这与以前的思想传统联系起来就是说,人的生命是不能轻易地由自己和他人操纵的,这也

---

① "行为要常常同时以你的人格以及各个人的人格里的人性为目的来对待,绝不仅仅作为手段来对待"(《道德形而上学探本》第二章绝对命令之第二)。再有,严密地说,康德说"人格(Person)里的人性(Menschheit)",他是将人格和人性分开的。本章所说的"人格"、人的"本质"等,其实是康德所说的"人性"。但为了避免烦琐,暂不深入其间意义的位相差。

因为人们认为人的生命是通过与某些超越者发生关系，或者由根源性的东西生产而给予人的"恩赐"。① 在这个意义上往上追溯，可以说康德的"尊严"的母体有着古代中世纪的人以及自古至今一般民众围绕生命所感到的神性的直感。只是，他对过去的故事脉络加以抽象，使"个体的普通人的尊严"与"理性"相结合，将脉络作为对理性的"人格"的实践性规定抽象出来。也就是说，康德将生命的超越性、根源性作为他个人所定义的伦理性的极限项目以及如何处理这一极限项目的问题来重新把握。

在以上命题中，康德将伦理行为理解为，以不能回收到当面的自己和他人以及系统的各个体的人格为"目的"的东西。另一方面，关于伦理行为的发动者，虽然有各种细微差别，但康德认为是基于人格的"意志"。所以最终可以说，伦理行为是"基于人格"并"为了人格"而进行的。伦理行为是"基于人格"并"为了人格"而进行的，这在本章的文章脉络中可以置换为，"人"是具有某种根源性和超越性的东西，伦理行为是"基于人"、"为了人"而进行的。

（3）作为"回归人"的行为的伦理及其道德

康德在主张"常常同时"将人作为"人格"来对待时，另一方面他也承认人本身是伴随着"物件"的。这点非常重要。因为人的伦理行为本来就不仅是对待"物"以及"人的物"，而且还经常"将人作为物"来对待。康德将性行为把握为"使用"相互的身体，这个说法很有名。他的这个说法与他的人格的观点可以两立。只要

---

① "命"自古以来总被认为是超越的存在者的"授予物"，而且还是人用来计划事物的赌注，因而一般认为存在着从这样的存在者所发出的"使命"。而且由此所加上的不得已的限定被理解为"命运"。

结局回流至作为人格来对待，就能够承认他者是这样的对象"物"。虽然他的这个性爱论的逻辑有点奇妙。① 但是，例如在"委托"人做某事（使人做某事）的行为之中，明显包含将人作为手段来使用的一面。我们对此或是表示谢意或是支付报酬，或是在别的时候自己代他（她）做某事，总之要回归使"使用"回流至那个人自身的"目的"。如果没有这样的"回归"，那么由于委托缺乏前提或所要求的下一个作用，就会转化为单方面的命令或奴隶性使用。

由此看来，不得不说人的行为是指，在不断产生人的物化的同时又伴随着使之"回归人"的路径，因而总是保持伦理的，若非如此，便转化为非伦理的。而且，在这样的"有可能"的可能性、或然性的领域中，人进行"应该"、"希望"的选择，产生并追问伦理的认知和道德。

我们来简单列举一下这些伦理的认知和道德的项目吧：首先，因为是"人"（康德所说的人格），所以在是"不能物化"这一点上，将对象、自己和他者感觉为某种威力，使自身产生具有拘束、觉醒、敦促以及自我保持等形式的"敬"系列的德（敬、敬畏、礼等）；其次，在将对象、自己和他者作为生命、人，更积极地说就是使之"人化"的方面，为了达成"人"的生命目的，主张"爱"系列的德（爱、仁、慈等）；还有，围绕生命的存在方式及其复杂性的认知，"智"和"贤"被提起；再有，（在与首先是"敬"然后是"爱"相关联的同时）围绕上述的"回归"，"义"系列的德（信义、义务、正义等）被提起；另一方面，围绕使以上诸德实质化、客观化，作为习惯的"礼"，作为命令的"法"及其他道德均被提起。

───────────

① 奇妙在一方面极端地将性作为他者的物化来把握，另一方面又使性与人格的东西相结合，即所谓赤裸与理想主义同居这点上。这来自于康德将人的自然欲求最终看作"利己的"、"个体的功能"。而且在康德的构图中还有这样的一个环节，即感到自己和他人的身体仿佛是具有力量的机器人的物。

以上所列不过是最基本的几个项目而已,但它们是如何养成人的内部态度和行为,并与之相结合的呢?"人"又是如何通过这些,作为不是"物"而是名副其实的生命而存在、持续和形成的呢?这些构成了围绕伦理的问题域。

2. 人称的认知与伦理形成

(1)自己、对方、第三者和相互间的交换

公共性与伴随"物"但又作为与"物"不同的形式而构筑起来的"人"的伦理领域相关。但是,虽然公共的是伦理的,伦理的却不全是公共的,因此,我们就有必要考察"公共的"这个问题。关于公共性的概念,本丛书第三卷中的拙稿《日本的公私问题》也简单介绍过,本章将从剖析"人"的存在方式来论述这个概念。

当伦理从"将人作为人而不是物"之处开始时,对于那个物或人的认知就与人称性的把握相关联。当然,对于人来说,人称性由何处开始又是如何析出的? 这本身就是个问题。① 但是,我们先将这些发生问题搁置,在这里首先以"我"(自己)为基点来考察。

当我们运用语言向别人打招呼或别人向我们打招呼时,作为第一人称的自己对他者——作为第二人称的你(们)以及作为第三人称的这个(些)或那个(些)人(们)和物(们)发话,或者倾听对方的发话。如果用最简单的平面模型来表现的话,那就是更具

---

① 对于人的经验来说,世界是先有"物"还是先有"人"呢? 例如对于幼儿来说,世界真的是先有(物理的)物,然后才有(伦理的、生命的)人的吗? 实际上也许是在经验上先有后者,然后才析出后者的。之所以这样说是因为,他们虽然与周围的物一起物理地形成的,但他们首先是从生命之中产生出来的。但无论如何,人既不能单纯在"人"的世界中生存,单纯的"物"的世界也不存在伦理。

有生命实感的自己,向同样有生命的对方,以及第三者、人们或者有生命的物逐步扩展,这可以绘出一个人称性的同心圆构图。这用日常的语言来说就是关系的"亲近"、"疏远",因此这不单纯是存在论,也属于主体伦理的范畴。

只是,以上的第一、二、三人称是当前水平的(不论其垂直性)维度上表现出来的人称,而实际的人称把握不但有垂直性现象(在语言表达上表现为敬语),而且还有内容量相互交错的动态现象。例如自古以来就有父母、父子、朋友等具有各种含义和作用的"位相"。为了使论述简单,笔者现在对此不作深入讨论,只想指出这些也很重要。

另外,我们不能忘记,语言和行为所指向的作为对方的第二人称、第三人的他者,其本身也可能成为作为第一人称的自己。所谓的"可能"是指,对对方来说是理所当然的存在方式对自己来说则也许不是立即就能成立,而只是也有可能成立。因此,需要通过选择认知和行为使其在伦理上成立。而且,在逻辑上,相对于对方的我也是如此。如何接收这种人称的交换,是否承认他者也能成为自己,能否感悟由此而来的某些督促和要求,这全在于伦理的基础。

(2)人称互换的非均质性

是否承认人称的互换?能否起到互换的相应作用?那是怎样的作用?世界上的事物对人来说并不是均质的。对于"第三人称的物"(纯粹的"物"),当然人通常不会将其当作"人"。但因为"第三人称的人"〔他(她)(们)〕是人,所以就会发生人称互换。不过这种互换是间接的而不是直接的,即只是所谓的不认识的人。纵然相遇,也是转眼即过(擦肩而过),不会发生多次人称互换,也不会有深层的人称互换——如果没有技术和表象的媒介。与之相对,"第二人称"[你(们)]则是直接面对面的"相遇",很容易发生人称互换。更何况,如果频繁相遇,当作为面会者的关系确定下来时,就成为所谓的"亲近"的人。

"目光相遇"、"见面"、"打招呼",这些都是将对方作为人来接受,并对其作出可能或应该的反应。在这里所进行的人称互换,是与其相遇,承认其是有生命的,并进而发展为"与其共同生存"[共享(share)生命]。相互期待交换形成信赖;对生命的意向形成共感和爱;向未来的"回归"形成正和义。与之相反,当我们"离开"、"脱离"、"隔开"这种互换关系时,人与对方的关系就成为第三人称的关系,更加淡化了伦理联系。这样,相互不再共享(share)生命,而退却至只有记忆和印象的世界,甚至无关系之物的关系。

此外,还有一条与这种正面的伦理形成轴相反的负面的道路。"连招呼都不打"就是不承认对方是人。这不仅是将其当作风景,而是将其扔进"不是人"的世界去。即说得极端一点,就是具有"作为人死了的好"、"该死"等认知和行为的倾向。(爱的反面)恨、(义的否定面)处罚、(因死而生)牺牲等"为了更将某人当成人而更将另外的某人当成物"的方式也是存在的。① 这种负面方向,并非只要是"亲密的"第一、二人称关系就不会发生。由于物成为人,而且第三人称的人进入第二人称的亲密的对面性中,由于其伦理的期待值,更容易发生负面方向。也就是说,因为"亲密接近",

---

① 不是共生而是物化或以死为志向的"牺牲",如果是自己的意志(像基督的赎罪和佛教的舍身那样),则作为自己的赠予被称为"爱"(善)的一个极端。但如果使他者这样做,则是"替罪羊",伦理上称为"憎"(恶)的极致。只是,即使不引用尼采的"无名怨愤"(Ressentiment)论,在实际的人伦中,有时这两个相反的方面也会结合在一起。在这个意义上,这样的极端形式在伦理上不论是从正面还是从负面都没有标准的图式,也许我们更应注意其具体内容。

所以必须更加避免憎恨和牺牲。

在这种正负伦理认知、行为中，人日常地生活着，日常地实践它。而且，这样作用的世界是多元的，并且由于纵横无尽的伦理的交换和产出作用，所以是充满变数的而不是静止的，复杂的形成和破坏永远在继续。

（3）作为复杂的统一体的自己

现在我们转回头去看看第一人称。关于第一人称自身，人称的认知功能是怎样的呢？在这里自己和他者是同一的，因而是已经"形成的东西"，暂且可以说人称的交换已经不可能了。但是，在实际的状态中自己并不是完全同一的。例如，人有时会把第二、三人称的人或物的认知纳入自己之中，作为某种程度上被渗透的自己来对待，这就作为另一个自己而自立。还有，被认为不是来自其他而是本来就属于自身的东西，或询问其内部感觉，或倾听其内心，或自问自答，这也有另外的自己的要素。或者，人不仅在现在还在过去和将来认知自己，并不断想起、想象，与之进行对话。又或者，在像现代那样的被物渗透的世界，很难拭去感到自己是由物组装起来的人类机械这一对自己的把握方式。

像这样，自己之中有着各种各样的维度。正因为如此，佛教将自己把握为在"业"、"缘起"中的"五蕴"，自己是由诸要素所构成的习惯，具有多层性或辐辏性、时间性或历史性。① 像佛教"业论"和"十界论"所理解的那样，自己处于过去的累积之上，而且被多

① 与这样的"东亚的"自己的丰富的维度相比，遵循把自己看作非分割的实体的传统的笛卡尔式的自我观，在非常有限的层面考察人，由此单纯地构成世界，这种自我观的功和过都很大。

重构成。就像使自己感动的种种故事所教的那样，自己是由来自过去的话语和印象，以及投射向将来的影像和语言来决定的。

那么，在具有这样的复杂性的自己自身，是不是没有交换的功能呢？并非如此，可以说在自己之中，不但有比与第二人称的关系更为活跃的交换的功能，而且人还会实行这一功能。这是因为自己的事情不是别人的事。人关心"自己的事"，可能的话尽量自己解决和满足。正因为如此，自己作为统一的东西成为将自己和他者视为一体的"人"。在这样的意义上，虽然自己内含种种多样性甚至有时还内含失调的东西，但对自己来说是"最近的最亲的人"。于是，自恋自不待言，还容易发生一种无视他者的自我绝对化。然而，因为是最近的最亲的，所以这也是最不愉快的最应否定的。

3. 私与公以及公共

（1）作为"参与方法"的公与私

那么，"公（共）"与"私"是如何与人的伦理形成联系起来的呢？本章首先将公（共）定义为"所有的人参与事物"。例如，行为、营生和物（设施）不只是为了特定的某人而是为了更多的人们的利益和使用，这是公（共）；还有，信息成为无论什么人都能获得的状态，这也是公。与之相反，私指的是"只有特定的人参与事物"。夫妇和孩子在家中吃饭，通常其他人不会参与，在这个意义上是私的。个人之间的友情和友谊也只在他们之间成立，所以是私的。从某个人发出的只给某个人的、不会告诉其他人的信是"私信"。但是这种个人信件，如果被广泛通报传布，那么就不再称为私信，而成为了向各种各样的人们"公开"的东西。徂徕说

"学问异于朝廷之政,毕竟为内证事"(《政谈》)。意思是学问是"自己个人(只有限定的一部分人)做的事情"。但是如果学问用在与广泛的人们相关的场合时,当然就成为公事。另外,"公共"是参与事物的人们同位、双向的互相的"公"(后述)。只是,因为公与公共在多种局面上屡屡相互重合,所以以下笔者为了方便也屡屡将两者混用。

私的、公的是指这样的人对事物的参与方式的狭义的、广义的概念,但更广而言之,对于投进世界的人来说,也是围绕干预和参与的向内的闭塞以及向外的开放这两者的对比——"私"是指事物限定于、封闭于自己(们)之内(自己人之内);"公"指没有限定而向外开放。这个闭塞与开放,若就主体间的认知而言,与刚才的"亲近—疏远"当然也是相互重合的。而且,在更一般的意义上,私和公也可能与存在方式上的特殊(particular)和一般(general)、普遍(universal)以及逻辑上的特称(particular)和全称(universal)相关联。投影在语言构造上还可以与西田哲学的主语面和谓语面相结合。

私和公的概念与 particular 和 universal 一样是一对概念。而且它们是伦理的,所以不是在最初或最后哪一个作为实体存在或不存在,而必须是在实践过程中的力矩,是理解的切入点。实际上,即使从历史上来说,人们也是在遭遇自己以外的人即公的干预或持有的可能性之后,才意识到"私"这一被封闭的干预或持有吧。再有,在日本历史上,在作为只是私(们)的"内证"被感觉到的同时,另一方面作为不属于这个界域的"公界"也已被把握。①

91

---

① 请参见纲野义彦:《无缘、公界、众》(增补版),平凡社 1987 年。

因此,在人生活的现实中,公的"所有"其实是有界限的;私的"这个、那个"也有不介入或停止分割(作为 individual 的个体的人是指,不能再分割这一某个公的设定)的限定。公的"所有"的界限[例如"公仪(政府)"、"奉公"],如果从更广泛的界域即从外侧来看,就是特定的即私的。也就是说,公的事物,如果从超越论的角度重新看,则其背后躲藏着私及其形式,其实是通过某个被限定的"私"才"成为公"。私(们)的"这个、那个"的特定性也同样如此,如果进入符合它的即内侧的经验,那么例如"私"能够置换为"自己"(=某个职位)那样,就会接受公的范围而固定下来。也就是说,"私的事物"也是有了人们的广泛的"公"的功能之后才"成为私"。而且,某个"私"如果拆掉基于某个公的隔板,那么其实就在其内侧和外侧拥有各种私和公。如果像佛教那样把人看作是由"缘"形成的,那么上述情况也是理所当然的。

在像这样实践地把握私和公时,"参与事物"以及"对事物的参与方式"(虽然现在笔者还没有详细论及)有着各种情况。例如,用范畴来分的话,有属于、享受、使用、进行、决定、知道等,根据其参与的事件其权能也各不相同。再有,如笔者前述,具体什么事物是公还是私,要在包含人们的纠葛在内的实践之中来定位。所以关于公私的内容的"隔板"因状况、历史性和社会性而呈现出各种样态。

例如现代中国的"公司"指企业,这个"公"有人们"集合"的意思吧。英国的 public school 的 public 是指"共立"学校。但是在现代日本,"公"被与"官"(以及以之为羽翼的政)结合在一起,学校中的"公立"(与"国立"、"官立"相区别时指地方的)也是指行政机关参与的意思。只是,在明治初年,有些地方也曾出现若有了适合"民间"的"私立"学校就不要"公立",即接近 public school 的想法。①

在日本,官僚机构、政治和国家组织被当成"公"的终端,认为它们是被某个"私"(们)定义的观点还相当微弱。这由来于日本缺乏政治正统的转换的历史,以及岛国的地理存在。另外,"私"在日语中被用作个人的自称通常认为始于中世末期,但这个"私"自近世②以后,被作为对于已成立的"公"的"侍奉的私"的倾向愈发强烈。而且虽然这个"公"以中小的经营体为媒介,但比起中间集团和公众的领域,更向国家收敛。

在近代,私更被赋予以个人为中心的印象,但另一方面,国民国家被"想象"为与私直接结合的公,出现了个人与国家的组合。这里有亲属向小家庭的收敛,个人的析出,社会组织向国家的依存,还有国家与私结合起来形成的以媒体和教育为首的新的媒介系统。超越了这些的跨民族的公要成为"亲近"私的东西,还需要通过更新的信息和交通的媒介才成为可能。

(2)人称性与私、公、公共

下面将私和公作为与人能更具体地感觉到的人称性相关联的

---

① 福泽谕吉常常强调开设"属于市井的人"的"民间"的学校的重要性(《京都学校记》,明治5年)。另外,明治12年的"教育令"中有"当有应成为町村人民的公益的私立小学时,不另外设置公立小学也无妨"。以上出自《教育的体系》(日本近代思想大系6),岩波书店1990年,第25、26、72页。

② "中世"和"近世"都是日本历史的时代划分。日本的历史通常划分为原始、古代(封建制之前的飞鸟、奈良、平安时代)、中世(镰仓幕府和室町幕府时代,大约12世纪末至16世纪末,社会制度为封建制)、近世[织丰(织田信长、丰臣秀吉)政权至江户末期,社会制度仍为封建制]、近代(明治维新以后)、现代(第二次世界大战后)。由于与世界史的古代、中世纪、近代的划分并不相同,所以译文采用原文的古代、中世、近世的表述。——译者注

伦理问题来考察。这时,私和公与参与事物时的"与他者的关系的方法"相关联。

"私的"关系的基本在于,前述第一、二人称及其连锁中被限定的人的身心及其印象与个人相关的场面。在这样的场面,认知(利害关心)和行为密切结合,产生出亲密的"共同性",关系非常充实,能够进行认知和行为内容的积蓄和生产,还能够"积极地"处理内侧和外侧的事项。无论是个体的睡眠和觉醒、衣食住,甚至创造和学术文艺,抑或以男女和家人中的人的生产(生殖)、养育为首的基本的生活周期,还有社会关系中的紧密的作业、判断、决定、享受等等,这些都只有充分具备这个被特定化的封闭式存在之后才成为可能。

私的东西就是这样与人的欲求、生产以及创造的根底发生关系。私的领域,在某种程度上不问其存在方式和功能方式仍然被认为是"应该保护的",因为这与人的根源的能产性以及人的生命基本、与人的活生生的个性具有很深的关联。所以,私的东西作为创造性的自由、亲密的共同场所,在法律上成为基本权利;在宗教上成为圣礼的场所。使"私"的欲求和自由成为可能的环境,与前述"人的尊严"相关,原则上应该是生成的,不能被抑制,当然也不能被破坏。

然而,如果私"参与"事物时过于特定或过于断定,因为事物与他者相联,所以私的内密性、部分性或者说专断和独占在与他者和外界的关系中就会产生问题。这也许会使私成为与他者和外界无关的宇宙,或者会由于其独占性而否定自己和他者,从而破坏伦理本身。更何况,如果私的位置是公的东西的话,就会造成笔者后述的"公的私化"的结果。那样的私欲和自由当然必须抑制,必须根据场合破坏其位置。

与私相对,"公"的是指"所有的人参与"。在"公"的事物中,在不同于通常的私的关系的媒介和场所,与不曾遇到的他者相遇,他者的行为、新奇性以及价值均集中到"私"那里。而且,"私"所发出的动作在被媒介的场所向他者扩展。这样的"人们"的相遇在"公"那里成为可能,通过积蓄、详述,创造出人在原来的关系中不可能有的基于新的交换的行为和生产的可能性。

公在伦理上是在"第三人称作为干预者出现"之处所产生的场所。我们分析这样出现的伦理的展开,可以得出以下流程:

(a)此前不被认知,或者被认知但没有关系的人、物,是使用物。

(b)作为"第三人称的人"参与伦理的领域,带有更广泛的复数性。

(c)在其自身之内第一、二人称关系被承认,其充实、生产成为可能,带有更广泛的复数性。

(d)其与自己之间的一对一的第一、二人称关系被承认,其交换、交替被形成,带有更广泛的复数性。

在这个流程中,前述以自己为基点的同心圆模型中的人称交换,以相反方向从外侧即他者的一侧向内侧参与,在这个基础面的交集中,虽然最初有位相之差,但最终成为(d)即生成更具有同位性的多元模型。"公"依照这样的"从他者开始的流程",作为使在那里所生成的"所有的人"存在、使他们工作的维度、基础面(即所谓的谓语面)出现或被表现。在过去的思想中,"公"常常被表述为"天"、"天地"等,这就属于表象的维度。

公和私的关系,(至少在东亚思想的传统中)像公被比作"天"那样,常常不仅具有水平的维度而且还带有垂直性。并且公常常被投影到具体的他者中。例如,对于私,公被把握为"御上",是因为公的维度自身被理解为特定的"人",公将这里或那里的人以及包含自己在内的很多人[＝我们],捆绑在一起,成为了经管参与事务的方式的首领那样的存在。给政府的统治者附上"公"的固有名称,将政府的行为称为"公仪"等,都显示了这样的经管者的功能。

对于这种带有公的性质的上位的他者,个体的私自然位于服从的位置。由此有了命令,有了赠予,这些命令和赠与有各种表现形式:从适当的援助到散播和"夸富宴"等以收获为目的而投下的资本均有。而且其间,支援、养育、庇护、统治、强制还以微妙的形式相互纠葛在一起。① 并且这样的关系在血缘、地缘、势力等之上固定地或交替地进行。就像对孩子来说父母是必要的那样,对于被养育者的养育者、对于泛滥破坏者的命令者以及对于聚集者的主宰者都是必要的。在各个现实的局面中人称有其"位置",伦理行为不可能是一样的。但是,这个人称的关系,用刚才的流程来说,还只停留在(b)、(c)阶段。

只要人在根本上各自具有尊严,那么人称关系最终必须成为根本上同位的东西,而不是庇护—依存、掠夺—被掠夺、命令—服从的关系。如果发展到刚才的(d),那么积极参与"公"的人,不但不是"只是某人",而且既不是上也不是公,而成为并列的人们的"共即朋"。这时的"公"已不单是"天",而是"天和地"合并的作为更多元的、双向的网络而展开的维度。② 如果包含了这样的同

---

① 关于庇护—随从的关系,参见小林正弥:《政治的恩顾主义论》,东京大学出版会 2001 年。

② 关于不是金字塔式而是人的根茎式的关系、网络的可能性的调查和确认,请参见今田高俊:《意义的文明学序说——此前的近代》,东京大学出版会2001 年。

位的并列、合作的方式,那么"公"(不是收敛到上位者,而是在人们的同位参与这个意义上)被重新定义为"公共",而且有了谈论公共哲学而非公哲学的必要。

(3)公、私中的"矛盾相克"与统治的竞争

公(共)的是指,将不被纳入视界的、被遗忘的、如"物"般的(过去、现在、将来的)人作为真正的生命,作为真正的人来对待。在这个意义上,公共的是指"人们的更广泛的共生、参与",在这点上有别于"特定生命的充实发展"的私的行为。但是,公(共)的本身并不一定,并不直接等于"对所有的人来说都是更好的生存方式"。这清楚地表现出公(共)的与私的"矛盾相克"的局面。

关于私的事物与他者的相克面,例如某个人(们)的私的专断和垄断(独自决定、内部决定、独自占有、无视和排除另外的人),有可能动摇、扼杀其他人的生存的场所,给他们带来损害。但同时,"公(共)的"即多数的或占统治地位的"人"的行为也会对位于"所有的人"的内侧和外侧的个体的人的私的行为的充实,带来压迫和侵害。

主张权力集中的韩非子(前234年左右去世)说:"自环者谓之私,背私谓之公,公私之相背也,⋯⋯今以为同利者,不察之患也。"(《韩非子·五蠹》)。韩非子反复提出"公私之别",但那不是指公私"有相异之处",而是两者"相悖"。不是说如果没有冲突,就可以保留私。他主张不应停留于抑制私的泛滥,而必须将私作为与公对立的东西使之完全被公所回收。

在这种情况下,将人们加入"人"的范畴,打开门户的公共性,反而带有更高的权威和更强的势力,在内含差距的同时成为干预、

动员的逻辑,转化为对少数者产生压迫的东西(或者也可以不将此理解为"公共性"的样态,而依据公共性说"公"变成这样)。总之,不止韩非子,国家主义、殖民地主义也好,市场万能主义、大众的全体主义也罢,它们通过权力、资本、势力来进行的掠夺和压迫,都被自封为为了公益、公共的安宁。这个时候"私"总是在"被装扮"为公共的成员的同时,被掠夺。相传为德川家康所说的"不使百姓生也不使其死",也充分显示了作为当时的统一者的"公仪(政府)"的"公共政策"。家康的政策,对"私"来说,(即使没有得到更多的好处)至少不被加进"人"的范畴,即放任不管反而保护了其生命存在。

这样的公共性在大部分私上"圈地"。而且"公"总说这样做是为了提高公益,是为了"私"。但是即使有那个方面,也令人怀疑是否真的总是那样。当然,如果"私"有"出去的门口",可以参与外面的世界,可以进入其他"开放的剩余空地"(其他的"公共"),而仍然选择现在这种存在方式的话则另当别论。但是,如果"私"根本不知道这种可能性而只能选择现在的存在方式的话,那么"私"就被剥夺了自由,就是遭受压迫。

在刚才举例的公私相克之中,最初的因"私"的相克,即"放肆的私"、"专横"的情况(A),特定的私其实在无限化、普遍化的意义上可以称为"私的公化";后来所说的"掠夺"、"动员"、"公高私低"等的情况(B),在应该是普遍的公但其实被特定化了的意义上可以称为"公的私化"。但是,这两者不管是"以私为公、以公为私"的哪一个,其实都是同一个"统治"构造的两端。这两端总是:不是 A 就是 B,经常无媒介地、无形成地互相转换成另一端,成为一个双面镜。

对"私"的抑制和压迫,虽然有时能成为人的创造性动力,但是却常常使知性和感性萎缩,内外两侧积蓄起恨和憎,以及反面的执著的爱。这会使自己与他者之间产生"同伴—敌人"的分裂和物化,而且这种分裂和物化在自己的内部以及自己与他者相互之间将不停地被继续、被重复。对此,避免这样的二元对立构造的胶着和自闭的主题,在东西方的古代伦理思想中,发展为避免暴乱(过)和压抑(不及)、追求恒常的"中(道)"论。

(4)公、私中的"相生"与照顾—依存

与之相对,也有私和公(共)互让的"相生的"局面。

福泽谕吉将刚才的 A—B 的"统治"(用福泽的话来说是"权力的偏重")看成江户时代以及即使在维新之后的日本社会的病理。也就是说,以政府为首的权势压迫人民,强迫人们服从,但是服从的人自己却又在追求这种被统治的状态。这是野蛮或半开化的,是非社会("人际交往"=不知社交)的(《文明论之概略》)。对此福泽强调"独立",但那不是主张掌握霸权或彻底的自由主义,而是认为私的"活泼自由的风气"反而导出"交际",反而使公成为可能。

做买卖的情况也同样如此,人如果聪明地看待长距离的"平均",那么就会将不追求暴利判断为合理的。所以"私"绝不应该被压抑,毋宁应该伸张,故而"私立乃公益之基",私是"可营私之利"。① 福泽认为,私与私充满活力的切磋琢磨使它们相加、相乘,并且还有可能与公也互相协助。在逻辑上国与国之间也可以照此

99

---

① 《可营私之利》,明治 14 年 4 月,《福泽谕吉全集》第十九卷。这里的"合理的"用福泽自己的话来说是为了"永续其利"的"技巧"。用康德的话来说是伶俐(Klugheit),但福泽的主张与其说是为了"我利"的战略,毋宁说接近于"政治乃最良之策"。前提是相互的容忍(sanction)和信赖的作用。

展开。也许福泽认为在国内以及在国与国之间形成这样的"社交"就是"文明"吧。①

关于公与私或者私与私的相克和相生的问题,并非简单的要是没有相克,只有相生就好了的问题。例如,像庇护——随从的关系那样,在相生的存在方式之中,有时公私、自他中的"位置"被固定或成为"共依存"的状态,那么这种关系自身便成为了封闭在内部的私。例如,在日本历史上,神既是"上",同时又是"守"、"头",意味着保护者、头目。给予恩惠,守卫、庇护、确定所有权,这同时也是向享受这些的、从属于这个关系的人筹集忠诚。如果这纯粹是被强制的统治,那么问题就简单了。但是,历史上经常见到的却是由下向上要求呈现忠诚的现象。说得不好听就是"奴隶要求主人"。日本近世的起义与其说是反抗运动,倒不如说有很多是对主君的誓愿运动。这与近代的"依赖"(土居健郎),甚至"逃避自由"(弗洛姆)的问题也并非无缘。刚才在相克方面指出了"圈地"现象,那也微妙地与相生的存在方式相关联。也许上位者也"被"下位者"要求"统治吧。

那么,"寄生"、"依存"本来在伦理上就是应该被否定、被轻蔑的,不应该存在的吗?人就应该总是对谁都不恭顺的、自由地存在吗?——回答不是简单的。不过问题是对特定关系的依存从而扼杀了自己,或者排除其他的情况。

正如相克不能从分裂的循环中脱离出来一样,相生也有不能从依存的循环中脱离出来的可能性。对于自身的生存以及自身以

①　福泽所说的私与私、私与公的两立性,到面对帝国主义的世界时,最终是否被回收到作为国家的"公"之中了呢?并非如此,或者即便如此是否可以看作是适应状况的战略呢?这是福泽解释的分歧所在。另外,他的"人际交往"论有必要与康德的"非社交的社交性"作对比考察。

外的生存来说,如果不能使"人"获得发展,甚至如果发生勾结粘连、出现破坏,那么,封闭于内部的生存方式,即使是多么"和睦",也不符合"为了人"、"基于人"而形成的伦理。例如,在第二次世界大战后的日本,无论是政治界、经济界、学术界,还是家族、人际关系,都被"惠顾主义"长期渗透,内部粘连的相生关系的体系在生根、蔓延。虽然这些体系目前只是从世界夺取毒蘑菇然后在亲密圈中分食,但如果不自觉认识到其与体系内外的掠夺、破坏相联系的话,反过来,世界也将颓废下去吧。

(5)人与事物的多元平等

但是,在庇护—随从关系中,也不总是那样的与统治相结合的形态,也有不少人类世界所必要的、所希望的形态。例如,与孩子、弱者、学习者、商量者、接收资金者等,也可以形成庇护—随从关系吧。但是,那不一定是支配的关系,而且也应该作为不是支配关系而存在的。那时,为"父母"者的保护和支援,抑制了没有其保护和支援时出现的破坏,担负起自己的"责任",保证努力养育"子女"们。

只是,人与人在内含这种形态的同时,在伦理上、根本上仍然以人称的同位性(即人的尊严)为前提。因此他们之间的伦理作用,不是单向的而是相互成立的。所以,在这个关系中,在伦理上也屡屡发生援助者从被援助者、父母从子女、师傅从弟子那里"被给予"。而且,这个"给予—被给予"、"帮助—被帮助"的关系,无论是父母一方还是子女一方,绝不应是固定的,归根结底应该以人的自立为目标。因此,在这里,同样也应该提供"被给予者"也能自立而成为"给予者"的方向。在这个意义上,保护、支援关系最终是"根据那个人"、"为了那个人"的。而且还应该拓宽"那个

101

人"与"别的人"的交换。①

　　至少在伦理的构造上，可以说最终是不存在"某人""给予""某人"，"某人""帮助、成就""某人"的。换言之，人们在某个时候，因为某种缘由而相互偶然地担负或行使围绕赠予、支援而形成的复杂的公共流程中的"一个环节"的职责——虽然只是一个环节，但那是决定性的重要的"契机"。这是决定性的，而且也只能是决定性的。

　　这其中所产生的东西，不是按"是片面地说还是完全不说"、"是保护、干涉还是放任、不干预"这样的二分法而产生的（实际上不管是单靠哪一个都不能产生），而毋宁是在相互作用下，在（对以上关系的变化、形成的）适当的分节化、指明方向上，最终生成的。关于这样的"德"的产生方法，有"知识可以教，但德不可以教"的说法，苏格拉底将自己的活动当成"对灵魂的看护"，认为自己只是"产婆"（迈农等）。确实，作为伦理内容的智慧和爱，虽然是人所拥有的东西，但不是某人的所有物，其所有是不能转移的。毋宁说，智慧和爱自身通过人们传播而托生生成。还应该说，创造真理和美的人，不管为此有多苦，但那是从"某个不懂得它的人"那里得到的，而且要给"懂得它的任何人"。

　　当然，以上所说的只是理想上的，实际上却不仅如此。这是因为，事情发生的背景不只是人格的能动关系，还与"事物"一方的

---

　　① 沃尔泽（Michael Walzer）对于庇护—随从的二元关系的固定，有如下说明："强大的强势阶层和无助的弱势阶层这一完全的二元主义，对民主主义来说具有招致根本性危险的可能性。如果没有志愿者、建立组织的人、贫穷者与老人的代表、地域的支持者、邻人这样的中介，……与投票、请愿、游行相同，赠予也是给市民关系提供具体意义的一个方法。"（山口晃译：《正义诸领域》，而立书房1999年，第152页）。他想通过中间的志愿者网络实践地超越这种二元固定的关系——通过货币和权利等媒介。这个观点当然与他的"复合的平等"的思想相关联。

存在方式有关系。也就是说,要产生某样东西就要有作为所谓下部构造的事物的条件,那里凝聚着人的辛苦和苦心。

例如,上述的"相克",也与可分配的财物、可选择的数量的稀少性有关,"相生"则与其数量和正数的复杂性的增大有关。而且,因为"富足"所以不是零和而是正数和,又因为是正数和所以变得富足,这形成一个循环。同样,也有与之相反的负数和的循环,即"贫则贪,因贪而贫"的循环。在很多时候这两者成为二元对立的一个组合,即所谓的"富者愈富,贫者愈贫"(《马太福音》13:12)。对我们来说,"某人(们)"向着贫富的哪一方转化(私化)并不重要,重要的是"所有的人"都成为富者。我们的目标不在于二元对立的构造所带来的存在方式,而在于公共,即要把处于二元对立的中间的、永远保持多元性和活性化的共生作为"公共",而不是作为"公"来考虑。

当"富足"被理解为人"参与事物的"以及"可能性的""富足"时,已不单是财物的问题,也成为权利与自由的问题。[①] 这样,如果富足"只是特定的人们"的东西的话,那么即使"在内部"是公共的或民主的,但在包含其"外部"的更广泛的人们的层面上,那无非是"垄断"、"私化"。但是,如果永远不停地向可能的外部追求"公共"的话,那么关于全称的人的外延便成为问题,这时的公共作为综合的理念就有必要重新追问自己的界限,同时探求其道路。

103

---

① 阿玛蒂亚·森的"个人潜在能力":我们不能将用客观主义的形式来把握的价值(利益和财)作为"人的可能的事物"来重新把握吗?请参见池本幸生等译:《不平等的再讨论——潜在能力与自由》,岩波书店1999年。

4. 公共伦理的形成

(1) 从私伦理到公伦理

私、公、公共表现在作为人称交换的伦理层面,析出各种各样的道德的样式和项目。离我们最近的首先是私与第二人称的"这个人"的"私的"关系。但即使只是面对面的关系,实际上也分节出具有各种样态的"人际关系",产生出各种伦理形态,同时社会性地向外扩张。

众所周知,在儒教主导的东亚,伦理范畴可以举出君臣、父子、夫妇、兄弟、朋友这"五伦",强调亲、义、别、序、信。笔者在这里不再重复五伦的具体内容,但是,笔者想提请大家注意,在那样的关系里,在人们的各种实际行为的基础上被进行的、传统伦理学不一定反省地把握的道德之流。也就是说,在面对面的诸关系之中,亲情、信义、情谊、恩、孝、和解等情爱的内容,被赠予、被积蓄、被报答,所传播的是一种渴望其继承地展开的、带有互酬性的道德。当然其根底有着带有种种"位相"和"责任"的人称间的交换。这里包含有人的功能性位置,包含有人的喜爱和牺牲、债权和负债的本钱这一位相,同时通过互酬的赠予来保全、来生成人及其关系。

在现代,在父子、上下、友人关系中也有"让人做"、"给人做"什么,"照顾"、"被照顾","请客"、"被请客","回礼"、"被回礼"等情况。相应地会产生对某人感到"不好意思",或者因施予得更多便仿佛积下了些许善行而得到"满足",或者想"重新开始"等伦理感觉。这种时候的伦理感觉既有互酬交换,还有成为正义和爱的基础的精神活动。还有某些被认为非常现代的情况,例如,要将收到的私信给第三者看,或者要把新的某人加进某一被限定的亲密的交往中时,询问相关者这样好不好。这是因为考虑到,将与那个人之间的限于内部的情爱、利益或者信息泄露给其他人,是否会给他(她)带来损失,而且是否会缺乏被期待的"信义"。在这里起作用的也仍然是对对方的面对面的伦理。不管公共空间扩大到何种程度,不,毋宁是越扩大,这样的个体的伦理的"应被保护"的部分越是存在。这(即使与公的层面的关系上的"隔板"如前述发生变化)也是因为,私伦理总是与保全、生成人的具体的生活世界这一根本的重要事情相关联。

但是,当面对面的伦理与第三者(们)发生关系,进入公的场所时,就会产生问题。即使其互酬的赠予多么丰厚,如果只对经常相遇的"熟悉的人"进行的话,那就成为狭隘性(parochialism)和任人唯亲(cronyism)。如果这种态度在追问"所有的人"的事物的"公"的维度"横行霸道",那就越发辜负"人们"了。

或者,在私的关系的范围内实际上有对"人"的侵害和暴力,如果面对面伦理将之"隐藏"起来,那么即使那对某人来说是"伦理的"(像家人、行贿受贿者之间、组织内部的"仁义"、"忠诚"、"防卫"等),但在公共性的方面,这也被看作对包含被害人在内的"人们"的不道德,而不会"因为那是你(方)的'内部问题'所以随便你"。而且,越过私伦理"内部告发"这种不道德的行为,不是破坏曾"被保护"的私的关系,而毋宁是为了保全其他各种私的关系。

前者("横行霸道")的情况对于公的维度,是私(们)自己独霸正数的东西;后者("隐藏")的情况则是抹掉负数。也就是说,虽然正或负不一样,但两者均围绕"生命的价值(能、值)"的去向,围绕私伦理的"封闭"而进行。在进入公的维度,与第三者相遇时,前者产生"垄断",后者产生"隐蔽"。

刚才说了公私之间的"隔板"和"距离",但如果没有与公的维度、第三者相遇,那么就没有公的维度所要求的认知,同样的行为(例如在封建社会的缘故主义和内部暴力被视为理所当然那样)被认为是进入内部的方式,得到承认,在伦理上没有被视为问题。但是,只要与公的层面相遇,那就成为问题。而且,也会要求公私之间有隔板、水平、程度及其变化。

"垄断"和"隐蔽"的事态自身只有与新的层面相乘才会发生,所以没有与新的层面相乘就没有"垄断"和"隐蔽"。而且如果没有、缺乏那个层面,那么根本就不可能有"垄断"和"隐蔽"的问题自身。因此,这些垄断和隐蔽需要对照公的维度才可以了解,不能从原来的私伦理的内侧来把握。作为第三者(们)广泛出现的公的维度,带有不同于原来的私的关系的面貌,所以伦理的方法也不相同。因此,进入公的维度的伦理产生、并被要求。

(2)公伦理与私伦理的相互媒介

既然公伦理与私的、面对面的伦理有这样的不同之处,那么两者是不是没有关系呢? 或者是不是有了前者就不需要后者了呢? 答案是否定的。因为如前所述,私伦理与人类以具体的心身进行交往活动的生活世界的生成直接相关。如果公伦理能够完全置换其伦理作用,那么就可以不需要私伦理,只有公伦理才是重要的。然而公伦理恐怕不可能完全置换私伦理的作用,公伦理并非与私伦理没有关系,绝不能因为有了公伦理,就"忽略"私伦理。

公共性是非特定的人参与事务的平台。而且,公(共)的行为对于发出的人来说,是指向面对面直接"见不到的人或过去见不到的人"的;对于接受的人来说,是从面对面直接"见不到的人"那里接触到并"参与"的。公共的行为并非与私的东西没有关系,在其最初和最后都与私的东西相结合。从实践的过程来看,公共的行为虽然指向直接见不到面的人或过去没见过面的人,但最初首先是"私对个体的某些人、物工作"。而且,通常有某些手段和装置介入。私的工作通常被变换为某些物,不久便涉及"某个人"。由于是通过系统的介入送来的,"某个人"见不到发送者的面,所以也许没有像平常的互酬关系那样的"感谢"。但是,那个人至少"在那个人的私上"接受了那个行为。

公共行为中的"私"与"那个人",也许最终是间接的,没有发生一对一的面对面关系(这种可能性很大)。但即便如此,见不到的或过去见不到的我从我的第一、二人称发出了行为,见不到的或过去见不到的那个人最终也在他(她)的第二、一人称上体验了行为。所以公共的行为在其两端存在着私的层面。而且基本上可以说,人生活在"直接见到"的私的生活世界之内,同时将行为投向"直接见不到"的公的层面,然后又在私的生活内接收这个行为。公私的层面有接口,不断地被间接地变换。那么,我们希望公和私是怎样的关系呢?

(3)公共中的"愉悦的私"和"统治的私"

有时也会出现超越公共性中的私与私的间接性,"私"更明确地表现出来的情况。例如,当公共行为是让人喜欢的赠予,而且"那个私"与"这个私"相遇时,这时,曾缺乏的面对面的关系上的交互感觉便变得充实。然而,真正让人"愉悦"的是,当一方的私"使(另一方的私)感谢",另一方的私"感谢"这种单向的统治——从属关系不固定时,以公共为媒介,各个私分别得到发展,并且产生私与私的交互感觉。此时,参与公共的各个"人",对私来说,(援用第一节的说法的话)就是"回归人"、"以人为人",各个私发生交互感觉并相互得到发展。

但还有另外一种情况,例如像宗教团体、政治家、媒体、名人等经常做的那样,有时进行公共行为的赠予者的"面"会露出来,那(至少对于笔者的私来说)是让人不愉快的。这是因为感到那里面所包含的权力作用,为了某个人的私以公共为食物,而且还通过公共以别的人的私为食物。这种不自觉是愚蠢的,是厚颜无耻的。所以,有些敏感的赠予者就会在行了赠予之"实"后,或是不出"面",或甚至连"名"也不要,只是默默地躲起来。总之,就是要使"私"距离化,"使自己不出现",以求不具有权力作用。

另一方面,有时享受者和接受者这边也会露出其"面"。例如,在夏目漱石的《道草》中,在主人公大学毕业成为了不起的"公家人"之后,他那一直离开的以前的养父露"面"不断向他索取。漱石描写了对那个养父的嫌恶感。还有那些死死拽住公共机关的居民和抵抗者,他们只顾自己私利的索取,不是为了保护私的生活,而是暴露出了要从被作为前提的"公"那里(才不管其他的私怎样)得到最大限度的利益的私。这是清高的人对其皱眉的原因。

当然,这并不是说"私"不出"面"就都是正确的。当真正需要"丢掉脸面"时,就应该公开丢脸的事。例如,如果人们苦于贫穷,就应该保证贫穷者"露出面目",应该让富足者去救济贫穷者。再有,担任共同体或组织的"长"、位于其"表面"的人,因为"代理"很多人的私,所以必须服务于那些"私"的伦理,而且有必要使之公开。具体存在方式的妥当性,必须从状况的复合性之中正确地判断。因此,问题不在于"私"和"面"是否出现,而在于"私以公共为食,公共以(别的)私为食"的构造。

另外,政治、经济、学问、科学等的经营涉及的是超越私的生活层面。因此,很明显,它们是"公共的"行为。但是进行这些活动的个体的人具有私的领域,我们必须保护它。我们应该更自由地把握自己的生命,但人的创造被投进某些公共领域,直到最后又返回到其他人的各个创造,其间包含有无用的投机、投射。人们有必要在某种程度上相互保证和负担这些"玩耍"和"无用"性。但如果各个行为的伦理只图谋私利,而完全不顾及其他很多人的"私的生命"的充实,那也是个问题。更何况,如果凌驾、破坏其他的私的生存,或将其他的私置于"基地"、"殖民地"、"消费地"的位置,这种强盗般的态度更是错误的。这样的经济、科学、学问等的活动也仍然是"私以公共为食,公共以私为食"。

公共伦理在不单是自己的东西的意义上,必须超越私伦理;在活跃于生活世界的意义上,必须为私伦理服务。而且,从其超越和内在的功能中,应该避免陷入上述支配的构造,应该以上述"愉悦的"共和的存在方式为目标。那么,怎样的伦理装置和项目是必要的、可能的呢?

5. 围绕公共伦理的道德、世界

公共伦理具有两个方面:发自私伦理又超越私伦理的一面,以及从超越又返回私的一面。说得更具体一点就是这里有一个课题:伦理以更间接的维度为根据的定位(分配、构成)是如何与各个直接的互酬性的交锋相结合的。私伦理以人称的共鸣和平衡的感觉为本,以各个个体的人为对手;而公共伦理则更面向"未知的、无限定的人"。举个简单的例子,如果人在无人看管的车中或路旁也不乱扔垃圾,或拾金不昧,那是怎样做到的呢? 这时,伦理超出各个互酬关系中的共感和情理的计算,直接指向得不到回报

109

的时空,想象看不见的人(们)而行为。这样一来,

(a)在这个处于即使最初的直接的共鸣和平衡的感觉没有消失,但只靠那种感觉已无法对应的维度上的行为中,人具有什么动机,以什么为正当化呢? 再有,如果这是可能的,那么

(b)如果在这个维度上再进一步处理的过程中,其动机和正当化的方式再次发生变化的话,不是也有失去最初的第一次的、第二次的感觉的可能性吗? 假若如此,又应该如何解决呢?

这样的问题圈是本章的问题意识所考虑的。这与第一节的最初所论相关联,近现代人描画出使"人"更加第三人称化,甚至描画出使之也消失无踪的无限的"物的世界"。而且,一方面将此愿景化,另一方面又将自己这个"私",以及以国家为首的"公(共)"主体化为主权中心的"人"。不单是物,而且成为欲望对象的物的再生产、再分配的组织,被再次运营。这里有如何将这个系统伦理化的所谓社会科学的伦理问题。这里还产生了在其中、在人类的生命中所"失去的东西",如何通过生活、教育、社会运营等使之恢复的课题,即(b)。但笔者的焦点不在于(b),而在于(a),即人所具有的或曾具有的,虽然与私伦理相连却不同于私伦理的伦理图式。探究这个问题对"恢复"(b)的问题也是必要的。

例如,对过去的人来说,天地、宇宙的"人"及其"理"、"法"、"道"等作为语言和影像无处不在,对这些的认知也被理解为自身应该发现、陶冶的机能和器官(organ)——即"德"的问题。但是,这些却好像被现代人从身心抛弃,被忘却了。对于私的关系中的同类东西也同样如此。因此,即使我们现在不必照搬这些伦理资源,但也很有必要回忆一下。下面就来举出几个在东亚展开的思想例子吧。

（1）佛教思想：“脱自”与生命

始于释迦牟尼(前5—前4世纪)的佛教的法事活动有以下特征：第一，在“人”的行为(的反复)之中看到欲望的封闭的循环，想脱离这个循环。这在伦理上可以说是想超越自身与第二人称的关系所具有的同一性和共同性的所谓“脱自”的活动。这时，让人很感兴趣的是，释迦牟尼及其后继者对于人的同一性和共同性既不是单纯否定也不是单纯肯定，而是理解为“中道”，认为那里有“正确”的感觉、认知以及行为(八正道)。这表示释迦牟尼的“脱自”追求的不是否定人的维度，而是人的种种存在方式、行为中无偏见的地点。根据“中道”的理解，他的“脱自”落实于这个世界的主体及其实践的具体性。因此，在这里正义自然伴随着智慧(“般若”)。而且不可忽视的是，在那个地点上，生的互酬的关联被重新把握为“缘起”。这些作为衡量“所有的人”的立场、法则，当然与公共的道德相关联。

释迦牟尼的出家，有与实践的紧张感而脱离自己的、批判性的企图。但是不能否定佛教的活动往往使自己停留于与俗世分离的非社会的倾向。在这样的二元分离中，有时反对物的范畴反而容易缠在里面。实际上，唯心论的东西反而容易与现实粘连这一讽刺现象在佛教有着根深蒂固的历史。作为佛教自身，应该根据“中道”，使实践中的具体伦理和社会论、政治论等更分节化。

佛教所具有的第二个特征，尤其是大乘佛教以后，强调作为对名副其实的“所有的人(有生命者)”的共感、赠予冲动的慈悲。这是与认识的“脱自”化、与正确和智慧的道路不相同的，加深和扩张对生命的共感的道路。这一方面意味着佛法托生到身边的私和共同体，同时另一方面还找到了能广泛考虑到间接的人的道路。

111

正因为人是"脱自"的,所以即使对于"一寸长的虫子"也能感受到"其灵魂"。

这种共感带有一种泛灵论的感觉,是与从山川草木到动植物、人、精灵和神灵,将世界理解为充满各种生命的生命世界观相关联的,在那里,互酬的平衡感觉被泛化为因果连锁、报应于万象。在这样的世界上,人不仅关心一个个的人,而且关心所有的生命,(即使是直觉)对它们感到责任。自己接受被无限化的生命的赠予,同时也对一个个的人以及其他各个生命赠予,这样的贯穿生死、过去、现在、未来的连锁被设想,并导出伦理行为。这里的公共性是无数的各个生命间的公共性。

这样的"人"[=生命的泛化],与以"人"为理性和智慧的中心,只承认人(而且甚至只承认现世的人)的近代西欧主流的"人类中心主义"在观察方法上大不相同。在后者,现在的人类有着很强的"人"的隔板。因此,被那个隔板排除出来的存在者被压迫,名副其实地被作为食物。这从"诸生命的公共性"来看无疑都是私的垄断。与此相对,以大乘佛教为首的东亚的生命观中,"所有的生命"相连的直觉是开放的。① 这个观察层面使人类中心主义相对化,使人发觉人类的永不停止的"私利私欲"是不正当的。

然而,这种持生命主义的人类非中心主义与主情性,并不是可以大加肯定的。因为它暧昧地使"隔板"残留下来,使其继续存在,所以"人类"内部的诸差别反而没有被明确追究就被忽视的可能性很大,就连作为"人"的 steward 的责任也不明晰。因此,仅仅

---

① 这在现代的环境思想中接近于深层生态学的立场。关于深层生态学的诸相及其长短的定位,请参见森冈正博《深层生态学的环境哲学——其意义及局限》,伊东俊太郎编《讲座:文明与环境之14——环境伦理与环境教育》,朝仓书店1996 年。

这样是不能分析各种各样的"人"的样态的,更何况与"保护"战斗是很难的,可能最终会容忍不正当的现状。在历史上,包括佛教思想在内,生命主义曾引发对力量的追随但却极少引发环境和人权的保护运动。本来生命就在微妙的条件之内,有着容易灭亡的非力量的一面。但是当生命主义轻易地与系统和力量粘连时,毋宁说人有制造"不能驾驭的动物"的可能性。生命主义成为社会的"有机体"主义,使特定的共同体[= 拟公共性]横行,而且当"脱自地"皈依它的"灭私"等的牺牲和死的逻辑与之结合时,就会变成不知停止、不知反省的有活力的怪物。不管如何考虑,与理性和智慧结合、相互依存都是必要的。

生命主义所具有的公共伦理的可能性与问题性,也是东亚的道家思想、日本国学等近似于 naturalism 和 nativism 的思想所具有的。生命主义的思想在近代西欧虽然在理性中心主义之下被忽略,但仍在起着作用。因为它给近代的"系统"提供了其缺乏的东西,所以决不能无视它。本来,从内侧发起关心非直接的他者的公共伦理,就是对人的丰富与广泛的"爱"。由于生命主义吸取了这种"爱",所以能够成为带来"公共"的力量。因为这很重要,所以不应该单纯否定它,而应该正确地应用它,注意避免对它的错误应用。

(2)孔子的周边:恕、仁、和、天

在孔子(前551—前479年)的言论中,有不少对公共伦理来说具有深远意义的东西。孔子将"恕"(体谅,对他者的忖度)作为"可以终身行之者"(《论语·卫灵公》)、"吾道一以贯之"(《论语·里仁》)的东西,这说明超越自己使人称交换永远进行下去,是他的基本思路。只是,"恕"虽然是"一以贯之"的东西,但其本身不是目

的。作为道德,孔子最尊崇的是"仁",应该说"仁"也是关心各种各样的人的生命是否充实、幸福的道德。仁也被说成"生之德"。可以说,这是与孝悌等对私的亲近者的关心相关,同时又将之带到与其完全不同的更为广阔的维度的、名副其实对公共的人们的爱与关心的概念。

孔子把志向于广泛地关心人的君子与专门生活于亲近关系中的小人对比起来。他说:"君子周而不比,小人比而不周"(《论语·为政》)、"君子和而不同,小人同而不和"(《论语·子路》)。"周"是指关心普遍传播,"比"是指物与物相比或者偏好一方。两者分别与和、同相呼应。"和"是多样的物、人之间的和谐,"同"则意味着同一性、共同性。这个"周"、"和"的理念和道德很好地显示出孔子志向于"在各种各样的人中复合调和"的维度。而且关于君子,孔子还说"君子矜而不争,群而不党"(《论语·卫灵公》),《中庸》中也有"君子和而不流……中立而不倚"的语句,孔子认为,君子持有"周"、"和",不作对立抗争之事,并且以"中道"而"立",是有自负的主体存在。①

孔子的"智"、"义"等也与"仁"相结合,他还强调了其客体化的"礼"。而且必须指出,作为与这样的"公共的"诸个"德"和"道"相关的东西,孔子还提出了"天"及其"命"。孔子的天,正如"天何言哉?四时行焉,百物生焉。"(《论语·阳货》)所说的那样,天无言地生成世界,并使之运行,但同时,天也是敦促君子的行为并使其反省的伦理上的他者。

到了孟子(前372—前289年),作为德的仁、义、礼、智、信与

---

① 关于"和"的详细情况,请参见拙稿:《日本思想中的"和"的概念》,《地域文化研究专业纪要 Odysseus》第6号,2002年2月。

作为内面性的四端被分节化;同时,对于是否守德行道,设定了"天"这一对此给予裁可,作出裁决的伦理空间。关于"天"裁可的思想,不限于孟子,在当时是非常普遍的。古代的人们感到存在本身是"人(有生命者)"心存一种敬畏,公共伦理也与那种感性相结合而展开。或者也可以说,与公共伦理的发展一起,超越者也作为伦理的东西被要求而站了出来。总之,不论是在各个互酬关系中的伦理,还是在更加扩大的"所有的人"的伦理的背后,都存在掌管它们的神、天及其法则。

至于墨子(前 470—前 390 年左右),众所周知,他批判儒家等伦理偏向宗族中心,带有权势,使世上失去公平,产生抗争。他主张"使天下兼相爱,爱人若爱其身"(《墨子·兼爱》)。在他的"天下兼相爱则治,交相恶则乱"(《墨子·兼爱》)的背后仍然有"天"的裁决。但是,"天"的判断的实质最终归于作为民心的一种一般意志。可以说这点成为了自古以来的"民本主义"的传统。换言之,在以中国为中心的东亚有"平均的理念",它贯穿于社会和历史。[1]

这样,围绕公的维度,可以找到所谓仁、义、礼、智,中、和、兼爱、均等的志向和道德,还有超越者等。我们承认它们丰富的可能性,但它们仍然残留下问题。之所以这样说是因为,这些"公共道德"具有专门与统治者的"位"结合起来被要求的倾向,这种倾向至少一直到日本中世时期还是根深蒂固的。当然,孔子的作为公共道德的中坚力量的"君子"姑且可以算作与"位"无关的人类道德的保持者。但即便如此,正如"民可使由之,不可使知之"(《论语·泰伯》)所表达的那样,是设定了关心并知道公共性的人以及依

---

① 参见山田胜芳《中国的乌托邦与"平均的理念"》,汲古书院 2001 年。

存它但不知道公共性的人这样一个政治秩序的。也就是说,孔子和孟子无疑都认真地将公共性考虑为是"为了人民"的东西,但没有考虑其是"基于人民"的东西。公共性只不过是一部分的人的营生,人民是不知道公共性而被关心的人,公共性不是人民的工作。这点是使儒教的"仁"、"爱"带有家长式统治色彩的原因。

(3)伊藤仁斋的人伦、荻生徂徕的礼与和

日本近世以后,出现了使古代、中世的社会关系相对化的动向。堪称为这个方面的伦理学代表的是伊藤仁斋(1627—1705年)。他说:"存于此不行于彼者,非仁。施于一人,不及十人者,非仁。""仁"不是只施予特定者的,而是广泛遍及人的,是"最终止于爱"的。"无一毫残忍刻薄之心"的爱,是人的道德的本体。仁斋所描绘的公共的"仁"和"义",不是特定的人的所有,而是向人们扩展,通过人们的生活,协同地生成并持续的。而且,人们的"日常"的生活世界("人伦日用")毋宁才是具有普遍性的"天下同然者"(《童子问》),于是他将谁都进行的日常的日用之道论述为"天下公共之物"(《语孟字义》)。公共性曾经是统治者的道德,但这里成为了各个人的东西。

仁斋将公共性描绘成人们协同相生的人伦道德,对此,荻生徂徕(1666—1728年)认为,社会("世")如果只是那样的话,就会成为不能驾驭的复杂的体系,与时间一起发生种种变动。因此,他强调应该发展(用现在的话来说就是与社会科学相通的)对世态、历史的认识,他围绕制度、通货、经济运营、人事组织等,论述了公共政策(《太平策》)。徂徕承认人们普遍的"相亲相爱相养相辅相成"的生命的相互作用,并且要求统治者阶层具备根据制度("礼乐刑政")而治的"仁"和"智"。而且对这些中层以上的人之间的关

系,强调上述的"和"(《辨名》、《辨道》、《政谈》)。徂徕主张建立具有"社会"意识的阶层,这不如仁斋的"普通人"的维度彻底,但他认为,阶层内的关系不应是金字塔式,而应该是中层以上的士大夫各自将仁、智等"公共的"道德内在化。

(4)现代事物的变化

其他还有很多应提及的思想,留待以后有机会再说吧。最后笔者只想稍微提及与现代这一"世"相关的问题。

可以说,人向公共性的进程始于"轴心时代"(雅斯贝斯)吧。但是构筑公共性所需的知觉和道德的扩大,直到日本中世时期还只属于特定的人。也就是说,思考并运营"所有的人"的事情的是"特定的一部分人"。对此,随着近代以后社会的发达,社会交换及其机构的扩大,在"所有的人"的范围更加扩大的同时,其中心的周边部位的"参与"也在增多。可以说,这种外延的扩大与内容的充实[=主体化的过程],现在也正在地球上波浪式地进行。而且,在这个过程中,经济、技术、法律、伦理等的样式的变化自不待言,知觉媒体的存在方式也在变化——因此人的使用器官也在变化。通过近代以来盛行的文字信息的印刷,使本来只能面对面地处理的知识和思考成为了很多人的东西。进而在 19 世纪末以后,通过与视听觉相关的表象技术,感性的知觉被技术性地广泛积蓄、生产、流通。这些给人们的"动员"和"参与"提供了可能的手段。

不论是印刷还是表象技术,在出现当初成本都很高,只有有权力、财力的人或集中了这些人的组织才拥有其生产手段。公共性包含知性和感性,虽然参与者的外延越来越扩大了其范围,但参与的方式却加强了其金字塔式的构造,提高了其"中心—周边"性。在进行公共性生产的"上位、中心"通过录用考试、选举,选出一部

117

分人,很多人则服从召唤和分配,被动地参与。但是不久,通过围绕知觉的这些生产手段的低廉化,随着其使用机会和使用能力的增大和提高,其生产和流通也变得更加"为了"人们自身,更加"基于"人们自身了。从 20 世纪中叶以后,随着电子技术和信息化的介入,社会交换的流程从金字塔式、中心—周边式变化为更多元的、网络的方式。①

可以说,通过获得媒体而出现的"人的扩张"(麦克卢汉)从来没有像现代这样在这么多的人中发生,而且还与多方面的知觉相关。通过交通、印刷、通信等媒体,人能够见到此前不认识的很远的、很多的人,听到他们说话,而且还能够与他们面对面地相遇,共同感受周围的事物。而且,过去只能通过面对面的方法,在特定的人之间才能共有的经验和劳动,通过便利的媒体的作用,使更远距离的或更多的人之间的 share(分享)成为可能。并且那不像"出版"、"广播""报道"、"放映"那样只是中心单向的 broadcast(传播),而是扩大为双向、多向和多元的存在方式。使第三人称者第二人称化的多元成为可能,不认识的人的样子、语言、状态也能看到、听到,与他(她)进行会话。可以认知过去不知道的,共感曾经不能共感的,分辨被封闭的正当与不正当。人"能够到达"各个人和事物,意味着人们不仅"被编进"公共性内,而且还有"知道"、"实行"、"制造"它的可能性。在这个可能性之下,人如果做得好的话,也许不像过去那样依据"神"的援助和命令,也能具有关心遥远的人的智慧和爱。

然而,这个可能性的展开并不容乐观。第一,这只有在某种条

---

① 关于人的知觉的历史变化,请参见拙稿《从信息史看人类的变化》,岛兰进、越智贡编《信息社会的文化之4 心情的变化》,东京大学出版会 1998 年。

件下才成为可能,但这个主体条件并非全球同等形成的。例如,"数字鸿沟"(Digital Divide)不仅是两代人的问题而且还是南北问题。也许某些人的能力的提高是成立在掠夺其他人之上的。无论是民主主义还是信息化,至少现在,在地球上还是成本非常高的特权的东西。当然这并不是说不应该实行,而是必须将公共性扩充为非垄断的东西。第二,即使实际上人们真的有以上的可能性,但因为这其实是"被媒介的拟似的东西",所以反而会发生大量"真正的"第一、二人称关系被置换、被异化的情况。通过"扩张",公共性乍看好像拟似地成为"万能"的了,但由于那换来的是更为具体的身心的其他知觉诸层的忘却和磨钝,所以也许人其实是萎缩了,被扭曲了,失调了。如果那样,毋宁说产生了应该使人再托生,重新构筑"身心"、"道德"的课题[这与本节开头的(b)的问题相关]。第三,"扩张"自由的可能性,还内含着另外的一面。即这个可能性相反也是"某人"干预私的可能性。在以前的第一、二人称的限定中被保护的东西被开放、外流,带来了受到他者和系统的掣肘的可能性。如果能防止出现不正当的情况,那么这可以说是好的公共的作用。但是有时也经常出现应被保护的东西流失,私被暴露在以前公(但实际上是私)不曾具有的力量的作用之下。这与第二点的失调相结合起来,就扩大了新的暴力、罪恶的渗透领域。

所以,"人的扩张"不仅是对人的肯定同时内含着对人的否定。它为传统社会具有一个"被限定的中心"的金字塔式秩序走向更分散的、感性的、"波澜壮阔"的民主提供了可能性。但另一方面,它使稳定的统治秩序崩溃,将人置于无秩序的混沌和暴力之中,也许反而会产生更物象化的"公"系统的垄断。考虑到这样的可能性,伦理至少不可能像传统那样只设定自己与对象界,只以自己是否与一定的中心机能和规范一致为问题的单纯的东西。自己不仅自身复杂，而且还处于与他者形成微妙关系的场所。在伦理上，自己有必要将自身重新构筑成具有多种中心的灵活的综合体，而且将他者作为"多样的生存"的等位的面对面者来对待，发展相互关系。因此，作为自己的私的伦理，应该采取"自他相关"的存在方式，即对于他者，不仅仅是主张自己或消灭自己——不是或权力或牺牲、或自闭或献身、或干涉或不干涉中的任何一个，探求将身边的人和远离的人都作为关系者包含在内的"相互生存"的方法。

上述"可能性"，在时空的存在方式中，就是将以前所疏远的世界缩小到身边。可以说，近代发生的时空的物理的无限化、边疆的扩大，现在又在交往层面上转化为有限化了。这里与自己打交道的不是无限扩大的物理世界，而是在是物的同时也是"人"（自己、他者）所生存的世界。而且，遥远的全球化与邻近的区域化相结合，（至少在理念上）两者相互双向的发生。在这个意义上，这一改变也可以形容作全球—地域（glocal）①。依据自他相关的世界的可能性，全球—地域要求新的伦理。也就是说，我们需要这样一种立于"中道"的伦理，需要形成这样的一个世界：对于从全球—地域的可能性中产生的力量全球化，强调地域，保全、充实特殊（particular）的自己的生存；但对于地域主义—特殊主义（localism/particularism）的占有与自闭，强调普遍性（universality）、开创整体性（universal）的维度。

在现代社会中，这样的"中道"与（不单是精神的也不单是物

① 本套公共哲学丛书将 global（全球的）和 local（地域的）两个概念结合在一起创造出一个新的 glocal（全球—地域的）的概念。——译者注

质的,不单是对他者的献身也不单是对自己的自闭的)分节化的"智"和"爱"的具体形态结合,成为"公共的"道德之一。当然,这并非在现代才开始发生,其中含有自古的思想所主张的"作为理想与现实的媒介的思考"①,或者说含有天人相关(中国)的观念以及作为媒介者的菩萨、基督等的观念等思想传统。想不到,全球—地域的时空竟如此类似于古代、中世的世界观。

① 关于理想主义和现实主义的相互媒介以及全球—地域,请参见本卷"导言"中的山胁直司的论文《"全球—地域"公共哲学的构想》。

第 四 章

新公共主义的基本展望
——从第二次世界大战后日本政治理论的观点展开

小林正弥

1. 第二次世界大战后公共观的原点：从前近代的
   公共一元论到近代的公私二元论

第二次世界大战后的日本政治理论——或被普遍称为"战后启蒙"的当时的一般社会科学，是作为对引起第二次世界大战这个错误战争的原因加以反省的"悔恨共同体"（丸山真男）①的知识行为而开始的。其代表者丸山真男对超国家主义的批判——"一元地占有精神权威和政治权威"、"伦理与权力的相互移植"，清晰地揭露出第二次世界大战前天皇制国家的"纵轴（时间性）的延长以及圆（空间性）的扩大"的逻辑：从作为"道德的源泉体"的天皇这一"中心""流出的无限价值"，在"纵轴的无限性"（皇祖皇宗以来万世一系的、天壤无穷的皇运）的担保下，向万国扩大（八

---

① 参见丸山真男《近代日本的知识分子》，《从后卫的位置》，未来社 1982年，第 114 页；《丸山真男集》第 10 卷，岩波书店 1996 年，第 254 页。

纮一宇）。①

从公私关系的观点来看，这就是不承认个体的人的"私"领域的独自价值，摆出"公"的价值一元地流出、扩大的所谓"皇祖皇宗→天皇→日本国家→万国"的构图。这样的"（天皇＝）国家＝公"的公观念，在战争中强权地强迫"臣民"或"皇民""灭私奉公"，以下笔者把这称为"（天皇制的）国家主义的公观念"。本来，以国家利益为中心的公观念在其他地域，在古代的诸帝国或近代的绝对主义国家或军国主义的、强权的诸国，或多或少都能看到，因此一般称为"国家主义的公观念"，在特指第二次世界大战前超国家主义的日本的或"前近代的"特质时，才加上"天皇制的"这个形容词。

丸山也不是批判一切一般的民族主义，他批判的焦点在于（有别于在明治初期所看到的健全的民族主义＝国民主义的）失调的民族主义以及超国家主义。② 但是可以说，在第二次世界大战后的普通启蒙中，批判地看待国家主义的公观念的情况是很多的。——这也有那个时期极其强有力的马克思主义的影响。对于

①　参见丸山真男《超国家主义的逻辑与心理》，《现代政治的思想与行动》（增补版），未来社1964年，特别是第26—28页；《丸山真男集》第3卷，岩波书店1995年，第34—36页。

②　参见丸山真男《国民主义的"前期"形成》（载于《日本政治思想史研究》，东京大学出版会1952年，第三章）；《明治国家的思想》、《陆羯南——其人及其思想》，（均载于《战中与战后之间1936—1957》，みすず书房1976年。后来分别收入《丸山真男集》第4卷、第3卷，岩波书店1995年。）另外，丸山死后，后现代派就这点对丸山进行了批判，笔者虽能理解后现代派的问题意识，但那不过是外在批判而已，所以不能同意他们的批判。作为今天的规范论，我们也应该认识国民形成时的起源的暴力性，正如笔者后面所述，在将身份同一性向全球大量扩大的同时，认识到来自暴力的牺牲，所以反而应该努力使以前被形成的国民这一（多数人的）共同体对国民自身以及全球人类作出有意义的贡献吧。

自称为"公"的第二次世界大战前的日本,马克思主义的观点将之把握为封建制的或绝对主义的国家,丸山等所谓近代主义的观点则将之把握为前近代的国家。

我们现在暂且不提马克思主义。战后启蒙认为(从与国家和政治相关的"公"解放出来的)各个个体的人的"私"具有独自价值,主张要以之取代前近代的、天皇制的、国家主义的公观念。天皇制的、国家主义的公观念——它带有家长制、家产制国家的特征,是公私未分化的,并且最终回收、收敛至"ohoyake"①的东西。这可以看作"公一元论",与之相对,可以说丸山导入了近代的公私二元论的构图。

在《日本政治思想史研究》中有名的第一篇论文《在近世②儒教的发展上徂徕学的特质及其与国学的关联》中,丸山指出,相对于在"前近代的"朱子学的思维中的公私未分,③荻生徂徕的"公"是"政治的＝社会的＝对外的","私"是"个人的＝内在的",公私领域是相互区别的。对此,丸山强调"徂徕的公私思维方法的划

---

① "ohoyake"是日本近代以前对汉字"公"的训读,现代日语则训读为"ooyake"。在日语中训读的"公"与"公共"等汉字词汇的"公"的内涵并不完全一致,所以本套丛书特意分开来讨论。——译者注

② "近世"是日本历史的时代划分之一。日本的历史通常划分为原始、古代(封建制之前的飞鸟、奈良、平安时代)、中世(镰仓幕府和室町幕府时代,大约12世纪末—16世纪末,社会制度为封建制)、近世[织丰(织田信长、丰臣秀吉)政权至江户末期,社会制度仍为封建制]、近代(明治维新以后)、现代(第二次世界大战后)。由于与世界史的古代、中世纪、近代的划分并不相同,所以译文采用原文的中世、近世的表述。——译者注

③ 另外,丸山还说"当然在与之不同意义上的公私对立也不是与前近代的思维无缘的。例如不在领域上而专在伦理价值上追求公私的区别就表明了这点"(着重号为原文所有),全面地论及"公＝天理＝善,私＝人欲＝恶"的朱子学的公私观。参见丸山真男《日本政治思想史研究》,第107—108页(《丸山真男集》第1卷,岩波书店1996年,第227—228页)。

时代性"。① 也就是说,丸山认为徂徕指出(如治国平天下所言)公的领域＝政治的领域(政治性)的独立或"优越地位",这是"德川封建制下的'政治的发现'",将徂徕誉为马基雅弗利;同时另一方面丸山也重视私领域＝精神生活(以文学等的形式)从伦理的"律己主义"中"解放"出来的意义。②

这样的公私二元论的观念可以称为"(近代的)二元论的公私观"。这样的公私观,在将"个人＝私"的领域从"国家＝公"的干涉中分离出来并加以保护这点上,是符合(政治的)自由主义的,即所谓的"自由主义的公私观",这是毋庸赘言的。如果这种公共性(观念)是"近代的公共性(观念)",那么,丸山在日本超国家主义中看出的一元论的观念就是"前近代的公共性(观念)"吧。③

与天皇制国家对立的"近代的"国家观或政治观,最简单的概括就是,以自立、独立的个体的人为起点,按个人间的主体的意思来商定、同意的民主政治(国家)的概念——这是近代社会契约论的典型观点。丸山紧接着在第二篇论文《近世日本政治思想中的

---

① 丸山真男:《日本政治思想史研究》,第106、108页(《丸山真男集》第一卷第226、228页)。丸山从《辨名》(上)引用的徂徕的定义如下:"公乃私之反。众之同共谓公,己之独专谓私。君子之道在共众,在独专。……公私各得其所。君子岂无私哉。唯治天下国家,以公为贵,此乃人之上道也。"同上书,第108页(《丸山真男集》第一卷)。

② 关于与马基雅弗利的类比,参见丸山真男《日本政治思想史研究》,第83—84页(《丸山真男集》第一卷,第204—205页)。顺便提一句,以这个公私的分离为中心来论丸山的作品有:间宫阳介:《丸山真男——日本近代的公与私》,筑摩书房1999年,尤其是第二章"公与私的分歧"。

③ 请参见本套丛书第4卷拙稿《序言》,第ⅹⅲ—ⅹⅵ页。再有,根据重视"公共"中的"共"之意(本套丛书的志向)的用法,因为"ohoyake"的观念中"共"的要素很少,所以严格说来,"前近代的公共性"这个概念不一定是合适的。虽然为了容易进行"前近代的、近代的、现代的"这样的时代比较而使用了这种用法,但在严谨地论述时表述为"前近代的公"。

第四章　新公共主义的基本展望

"自然"与"作为"——制度观的对立》中,用"从自然到作为"这个有名的概念来表现近代政治的成立——例如从朱子学思维样式中的永远不动的"自然"这一秩序观,向通过人的主体的"作为"创造出的可变的政治的转变。丸山的同事、西洋政治思想史家福田欢一,也援用丸山的这个图式①,在社会契约论中寻找近代政治原理的成立,他展开论述了霍布斯、洛克、卢梭这三个人的思想,主张民主主义这一"近代政治思想"在原理上由明确"作为与自然相区别的人格的自律性"②的"人的哲学"构成。他强调第二次世界大战后日本的政治理论——这通过从(天皇制所代表的)各层次的"集团主义"中解放出来而成立,是以"近代的"个人的独立、自立、自律作为民主主义的出发点的。因此,在与本章的目的相关的范围内,可以把第二次世界大战后日本的政治理论称为"个人主义的政治理论(自由民主主义论)"。

2. 第二次世界大战后思想的理念及其颓废状态: 伦理的个人主义与大众的自我主义

战后启蒙的个人主义是接受新教主义、洛克、康德以及韦伯的自由主义思想影响而成立的,包含有爱邻人、理性、自律、自由等伦理规范或社会习俗。因此,那可以称为"伦理的(规范的)个人主义",不能直接等同于将自我私欲的欲望正统化的"非伦理的(无规范的)自我主义"的观念。丸山和福田都很注意避开容易与自

---

① 例如:福田欢一:《近代政治原理成立史序说》,岩波书店 1971 年,第243—244 页(《福田欢一著作集》第 2 卷,岩波书店 1998 年,第 219—220 页)。

② 福田欢一:《近代的政治思想——其现实的、理论的诸前提》,岩波新书1970 年,第 98 页(《福田欢一著作集》第 5 卷,岩波书店 1998 年,第 63 页)。

我主义的私一元论相连的表现——这不同于内田义彦等"市民社会"论者。例如，几乎不用（依据自黑格尔、马克思以来的德国的用法是可能这样解释的）"市民社会"（Bürgerliche Gesellschaft）这个表现，福田对"市民"概念的使用本身就是消极的。[1]

当然，"市民"这个概念，丸山是使用的，但他赋予了"市民"概念（含有积极参加之意的 Citoyen 以及对权力的 Civil Liberties 的拥护）两种意思[2]，在始于（在大众社会化中"私化"变得显著的）20 世纪 50 年代末丸山的思想发展中期，丸山通过"非政治的市民的政治式关注"[3]这样的反论的表现，强调"私"的市民参加"公"的政治的重要性。也就是说，（如后面所述）对于自我主义的私一元论的危险性，通过在市民中形成的"私→公"这一路线，使"私"与"公"逆接地结合起来。[4] 这可以称为"逆接的公私观"吧。而

---

① 请参见本丛书第 1、2、4 卷，尤其是第 1 卷的"围绕论题一的讨论"，第 2 卷"围绕论题一的讨论"。

② 参见佐藤升、丸山真男：《现代革命的逻辑》，《讲座　现代的意识形态》第 1 卷，三一书房 1961 年（《丸山真男座谈 4》，岩波书店 1998 年，第 149—151 页。）

③ 丸山真男：《"是"与"做"》，《日本的思想》，岩波新书 1961 年，第 114 页。另外，讲演是在 1958 年，初次发表是在 1959 年。又见《丸山真男集》第 8 卷，岩波书店 1996 年，第 38 页。再有，关于前期、中期、后期这一（关于丸山真男的思想的）时期划分，请参见拙著《政治的恩顾主义论——日本政治研究序说》，东京大学出版会 2000 年，第 7—11 页。

④ 间宫阳介可能受阿伦特的公共性观念等启发，着眼于这一点，他认为"按照丸山本来的问题意识，公共性是重新追问政治本身的概念，进一步说，是关于公与私的关系的概念"，指出"如果导入不是分开公与私，而是结合在一起的公共性的概念，那么，就可以理解丸山所说的'政治的东西'，与'公的东西'不一定一致，与'公共性'才恰好一致了吧"。正如笔者后面所述，虽然本章与间宫具有共同的问题意识，追求的方向与他的尝试相近，但这个公共性概念，是间宫熟读（在笔者看来是某一时期，尤其是中期的）丸山而"导入"的东西，需要注意的是，这与丸山本人的（特别是在前期的）"公"的用法并不完全一致。间宫阳介：《丸山真男——日本近代的公与私》，第 218—219 页。

127

且,市民参与公共政治这一思想,与久野收的"市民主义"这一重要的思想①一起,对后人有很大的影响,可以说在经过高畠通敏、松下圭一、筱原一等人之后,今天仍被新藤宗幸、山口二郎所继承。

但是,与这样的思想顶峰不同,作为排斥上述"国家＝公"的一面,从"国家＝公"解放出来的"私"在一般的思潮或运动中,成为第二次世界大战后民主主义的原动力或据点。不能否认其结果是,私的欲望和利益[＝私利私欲]的追求受到肯定,出现了将战后启蒙所主张的个人主义作为肯定对私的利益追求来解释和实行的思想和社会风潮。即公私分离导致了无"公"之"私"的膨胀。以下将此称为基于"自我主义(的解释)"的"私一元论"或"自我主义私一元论"。

例如,鹤见俊辅高度评价"小鬼刑警"(山上的漫画),展开论述了他对私的欲望的肯定。② 这个源流与近年的("立足于私利私欲创造公共性")这一加藤典洋的私欲肯定论③一起成为后述的新国家主义者的打击目标。

实际上在大众层面扩张的,与其说是作为理念的伦理个人主义倒不如说是自我主义的私一元论。这种在大众层面被低俗化、

① 参见久野收:《何谓行动的民主主义》(初次发表是在 1962 年),《市民主义的成立》,春秋社 1996 年,尤其是第 36—47 页。另外,久野的思想也可以称之为"市民的公共哲学",在二战后日本的公共哲学上占有重要地位。
② 将作为这个系列的原点的鹤见与丸山对照起来的论文有:田端信广:《战后思想的行踪——超越丸山真男与鹤见俊辅的"欲望"否定、肯定论》,藤田正胜编:《知识的坐标轴——日本的哲学的形成及其可能性》,晃洋书房 2000 年,第 3 部第 2 章,第 201—229 页。只是笔者不同意这篇论文中对丸山的批判性评价。
③ 参见加藤典洋:《作为可能性的战后以后》,岩波书店 1999 年;《战后的思考》,讲谈社 1999 年;《日本的无思想》,平凡社 1999 年,例如第 287 页;《日本人的自画像》,岩波书店 2000 年;小路田泰直编:《战后的知与"私利私欲"——围绕加藤典洋的追问》,柏书房 2001 年。

卑微化地接收的战后启蒙——有别于规范的理论家所呈现的"伦理的(规范的)战后启蒙(个人主义)",可以称作"大众的或非伦理的(无规范的)战后启蒙(个人主义)"吧。

从战后启蒙的规范的理念来看,必须说这种自我主义是似是而非的一种"颓废状态"。对于这种思想,而且只有对于这种思想,新国家主义所进行的战后民族主义批判才算是击中要害。

事实上,随着这种自我主义的思潮渐渐在社会上扩散,近年,社会问题、教育问题变得严峻起来。不过,这也有后现代思想的恶劣影响(嘲笑战后启蒙的伦理性、规范性),高声倡导无规范或反规范的思想的年轻社会学者的言说①,在通俗文化领域博得了很高的人气。

3. 第二次世界大战后日本自我主义的私化:集体主义的、恩顾主义的、家产制的调和主义

事实上,这种大众自我主义是符合战后的经济复兴以及经济高速增长的,起到了支撑第二次世界大战后日本的经济主义、在思想上使(以追求私的利益为自明之理的)资本主义的经济发展正当化的作用。由此而确立的是,被海外嘲笑为"经济动物"(追求私益)的丑恶的日本人形象。

作为日本文化特征的集团主义并没有消失,它与"国家=公"相分离,转型为企业内部的集团主义(公司集团主义),并猛烈地追求"私企业"的私的利益。具体来说,(曾是国家主义的)"集团

———————————

① 拙稿:《"性自由主义"批判》,诸富祥彦编:《打倒"宫台真司"! ——"没有终结的日常"批判》,1999 年,第 3 章。

主义的公观念"向"公司或世间＝公"这一"公司主义的公观念"转型,在为了实现自己在公司或社会的职业功能而粉身碎骨这一意义上,强迫公司员工对"公司＝公"的"灭私奉公"。但是由于这种"公司＝公"从国家或社会全体的"公"来看是"私",所以整个日本成为自我主义的以追求私益为优先的国家。

正如后面所述,在一般的多层的集团或共同体中,低层次集团的"公",在高层次集团看来相当于"私"的情况不少,所以以下表述为"A 公＝B 私"(B 是比 A 更上位的水平的集团)。即"公司的公＝社会的私"。

这样的经济、社会状况,与政治领域也相互联动。第二次世界大战后,国家主义右翼或保守主义后退了,保守党自由民主党也努力通过以"公共事业"等为媒介的(从日本全体来看是)私的利益诱导,争取选民的支持(土木建筑的国家)。派系、后援会和族议员所代表的传统的恩顾主义(clientelism。尊长—下属关系那样的庇护—服从关系 patron-client relationship)①,就是其中心样式,这成为受贿事件等种种政治腐败的温床。即可以将战后日本政治规定为私的(新)恩顾主义的政治或(与从西洋引入的议会制民主主义在原理上关系紧张却又与之共存的)政治调和主义(syn-cretism)②。

在战前,天皇制国家作为天皇的官吏行使强权的官僚制机构,虽然随着战后改革(随着内务省的解体,经济官厅的抬头)出现部分变化,但基本上还在继续起着主导作用。③ 因此,当在国家主义

---

① 关于这个概念,请参见上列拙著。

② 关于这个概念,请参见上列拙著,第 325—329 页。

③ 拙稿:《官僚制》,森田朗编:《行政学的基础》,岩波书店 1998 年,I—2,尤其是第 32—33 页。

公观念的基础上行使公权力时,其决定、实施的实质的、机能的主体在于官僚机构,着眼于这点,可以说,"国家＝公＝官"这种三位一体的正反合结构成为了(天皇制的)国家主义公观念的基轴。因此,战后日本政治理论,也一直以这个正反合结构为一贯的批判对象。

当然,官僚制并没有因为自称或僭称"国家＝公",就真正成功地实现了国民的公益。即使排除人为运作的不可避免的失败,实际上这个"公＝官"也如省本位主义①、宗派主义、上级硬性决定、以及政、财、官粘连等所表现出来的那样,被私的原理蚕食。也就是说,韦伯所说的(公私未分化的)家产官僚制的一面很强,日本官僚制是近代官僚制与家产官僚制复合而成的"新家产官僚制"或"调和官僚制"。② 并且,20 世纪 90 年代以来连续曝光的大藏省(当时)的官官相护、官民相护,外务省的机密费问题、挪用公款问题,以及其他各种贪污渎职等,这些都表明,第二次世界大战的家产制的体制保存了下来,而且公务员伦理的低下和堕落,即官僚制的"私化＝家产化≒恩顾主义化"近年来越发显著。

在日本的思想传统中,因为公主要表示(天皇制的、国家主义的公观念所代表的)集团主义的"公",所以"公"后退的话,(在封建制中能典型地看到的)恩顾主义的"私"抬头,这是自然的流程。虽然历史上,反复从中国、西洋等传入大文明的规范的、原理性的

131

---

① "省本位主义"的"省"是指下面提到的大藏省和外务省等日本的中央行政机关,相当于中国的部委。大藏省,相当于中国的财政部;外务省相当于中国的外交部。——译者注

② 关于这些概念,请参见上列拙稿,第 33 页。以及拙稿《新家产制论与ASEAN 诸国——韦伯模式的意义及局限》,岩崎育夫、萩原宜之编《ASEAN 诸国的官僚制》,亚洲经济研究所 1996 年,第 7 章。

观念,但经常很快就发生日本式变形,向调和主义演变。中国的儒教的公观念和西洋的公共观念都没有例外,这些规范的或原理性的公(或公共)观念,或是被置换为日本的集团主义公观念,不然的话,就变形为在实体上使私的或公私未分的现实正当化的粉饰用语——例如"公共事业"这个概念。这样,第二次世界大战后日本就是,公司主义的集团主义、封建的＝分散的恩顾主义的政党政治以及家产的＝集权的官僚制,即传统的或"前近代的"三要素与市场经济和民主主义这一西洋制度复合而成的调和主义社会。在这样的调和主义社会,社会的公(共)观念的形式化、稀薄化、空洞化与(公观念反面的)自我主义的私化现象大规模地出现。

4. 第二次世界大战后"启蒙"的思想盲点: 自我主义与新国家主义的同位对立

进入 20 世纪 90 年代以来,经济的自我利益追求达到顶点的泡沫经济的崩溃以及之后长期的经济不景气、政治腐败以及官僚制的伦理衰颓等,自我主义的私化现象的问题性明确地出现在国民面前。对于经济危机和政治混乱,以前专心致力于追求私的、部分的利益的恩顾主义的自民党,以及部局割据主义的官僚制,很明显已经不具有实现"公共的利益＝公益",解决问题的能力。

小泉内阁在成立时能够得到国民的高度支持,是因为恩顾主义的"抵抗势力"期待能够打破利益诱导的政治。使田中真纪子解任外相的铃木宗男议员事件也使这个问题重新被提起。对于遍及政府官员全体的恩顾主义的＝自我主义的"私化"(以及在这个基础上的私益对公益的侵蚀现象),谋求使真正的公共性再生的公益的实现,正是今天日本政治的最大的课题。

　　然而,实际上却存在着与之相反的潮流。第一,是批判如"公务员制"这一用语所显示的、代表"国家＝公"的"官僚制＝官"的中央集权的权力,主张"私"或"民"的重要性的潮流。将重点置于民主化、分权化的(战后启蒙以来的)民主主义者或市民派,以及将重点置于民营化(privatization)和缓和规制上的新自由主义者,两者(经常联合起来)都属于这个潮流。在现实政治中,自细川政权以来,这两个路线存在于所谓改革派的内部。但是,实际上两者在思想上并不一致:民主派、市民派(如重视 NGO、NPO 那样)重视来自民间的对公共的关心;而新经济自由主义者(如被批判为市场原理主义那样)对公共性的关系则稍以追求私的利益为优先。两派没有十分意识到这个矛盾而共存于执政党或在野党,这来自于细川政权以来的政治改革路线的局限吧。1998 年以来的,而且现在还在进行的在经济危机时以公的资金投入银行等问题,显示出不顾虑公共性只追求私化＝民营化(privatization)的新自由主义路线的局限和失败。

　　第二,是正在抬头的新国家主义潮流。小泉政权下的历史教科书问题和参拜靖国神社问题等,也与这个思想潮流密切关联。在现实政治中,这个路线有时也与第一个潮流混在一起,在小泉内阁中尤其与竹中大臣所象征的新自由主义经济政策并存。代表这个潮流的论者们批判日本变成了追求私益、追求欲望的社会——关于这点是正确的,将经济危机看作是来自美国和投机金融资本(对冲基金)所谋划的"金融战争",高调主张"国家≒公"的复权。他们将战后宪法批判为美国强加于日本的宪法,主张"爱国的"或国家主义的历史观以及历史教育的必要性(历史修正主义)。尽

133

管在目前,这一派神圣地看待天皇制,与国家主义结合起来的论述还不是那么突出①,但是,新国家主义将太平洋战争称作"大东亚战争",将其美化为一个大"故事"——如小林よしのり(Kobayasi yoshinori)②的漫画《战争论》(1998年)所象征的那样,主张恢复国家主义的公观念,主张献身于"国家≒公"。在这点上,让人联想到这是在向战前的国家主义回归。

这一派不仅修正历史教育,而且正如在扶桑社版《公民》教科书③所能看到的那样,因为强调"公民",所以与公私问题的关联也很深。将"市民"看作专心致力于追求私的利益的"私民",将战后民主主义以来的潮流指责为"私民主义"、"私民社会"(小林よしのり)④,诉求"公民"的觉醒。小林的著作中既有粗鲁的东西也有洗练的东西,但总的来说,他将"公"在事实上置于与"国家"同

---

① 但是,不能轻率断定天皇崇拜与新国家主义无缘。例如,西部迈在《"天皇站在'圣'与'俗'的边界》第2章4的标题下,主张"应该确认的是,天皇横跨国民的观念的圣与俗两方面,是半神半人的虚构"。即使是"虚构",但"半神半人"这一表现使人联想起战前的"现人神",笔者对此十分惊愕。西部迈:《国民的道德》,产经新闻社平成13年,第110页。西部迈还在书中扬言,由于宪法是世俗层面的东西,"但是,作为在某种程度上超越世俗的天皇(即作为最高位的神主,掌握国家的祭祀的存在),不受特定的宪法等的约束,而且也必须是不受约束的","可以不需要诸如宪法学者之类的特别存在"。笔者对此更是惊愕得目瞪口呆!同上书,第169、177页。

② 关于人名"小林よしのり",由于姓是汉字,名是日语假名,考虑到用相应的汉字标出名字部分不准确,所以译者采用原假名不译,但标注罗马字母读音的处理方法。——译者注

③ 《新公民教科书(わ贩本)》,扶桑社2001年,第6页。第一作者为西部迈,其他作者有佐伯启思、佐藤光、八木秀次、宫本光晴、杉村芳美、田内宽人、大津寄章三、株式会社扶桑社。

④ 参见小林よしのり:《"个与公"论》,幻冬社2000年,第398—399页。再有,此著作中的文字表现、逻辑是经过修正的,更极端的表现。请参见话题漫画《战争论》,幻冬社1998年,第360页。

等的位置,强调"国家＝公"之下的"公民"意识(的觉醒)。①

虽然本章由于字数限制不能详细论述,但从对于以丸山为首的思想家们的理解来看,这些对战后民主主义的批判犯了不可忽视的错误。因为丸山他们不是说纯粹的自我主义的私的欲求的解放就是好的,而是倡导形成内在的"新的规范意识"。②

但是,另一方面也不得不说,战后"启蒙"因为以对国家主义公观念的批判为主轴,所以也没有从正面责难自我主义的私一元论,指出其弱点。③ 这是战后启蒙或战后日本政治理论的"思想盲点"。依笔者之见,尽管在思想上、实践上确保某些公共性,是为

---

① 参见小林よしのり:《"个与公"论》,第402页;佐伯启思:《"市民"是指谁》,PHP新书1997年,第175—176页;《关于国家的考察》,飞鸟新社2001年;西部迈:《国民的道德》,卷头的"用语解说"以及"公共性被认为是多数派的欲望"(第171页);坂本多加雄:《国家学的推荐》,筑摩新书2001年,第114—115页。另外,请参见本丛书第5卷的坂本、佐伯发题部分。

② 典型的有丸山真男:《日本的自由意识的形成与特质》(载于《战中与战后之间1936—1957》),第301页,又见《丸山真男集》第3卷,第157页。而且,丸山真男在生前公开做的最后一次座谈"夜店与本店——问丸山真男先生"(石川真澄、杉山光信、丸山真男)中说:"虽然我经常被人说成个人主义者,但是作为个人主义的最大盲点,有一个如何对待自我的问题。……启蒙合理主义的'个人',在理性上是控制自我的理性的个人,但最终,也没能成功地赋予区别具有内在性规范意识的个人与自我之个人的基础。所以,一说到个人主义,就很容易变成利己万能。"从而指出了个人主义的问题点。他的看法是正确的,表明了对"社会(连带)主义"的期待。《丸山真男座谈9》,岩波书店1998年,第286页。关于这个论点,请参见上列拙著《政治的恩顾主义论》,第11—13页。

③ 在上一个注中言及的丸山最后的发言,反过来说,也象征地显示了,丸山虽然意识到这个问题,但也不曾明确地论及。对此,虽然丸山的老师南原繁积极地指出了个人主义的局限,一直继续从哲学上批判自由主义＝民主主义,但南原繁从辈分上属于战前自由主义者,不能包含在这里所说的战后日本政治理论或战后启蒙中。南原繁:《政治哲学序说》,岩波书店1988年;又见《南原繁著作集》第5卷,岩波书店1973年,尤其是第4章第2节。

了维持健全的社会所必需的,但是这一派害怕与国家主义的公观念混同,并没有明确地谈论这一点。

这一派通常被称为战后启蒙,从这个称呼就可以看到它与西欧的一般的启蒙主义共通的问题点。实际上,即使在西欧,例如伏尔泰、狄德罗等的启蒙主义,与卢梭和德国唯心主义之间也存在着关于伦理性和公私关系的对立关系,例如,卢梭就从道德和伦理性的观点批判伏尔泰等启蒙主义。日本的战后思想不单是启蒙的合理主义,而且也以后者(对前者=典型的启蒙主义的批判)为基础,因而重视韦伯的社会习俗论、精神构造论。因此,不能单纯地将所谓战后"启蒙"与启蒙主义等同起来。在忽视这点将战后民主主义看作自我主义的私一元论这点上,新国家主义对战后启蒙的批判(梦想在私利私欲之上建构公共性),与加藤典洋形成了同位对立的关系。

但是,对待新国家主义也不能只是批判了事。我们必须正视,上述思想弱点正在成为今天新国家主义抬头的一个原因这一事实。

因此,为了对抗新国家主义的危险性,仅仅主张战后启蒙的个人主义的民主主义论是不充分的,还需要有超越其弱点的公(共)或公私观念。那既不是像战前那样主张"灭私奉公"的国家主义公私概念,也不是像大众战后民主主义那样允许追求无限的私益的自我主义观念,而必须是能够超越这两者的缺陷的公私观。

在本套丛书中,金泰昌脱离以前的公私相反关系的认识,主张"公私共进"、"公私相辅"这一方向性,倡导不是"灭私奉公",而是"在活跃'私'的同时不断扩展'公'"(活私开公)的思考方法。[1]

---

① 本丛书第1卷"结语",第3卷"序言"。

假若非要从战后日本政治学中探求相似的公私观的话,可以说与之最为接近的仍然是丸山的逆接式公私观和久野的市民主义吧。因而,为了在这个系列的基础上发展今天的政治哲学,下面笔者尝试着略述新世纪的公共哲学的基本构想。

5. 新公共主义的思想定位:超越自由主义、共同体主义的争论

在今天的政治哲学中,20 世纪 80 年代以来,"自由(liberal)——共同体(communitarian)①"的争论在激烈地进行着。这里的自由主义,主要指罗尔斯的《正义论》(*A Theory of Justice*)以来,成为现代政治哲学主流的社会契约论、义务论(deontological)、权利论的(rights-based)自由主义,不以特定的价值观或总括的世界观、人学观为前提,而以形成万众都能同意的共生秩序为目标。只要允许其最低限度的外部秩序,每个人都能够根据自己的价值观自由地生活,总之,私的利益追求得到肯定,实现公共性的必要性被轻视——诺奇克等的自由原理主义(libertarianism)尤其如此。与此相对,共同体主义认为自由主义的人学观是抽象的、空虚的、无内容的,将其批判为"无牵无挂的自我"(unencumbered self)(桑德尔),强调自己存在于共同体和传统的脉络中。批判自由主义的"权利对善的优先性"的命题,主张善、美德的观念以及(使它们具

137

---

① "communitarian"多译作"社群",有时也译作"共同体"。这里根据笔者意图采用"共同体"的译法,相应地将"communitarianism"译作"共同体主义"。——译者注

体地表现出来的)共同体的传统的重要性。①

　　将这两个潮流与上述日本的思潮对应起来看,战后启蒙乍一
看与自由主义相近,现实中大众的、非伦理的战后思想(自我主
义)——有别于伦理的战后启蒙(个人主义),在其无规范性或价
值中立性上,与今天的自由主义相近。与此相对,可以说(京都学
派等)战前的国家主义思想或今天的新国家主义——只要国民国
家能被看作共同体的一个形态,相对地(与自由主义相比)与共同
体主义接近吧。只是,因为自由—共同体的争论是在(本来自由
主义无论在思想上还是在现实社会中都具有压倒性优势的)美国
发生的争论,这两者的立场与用日语所想到的(如战后启蒙的)
"伦理的"自由主义、(如一部分的京都学派的)"国家主义的"共
同体主义其实是背离的。

　　虽然在这里不能详述,但实际上,它与丸山为首的伦理自
由主义——不同于非伦理的自由主义,并不一定就是完全违背
共同体主义的。② 可以说,日本的所谓共同体主义——例如伊兹
欧尼将其与自己的共同体主义严加区别,与社会保守派(social

---

　　① 关于共同体主义,请参见坂口绿、中野刚充:《现代共同体主义》(又载
有贺诚、伊藤恭彦、松井晓编:《后自由主义——社会规范理论试论》,ナカニシ
ヤ出版2000年,第5章);菊池里夫:《英美的共同体主义与地域政策》(载于《松
坂大学地域社会研究所报》第13号,2001年,第9—42页);《英美的共同体主义
与"第三条道路"》(载于《松坂大学政策研究》第2卷第1号,平成14年,第55—
73页)。
　　② 上列拙著,第11—14页。尤其丸山的老师南原繁的"共同体"理论,与今
天的共同体主义极其类似,可以看作是其先驱。再有,关于与贝拉的关系,请参见
罗伯特·N.贝拉:《学者丸山真男与友人丸山真男》(载于"みすず"编辑部编:《丸
山真男的世界》,みすず书房1997年,第48—52页)。以上蒙中野刚充先生赐教。

conservatives)① 或权威主义更为接近。也就是说,自由主义(美国)与共同体主义(日本)位于两端,(伦理的)自由主义(日本)与共同体主义(美国)分别位于所谓其内侧,距离相当近(见图2)②。以下,笔者考虑到这样的位置关系,只指日本的思想时,采用汉字即自由主义、共同体主义来标记;只指美国的思想时,采用英文即liberalism、communitarianism 来标记;若用作包括双方的广义的概念时,则采用汉字后直接附上英文来标记,即自由主义(liberalism)、共同体主义(communitarianism)。③

其中,正如大众自我主义和(新)国家主义所明确显示的那样,(排斥共同体主义 communitarianism 的)极端的 liberalism(或自由原理主义)与(排斥自由主义 liberalism 的)极端共同体主义同样都是没有结果的或危险的。这两个极端在认为个人与共同体、自由与共同性是排他的这点上其实是一种共有前提的同位对立关系。与此相对,我们今后应该设想的是,正如上述的"公私共进"概念所示,不是将自由主义 liberalism、共同体主义 communitarianism 看作排他的东西,而是汲取双方的优点、修正其缺点的政治哲学,即所谓"共同体主义的自由主义"或"自由主义的共同体主义"。

---

① 伊兹欧尼将他所倡导的共同体主义不仅与自由主义相区别,而且还与社会保守派相区别,定位为两者的中间位置。Amitai Etzioni, *The New Golden Rule: Community and Mouality in a Democratic Society*(New York, Basic Books, 1996).

② 关于这个图,更详细的内容请参见拙稿《共同体主义的共同性与自由主义的多元性——对公共哲学网络的构想》(载于《多元秩序与共同规范的研究——报告书 No. 3》2001 年 3 月,研究主持者为嶋津格,千叶大学大学院社会文化科学研究科(非卖品),第9—29 页)。

③ 在日语原文中,只指美国的思想时,笔者采用日语片假名标记;指广义的概念时,作用采用标有片假名读音的汉字来标记。这里译者将片假名改作英文。——译者注

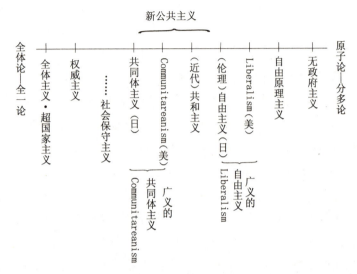

图 2　自由主义 liberalism—共同体主义 communitarianism 的思想位置关系

　　笔者想把这样的政治哲学 = 公共哲学称为"新公共主义"（neo-republicanism）。波洛克和 Q. 斯金纳等的脉络主义的政治思想史研究，近来活跃地推进历史上的"共和主义"（republicanism）或"公共民的人文主义"（civic humanism）的研究，共和主义一般被考虑为取代自由主义 liberalism 和共同体主义 communitarianism 的第三条道路即（由于重视政治参与的自由，与作为其基础的、通过共同体和政治参与而实现的公共性这两个方面，所以是）两者的中间道路。

　　只是，因为共和主义这一用语与近代共和主义的反王制这一特质紧密结合，所以有时很难将焦点对准其语源 res publica（公共的东西、事情）所表示的"公共性"。在有必要与作为历史上的事实而存在的共和主义[= "历史共和主义"]相区别时，以"公共性"本身为核心的政治哲学概念,可以称作"公共主义"吧。也就是说,因为在历史共和主义中,(以反王制这一国制论含义为核心的)"形式共和主义"与(将焦点对准公共性的实现的)"实质共和主义"这两个含义,是混在一起或结合在一起的,所以笔者将焦点对准来自于其语源的后者,即实质共和主义,将其称作"公共主义"。而且,如后所述,虽然这样的公共主义历史地表现出各种各样的形态,但只有(超出近代的公共主义=共和主义的形态,出现在新世纪或"超近代"的)新的公共主义,才是本章标题所说的"新公共主义"。

概括说来,自我主义与新国家主义的双重对立,对应着政治哲学上的自由主义 liberalism 与共同体主义 communitarianism 的对立。再有,在哲学上,这两个立场对应着近代的(笛卡尔—牛顿的世界观中的)原子论与古典的(希腊哲学和黑格尔等的)全体论的对立。① 这两个立场虽然最终可以称为"分多论(分多性公理)"与"全一论(全一性公理)",但由于现实的世界包含有这两方面,所以用其中哪一个单一的原理来说明都是不正确的。因此,就需要有不是一元论的说明,而是从双方的原理来说明的二元论构成或"新对理法"②的(综合论的)三元论构成。新公共主义站在这

———————

① 按通常的定义,全体论指"全体比其部分的总和大"的见解,因为以部分的存在为前提——并依赖它,对全体进行规定,所以严谨说来,全体论不是与原子论相反的极端。因此,笔者以下作为相反的两个极端,导入"全一论、分多论"的用语。详细内容请参见拙稿 Holistec Self and Future Generations: A Revolutionary Solution to the Non-Idintity Problem" in Tae-Chang Kim and Ross Harrison, eds. , *Self and Future Generations: an intercultural conversation* (Cambridge, The White House Press, 1999) , p. 158.

② "新对理法"(neo-dialectics)是根据语源将黑格尔的 dialectics(辩证法)译作"对理法",而且这与(黑格尔的)绝对理智的立场相区别,是站在相对理智的立场上将其逻辑动态化的。

样的三元论构成的立场,意味着对所谓自由主义 liberalism 和共同体主义 communitarianism 的新对理法的扬弃。历史的共和主义在很多时候意味着既不是自由主义也不是共同体主义的第三条道路,与之相对,可以说新公共主义既是自由主义并且同时也是共同体主义,是综合了两者优点的思想吧。① 笔者下面依据这个方向,简单描绘出二元论的或三元论的、新对理法的(总和论的)公共性论。

6. 新对理法的公共性理论:条件、公共场所、公同性或公开性、公协性

在近年的公共性论中占重要地位的汉娜·阿伦特,首先,作为"人的条件",举出了诞生性(natality)、可死性(mortality)、世界性(worldliness)、复数性(plurality)、地球,但本章将这些集约于生命性(诞生性、可死性包含于此)、世界性(地球包含于此)、分多性(复数性包含于此)这三个要素,同时作为与分多性相反的极端,加进(在阿伦特那里体现在"共通世界"这个概念上的)全一性(共通性),将这四个要素考虑为"人的条件"。相应地,阿伦特所说的"活动力",可以划分为四个种类:除(对应生命性的)劳动、(对应世界性的)工作之外,还有(对应分多性的)单独活动(独行)以及(对应全一性的)共同活动(协同、协动),阿伦特所说的(以自由言论为中轴的)活动,其实是作为独行和协同之间的桥梁的(新对理

---

① 关于新公共主义本身,本章只是简单提及。具体请参见拙稿 *Synthetic Neo-Republicanism：New Public Philosophy for Future Generations*,(载于《千叶大学法学论集》第 13 卷第 1 号,1998 年);《超政治学革命——作为实践的伦理—政治理论的美德—公共哲学》(载于《千叶大学法学论集》第 15 卷第 2 号,2000 年)。

法的)媒介概念。

其次,作为对应"人的条件"的"政治的条件",存在着(对应生命性的)人类主体、(对应世界性的)场所即时间和空间、(对应分多性的)个体性以及(对应全一性的)共同性。也就说,政治是指在某个场所(政治场所)存在于此的人们之间的个体性和共同性产生交集,并相互作用的现象。当个体性压倒共同性时,产生对立和纷争,反过来当不压抑个体性而向共同性发展时,就会达成同意、和谐、和平。

再有,作为"公共性的条件",除以上四个条件之外,还存在着为了使分多的个体性到达全一的共通性的"交流(各种各样的交往)"(的回路)或"综合"(的机制)。这时,政治场所成为"公共场所",在那里新对理法成立的共同的或综合的全体性就是"公共性"。由分多的、原子论的个体间的对立和不同而产生的问题,通过在公共场所上基于交流机制和综合机制的共感、痛感、联欢、互动、理解等,全体地被共有,当得到对全体来说都希望的解决时,就实现了公共性。

也就是说,公共性是在具有多分性的"人的或政治的条件"上,为了实现全一性而成立的新对理法观念。这时,公共性是与全体性密切相关的概念:"公益=公共的利益"意味着对共同体(构成成员=公众)全体来说的利益;"公共善"意味着对共同体(构成成员=公众)全体来说的善。例如在中国思想中,"大同"(《礼记》)和"公同"的观念就是表现这种理想,所以这样的公共性可以称为"公同性"、"公益性"、"公(共)善性"吧。

除此之外,通常的"公共性"还包含公开性、公然性的意思。英语和法语的 public 中虽然包括以上两个方面的含义,但因为其语源拉丁语 publicus 是"(属于、关乎)人民全体"的含义,所以仍以全体论的公共性的意思为其核心。与之相对,德语的 Öffentlichkeit 的原意则是公开性、公然性、公表性。公共性中的这两个含义与现实密切相关,虽然常常被不加区分地使用,但是在分析时还是应该区别清楚。公共性的"共"带有"万众＝人民全体"这一全一论的共同性的含义,而公开性、公然性、公表性,在被公开、公示,成为公然时,是以(异质的)他者为前提的,所以具有更多的分多论、原子论的一面。因此,在有必要明确这两个差异时,可以分开称为"全一论公共性＝公同性、公益性、公善性"、"分多论公共性＝公开性、公然性、公表性"吧。

自由主义 liberalism 的公共性以(对内的或对外的)公开性、公然性、公表性为必要条件,但对共同体主义 communitarianism 的公共性来说,公同性(公共的同一性)或公益性、公善性的成立则是必要的。换言之,公共性存在着分多论的公开性、公然性,以及全一论的公同性(公益性)这两个(有时互相矛盾的)要素,而新对理法扬弃这两个要素的,就是新公共主义的公共性理念。这样的"综合论公共性"可以特别称为"公协性"吧。

根据以上的区别,公共场所(公共的时间和空间)也能够区分为公开场所(公然场所)与公同场所(公益场所)这两个要素。公开场所具有对集团内部(对内的公开性)或外部(对外的公开性)公开应被公示的内容的机能,但其对于内容的倾向则是中立的,有时还存在导致场所解体,转化为具有破坏性的"斗争场所"的危险性。与之相对,公同场所虽然不存在这样的斗争的危险,但也具有其反面的附和雷同或压抑异论等问题,存在使批判变得困难,无法进行真正的对话和议论的危险性。对此,公协场所具有在使对立意见共存的同时,通过理性的协同和感性的共鸣,指明(被高层次的合并和综合所扬弃的)建设性方向的对理法性机能。在这个意义上,公共场所应该是"(新)对理法的场所=公协场所"。

例如,希腊的城邦或今天的议会那样的公论场所,至少在其理念上,当它指向经过意见的对立或呈现,一个个个体的人的意见得到深化,形成(一定程度的)共同的意见的方向机能时,即当它成为经过对立到达调和、综合的对理法的场所时,就是公协场所,在那里成立的全一性或共同性是新公共主义的公共性=公协性。反过来,如果讨论没有任何上述的全一的方向性,意见的对立不过是归结到破坏而已,那么即使它是公开讨论的场所,即自由主义 liberalism 的公开场所,却不是公协场所,即不是作为新公共主义目标的公共场所。公开场所是公开的争论、斗争的场所,不一定具有调和的方向性。

哈贝马斯所说的"市民的公共性"(Bürgerlich Öffentlichkeit)(批判的公共性)主要关乎公开性,而公协性则可以称为"公共民的公共性"(或人民的公共性)吧。后者的公共性=公协性,是通过交流和互动的过程而形成的"生成的(generative)公共性"。

7. 多维的公共性理论:三维理念空间与四维时空

公共场所中的公共性(的实现)存在三个形态或要素。第一,是基于对等者之间的交流、互动的平等的公共性,可以称之为"水平公共性"[=公平性]。第二,是不平等或不均等的上下者之间的(基于权力、权威的综合的结果所产生的)"垂直公共性"[=公权性]。第三,在超越的原理或规范、伦理的基础上的"超越的公共性"[=公正性、公义性]。例如,阿伦特和哈贝马斯所主张的(西方的)公共性是水平公共性;日本的国家主义公观念的核心是垂直公共性;中国的由"天"观念所支撑的公共性是超越的公共性。这样的公共性可以作为具备三维性的"多维(三维)公共性"来分析。

阿伦特和哈贝马斯对公共性的很大贡献在于将领域或空间概念导入到公共性中——如"公的领域"(public)(阿伦特)和"公共圈"(Öffentlichkeit)(哈贝马斯)。笔者进一步将它扩大至时间的维度,把公共场所定义为四维时空。也就是说,不仅是"空间公共性",而且也是超越时间或世代的"时间(或超时间)公共性"。(对环境问题等的)为了将来的世代的利益考虑,就是时间公共性的一个代表性例子,可以称之为"世代之间的(超世代的)公共性"吧。现实的人类主体只是现在的世代,但在时间公共场所上则将过去的世代和将来的世代都作为拟似的或假想现实的主体来设定,对于世代之间的分多的、个体的利益对立,谋求实现全一论的、共同的超世代的利益。

这样,在四维时空的公共场所上,从(四维度的)主体之间的分多的个体性到全一的共同性的媒介就是公共性,因为公共性可以在水平、垂直、超越这个三维度的精神空间 = 理念空间上作分析,所以新对理法的公共性论就可以在共计七维空间(四维现象时空以及三维理念空间)上来说明。所以,阿伦特和哈贝马斯的公共性论主要是"四维公共性理论",而本章的多维公共性论则是更为广泛的"七维公共性理论"吧。

8. 公共体的概念:基于生成式结成的 新对理法共和体与公共国

即使在公共场所(公共时空)实现了某些公共性,但通常那并没有永续的保证,而且因为公共场所的范畴和领域是流动的,所以将其称作"一时的、流动的公共场所"。例如在"公的言论场所 = 公开场所"中,即使(将意见对立导向建设性的结论的)"公协场所"暂时得以成立,但不能保证它不会向破坏性言论的斗争场所变化。为了回避这种包含有纷争和战争的危险性的事态,出现了将对话的规则、伦理、精神以及决定方法(多数表决、裁定等)制度化,使公共场所得以持续的尝试。通过这样的尝试——至少在其理念上,可以将在某种形式上连续地追求、实现公共性的公共场所称作"持续的、固定的公共场所"。

进而,这种持续的公共场所得到发展,其构成成员产生出一定的归属意识,当形成公共性的持续的集团这一共同体意识出现在构成成员之间时,便形成"公共体"。现实的成立过程是多种多样的,但理想上希望的是在基于"自然生成"的"共同体"(community)的同时,也是基于构成成员的同意这一"人为的结成"的"自发结社"(voluntary association)。这样的形成过程可以称作基于"自然的人为"的"生成 = 结成"或"生成式结成"(generative association)吧。参与这个公共体的公共性形成的构成成员就是"公共的市民"(pubic citizen = 公共民)。

公共体这一名称很恰当,因为这表明分多性、原子性与全一性、全体性这两个方面(至少作为理念)都存在。如果分多性不存在,只有全一性存在,那么集团是共同体,却不是公共体。反过来,如果全一性不存在,只有分多性存在,那么集团是公共场所(公共空间) = 公开场所,却不是公共体。

因为被称为"共和国"的政治共同体的拉丁语语源 res publica 表示"公共的东西、事情",所以用"res publica→republic"一词所标示的一般的政治共同体,毋宁应该译作"公共体"吧。只要持续的公共场所以及（其主体）公共民存在，那么不管采用哪种形态，公共体都能成立，所以在原理上没有必要限定、拘束为"国家"这一历史共同体的形态。在原始部族社会和古希腊的城邦，甚至今天的自发的结社内部和（超越国家的）国际集团以及（超越时间的）超时间共同体中，公共体均能成立。在以希腊的城邦为首的都市共同体中，根据 republic 发展的历史，对于参与公共性形成的主体，西方一般称为 citizen，日本通常译成"市民"，但在原理上——离开历史的经纬，应该等于"公共民"。

共同体（community）或多或少都是指具有全一论的、全体论的共同性的集团（的定义）。因此，公共体也是共同体的一种，是它的部分集合。但是，只有全体论的要素，而没有原子论的要素的封闭的、压抑的共同体也是存在的，那是"压抑的（全体主义的）共同体"或"封闭的共同体"。共同体主义 communitarianism 被批判的最大理由就在于容易使这样的共同体正当化。

相反，也存在开放的、自由的"自由的共同体"或"开放的共同体"。如果依照"和而不同"（《论语·子路》）这一中国的语义，（作为与"同"相区别的东西）重新构成"和"的概念的话①，那么，这样的"自由的、开放的共同体"，可以更为正确地称作"共和体"吧。与此相对，日语中的"共同体"这个用语，因为含有"同"，所以容易让人联想到像传统的 Gemeinschaft 那样的"压抑的、封闭的共同体"的类型。在狭义的用法上，这样的"共同体"与"共和体"被作为相反的一对概念使用；在广义的用法上，则被规定为包括双方在

---

① 关于这个"和"的用法，依据紧接在"公共哲学共同研究会"之后举行由"将来世代国际财团"主办的研究会的成果。请参见山胁直司：《"和"的解构与全球—地域的公共哲学》，《UP》第 351 号，2002 年 1 月号，第 36—41 页。

内。在有必要明示这两种用法中的某一种时,对于广义上的概念,笔者采用汉字加英文,即"共同体"community 来标记。

从新公共主义的观点来看,公共体在定义上同时存在全体论和原子论这两个方面,故而应该是开放的自由的。也就是说,公共体即使在共同体 community 中也是开放的自由的"新对理法的共同体"community,故而应该是"共和体"。在本章中,笔者(追溯拉丁语的语源)硬将通常译为"共和主义"的 republicanism 译成"公共主义",但在这个意义上,"新公共主义"——如果追溯中文的语义的话,则正好是"(新)共和主义"本身。

公共性全体论的公同性这一面,表明公共体具有公共的 = 公协的理念是可能的——这与共同体 = 普通共和体的情况相同。例如,人具备美德,实现公共世界 = 理想世界(美德—公共主义)的完美主义的(perfectionist)理念。但是,另一方面,原子论的公开性、开放性的一面则意味着公共体具有公共的 = 公开的、开放的性格——这不同于封闭的共同体。

因此,公共体可以考虑为自发结社的一种——至少在理念上,是可以自由加入或退出,可以与外部交流,可以自发参与公共性的"自发(自由)公共体"。作为构成成员的公共民为了实现公共性,参与"公共生活"(public life),(当不能满足于现状时)可以发言或发出反对的"声音",但当他们感到公共体不能有效地发挥作用的时候,也可以自由地脱离 = "退出"〔赫施曼(Albert Hirschman)所说的退出 exit、发言 voice、忠诚 loyalty〕。

只是,现实中有很多时候并不能直接实现这样的自由的、自发的公共体。例如,由于今天的国家是通过国籍或公民权而加入、退出的,所以要直接将其转换为纯粹的自发公共体是困难的。但我们应该保障原子论的自由,提出全体论的公共理念,尽可能在现实

149

上扩大加入、退出的自由吧。即除了"完全（纯粹）自由的、自发的公共体"之外，我们还需要设计一个"限定的（不完全的）自由的、自发的公共体"的范畴，尽可能地实现公共体的理念的国家就属于后者的类型。

这样的国家，可以称为包含公共性这一积极理念的"公共国"吧——相对于现存的"共和国"主要意味着只是没有王权这一消极的一面。如前面所述，公共体的概念是把政治共同体的基本单位从"国家"中开放出来，使"国家"相对化，同时使共同生活＝公共生活的多种展开成为可能。但只要国家仍然存续，那么，我们就应该努力实现使被相对化的国家与自由两立的公共性，最终实现"理想国家＝理想公共国"。

9. 私的官与公的民：多层的、多维的、相对的、
实质的公私概念

实际上，共和体或公共体很多时候是层叠或并列的、多层或多元存在的。这个最小的单位是（通常）被称为家庭的亲密圈＝亲密共和体，因为这里也存在着（夫妇等各人的）原子论个人性与（作为一家的）全体论共同性这两个方面，所以笔者认为在定义上，也能够将其考虑为公共体的一种吧——这与认为"家＝私"的公私二分的观念相反。日语的公，其语源表示"大（oho）＋家（ya）＋场所（ke）"，所以虽然通常的家庭是"小（ko、o）＋家（ya）＋场所（ke）"，但说最小公共体＝"家庭公共体"也是可以的吧。

但是，传统上"家庭"有很多时候是被看作是一体的，在这个意义上与其把它考虑为"公共体＝共和体"，倒不如把它考虑为

"共同体。"而且,如在日本的家族制度中所能看到的那样,家的观念常常不仅是空间共同体,而且也被考虑为包括祖先和子孙的时间共同体。也就是说,家是存在于四维时空的基础性共同体,其在原型上已经包含家长制、对等的夫妇、祖先崇拜等垂直的、水平的、超越的三维理念的公共性。但是,个人或家族通常是被包括到更广域的公共体之中或之下的。因此,广域 = 上位的共同体 = 公共体(构成成员),与狭域 = 下位的共同体 = 公共体(构成成员)的关系就成为问题,考虑相对的公私关系就成为可能。这与日本的传统公私观也是相通的,例如,对于日本的公 = 国家,私是与家的领域相对应的。与之相对,在古代希腊,公 = 城邦(自由人的共同体)与私 = 家则被区分为截然不同的两个领域,包含关系是不被设想的。此后,"公私二分的观念"在西方持续存在,私的领域在很多时候被限定并被固定在个人或家庭上。对此,多层公共体这个概念,使将公私看作在多层公共体的广狭、高低上的相对性概念成为可能,使符合全球时代的"多层的、相对的公私观念"得以成立。

在这个公私关系上,可以将与公(共)性相反的概念称作"私(个)性"吧。相当于它的英语 private 的语源是拉丁语 privatus(从公共生活离去)和 privare(夺取的过去式),所以,私性表示缺乏"作为自由人的特权的"公共参与。由此看来,私性没有被限定在(像日语中的"私"那样的)第一人称或家的必然性,而是可以规定为指缺乏在更广的范围和领域上的公共参与状态的一个相对性概念。

与原子论公共性 = 公开性相反的概念是"原子论私性 = 私密性(privacy)",它本身在伦理上并非就不好。从在共同体全体中尊重原子论的个人性这一观点来看,它毋宁是重要的应该受到保

151

护的。与之相对应,全体论公共性＝共同性的相反概念是"全体论私性＝私孤性、私（自）我性"。如果在个人或共同体中作为个体的私孤性、私我性（自我性）过度突出,便招致原子论式的孤立、孤独,阻碍上位的共同体＝公共体的公共性或公益的实现,所以从上位的公共体的观点来看,私孤性、私我性有很多时候被视为问题,常常被看作利己主义、自我主义的恶行。因此,"私性"中存在应被尊重的"私密性"与自我主义的"私孤性"这两个方面的要素,我们应该在两者的紧张关系中综合性地确保和实现"私"。

另外,私性的成立要求公私的分化,于是,就需要作为公私的媒介的"公共性"的概念,而且与一般共同体相异的公共体的概念。例如,在日本的传统观念中,家庭和地域共同体是不存在原子性＝他者性的"共同体",在那里不存在公私的分化,所以,也就不需要与"共同体"在概念上相区别的"公共体"。但是,如果共同体扩大、发展,当其内部也开始包含原子性、他者性时,公私开始分化,就需要与私领域对比的公领域的观念,就需要"公共体"的概念化。

如果一定规模以上的公共场所被作为公共体而制度化——如日本的首长制以来,那么很多时候会使垂直的公共性＝公权性作为公权力而实体化。这个公权力,通常采取政府机构的形式,在几乎所有的语言中（中、日、英等）政府（机构）的事情都被称作"公的"（public）。包括支撑政府的官僚制在内,这个公权力被称为"官"。从与"民"（民间）对比的（官民分化）来看,"官＝公、民＝私"这一等式便得以成立。这可以称为"形式上的公私（官民）观念"。

但是,这是以公权力担任垂直公共性这一假定为基础的,只不过是"形式上的公观念"而已。实际上,在垂直公共性被实体化的公权力中,公共性已经被形式化,很多时候转化成了"拟似的公共性"。这时,这个政治权力＝公实质上是私我的,成为"官＝私"这一"私(我)的官"了。反之,"民＝私"这一等式也不过是"形式上的私观念"而已,民间人士、私营企业以及诸如 NGO、NPO 等民间主体实质上担负"真正公共性"的情况并不少。这种情况下,"民"实质上是公共的＝公协的,成为"民＝公"这一"公(共)的民"。如前所述,如果将公私观念从形式上的定义解放出来,如本章那样采用"实质的公私(官民)观念"的话,"官＝公、民＝私"这一固定的二分法就会崩溃,变成无论是官还是民,都既存在公协的情况也存在私我的情况。

这样,立足于新对理法观念基础上的哲学的公私概念或公共性,就打破了"官＝民、民＝私"这一形式上的公私概念,进而公共体的概念也脱离了"国家＝公"这一国家主义的公观念,使下至家庭、上至世界和全球的多层的公观念成为可能。再有,这些诸公共体不一定处于包含关系之中,也存在例如家庭、NPO、地域共同体相互之间并列的情况,这可以称为"多元的公观念"。而且,即使在处于包含关系的"多层公共体"相互之间,也存在着"公—私"的相对的程度之差。例如,即使能够将家庭把握为公共体,但与其他很多公共体相比,相对来说"私的"性格较强,所以私密性应该得到最大限度的尊重;反之,因为国家相对来说"公的"性格较强,所以政治家和公务员应该以实现最大限度的公共性为目的。故而,公私观念也是"相对的"。综上所述,就出现了"多层的、多元的、相对的、实质的公私概念"。

153

10. 新公共(体)主义纲要：全球范围的、多层的、多维的、流动的、超世代的公共体

阿伦特和哈贝马斯的西方公共性论相对地比较强调"分多性—原子性"，而轻视"全一性—全体性"的要素。与之相对，在均等地包含这两个方面的要素上，令人注目的是共和主义的思潮。以波洛克和 Q.斯金纳为代表的近年西方政治思想史研究表明，强调公共性和公的政治参与的共和主义，发端于古希腊、罗马，在近代展开为"佛罗伦萨(马基雅弗利等)→清教徒革命时期的英国(哈林顿等)→美国独立革命"(对法国大革命也有很大影响)的过程。本章的公共性论在意识到这个"历史共和主义"的大系列的同时，作为新世纪的公共哲学，尤其对卢梭的社会契约论进行重新构成。

如前所述，共和主义这一用语由于与反王制这一近代的、国制的意义结合得太强，重视并且实现公共性这一含义常常被削弱，所以，本章追溯 res publica(公共的东西，关乎公共)这一拉丁语的原意，将其表述为"公共主义"。进而，在重视"公共体"(的多元性)这点上，能够称之为"公共体主义"吧——将之分解为"republicanism = republic(共和国 = 公共体) + ism(主义)"。

公共主义的渊源可以追溯至古典时期(希腊、罗马时代)，至近代发展为所谓共和主义，但绝非仅止于此。随着人类历史的展开，尤其随着作为其基础的共同体或共和体的规模的发展，公共主义的具体形态也在发生变化。虽然本章未能详细论述，但作为时代类型，存在着"古典公共主义"(希腊、罗马)、"中世纪公共主义"(基督教的)、"近代公共主义"(＝共和主义)，它们在共同以

公共性的实现为目的的同时,具体形态是多样的,是历史地变化的。①

　　最后,依据本章的理论结构,构想符合 21 世纪全球时代的"新公共(体)主义",可以列出下列特征(见表 4)。

---

　　① 另外,新国家主义的代表佐伯启思在《增补版・"美国主义"的临终——重新发现公民自由主义精神》(TBSブリタニカ,1998 年)中,着眼于亚当・斯密和美国建国的祖先们思想中的"civic humanism"(公民人文主义)要素,将"共和国与市民(Virtue)关系,因而实现的共和国的自由的思考"(第 227 页)称为"公民自由主义"。这是对"近代"的"古典古代精神的复兴"(第 235 页),这本身是正确的论述,但是,因为他将它与"保守主义"简单地结合起来,所以得出极其歪曲的结论。直率地说,佐伯认为"完全没有必要把共和主义的精神解释为民主的精神"(第 201 页),并且"或多或少并非与国家的观念无缘"(第 239 页),这与他的其他著作相结合就可以看出他的观点是,共和主义不是与民主主义,而是与国家主义相结合,并使其正统化的。

　　"近代公共主义＝共和主义",确实具有"古典古代精神的复兴"的一面,但那是在"近代"的时代条件之中(在政治参与中看公共民的道德那样的)"古典古代精神的复兴"——这与中世纪相反,因此不是单纯的保守主义,倒不如说是极其激进的思想。确实,一般公共主义,尤其古典的、中世纪的公共主义与民主主义没有必然的逻辑关系,甚至存在完全相反的情况,但是尤其是关于近代的公共主义＝共和主义,在反王制这点上是与民主主义相结合或携手合作的——这与佐伯的主张不同。所以其生命线是公共政治参与(以及对于权力的私化的机构抑制),而非对"国家＝官"的忠诚或"灭私奉公"。爱国心是在当那样的民主国家被外敌威胁时所表现出来的——像法国大革命时那样,而不是意味着平时向国家立誓效忠,如果国家是非民主主义的或私的国家的话,打倒它就是近代共和主义的精神。更何况在今天的公共主义＝新公共主义的阶段,由于伴随全球化的进展,国家自身的相对化也在前进,所以,将全球的或国际的公共性纳入视界是不可欠缺的吧。因此,新公共主义绝不意味着单纯的国家主义,毋宁当国家权力妨碍全球公共性时,打倒那样的"私的"国家权力,谋求全球的公共益的实现,才是符合真正的公共主义的态度。新国家主义的复古保守主义毋宁意味着相反的极端的进步主义或激进主义。

表4　新公共(体)主义纲要

公共体的原理
　(1)反论的乌托邦论。
　(2)卢梭的公共体。
　(3)多层的、多元的公共体。
　(4)多层的、相对的公私连锁。
公共体的性格
　(5)流动的公共体。
　(6)地球(区域)的公共体。
　(7)超世代的公共体。
　(8)生成式的公共体。
自己与公共性
　(9)七维的公共性。
　(10)综合论的公共性。
　(11)多层的、多元的、流动的身份认同。
　(12)美德—公共体主义。
公共体的具体展开
　(13)最小、基础的亲密共和体。
　(14)公共民、公共善经济(学)。
　(15)公共民世界。
　(16)公共国。
　(17)普遍公共体化。

公共体的原理

（1）反论的乌托邦论……基本上以将现存的（作为强制加入的团体的）国家作为"乌托邦的框架"（诺奇克）缩小重组——但要保留为了救济弱者的一定程度的福利等机能，在其内部和外部创造出（共同体和NPO等限定的或完全的）自发的公共体，以此实现原子论的自由与全体论的共同性的新对理法的综合。

（2）卢梭的公共体……在前述"公共性的条件"下，（根据卢梭的社会契约论原理）自由地、生成式地结成处于公共场所的自发的公共体。其结果将使"公权（性）"在原理上能够复数成立。

（3）多层的、多元的公共体……公共体在国家以外也是多层地、多元地存在，以前的多元的国家论作为"多层的、多元的、相对的公共体论"得到发展。由这个多层性产生公私连锁（请参见下一点),再由多元性或并列性产生基于诸公共体的网络式联合和合作(联盟)。

(4)多层的、相对的公私连锁……由最大的全球公共体开始,到国民国家,再到最小的家庭公共体或个人,出现多层的、相对的公私连锁。从全球公共体来看,以前被看作"公"的国家成为"私",国益也成为私益。

公共体的性格

(5)流动的公共体……正如梅卢西(Alberto Melucci)等的"游牧民"论所述,由于社会构造和交往的变化以及网络化的发展,公共体也有从固定的、静态的公共体向流动的、动态的网络公共体变化的倾向,成为公共场所的动态的显现形态。对于公共体被物象化、形式化,沦落为拟似的公共体的危险性,公共体的流动化使流动的公共场所与公共体之间的相互转换变得容易,使确保真正的公共性成为可能。

(6)全球(地域)的公共体……随着全球化、世界化的进展,公共体在空间上扩大,不断向超越国民国家的全球共和体发展。同时,在比国家小的地域共同体 = 公共体也变得重要。结合这两个倾向,可以称之为"全球—地域的(glo-cal)公共体"。

(7)超世代的公共体……因为公共场所是时空的概念,所以公共体的构成成员也包含过去的世代和将来的世代。依据这样的"超世代的(世代间的)公共性",需要考虑包含作为公共民同胞的将来世代利益的超时代的公益,需要"时间公共性、公益"的概念。

(8)生成式的公共体……过去主要是在空间的维度考虑公共性的概念,而近年从埃里克森心理学的概念发展而来的"(世代)

157

生成性(继承性 generativity)"的概念,则将重点置于时间维度。我们也可以从生成性的角度考虑"时间公共性"。"生成式的共和体=公共体"是实现超世代公共性的超世代公共体在一个时间点上所显现的形态。

自己与公共性

(9)七维的公共性……在前述四维时空间的诸公共体中,我们的理想是综合实现垂直公共性(= 公权性)、水平公共性(= 公平性)、超越的公共性(= 公正性、公义性)这三个维度的"公、共、善"。

(10)综合论的公共性……公共性是媒介原子论的、自由主义 liberalism 的"私(性)"和全体论的、共同体主义 communitarianism 的"公(性)"这两者的新对理法观念。而且它作为概念进一步被下位分割,其理想目标是实现自由主义 liberalism 的公开性、公然性与共同主义 communitarianism 的公同性、公益性这两者综合的公协性。

(11)多层的、多元的、流动的身份认同……作为(3)—(5)点的反映,个人的身份认同也变为多层的、多维的、流动的。

(12)美德—公共体主义……作为(1)、(2)点的结果,在各个自发的公共体内部,将完美主义的理念作为实效的公共理念是可能的,因而通过对以"公共心"(public mind)为首的美德的领会来实现公共性也是可能的,这样,美德—公共体主义也就能够充分展开。

公共体的具体展开

(13)最小的、基础的亲密共和体……从个人的角度来看,以前被看作私人领域的家庭或亲密圈也可以认为是存在共同性·公共性的最小的基础(亲密)共和体 = 公共体。因此,公共性的实现,首先应从家庭公共体出发,使"修身齐家治国平天下"的儒教思想得到新生。

(14)公共民、公共善经济(学)……使以前被作为私人领域的市场经济公共(善)化。与被"国家 = 公"的国家主义公观念所束缚的社会主义、共产主义或者(将福利国家的新恩顾主义式政治归结而成的)社会民主主义不同,市场经济内部的民间企业等经济主体的经济行为本身反而对公共性作出了贡献——例如研制"绿色环保的商品"等。这与现存的"公共经济(学)"意味着"政府 = 公"的经济(学)相对,其中坚力量是(民间的同时也是公共的)"公共民经济人"(企业家等),所以可以称为"公共民经济(学)"。另外从实现经济上的"公共善"的意味上说,也可以称之为"公共善经济(学)"。

(15)公共民世界……以前的市民社会论总是关注作为(成为国家 = 公与个人 = 私之间的媒介)中间团体的自发结社的作用,对此,应将市民社会中的结社本身视为"公共民世界 = 诸公共体"。

(16)公共国……现存的国家很难直接转换为纯粹自发的公共体,所以应该以实现作为限定的自发共同体的公共国为目标。只要国民中存在多种理念,国家就是"乌托邦的框架",而不是将特定理念粗暴地强加于国民,应该推行支持和促进各种共同体自由竞争地成长和发展的政策。总之,在公共国中,国民按照自己的价值观而生活的自由(消极的自由—宽容)得到保障,可以自由地参加各种公共体(积极的自由)。只是,既然不可能在公的领域保持价值中立,那么就有可能将作为公共国(内容没有严密特定)的非强制的"美德—公共主义"作为一个大理念提出,进行实质性的

159

政策诱导和限制——只要不损害国民的基本自由。在议会等政治的公共场所，在使"公开性"制度化的同时，指明"公协性"的精神和伦理方向。而且，尤为重要的是，只要公共政策有存在的必要，形成、实施它的政治家、公务员等专职人员就必须作为公仆为了实现公益而做贡献——如现行宪法所规定的那样，即作为"公共士"必须体现美德—公共心——比普通公共民的要求更高。以前的权威主义官僚（制）必须向"公的服务员（civil servant）＝人伦公仆（制）"转化。

（17）普遍公共体化……如第（6）点所述，公共体应超越国民国家，普遍＝宇宙性（universal）展开。这个进程可以首先从发展超越国家的公共时空（公共场所），以及强化联合国等国际协力机构开始。虽然全球公共体还只是处于生成阶段的"想象的共同体"（B.安德森），但可能会成为全球公民的意识向全球（联邦）公共体发展的第一步（全球公共体宣言！）。

关于如上［（13）—（17）］所述的公共体的逻辑的、具体的展开，可以与黑格尔的《法哲学纲要》第3部"人伦"中的"家庭（13）→市民社会［（14）、（15）］→国家（16）"相对应来考虑。因此本节以"新公共（体）主义纲要"为标题。当然，新公共主义并不赞同黑格尔的国家主义，而是避开其缺点，坚持并发展卢梭的共和主义＝公共主义的理论，使康德的"基于共和制国家的国际联邦或联合的永远和平"这一世界共和国、世界公民体制的理想定型化。

11. 个人的、超个人的双重精神革命：综合的、 对话的、实践的公共哲学的必要性

本章展示了弥补战后启蒙尤其是日本政治理论盲点的公共性

观念的弱体性的、新对理法的公共性及新公共（体）主义的概要。因为它以原子论的自由主义 liberalism 和全体论的共同体主义 communitarianism 的扬弃为目标，所以与新国家主义不同，坚决重视战后启蒙所强调的伦理个人性的确立，而且在此基础上更进一步，或者与此同时，提倡作为超个人的共同性、全体性的公共性的实现。因此，为了实现这种公共性，有必要进行"个人、超个人的双重精神革命＝新对理法的精神革命"。只有推行这种精神革命才能培养足以实现新公共体主义的公共精神。

如前一节所明确论述的那样，在正式开展新公共（体）主义时，不单是政治学，还有必要综合哲学、心理学、伦理学、社会学等多种领域的观点。这意味着要使"关于城邦＝公的世界（全体）的学问"的希腊政治哲学的古典构成重获新生。换言之，有必要重新振兴"本来的政治学＝大政治学"。① 当然，因为当今"政治"这个词（作为以政府为中心的狭小领域）用得过于狭义，所以称为"公共哲学"或意识到阿伦特的"世界性"的"公共世界（诸）学"，更容易让人理解吧。

这种新公共哲学在综合诸学的见解、洞察的同时，在用新对理法综合"分多论—原子论"和"全一论—全体论"双方这一点上也是综合（论）的。即具有双重意义的"综合论的公共哲学"，本章提示的是在这一综合论观点基础上的公共性原理或者纲要。为了在当今世界使公共性真正得到复苏，政治理论必须是"综合的、对话的（对理法的）、实践的公共哲学"。这是在新世纪使在（在第二次世界大战后的"悔恨共同体"中产生的）跨领域的知识交流中产生的战后日本政治理论的理想获得新生，继续向前发展的道路。并

161

———————————

① 请参见上列拙著，第4章第1节。

且,这也是弥补其弱点,逐步实现"个人的、超个人的公共(体)主义＝新对理法的美德—公共(体)主义"的道路。①

---

① 第6节以后是对《日韩首次谈论的公私问题——第8回公共哲学共同研究会(首尔会议)》的修订。将来世代国际财团发行,将来世代综合研究所编辑,1999年5月9日,第123—131页。

中 篇

经济·法·公共性

第 五 章

经济·正义·卓越

盐野谷祐一

1. 伦理视野中的经济

经济学曾经与作为伦理学一个分科的道德哲学是一体的,18世纪成为独立的自律的学问以后,与伦理学切断了明显的关联。道德哲学以伦理学为核心,包含着心理学、社会学、政治学、经济学等考察,所以经济学随着最初它作为政治经济学,然后作为经济学而独立,也切断了与其他社会科学的关系。作为独立学问的经济学,因为以自我调整的市场经济的出现为前提,设想出某种经济理论能够自律地展开的自我完善的对象,并把它限定为"经济世界"而成为可能。相比于旧古典派,新古典派的经济世界明显地狭窄了,这就是经济的自律法则在适切的范围内进行摸索的结果。

另一方面,各社会科学从道德哲学独立以后,道德哲学把纯化了的精神和意识的世界作为"伦理世界"而维持下来。各社会科学的独立意味着道德哲学切断了与社会制度的因素的关联,因此道德哲学变得与政治的、经济的、社会的制度的历史变化毫无关系,只关注纯粹理论,并因其纯粹性,反而得以确立一种规范地评价被置于政治、经济、社会及其制度下的个人的普遍立场。但是反过来,道德哲学必须与政治哲学、经济哲学、社会哲学或者所有的公共哲学保持距离。

我们认为有必要重新把经济的世界置于现代的道德哲学作为对象的广泛的"伦理世界"的视野中,对经济制度和经济活动进行伦理的评价。这时,我们不是把传统上以经济学来把握的狭义的"经济世界"的伦理特性作为问题,而是要把它在更广范围内展开。但是我们并非是要由此复活科学的经济学以前的道德哲学,仍然是以经济的法则作为前提,来关注经济的世界和伦理的世界的分界面。

当我们以此为目的来追究经济和伦理的关联的时候,我们可以采取两个方法。第一种方法是把经济和伦理置于"价值理念"的领域的方法。也就是说,我们的目的是把局限于"效率"观念的经济世界根据"正义"、"卓越"的观念来解释、评价。"效率·正义·卓越"的道德哲学观念是在价值理念的领域被设定的代表性概念。第二种方法就是上述那种现代的道德哲学把社会的制度的因素抽象化了,但为了在社会制度的层面论述经济与伦理的关系,不是仅仅举出经济制度就行了,还必须要考察作为"社会制度"的"资本主义·民主主义·社会保障"三重体系,因为这些体系不是相互独立的,而是相互依存和相互渗透的关系。这引导我们把经济学·政治学·伦理学的总体作为公共哲学而再次加以讨论。

"制度"以及规则是高度抽象的概念,意味着"价值理念"和"社会制度"的双方,我们的研究使从观念和组织的两个层面来对社会制度以及规则进行体系的把握成为可能。本章只限于提出理论问题,所以以第一种方法为主体①。

---

① 关于两个方法的展开的全体,参见盐野谷祐一:《经济和伦理——福利国家的哲学》,东京大学出版会2002年。

2. 伦理学体系的整合化

为了在伦理的视野里把握经济,首先必须统一地系统地设定伦理世界本身。既存的各种采取独特的接近方法的伦理学经常相互对立,不一定是整合的。我们从我们自身的观点出发来解释,重新构筑整合的伦理学体系(见表5)。

表5 伦理学的体系

价值概念 评价对象	基本的 价值语言	操作的 价值语言	终极目的
行为	善	效率	效用
制度	正	正义	权利
存在	德	卓越	能力

伦理以及道德是使拥有不同的价值和能力的人们的共存成为可能的社会规范,对于某种对象指示其理想的形态。作为伦理的评价对象,应区别行为、制度、存在三方面。"行为"是人们采取的个别行为,而"制度"是指规制人们行为的社会法则与规则,而"存在"指人类的性格与资质和能力。为了评价这些对象,伦理学使用各种概念,但有必要尽量遵从一般整理概念的用法。整理的方法就是区别基本的价值语言、操作的价值语言、终极目的三类。首先对于"行为·制度·存在"三个评价对象,可以分别适用于"善(good)·正(right)·德(Virtue)"这些基本的价值语言。对社会来说理想的行为是善,否则便是恶;对社会来说理想的制度是正,否则便是不正;对社会来说理想的人的存在是美德,否则便是恶德。

其次,所谓操作的价值语言就是把高度抽象的哲学的基本价

167

值语言与道德理论和社会理论连接起来的操作的价值概念。对于"善·正·德",分别使用"效率(efficiency)·正义(justice)·卓越(excellence)"等语言,为代替"效率"这一经济学语言,也可以使用"慎虑(prudence)"这一伦理学语言。

最后,我们认为在评价"行为·制度·存在"这些对象时,其道德判断的基础是"终极目的",分别是"效用(utility)·权利(rights)·能力(capability)"。这不是基础主义作为自明的真理而给予理论构筑的基础的,不过是被置于理论构成时工具主义的设想,理论的构成因素被整合主义地互相组合起来。第一,效率按照把"效用"极度放大的终极目的而被定义,评价那种关系的就是善的观念;第二,正义被定义为以"权利"为基底,并试图实现它的东西;第三,人类存在的理想状态在于最大限度地培育、发挥人所拥有的"能力"或人的本性,评价这种卓越的生存方式的就是德的观念。如此就成立了第一效用基底的善的理论、第二权利基底的正的理论和第三能力基底的德的理论。

在伦理学的历史上,作为基本价值语言的"善·正·德",根据把最大的重要性赋予哪一方,由此形成了三个思想体系,即关于善的功利主义、关于正的康德伦理学和关于德的亚里士多德伦理学。当然每种理论都是包含了"善·正·德"三个概念的体系,但是核心概念以外的概念对于核心概念处于从属的地位。例如,功利主义认为最大限度地发展被定义为效用和幸福的社会总体的善就是行为的社会规范,由此派生出带来最大的善的制度就是正义,带来最大的善的存在就是卓越。这些理论通过主张不同的基本价值语言的优势而产生了互相无法妥协的对立。那么"善·正·德"三个基本的价值是什么关系呢?

我们根据从康德的伦理学发展而来的罗尔斯的正义论,承认

"正"对于"善"的优势①,我们这样认为:人以利己心为前提,追求自己认为理想的多种的善,但是在稀少性支配的世界里,每个人对善的追求不免互相对立,因此社会必须成立协同的组织,设定让每个人对善的追求能够共存的条件,那就是正义的观念,人们在不知道自己的归属性的公正条件下,谁都根据社会契约选择自己同意的社会制度。在这里我们不讨论罗尔斯的"作为公正的正义"的原理内容,但假设他的理论的基础前提是人人都具备善的观念(合理性)和正义的感觉(公正性),拥有受到平等的尊敬和照顾的权利,这个人类概念称为"道德的人格"。相对于此,功利主义的道德哲学和主流经济理论采用的是设定只追求善的利己的合理的个人,在这种设想下,不存在优先于"善"的"正"这一观念。而"作为公正的正义"的理论,不是指示善的总量的极大,而是规定个人之间善的公正的分配的规则,所以"正"优先于"善"。

另一方面,关于"德"和"善"的关系,我们认为"德"优先于"善"。上述的道德的人格兼具合理性和公正性,但"正"的理论中的合理性乃至效率性的基础文脉仍然是与"善"的理论中同样的主观效用的充足。我们认为"德"的理论在把作为道德人格的"存在"特征的能力视为问题这一点上,与"正"的理论不同,而且在把根据其能力达成的善的质,亦即卓越性作为问题这一点上,与"善"的理论不同。"德"是对"善"进行批评的评价的东西,"德"优先于"善"。

"正"与"善"的关系又如何呢? 必须认为"正"给予保障实现社会的人的共生与行为的共存的基本规则,所以就像优先于人们对

169

---

① John Rawls, *A Theory of Justice*, Cambridge, Mass. : Harvard University Press, 1971; revised de. , 2000. 关于罗尔斯的正义论,参见盐野谷祐一:《价值理念的构造——效用对权利》第3编,东洋经济新报社1984年。

"善"的追求同样,也优先于规制人们的存在方式的"德"。在那种制约下,"德"以被设想为"正"的前提的道德人格本身的陶冶作为问题,正像以下所叙述的那样,正义原理把达成人的自尊视为最重要的,但自尊不是由权利的主张而实现的,是由开发自己的能力,达成了有意义的事情这种自我评价才能实现的,也就是正必须以德为根据。

这样一来,"善·正·德"三个基本价值通过"善"而相互关联,通过这样设定价值理念的构造,"善"形成了经济世界与伦理世界以双重的形式接合的分界面。另一方面,"善对正"、"效率对正义"、"效用对权利"这一系列的对立项是试图接合经济与伦理的第一种局面。相对于生产效率优先的经济世界来说,分配的正义的观念作为发自伦理世界的发言而介入。另一方面,"善对德"、"效率对卓越"、"效用对能力"这一系列的对立项是试图接合经济与伦理的第二种局面。在这里相对于以 GDP(国内总生产)而表现的经济世界来说,人的存在的卓越这一观念仍然作为来自伦理世界的发言在责问经济是为了什么?

3. 经济世界与伦理世界的结合

在经济的世界人们追求的"善"拥有什么样的特性呢?在经济的世界里,"善"(good)表现为作为产生它的手段的"财富"(goods)的经济价值。经济价值拥有两个重要的性质:第一,经济价值不是评价在对财富的欲求的背后,人们的多元化的关心的种类和性质,而是把这些不同加以抽象化,以货币的尺度把对财富的欲求以价格的术语进行一元的评价,这可以叫作"经济价值从质到量的转化"。本来应该是多元的价值,在实现它的手段这一层面上被一元地集约到经济的价值。

第二,经济价值反映了无限的欲求和有限的资源之间的财富的稀少性。资源可以使用于各种用途,各种财富的稀少性在资源的制约下,通过生产以及消费的相互依存乃至相互代替的关系,亦即通过机会费用的形成成为客观的评价。财富的价值看起来是它的追求的主观评价,但可以通过以欲求和资源为媒介的经济机制进行通约,这就叫做"经济价值从主观到客观的转化"。

这样,经济价值通过与价格这一具体的尺度相联系而拥有综合社会的显著的普遍化能力,同时作为一元化的经济价值的"善"成为效率化乃至极大化的最适合的对象。但是,把这个经济世界放在伦理的视野中来看,"善"不应只被看作为效率化的对象的一元的大小,而是在二重意义上拥有多元性,因此就导致了应该进行伦理解明的两个局面。第一,"善"考虑到人的不同性,必须以分配的正义作为问题;第二,"善"考虑到质的不同性,必须把人类存在的卓越性作为问题,剥开货币的价值尺度的外衣,就可以明白经济世界具有这二元性,这才是伦理对经济的批判的核心。

把以上的讨论用视觉化来概括的话,就如图 3 所示。

171

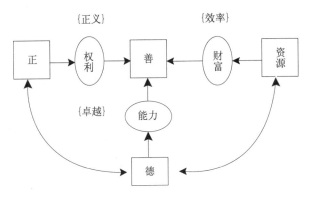

图3 经济世界与伦理世界的结合

就像图3所示,经济的世界是从资源创造财富,由此人人产生希望的善的过程,经济世界是具备很高的普遍化能力的一元的评价社会,支配这个世界的价值是"效率"。对此,伦理的世界关注"善"的二重的多元性,主张"正义"和"卓越"的价值。"正义"以权利的实现为目的,意味着正规制善的过程;"卓越"以能力的培养·发挥为目的,意味着德规制善的过程。在这样的关联中,德的伦理学是效率与正义,或者资源与正义这种社会的两个基本制约因素的媒介地位。

经济的世界与伦理的世界在善的分界面上以三重的形式接续,下面提出两个问题,对此加以深入讨论。

第一,传统经济学对资源分配的效率性具有排他的关心,而善的"个人的不同性"这个论点则提出了分配的公正性的问题。所谓资源分配的效率性和所得分配的公平性,在稀少性支配的经济世界里,本来就是表里一体的问题。那时最基础的问题是规定经济世界的出发点的"资源"的所有权,在伦理的世界作为"正"(right)的制度的手段而起作用的"权利"(rights)规定经济世界的出发点。这样的规定关系不仅是私人所有权奠定市场经济制度的基础,从正义的观点规定"权利",就像福利国家那样,是国家为了实现社会权而把对市场的介入正当化。

第二,传统经济学设定了个人的偏好的自律性以及所与性,而善的"质的不同性"这一论点则对此提出了疑问。传统经济学把自由视为与效率同等的基本的价值理念,因此个人的自由意味着包括选择的自由、交易的自由、竞争的自由等市场内自由,被解释为仅以实现效率为目标的选择的范围。但是个人的自由不是把作为目的的"善"作为所与,而是个人能动地修正自己的存在,为了实现进一步的"善"的东西。在这个意义上积极的自由意味着作为自我立法的主体的自律,自律是表示通过发挥道德人格的能力而自我实现的姿态,要求从正义的观点转移到卓越的观点。

"个人的不同性"和"性质的不同性"这两个论点,形式上说是对于只以一元的"效用"作为道德判断的信息的基础的批判,但导入"权利"以及"能力"这个观点不是仅仅增加信息的问题,以上两个论点要求"善"的经济学接受"正"和"德"的伦理学。但是围绕经济世界,从来都是只以"行为"和"制度"作为考察的对象,只重视效率和正义的对立关系,几乎从未把关于"存在"的卓越问题作为哲学考察的对象。现在正要求把关于人类存在的"德·卓越·能力"的伦理学沿着经济世界而展开。

4. 存在的伦理学:从必要到卓越

存在的伦理学以人类各种实践上的机能和能力为评价对象,作为基本的价值语言使用德的概念,德的研究是亚里士多德伦理学的特征,根据他的定式化,德乃至卓越是指以人或物的一定的机能为前提,很好地发挥其机能的出色性质。他对德的定义如下:"所有的德和卓越是完成其拥有者的良好状态,很好地展开其机能的东西,……人类的德必须是使人成为好人的,亦即使人很好地展开其独特机能的那种状态。"[1]

173

人类存在拥有的机能、能力和性格不单指个人的性质,更是在社会实践的场中被行使、被发挥的东西。社会生活各个领域的实践,通过某种共同体的机构来进行,德的伦理学通过支配共同体的

---

① 亚里士多德著,高田三郎译:《尼各马科伦理学》上,岩波书店1971年,第68—69页。

共同善赋予每个人以道德律,正因如此,今天共同体主义主张德的伦理学的复兴。这个思想的首倡者之一的麦金太尔说:"所谓德,是我们获得的人类的性质,通过所有并行使它,我们可以达成对实践而言的内在的善,而如果欠缺它,就会实际妨碍我们达成那种善。"①

在这里"实践"(practice)以及"内在善"(internal goods)(以及相关的"外在善"external goods)是麦金太尔的特殊用语。所谓"实践"是指艺术、学问、竞技、政治、经济、家族等各种社会生活领域的活动,通过那些活动实现固有的"内在善"以及"外在善"。例如,人在绘画实践上的成功一方面产生了名声、地位、货币、权力等"外在善",另一方面也达成了"内在善",即一是指其成果的出色,还有一个是从事这项活动的人的人生的卓越。在实践中,人们必须遵从卓越性的基准和规则,因为实践拥有历史,遵从该领域的权威、习惯、规则才能够取得成果。重要的是由德而达成的"内在善"是参加实践的共同体全体的善,亦即内在于共同体的共通善。通过参加实践,我们共有实践的目的和基准,形成与他人的关系,这样德的议论通过实践这个场而与共同体的概念联系起来。

以上的观点,是论述人类能力的最善的发挥带来卓越的东西,我们同时必须质问人类能力不能那样发挥的时候能带来什么,亦即存在的伦理学应该统一地把握人类能力的积极的侧面和消极的侧面。如果能力的最充分的发挥带来卓越、繁荣和自我实现的话,相反就是劣恶、贫贱、屈辱等吧。关于人类能力的消极的侧面,过去使用福利国家论或社会政策论的"基础的人类需求"(basic hu-

---

① Alasdair MacIntyre, *After Virtue, Notre Dame*, Ind.: University of Notre Dame Press, 2nd ed., 1984, p. 191(筱崎荣译:《无美德的时代》,みすず书房 1993 年).

man needs）这一概念，存在的伦理学能够把"卓越"的理论和"必要"的理论综合为首尾一贯的东西，或者还可以以"必要"的理论作为"卓越"的理论的基础吧。

笔者认为这种基础的可能性可以用罗尔斯的以下观点作保障。他的正义原理的基础是"基本财"的理论，被解释为市民的需求的理论①。基本财是"道德的人格"为了自我实现的对于善和正的能力来说必要的东西，可以具体解释为包含了基础需求的各个范畴。基本财的享受亦即基础需求的充足带来作为能力的最善发挥的卓越。罗尔斯的意图是导出正义的原理，所以没有在道德人格以外更加挖掘"存在"的基础条件，但是从基本财亦即基础需求的观念具有发展为"卓越"的伦理学的道路。

在经济学上认为欲求的充足是资源分配的目的，欲求是人们主观选择的表现，人人不同，而必要（需求）指客观的可以普遍化的对象。不被满足就意味着给人类的利益乃至善带来了生死攸关的损害，需求具有客观性和普遍性②。"基础的需求"就是正常地维持人的身体的、精神的、情绪的能力。正常地维持这些能力对于提高人类的存在和活动的质量来说是基本的必要。

阿玛蒂亚·森（Amartya Sen）的伦理学因研究潜在能力而闻名③，他在把握福利概念时很关注人类"存在"拥有的机能，人们度过什么样的人生，依赖他们选择怎样的机能组合，同时也依赖机能

175

---

① John Rawls, *Political Liberalism*, New York: Columbia University Press, 1993, pp. 187 - 190.

② Len Doyal and Ian Gorgh, *A Theory of Human Need*, London: Macmillan, 1991, pp. 39 - 45.

③ Amartya Sen, *Commodities and Capabilities*, Amsterdam: North - Holland, 1985（铃村兴太郎译：《福利的经济学——财富与潜在的能力》，岩波书店 1988 年）.

选择时具有的自由度。那个自由度表现为在所得和财富的制约下能够达成的机能组合的集合的潜在能力。对于森来说，潜在能力的扩大意味着选择机会的扩大，亦即自由的扩大。但是他的议论缺乏对相比于机能不足和欠缺的机能的成功和优秀性亦即卓越的质疑。

玛莎·C.娜丝鲍姆(Martha C. Nussbaum)沿着这个路线，具体地提出了以下关于"基本的潜在能力"的清单①:(1)正常的寿命，(2)健康，(3)体力，(4)感觉、想象、思考能力，(5)情感能力，(6)善的形成、计划能力，(7)与他人的协调能力，(8)与自然的共生能力，(9)娱乐教养能力，(10)环境统驭能力。这些可以说都是人类存在不可欠缺的基础需求，但在展开德的伦理学时，森和娜丝鲍姆的理论应该在两点上得到补充。第一，不应单纯把存在的特性定位于个人的机能，同时还应该定位在社会的语境中的社会实践的能力。第二，不能停留在救济能力的欠缺这一消极观点上，应该持有能力的发挥这一动态的、积极的观点。

在制度上展开"基础需求"观念的大规模的社会实践例子就是社会保障。社会保障多被从正义以及效率的观点加以正当化，但是如果立足于卓越的理论，关于这个结构，可以构想积极的福利政策。在市场经济体制下，原则上人们欲求的满足是根据市场的自主交换而进行的，但有时会发生基础需求得不到满足的悲惨事态。社会保障制度是基础需求的公共资源分配机构。社会保障制度有时被叫做安全网，那不应是意味着仅仅是"应对风险"的消极的福利制度，也应该被当作创造"自我实现的机会"的积极的福利

---

① Martha C. Nussbaum, *Women and Human Development: The Capabilities Approach*, Cambridge: Cambridge University Press, 2000, pp. 78－80.

制度。换言之,关于提供"基础需求"的社会保障不仅保护人类远离由于缺乏需求的悲惨,而且支撑着人们对于需求充足的卓越的追求。说明这种社会保障制度的形态的就是存在的伦理学,这样解释的存在的伦理学拥有从必要到卓越的一贯的伦理。

5. 自由的卓越主义

以人类存在为评价对象的道德的伦理学被定式化为卓越主义。卓越主义(perfectionism)就是"好的人生"使构成人类本性的各种特性得到发展、各种成果达到很高的水平。围绕卓越主义的论点不少①,在这里将探讨把道德的伦理学适用于人类存在的积极的侧面的卓越主义的基础。

在各种社会活动的领域里,理想的活动的形式根据各自领域的价值而体现,就是经济的价值、艺术的价值、宗教的价值、伦理的价值等等。如果关于贯通这些领域的生活样式的价值总称"文化价值",那么离开文化价值的概念就无法讨论关于各自领域的卓越的伦理学②。对于卓越主义来说,认识文化具有的公共财产的性质很重要,卓越的追求是文化价值的追求,这是被称为共通善的东西,人类本性和能力的开发在社会背景中,卓越通过与公共财产的文化价值发生关联而进行。

卓越最显著的侧面就是在社会活动中发挥出色的能力、产生熊彼特(Josaph Alois Schumpeter)所说的"innovation"(革新)。他

177

---

① 关于卓越主义的诸命题,参见盐野谷祐一《经济与伦理——福利国家的哲学》第 3 章第 6 节。

② 关于文化价值在伦理学中的定位,参见盐野谷祐一《经济与伦理——福利国家的哲学》第 1 章第 2 节。

的这一概念本来普遍适用于社会的各个领域，具体来说，有经济、政治、学问、艺术、技术、文化、道德等各种社会活动的领域，把这些进一步细分化就形成了具体的"社会实践"的概念。卓越在这些领域在各种不同的客观标准下被评价，但是革新包含着这一基准本身的创造的破坏。

各个活动领域只要是解决人类社会的课题，就拥有一定的社会机能。社会领域的重要性根据时代环境而不同，这可以称为个别领域的"社会的价值"，但不是都处于同等地位。在某个时代，拥有某种社会机能的领域比其他具有更大的社会价值。在经济、文化、政治、军事、宗教等各个领域中，经济在近代的突出的重要性意味着对经济领域的社会价值的高评价，但是对于其他领域的社会价值则是相对的，而且如果参照对于特定领域的社会价值是社会选择的结果来说，卓越是为了把经济的地位加以相对化的强固的理论基础。

从历史上说，资本主义社会把压倒性的重要价值置于经济领域，因此经济领域的成功受到重视，经济的影响力以财富（富裕）研究或效用（幸福）研究的形式统治着伦理学，卓越主义的现代意义不是在于重新成为经济世界的革新行动的基础，而是在于一边抵抗排他的经济至上主义，一边致力于对于以生活的质量这一模糊的表现而主张的非经济的行为的价值进行伦理的评价。

我们构想的卓越主义不是仅以学问、艺术、思想等文化领域的精英的业绩作为对象，文化领域不过是诸多领域中的一个，我们思考的是自由的卓越主义，它使所有人的"人生意义"的满足和卓越性的实现得以同时成立。人生意义正是卓越最基础的范畴，如果这个主张正确的话，卓越就是很日常的现象。

因此我的论点是通过说明道德人格的"自律"与"自尊"两个

概念的关系而为自由主义的卓越主义打下基础。只要是以康德的道德人格为前提，"自律"就意味着人格是理性的存在，而且是道德立法的主体，亦即满足公正性和合理性。康德把作为道德的最高原理的意志的自律规定为"意志是对其自身成为法则这一意志的形态"①，这一法则意味着限定性命名法，所以自律的人格关系到"同时也是义务的目的"的设定，并为其所约束。

因此在自律的基础上，自我统治乃至自我决定的权利伴随着义务，如果根据康德，所谓"同时既是义务的目的"就是"自我的完全性"（eigene Vollkommenheit；own perfection）和"他人的幸福"。罗尔斯的道德人格就是遵从康德所说的这些义务的人。② 根据康德，所谓"自我的完全性"的义务就是"一般通过陶冶使自己值得成为的人，为了实现一切可能的目的，掌握所有能在人自身当中发现的能力，并且促进它的义务"③。在这里完全性与卓越性同义，康德的限定性命名法通过道德人格的概念呼吁作为德的卓越主义伦理学。

另一方面，罗尔斯在分析自尊的概念时，论述了卓越和自尊的关系。他说："要区别主要对我们（所有者）来说是善的东西和对我们以及其他人来说是善的我们的人格特性。"④ 罗尔斯所说的这两个东西与上述麦金太尔的外在善与内在善相应。前者是所得和财富以及财产，但是后者"是想象力和机智、美和魅力、人

---

① 野田又夫译：《人伦形而上学的基础》，第 286 页。《康德》，《世界的名著 32》，中央公论社 1972 年。

② 参见盐野谷祐一：《价值理念的构造——效用对权利》，第 294 页。

③ 康德著，森口美都男、佐藤全弘译：《人伦的形而上学·德论》，第 546 页。《康德》，《世界的名著 32》，中央公论社 1972 年。

④ John Rawls, *A Theory of Justice*, 1971, p. 443.

类其他的自然素质和能力,对其他人来说也是善……这种善构成卓越,卓越就是认为谁都(包括我们)希望拥有是合理的这种人类特征以及能力"①。罗尔斯把后者的善叫做卓越乃至德,指出了其公共财富的性质。而且他还说:"如此,卓越是人类繁荣的一个条件,从所有人的观点来看都是善。这个事实把卓越与自尊的条件联系起来,同时说明了卓越与我们对自身价值的自信之间的关系"②。

他把"自尊"定义为拥有两个侧面的东西。③ 第一,自己自我感觉有价值,即相信自己的善的观念和人生计划是值得追求的。第二,相信自己拥有独立实现自己的意图的能力。换言之,自尊是对于人们的目的和手段双方的自信。自尊是最重要的社会的基本财富,没有它,就会失去在社会关系中度过人生的意欲。人们享受自尊的条件在正义原理的条件下,在某个共同体中过着适合能力与欲求的生活,那个活动对于他人来说也像自己的事情一样被欣赏、被评价。我们首先在不相识的人们中间,其次在熟人之间相互交换对他人人格的尊敬中寻找有秩序的社会里的道德人格,但是由于拥有公共财富性质的卓越的实现,才可能满足人们的相互期待,这里存在着与卓越和自尊的关系。

关于罗尔斯的自尊概念,下面我们就以下两点作批判性的论述:第一,他的自尊概念被看作是社会基本财富的一个因素,所以可以看作是人们在秩序的社会生活之前的事前的、程序的、手段的概念。对此"人生意义"这个概念是使人生努力实践基础上的自

---

① Rawls. Ibid. , *A Theory of Justice*, 1971, p. 443.

② Rawls, Ibid. , pp. 443 - 444.

③ Rawls, Ibid. , p. 440.

我评价,意味着某种在自己的意图和能力基础上的成就感。罗尔斯为了避免目的论,不得不在限定为达到那种成就感之前的手续的概念基础上使用社会的基本财富。但是把卓越的概念与这种狭义的自尊联系起来是错误的,如果把自尊扩大为包括程序的概念和成果概念的二者的话,就必须意味着平等的自尊的达成在正义被保障的社会里,在终极的水平平等地确认各人的人生意义。

第二,与康德不同,罗尔斯的自尊概念给人以受到以权利为基础的正义的制度的保障的印象,那是一种就像对于自己的计划和能力有自信一样,正义的条件被满足的状态。但是仅靠自尊的权利能够成就自尊和人生意义吗?人们为了能够做出自己是值得尊敬的人这一自我评价,有义务努力进行自我实现。权利只是自尊的前提,被权利保障的能力必须在社会实践中被使用并成就某种事,正像康德上述的提示,面向卓越的努力是义务。

从以上来看,自律产生卓越,然后才能确保自尊,这个关联是道德人格的特征,亦即自律与自尊通过卓越联结起来,实现道德人格,以上就是我们认为的自由主义的卓越主义的基础。

结　语

在图3中,我们分别把握了经济世界和伦理世界,在两者的分界面上发现了"善",并把它作为"效率、正义、卓越"三个价值的基础。通过以上讨论,现在就可以把两个世界看作是重合而统一的形态。资源产生了财富,财富产生了善,这种单纯的经济世界像因为在资源和善的中间过程吸取了正和德、正义和卓越等伦理世界的因素而变形,就像图4所示。

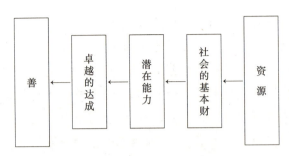

图4 经济世界和伦理世界的统合

首先按照罗尔斯的正义论,"社会的基本财富"被置于"资源"和"善"的中间,其分配成为中心问题。森将此批判为物神崇拜,在财(资源)和善(效用)的中间导入了"潜在能力"乃至"机能"的概念,并把基础机能的平等的充足视为正义的问题。卓越主义更是把给人的存在赋予特征的"潜在能力"乃至"人类本性"与"卓越的达成"视为一体,把各种文化价值的成就视为德。对这三种理论来说,已经没有必要像功利主义那样在善的层面上论述正义和卓越的伦理学了。

经济学的思考是设定从资源生产出所得乃至 GDP,然后生产出人类的幸福。伦理学不是把与经济世界不同的世界作为对象,而是用与经济学的思考不同的眼光来把握经济的世界。"资源"和"善"的关系如果通过经济学的眼光来看,就表现为单纯的"效率",就像图4所示。如果透过伦理学的眼光,关于"正义"和"卓越"的伦理学的诸概念(社会的基本财富、潜在能力、卓越的达成)就将被置于"资源"和"善"的框架中。

离开伦理就不可能有经济,同时离开经济也不可能有伦理,伦理就是探寻人类应该怎样生活的问题,也是探寻人的行为、存在和制度的形式。对于人来说生产"生活"手段的是经济,经济世界的强项在于拥有从资源生产出"善"的实在的机构，而经济世界的弱项在于其内部没有优先于"效率"的"正义"和"卓越"的理念，所有的价值都从属于"效率"，把以经济保障可能性的"生活"提高到"好生活"的就是"正义"和"卓越"的伦理。

第 六 章

超越"合理的愚者"
——偏好构造的多层化

后藤玲子

我心中有一个无法解决的问题。学生时代,我曾经坐夜行火车去长崎调查原子弹爆炸受害者。在事务所,由于原子弹爆炸的烧伤,中指和食指不能分开的 M 和聪明开朗的 S 总是微笑着欢迎我,楼下"被爆者之店"的汤面营养丰富,非常好吃。进行调查的是大学教员和学生,为期不过两个星期,在夏季快要结束时就要回到东京。

长崎有很多坡道,眼前突然出现很陡的斜面,如果顺着有扶手的石阶爬上去,到人家里去,就会看到普通的生活,系着围裙的女子会突然冒出来。一户人家门口放着一辆红色的玩具车,隔壁的 F 家里正在准备接受调查。F 是独居的老人,他享受最低生活保障。调查的主要目的是询问他爆炸当时的体验和那以后的生活史。他先讲述了惨剧发生前的战争中的日常生活是怎样在一瞬间中垮掉的,早晨起来,出门之前吵架,大叫着"哥哥真讨厌!"的孩子不知所措的表情还留在他的记忆里。调查继续深入到他爆炸以前的生活史。和双亲的共同生活、幼年的理想和希望、学习生活、就职时的人生计划等,爆炸以前的生活史与爆炸以后的生活史的阴影太鲜明了,那个人简直像是在说故事。就这样我们不仅调查了爆炸之后的体验,还涉及爆炸前后的生活史,目的就是为了了解"原子弹爆炸对人类干了些什么?""正要发展的人生是怎样被扭曲的?"并且如果有可能的话,我们还想从中探寻"人能对原子弹爆炸做什么?"①

调查进行了 3 个多小时,正要出门时,一直用低沉的声音说话的那个人突然抓住我的手腕说道:"我不是因为懒惰不劳动,是因为原子弹爆炸才不能劳动的,帮帮我吧! 帮帮我们吧!"……我想说"我不是厚生省的官员",但最终没说,因为他的眼睛在说"我只是想让你理解我,我为什么在这里,为什么是这样,为什么不能通过劳动过上和别人一样的生活",我沉默地低下头,跑下石阶。那一天还要调查两家,必须马上吃过午饭就出发。

爆炸受害者们现在也有时因梦见当时的情形而吓醒。我们还听仲居讲述爆炸后,经过恋爱刚刚过上幸福生活时,丈夫因为交通事故死去,自己一个女人拉扯大两个孩子的经历。在客人络绎不绝的餐馆的角落里,我们匆匆忙忙地进行了调查。她曾经是"原爆少女之会"中最年轻的人,现在她一只手端着盘子,面带跟当年照片上一样可爱的微笑,给我们讲述她的回忆。由于原因不明的后遗症,她身心俱疲,不能尽做妻子的义务,她为此感到歉疚,但是当卡车司机的丈夫总是温柔地呵护着她。交通事故以后,她不得不为生活费奔波,身体不定期地感到不舒服,但是为了自己养育孩子,她仍然不得不每天奔走。

调查是残酷的。不仅要把已经淡忘的残酷的体验重新呼唤出来,为了做记录,还要挖掘他们曾经的理想和希望。调查结束后,

185

---

① 参见石田,1973/74。

他们又如何处理他们自己讲述的内容和他们埋藏在心底的宝贵的记忆呢？结束调查后的我由于还只是一个大学生，什么作用也发挥不了，正因为如此，我才必须自己思考：我为什么要离开这里？离开这里我要回到那里？回到那里干什么呢？"这里"是他们的生活，而回去的地方是"我"的生活，只是现在我的个人活动领域还不明确，所以我还不能认清离开这里后自己所应从事的公共活动的内容，心中只是一片混乱。

本章的目的就在于重新思考公共对于个人的意义。在追求自己的人生目的的同时，有志于公共活动，两者之间能否产生紧张关系呢？或者应该接受什么性质的紧张关系呢？在拥有自己的名字、在个人的特殊的文脉当中蹒跚而行的人类作为理论家应该负起怎样的责任义务呢？

通常，经济学对于个人的偏好只是在单层的框架中进行分析，把可以选择的对象从理想的观点进行比较评价和排序，在这个意义上，成为消费行动的基础的偏好与成为政治活动的基础的偏好没有不同。肯尼斯·阿罗的社会选择理论基本上也是在这种框架下建构起来的。[1] 他通过个人整合的顺序（反射性、推移性、完备性）的状态将所有任意两个选项的评价（＝项关系）理解为（合理的）偏好，其内部的构造和纠纷、整合化过程本身并不是分析的对象。

最初打破偏好的单层性框框的是以"合理的愚者"这句话作为关键批判了正统派经济学的信息贫困的阿玛蒂亚·森。[2] 他区别具有不同性质和作用的个人偏好，提示了对个人的价值判断构造进行多层把握的分析框架。本章接受森的议论，讨论应该成为

---

① 参见铃村，2002。

② 参见 Sen，1997；铃村、后藤，2001/2002 第 5 章。

公共政策基础的个人价值判断的性质和构造。① 在公共政策的文脉上,尤其重要的区别是私人的偏好和公共的判断这两个区别。所谓私人的偏好通常基于对被设定为经济活动的私人目的的关心的偏好,是一种判断。相对于此,所谓公共的判断就是离开私人的关心,基于公共的观点通过理性反省而形成的判断。

　　在公共政策的文脉下,采取多层的框架,在阿罗提出的一般不可能定理的文脉下,存在着打开形成与公共善有关的重复的承认的可能性这一分析上的优点。② 但是另一方面则会产生下述担心。分断私人偏好与公共的判断不就输给了"个人的问题是政治的问题"这个口号所象征的性差理论吗? 或者就像志愿者活动或NGO 活动那样,轻视由个人的经验的自发性所支持的公共活动的意义。性差理论提供了公共政策容易忽视的善和正的视点——亦即反映了位于特定的地位和范畴的人们的个别的善(价值)和必要的社会政策的公正性。例如南西·伏蕾莎把对于"通过专门从事对依存者的看护,自己成为经济的依存者的女性"③的社会保障的正当性不是仅仅从对历史的压抑的补偿的观点,而是从超越市场性评价的新的社会价值的观点来加以主张。还有多尔西拉·科奈尔以保护每个人对性的想象领域为基点,不以把既有的一夫一妇制异性爱作为所予的家族制度作为前提,而是要求把"为了孩子的结构性监护责任"的组织,或者"再生产负担的公平的分配"

₁₈₇

---

① 参见 Gotoh-Suzumura-Yoshihara, 2000; Suzumura and Xu, 2001 等。

② 参见 Gotoh-Suzumura-Yoshihara, 2000; 可以得到在区别关于每个人的公共判断上尊重全员一致意义上的帕累托条件和关于每个人的待遇改善上尊重全员一致意义上的帕累托条件的基础上,既在前者的意义上满足帕累托条件,又民主地决定满足一定的规范的要求的公共规则(帕累托条件之外,满足不存在独裁者、公共判断的普遍集合)的可能性被发现的结果。

③ 参见 Nancy Fraser and Linda Gordon, 1994, pp. 625－630(引用自 1997)。

方法作为公共措施而建立起来。① 进一步,由经验性的自发性所支持的志愿者活动或 NGO 活动通过对位于特定的地位或类群的个人的共感和实践的参与,听取他们真正的需要——感知具名请求的人类的意义——恐怕是可能的吧。而且也许可以把公共活动作为自己自身的人生目的编织进人生计划,并加以追求。

问题是把用这样的方法把握的个别性的视点正确地与普遍性视点相结合的路径。那只能就是在保持作为对自己的私人目的的关心和作为经验性扩张的共感的同时,使以反省性的关注成为可能的理性的作用。的确在反省性介入的公共活动中,感知个性的视觉和听觉可能会变得迟钝,在经验的意义上自发性可能会变得淡薄,如果保持对私人目的的关心,以公共活动为志向的自我就会和追求私人的目的的自我产生乖离。但是只要考虑不偏颇地照顾到不同的多元的地位和构造的个别性的公共政策,而且只要在那一视野中试图包含价值和评价的多样性的话,忍受个别性的要求和公平性的要求之间的紧张关系,调整个人关心与公共观点之间的矛盾、纠葛,形成多层次的评价的行为是必不可少的,但那怎样成为可能呢?

基于对以上问题的关心,本章从以下三个视点来探讨关于个人评价的多层框架的规范的优点。

①对经济学的公共财富概念和政治上的公共善概念进行区分(第2节);②探讨形成考虑地位和类群的公共规则的可能性、个别性和公平性这两个观点的同时成立可能性(第3节);③探讨支持追求个人的私人目的和人生计划的私人活动和参加公共规则的

---

① Cornell,1997,pp. 214－222。衷心感谢为笔者介绍了这本书的北海道大学的尾崎一郎先生。

制定、改订过程的公共活动的同时成立的制度的条件和主体的意义（第4节、第5节），通过这种探讨，提出确保照顾到性别、年龄、有无残疾以及其他个别的框架的体制的公正性的方法，综合把握在所予的体制下追求自己的私人目的的个人利益调整行动和参加公正体制的制定、修订、运用的个人的公共活动的方法。

1. 个人评价的多层性：个人的私人偏好与集体的偏好以及公共判断

在社会选择理论中，个人的偏好可以在所有的社会状态，亦即以给诸个人的偏好施以影响的所有的因素为轴的无数的多维的空间中得到定义。在追求自己的私人目的及人生计划时，个人通常会以仅与自己的善相关的空间，比如仅以其自身消费的向量来作为定义域形成自己的偏好。相对于此，参与公共的规则——宪法、立法、政策等——的制定、修订时，要求个人从只与自己的善有关联的空间到包含邻人的善的空间，更进一步包含更远的人的善的空间，甚至可以看到所有社会成员的善的空间，判断域不断扩大。而且还要求获得不仅是由现存社会的人们构成的空间，还必须假想到由不同的多样的社会的人们、由不同的时空下生存的人们所构成的各种空间，能够判断各个空间里所有的社会成员的善那样的一般的判断框架，这样形成的判断与当初的偏好本质上是不同的东西。

例如从特定的文化、宗教的条件下的社会的特定的人——例如自己或者邻人——是否能享受自由的观点，到同一社会的所有人是否能享受自由的观点，直至扩大到具有不同文化、宗教条件的多样的社会的人们能否享受自由的观点，这时个人的判断要想继

189

续停留在自我的善的观念上就很困难了吧。或许不得不考虑对于一般人来说自由有什么意义这一普遍的善的问题,或者如何评价与自由的享受有关的个人之间的不平等或收入差距这一公正的问题了吧。而且此时,如果个人的关心不仅朝向作为评价客体的他者,也朝向作为评价主体的他者的话,就会面临"(参见自我的善和正的观念)什么是人们理想的状况"的问题,而且还会面临"对于或许拥有不同的善的观念或正的基准的他者怎样互相对待才是正当的"这种程序上的问题。这样认识判断在地理、时间上的扩大就成为促使个人评价产生从个人的慎虑(prudence)的问题到普遍的善的问题,或者到个人之间公正的问题(justice as fairness)的这种本质的转换的契机。①

通常所谓经济体制是以相互调整个人之间的利害为目的的场所,其特征是在所予的规则和习惯之下,每个人采取基于自己私人偏好的最适当的行动这一点。每个人的行动既具有主体性、自律性,又具有相互依存及制度负担的性质。每个人以自己追求的目的和人生为基础,把资源(时间、能力、所得、资产)合理地分配给各种对象。但是作为基础的每个人的私人偏好在形成过程中可能受他者或各种既有制度的影响。而且个人的私人目的能够达成多少,不得不受他者选择什么样的行动的制约,因此合理性的个人会通过预测他者的选择或其背后的偏好而选择自己的行动。但是重要的是每个人的关心终究是以私人目的为对象的,对于他

---

① 个人评价的质的转换表现为顺序的非整合性。以扩大的空间作为定义域的个人判断的顺序有可能与只以本人的消费空间为定义域的偏好顺序不相整合。例如,知道个人处于极为不顺的境遇,也许他会认为比起自己的偏好更应把个人的偏好向公共政策反映。笔者整合二者的方法,是把任意一个作为准顺序而定义之上,形成例如优先公共判断等评价体系。

者或制度的关心只限于影响私人目的这一点。根据那样的每个人的主体的、自律的行动结果尽管会出现某种社会状态，但是并不是说追求私人的目的的当事人在不偏不倚地观察着社会状态的情况。

那么不偏不倚地观察着社会状态的主体是什么呢？我的观点并不是指政府或官僚这种特定的主体,而是采取构成社会的每个个人所具有的公共性观点。公共规则不仅对参与其决定过程的人们,对所有的社会成员,而且对地理上时间上都远离的人们也会广泛地施予影响。因此参加公共规则的决定过程的人们,把超越本人的善的空间的多元空间作为定义域,要求形成与私人偏好不同性质的判断——例如预想基于私人偏好选择的互相的行动结果会带来什么样的最终结果的同时,还会考虑规则自身所具有的规范性或有效性,而且为促进那样的每个人的判断的形成,还要求适当的集约性的构成程序的存在。在这里就把这样的判断称为个人的"公共的判断"[1]。

被认为是私人偏好的基础的观点是从快乐与痛苦的感情、欲望的满足、目标的达成、人生计划的慎重的(prudent)追求、幸福以及宗教心、道德感情等派生出来的经验的事实的观点。与此相对成为公共判断的基础的观点,就是公共规则一般应该具备的形式上的条件以及探究各个规则要求的实质条件的理性的、规范的观点。公共的判断应该共通地满足以下性质,即

①具备在各种环境下适用于很多人的与公共规则相适应的一般性、普遍性;

②可以明确地公开说明接受立足于最终结果与程序等两个观

191

---

① 参见 Gotoh, R. and N. Yoshihara, 1998; Gotoh-Suzumura, 2001; 后藤,2002。

点的各种公正基准中的哪一个,并且可以证明;

③把自我(或自己代表的集团、组织、类群)的主观偏好或个别特征相对化,通过反省及深思熟虑而确认其普遍意义;

④对每个人的状态给予平等的关心,关心人们的平等的待遇,在这个意义上具有公平性。

但是有时个人拥有跟私人偏好、公共判断性质都不同的偏好;例如有时从公共的观点来看人惮于表明自己的偏好——对照自己本人的规则觉得很羞耻的主张——为了自己所属的集团或组织的集体利益而勉强表明自己的偏好;或者也许有人尽管很少去医院看病,却愿意一直支付高额医疗保险费。那样的偏好既不同于基于私人关心的偏好,也不同于根据公共的观点而形成的判断,在这里把它叫做集体性偏好①,具有如下性质。

在某个集团或组织中,当长期的集体的利益被分享的时候,或者确信自己对集体的贡献和责任得到正当地评价的时候,每个人都会让自己的私人目的与集体目的保持一致,或者让集体的目的优先于私人目的,尤其是经济组织或利益集团以构成成员明确地接受特定的参加资格或共同目的为特征时②。另一方面,共同体还有尽管参加资格或共通目的不一定明确,但在生活史中自我被

---

① 罗尔斯只在超越个别的集合体的界限而成立的社会世界(social world)与个人之间的关系上使用公共的(public)这个词。他指出不存在私人理性(private reason)那种东西。关于个别的集合体与个人的关系,他指出了社会的理性(social reason)和家庭内理性(domestic reason)的作用,但又主张那仍然是非公共的(non-public)。

② 在假定完全竞争的基础上,满足参加资格的个人可以在赞同集团目的的情况下自发地参加集团,不赞同的情况下则可以自发地退出集团。实际情况是因为那是困难的,因此与成员的私人目的的关系方面,集团目的本身也正在逐渐变化。

深刻规定的每个构成员对于参加资格或共同体的目的形成共同的解释的特征。任何集团都有可能通过使各个成员以集体利益为目的,自发地、与私人偏好不冲突地形成"连带感"。

不能期待这样的连带以包含多个不同的集合体(集团或组织)的"社会"为主要舞台。"社会"的特征是在成员的资质或目的或同一性上都以拥有多元性为本质①,公共规则即使可以保证在各个集合体(集团或组织、共同体)内部自发地自生地形成的连带不被外部妨碍,也很难积极地创造出连带。对于不同的集合体相互的关系性能够期待的是以参与制定公共规则或服从公共规则的行动为媒介而确立的互惠性(reciprocity),是通过公共规则,从社会得到公正的待遇而产生的自尊(self-respect)的感觉以及以互敬(mutual respect)为基础的个人之间的联系。

以上认为个人性价值判断的结构由私人偏好、集团偏好、公共判断三个层面构成,在各自背后存在不同的理性和感情的作用,它们互相关联,决定各自的特性以及它们之间的关系。举例来说,公共的判断是通过对于根据私人的偏好或集团的偏好而捕捉到的个别观点的共感的理解以及对这些偏好的公正关注而形成的。集团的偏好通过对成员的个别性的共感的理解和对成员的公正的关心以及对超越了个人权利的公共规则的尊重而形成。更进一步,私人理性通过经验中的快乐、痛苦的感情或幸福感和对自己的人生的各时点的公正的关心以及各个集团内部的原理或公共规则的尊重而形成。如此个人的评价具有一定的构造,伴随着各个偏好、判断的变化以及关系性的变化而自己变化。

---

① 这里所谓的社会,遵从明确区别共同体和目的集团以及社会的罗尔斯的用法。参照 Rawls,1993,40f。

这样的构造是必须在公共政策的文脉上来把握的,如果关注包含道德、宗教、哲学的更具包容性的领域,恐怕可以更加丰富地把握个人评价的结构吧。① 但是下一节将继续在公共政策的文脉中将关心特别锁定在私人偏好和公共判断的区别上。让我们首先以提出了"有益产品"(merit goods)概念的马斯格雷夫的理论为中心,来讨论超越了经济学的公共财富概念的射程吧。

2. 公共财富概念再思考:从依据财富性质到
依据评价的定义

经济学上所谓公共财富通常被定义为不具有竞争性或排他性的财富,意味着是事实上很难排除根据一定的社会规则被认识的人(通常被认为是负担关于财富生产的费用的个人)以外的人消费的财富。尽管生产不可缺少一定的费用,但消费上个人之间的竞争难以被认识,对于每个人来说财富的稀缺性难以被理解才是问题所在。因此怎样设计让每个人相应其所享受的便益而排他地负担财富生产和维持费用的机制,就被设定为以公共财富为主题的经济学的主要课题。

这种问题意识的背景中也存在把公共财富看作私有财产的连续,用同一框架来把握的思路——公共财富的价值也是根据把自我利益的最大化作为目的的每个人的私人偏好来测量的。这里假定每个经济主体基于各自的私人偏好来确定各种财富的相对价值的重要程度,根据自己的价格体系来决定各种财富的最合适的需要量。通常的私有财产是在如上的个人行动的均衡中使个人的受

---

① 阿玛蒂亚·森关于这个主题的议论,参照铃村、后藤 2001/2002。

益和负担对应起来的。① 但是，公共财富的性质是很难存在那种对应关系的。例如个人基于自己的偏好衡量汽车与清洁的空气这两种财富的价值，以自己的预算集合作为制约条件，来决定各个财富的需要量。汽车的费用可以通过消费使每个人负担，但是维持清洁的空气的必要的费用却很难通过个人的消费让每个人负担。这样个人在空气上白占别人便宜，当然就会给人带来将自己的关心集中在购车计划上的动机。经济学上的公共财富概念与能够在市场上交换的私有财产的关系，终究不过是被明暗相反地定义的概念，这一点马斯格雷夫已经这样指出过。

我们关于私有财产和社会财富的区别是基于关于社会财富的技术性质——消费的非竞争性和非排他性——而不是关于每个人的心理态度的某种考察或者依据社会哲学的东西。是从社会财富引发出来的效用与从私有财产引发出来的效用完全一样，被每个人体验、被组合进他们的偏好体系中的东西。这样一来对于任何一种形式的财富都可以适用同样的个人主义的心理学。②

在这种洞察的基础上，马斯格雷夫试图考察的不是财富的性质，而是以人们不同性质的关心为基础的对私有财产和公共财富进行区分的框架。

欲望这个前提，是以个人的需求和喜好为基础的，可以诉诸被广为接受的西洋文化价值。这样就使在同一经济学框架下，关于公共供给（public provision）和私有财产的分析成为可能。对此，不仅公共需求（communal needs）的概念很难解释，而且那样的分析

195

----

① 因为就像个人从各种财富得到的限界效用与各种财富的价格比一致，价格与需要量同时被决定。

② Musgrave, R. A. and P. B. Musgrave, 1973, p. 57.

框架也不合适。而且还蕴涵着将独裁这个恶弊正当化的危险。但是,共同体概念本来就是深深地扎根于西洋文化的悠久传统中的。因此,需要考察的是,公共关心(communal interest),并不是由个人关心的垂直式、水平式累加构成的,而是直接归属于共同体那样的关心。同时,由这种关心引发的公共欲望(communal wants),由整个团体的利益产生的同时,与直接归属于整个团体利益的欲望相关。下面是两个问题。第一,共同关心是指向谁的,是如何表现的? 第二,共同体概念适用于何种范围需求?①

马斯格雷夫所说的"共同关心",在与个别私人关心的累加不同这一点上,与功利主义的构想划清了界限。这是自始至终都以共同体为直接对象的关心,同时,他所说的公共"欲望"是指无法分离归属于个人的、直接以团体"利益"的需求、满足为问题的欲望。但是,这些都不是超越了个人而得以存在的,而是存在于个人之中,个人主体地形成的,即便其中还存在着制度性影响。为了避免"独裁恶弊"的正当化,有必要把这些方面分析清楚。接下来,让我们确认一下他的问题意识吧!

一种见解是,经过一定的强制时期,人们的内心构造是将政治领导人的主张、洞察当作自己自身的东西,以这种构造来解释公共欲望。在他们看来,私人欲望和公共欲望之间的隔阂已经完全剔除了。但是,很明显这样的见解,与我们的民主主义见解是对立的。的确,喜好受到社会性的制约,任何人都不可避免地受到社会环境和经济环境的影响。但是,即便确实如此,在个人对这种环境的应对中,还是会有不少的自由保留下来,难道不是这样吗?②

---

① Musgrave, R. A. and P. B. Musgrave, 1973, pp. 56 – 57.

② Ibid. , p. 57.

他所关心的中心论点,不是"私人欲望和共同欲望之间隔阂的完全消除",而是个人欲望结构中,对两者的有效利用和并存。即在保持追求私人欲望的个人自由和共同关心、欲望的本质性区别的同时,探求两者并存的可能性。正如下面的引文所表示的那样,马斯格雷夫的有名的"有益产品",就是在这样的背景中提出来的,需要注意这个概念背后孕育着私人欲望和共同关心之间的紧张关系。

更有吸引力的解释是,借助于连续性组织和相互共鸣,人们能够发展共同的关心。分享某种历史体验和文化传统的人们彼此间形成共同的纽带,使人在自己的家庭之外,还可以参加守护共通领域的人们的集合。这样的共通关心和价值观就会发展为共通的欲望,即感受到作为共同体的成员应负有的义务。这些义务有的是位于个人选择自由之外的,同时,另一些则起着限制个人选择的作用。① 但是,即便是后者,只要个人从自己所提供资源的被使用方式中——例如,给他人的输血或是向低收入者提供食物和住所这些活动中,发现某种真正的价值(such uses are felt to be meritorious),那么就非常有可能接受这样的义务。共同的价值和关心在井井有条的社会中实实在在地存在着,它们的存在只不过是以某种方式限制与个人选择相关的习惯性教养。②

在这里马斯格雷夫所说的"共同欲望"是指这样一种热情,即通常是关于"位于个人选择自由之外的"或是"限制个人选择的""提供",承认其真正价值(merit),积极地试图将其作为自己的"义务"。马斯格雷夫本人在关注欲望的双重性,即个人一方面保持

①   Musgrave, R. A. and P. B. Musgrave, 1973, p. 57.
②   Ibid. , pp. 57－58.

私人欲望,另一方面发展团体欲望的同时,在基于"持续性组织和相互共鸣"的"共同体的纽带"中寻求后者的源泉。对此,以罗尔斯、森等为代表的政治自由主义理论与马斯格雷夫同样重视喜好判断多重性的同时,并不将共通关心、欲望的源泉停留在"共同体的纽带"这一经验的、感情的概念上,而是通过关注拥有的普遍性质,将其作为社会性选择问题即公共使用个人理性来加以把握的。

3. 政策性公共善和考虑到地位的规则的形成

政治自由主义设想的"公共善"既不是以个人的私人偏好为依据的概念,也不是超越个人的、集合式价值的实际存在。公共的提供是拥有公共意义的善,其价值或必要性不仅反映了个人的私人偏好即各自的目的和关心,还反映了个人的资质和能力。政治自由主义设想的"公共善"定义为:从个人的公共角度受到好评的益处①,是独立的。

需要注意的是,第一,此处的公共角度是指,在概念上并不排除对个别性、特殊性的关怀。例如,作为公共善,如果承认所有的个人都应受到平等的关怀和关心,那么为了实现这样的善,同等考虑到每个人的个别特征以及他们关心的公共政策就必须作为公共善得到承认。② 第二,公共判断作为公共善的基础,与私人偏好不同,伴随着对正义的评价。其本质是,每个社会成员一方面在相互经验地、想象地体验个人所处特殊位置所必需的善并表示共鸣和

---

① 这个时候的评价,不仅是由各种善的内在性质,而是指向依存各社会的文脉的必要性、相互的代替性或者是优先性。

② 这一点与德沃金的"平等的待遇"(equal treatment)和"作为平等的待遇"(treatment as an equal)的概念性的区别相关联。Dworkin,1997,p. 304.

理解,另一方面从有限资源制约下的社会分配的角度出发,对其进行客观、理性的评价。

这里所说的地位是指,虽说具有个别的特征,但特定化为政策性的善观念(决定应该以什么作为公共政策的对象、与广义善的概念不同)和背后的正义观念(看准应以什么为问题),与每个人的名字保持独立的概念。例如,残疾人问题、历史上受到压迫的民族问题、苦于长期积累起来的社会经济等方面的不平等的性别问题、生于特定地域和时代的问题,等等。决定共同善的具体分配方法、保障水平和范围的设定、与其他善(私人善)的先后关系时,起到决定性作用的信息基础毫无疑问是,人们对各种财产给各个位置带来的个别价值作出的公正的评价。

例如,阿玛蒂亚·森认为,构成保障每个人潜在能力的形成的机能条件基本上是依存于各个共同体的特殊背景,由当事人的成员们来加以特定化。但是,他的理论框架与形成超越特定共同体的、更加普遍的条件,是可以共存的。[①] 例如,如果能够将导致各共同体之间价值观不同的各种要素特定化,那么形成合适的、反映这种要素差异的机能条件,以及形成依据要素的不同将其分门别类的、更加一般的机能条件也是可以的。进一步说,为了确保所有的成员都能具有某个共同体共同的机能条件,那么着眼于每个人地位的不同以及反映了这种不同的、可流动性资源的不公平分配,就可能得到公共的承认。如此一来,对同样的情况给予同样对待的同时,在明确的根据下对不同的情况给予不同对待,就可能成为普遍法则。

199

---

① 例如,玛莎·娜丝鲍姆精力十足地推动这项工作,只是她的兴趣投向了超越单个的共同体的普遍的清单的客观作用,因而与这里列举的方法不同。

需要注意的是,即便是满足不了经济学定义的财产,即具有消费中的竞争性和负担费用中的排斥性的财产,在为上述的政策性公共善概念提供基础的时候,也不得不作为共同提供的财产而谈论其分配方法。例如,设定某种社会性目标指数,谋求其最优化的分配机构设计是可能的。经济学的流程是在分配不具有竞争性和排除性的财产时,特意地以个人的偏好为基础,分割财产的所有权和使用权。很明显,这种议论与经济学的流程,即试图分权式地实现依靠市场机制的均衡分配是完全相反的。正如让休尔·科恩所说的那样:"与公共善相关联的各种观念,并不是深思熟虑之前的关心和偏好合成的,而是由合成共通善的关心、目的和理想在经过深思熟虑之后得以保留,在形成与社会资源有关的请求的时候,在公共性反省下才可能拥有正统性。"①

然而,属于同一地位或类群的人们不一定要求相同的需求,不同地位或类群的人们其需求不一定就不同。再加上还存在着同一个人属于不同的、多数个地位和类群,被彼此间相互矛盾的需求所困扰的情况。因此,为了把应参与社会的财富清单提炼出来,考察其公正的分配方案,那么掌握位于各自地位上的人和属于各自类群的人所认为的需求的普遍性意义,以及对其进行比较衡量的工作是不可或缺的。并且根据自己的经验对各地位、各类群所发出的信息表示共鸣、理解的同时,在公共理性下,对其批判地、公正地斟酌考虑的工作也是不可欠缺的。

例如,美国的福利政策其一贯的态势是,严格区分拥有只要就业就能维持自食其力的生活条件的人以及不具备该条件的人,规定只有后者适用于福利政策范围。年纪大、残疾(视力障碍、终生

---

① Cohen,1997,p.149.

残疾）、有孩子的单身妇女等，都是典型地表示了缺乏这些条件的范畴。对这类群体的关注，保证符合条件的每个人都无条件地拥有接受福利的资格，但实际上国家并没有为他们提供能够从根本上促进他们自身就业和自立的必要的机会和途径。

对此，近年来的福利改革虽然仍沿袭了这种基本态势，即关注满足自立生活所需条件的欠缺，但正在向着深入各种群体的内部、从根本上促进就业和自立的方向发展。也就是说，针对接受救助的每个人的个别情况和特性，提供与开展再教育的机会和技能训练有关的、丰富多彩的活动计划。同时，还试图通过福利政策和对低收入者的免税政策（EITC）的挂钩，对参与市场、正在努力独立生活的每个个人的能力和热情，提供持续的支持。① 各范畴的既成观念是他们欠缺参与市场活动独立地进行日常生活的能力，但随着与人的活动有关的观念不断丰富，人们正在构想超越上述观念的福利政策。

但是，发现超越既有范畴观念的、为了独立生活的个别条件是很困难的。同时，也很难将其作为"对同样的情况给予同样对待的同时，在明确的根据下对不同的情况给予不同对待的"法则加以确定。为此，在深入探讨个别地位特殊性的同时，解释其普遍性意义，以及将其与不同类型地位的特殊性进行对照的同时，决定社会应保障的公共善的条件及其分配方法，这些工作是十分必要的。

① 福利改革的成果表现为，没有受惠于教育和就职经验，而是长期从福利受益，这样，有小孩的未婚单身女性的就业率，在 20 世纪 90 年代后半的高速经济成长的背景之下，1999 年急速上升到 65％。虽然各种就业活动的机会增多，但是多数的工资水平还停留在很低的水平。另一方面，当不能享受食物、住房以及医疗水平的公共救济的时候，"就业的贫困人员"（working poor）增加了。而且还有一些人由于自身的状况他们没有机会接受教育或者参加就业，还有语言上的障碍和身心上的困难，因而不仅不能参加就业，他们连参加社团活动都很困难。

只有如此,彼此间同为当事者、影响者、评价者们之间,才有可能协同作业。森之所以认为民主主义的重要作用之一是"发现需求"这个认识功能以及公共讨论的重要性,其背景是他洞察到无论是决策者,还是当事人们都不明白社会应保障的"需求"究竟是什么。① 同时,沃尔泽之所以认为社会财富的共同解释才是具有成员资格的成员们最为重要的职责,其原因也正在于此。② "无论是什么样的共同提供,留下多种形式的地域自治和自发式结合的余地,是很重要的。其目的是参与共同活动,具体实现其成员资格。但是,若是首先克服了贫困,那么原来的穷人就不会参加到共同体的政治、文化生活中来。其实并非如此,与贫困(以及其他的各种困窘)的战斗,是穷人、并不是很穷的人、富人,多数市民都应积极参与的活动中的一种。"③但是,究竟如何才能实现这样的协同作业呢?

从下一节开始,笔者将对既考虑到位置,又作出普遍性公共判断的形成途径,作一番考察。主要分两个方面:一是以公共规则为媒介的个人的自由而有责任的活动;另一个是支撑这些个人活动的高层次原理及公共讨论的场所。让我们从后者开始论述吧!

4. 高层次原理和公共讨论的场所

"程序式的正义"概念成为罗尔斯的正义理论的特征,其背景是对关于多种多样的主题,无法事先完全预测应该制定何种性质

---

① 参见铃村·后藤,2001/2002,pp. 228-233。
② 参见 Walzer,1983,译 p. 110。
③ 参见 Walzer,1983,译 pp. 148-50。

的规则——这一事实的承认,以及也不应该事先加以规定的规范认识。伴随着社会环境的变化以及每个人的意识和行动的变化,决定规则的各种准则之间的均衡,也有充分的理由发生变化。[①]参与公共规则制定过程的个人,在其意识和行动受到变化浪潮冲击的同时,必须看清楚公共规则应该变化的方向。制约公共规则变化方式的是,优先于各种公共规则的一系列高层次原理的(相当于优先于各种宪法的正义基本原理,优先于各种立法的宪法和正义的基本原理)存在。它们并不是直接规定变化的结果,而是担当这样的角色,即对应每个个人的判断,对可能展开的可能性加以适当限制。例如,我们认为参与政治的实际上的自由、或是良心的自由及自我表现的自由等市民自由是不可缺少的,而某种规则若是存在着压制这些自由的危险,那么实现排除这种规则的宪法就有可能得到我们的承认。这意味着,各种规定的制定、修订过程、我们自身的公共判断及其汇集手续,事先都要受到宪法这一高层次原理的制约。正义的基本原理也是,一边以与自身相关的个人继承式解释、受容及改定的努力为基础,一边对宪法和各种规则的制定和改定,发挥着合理制约的作用。

哈贝马斯所关心的是,从公共性的观点出发,分析这种个人和制度的推动力。个人参与规则的制定、改定过程的意志和能力是如何形成的,如何持续的,如何由后代继承下去的。罗尔斯所说的社会基本财富是指形成这种意志和能力所不可缺少的财富。同时,所谓正义的基本原理毫无疑问是人们为了保证将这种意志和能力传递给后世的所有人而理性地、费尽心思地构筑出来的。在由正义的基本原理规范的政治、经济制度下成长的个人,通过对各

---

① 参见 Rawls,1971,p. 307;参见后藤,2002。

种制度的积极参与,具备了作为市民能力基础的正义感和公正性。具备正义感和公正性的个人,将会进一步推动正义基本原理的受容和改订。他分析的焦点是,这样以制度为中介,一个一个的个人形成公共判断的活动。与此相对,哈贝马斯则敏锐地意识到个人间的相互依赖关系,将分析的焦点集中到每个人形成公共判断的"场所"上①。

哈贝马斯认为,遵守公共规则这种活动的基础中存在的关心,与经验的事实的感情和倾向性所产生的、面向个别现象的关心有着本质性区别。这是一种面向规则本身的关心,其特征是产生反省性的、构成性认识或对一般化、法律化的欲求。进一步而言,其脱离了对自己或特定第三者的个别关心,尊重规则所体现的普遍价值,具有使普遍性成为可能的特性。另一方面,又具有与感情和倾向性产生的关心相似的功能,即支撑与意志和行为相关的个人的自发性、能动性。如此一来,对规则本身的关心主导了个人活动,即试图认识公共规则形式的、本质的性质,加强了试图尊重、遵守公共规则的个人意志。

但是,对规则的关心当然并不具备上述的全部性质。正如规则功利主义者所说的那样,还有如下的倾向:即作为长期达成自己私人目的的途径,各人不是对个别现象,而是对规则的制定予以关注。② 此时对规则的关心则完全是由经验的、事实的倾向性引发的,因此尊重规则普遍价值的、使普遍化成为可能的特性越发淡薄。个人对规则的关心,究竟如何才能在具有自发性、能动性的同

---

① 关于哈贝马斯和罗尔斯的讨论的具体内容,请参见 Rawls,1995。

② 例如,理查德·黑尔的"普遍性指令主义"(universal prescriptive),参见 Hare,1982。

时,使普遍化成为可能？对此哈贝马斯作出的回答是,沟通的行为及支撑沟通行为的讨论概念。所谓的沟通行为意味着,满足理解可能性、正当性、真理性、诚实性这四个妥当性要求的、相互间的对话行为。哈贝马斯主张所谓的讨论是指保证恢复四个妥当性要求的、论证的场所。①

在实践性的讨论中,需要验证的是哪种规范表现了使普遍化成为可能的关心,还有哪种规范的根底中只存在特殊的关心(因此也是最好的,即在平均分配的力量的条件下,有可能妥协的关心)。……通过讨论形成意志的过程,其认识上的目标是达成一致同意,即以论证的方法,使被建议的关心的普遍化成为可能。②

哈贝马斯认为满足四个妥当性条件的沟通行为,形成了背景的一致同意,而这种同意是先于具体的、个别的同意的。当怀疑这种背景的一致同意是否存在的时候,就有必要通过讨论使之恢复。他认为在讨论的过程中,个人能够使自己的意见成熟为具有公共资格的意见(公共意见)。只有当其作为促成每个人的公共意见成熟的前提条件的时候,正义的基本原理即自由参与的平等保障,才开始有意义。③

按公共性自身的理念来看,若每个人只是原则上拥有同样的机会,享有要求各自的偏好、愿望、主义的权利,还构不成民主主义的原理,只不过是意见(opinions)而已。这些个人意见只有是在公

205

---

① 四个妥当性要求可以按照顺次进行如下的说明。既可以按照构文论也可以按照意义论进行理解的理解可能性要求,发话的命题内容是真实的真理性要求,发话的方式和内容是规范且是正当的正当性要求,发话主体完全相信发话内容的诚实性要求,参见 Habermas,1981。

② Habermas,1968,译 pp. 383 – 384.

③ Habermas,1962,译 p. 288.

众讨论中成熟为公共意见（opinion publique），才有可能实现公共性。从一开始，保障万人参加可能性的意思就是被理解为遵循讨论价值法则的赞成论和反对论的真理保证的前提。

接下来，让我们总结一下罗尔斯和哈贝马斯关于个人形成公共判断的争论。支撑个人公共判断基础的能力及其体现的是，主导认识的高层次原理及使背景的一致同意成为可能的场所（空间、舞台）。前者主张的是人与人之间公开知晓的、继承的高层次原理，后者主张的是参与公共规则制定过程的人们所形成的公共讨论空间。通过在公共讨论空间里对高层次原理进行解释、再解释，每个人改善着格式，这种格式是为了能够理智地、反省地形成与公共规则制定相符合的判断。

只不过，背景一致同意的获得，虽然保证了各人所支持的公共规则的选择项都得到了使普遍化成为可能的关心的支持，但并不能保证其他。如果仍旧保留着很多拥有这种性质的选项，那么就必须对过程，即从中社会性地选出具有特定性质的公共规则，以及对在个人评价之下引导出社会评价的统计手续，继续进行分析。如此一来，社会选择理论才能获得、应对政策性问题的相应的着眼点。

5. 作为多层的评价主体的个人行为

不是被共鸣和同情心激发，对他者的境遇的行为直接介入，而是以遵守规则为动机，作为规则的中介人介入他人的境遇，有人批评说这种行为里很难有个人的自发性、能动性。在个别的语境当中，从对一个具体的他人在瞬间形成的心理反应可以完全看出这个人的自发性和能动性。与此相对，对在各种状况下都适用的法则,就因为它是法则而接受,这一行为能够获得行为的法则性、安定性,却放弃了意思和兴趣的自发性、能动性。这是对康德的道德哲学以及罗尔斯的"康德式侧面"的批判的中心,以相对于经验的理性反省的过程,或者是感情和理性的二元论为理论前提。

假如在个人遵守法则的背后,不存在对法则的各种主体的承认过程的话,这种批判也许是妥当的。例如,要是接受法则运用的当事者们被剥夺参加法则的决定、修改的话,或者即便保证了其参加的自由,但是在决定、修改的过程中总结每个人的意见的公正的程序不存在的话,或者把对社会选择的法则的每个人的批判留在公开的记录上,对遵守法则的个人的自发性、能动性的疑问就会涌出。

与此相对,如果关于法则的决定和改变的公正的过程是存在的,且每个人都主体地承认法则、接受法则的过程存在的话,即便是没有机会参与法则决定过程的下一代的人们,对已经施行的法则,他们自己如果有机会玩味、解释、接受其形式的、实质的性质的话——对这种过程每个人的介入方式都不一样——不能说按照制定的公共法则行动即是减弱个人的自发性、能动性。而在这种情况下,每个人通过把公共法则放到中介的位置,是否可能一边保持自己的个人偏好,一边自律地控制其适用范围呢? 下面就来考察这个问题。

例如,有一个具有很高生产技能和勤劳性格的个人,从自己的善的观点,基于所得分配法则的评价,选择以确定劳动时间制为前提的能力工资制和低所得税率。然而一次,假设她碰到了和一个虽然生产技能低下、经济贡献少,但是能够在不经意间得到很大喜悦的人说话的机会,她一边倾听这个人静静诉说在日常生活中得到的喜悦,一边很可能因为自己发现了和以往的人生不一样的、闪着不同光芒的人生而深深感动了。并且,她可能会和那个人一样形成这样的哲学信念:有各种各样的生活的人共生的社会才是理想的,而且还有可能给她对政治问题的公共判断带来影响,例如关于所得分配法则的评价的判断。假设她修正为以下这种过程:首先,优先保证个人选择多样的经济的、非经济的活动的自由的这种法则;其次,优先将不同的多样的经济的、非经济的活动社会性地进行评价的多元的报酬体系;再次,无论理由如何,优先给所有个人提供福利保障的这种所得税率。其结果,她作为自己的公共意见推崇的这种所得分配法则,与由自己的个人偏好和整合性的判断得到高度评价的法则是不一样的。

第一,她目睹了特定的某个他人的境况,倾听了他的说话,这样形成的公共判断的过程,不能停留在经验的、个别的"同感"上。她与特定的他人的境况产生共鸣,于是首先会想去了解对他来说必要的东西和个别的有价值的东西。但是很快她就会意识到,对他来说必要的东西和个别的有价值的东西是与他处在同样的境况的人共通的——在特定的地位或者是特定的层次内——必要的东西。于是,她会希望对那些人来说必要的东西,得到社会性的保障。另一方面,她知道所有的财富并不一定都能进行社会性的转移,而能进行社会性转移的财富是受到制约的,因而有必要确定应该进行社会性保障的财富的基准。这时还必须做的一个工作是,对照与他们境况不同的人——在不同的地位、不同层次,有着不同的需求的人——的境况。这样一来,她的课题就是,一边给有真正需求的人们给予同等的关心,同时也考虑出一个包含质的不同的资源配置方法。经过这些工作,她第一次获得了把对身边的他人的同感反映在公共政策上去的有说服力的理由和方法。

第二,如实地听取他人的境况和心声,并不会要她对自身的个人偏好、人生目的等作出改变。她虽深知他人的遭遇并有同感,但她并没有把自身的幸福扩大到包含他人幸福的更大幸福的责任。而且她也没有把他人的境况的改善变成自己的个人目标。她应该担负的个人责任是:把自己的偏好与自己的人生计划和目标对照起来慎重反省,整合性地考虑自己的善的观念和个人目标,对自己人生的各个阶段都抱有相同的态度。另一方面,她还应该担负的"我们的责任"是:认真听取他人的心声,从他们的心声中区别他自身的慎重选择和目光短浅的选择或者外部的选择(羡慕、怨恨等),从他自身的公共判断的形成,考察把他的需要反映到公共法则上的方法,通过这种方式她形成自身的公共判断。[1]

制定公共法则的一个重要的意义是,一边保证个人是多层次的评价主体、行为主体,一边把追求社会性的目标作为可能。通过参加公共法则的制定、改订或者是再解释过程,每个个人有可能进行基于自己的公共判断的理性的活动。然而,一旦公共法则被决定下来,每个人就可以依据自己的选择采取目标合理的行动。只要服从自己承认并接受的公共法则,即使在自己的选择范围内任意地采取合理的行动,每个人都能够互相了解不能从体现法则的形式条件和实质条件的诸种德性中分离出来,即基于个人偏好的合理行动同时也可以满足一定的公正性。

作为多层次的评价主体、行为主体,有助于回避太过于优先考虑他人的境况,而迷失自己个人的目标,或者反过来太过于追求自己的个人目的而封闭了对他人的遭遇和境况的同感这些不自然的心理反应。另外,还有助于把处于各种不同境况的人应该受到的公正的待遇——公正地考虑个人的特征的不偏颇的方式——的具

---

[1]　参见铃村·后藤 2001/2002,第265—272页。

体内容与自身的幸福相对地割开,从较客观的视角来评价。① 并且,通过参加公共法则的制定过程,用自己制定的法则来适当地制约自己的幸福和倾向性,从而使个人的自律性的自由得到保证。如果把制定的公共法则作为前提条件,每个人都进行自律并且相互依存的活动的话,结果的不同可以通过互相承认的法则予以说明,这些提供了每个人都互相尊重自身和他人的一种实在的社会基础(the social basis of self-respect and mutual respect)(Rawls, 1971)。②

　　结　语

　　通过按照顺次制定的高次原理的连续性来探索政策性合意的可能性,在导出一般不可能性定理的阿罗的书中也能见到罗尔斯的这种观点,与把共有的心理的性向和社会习惯的存在作为前提说明社会性选择导出的可能性的哈萨尼等不同,始终坚持尊重个人评价的多样性的社会性选择框架的阿罗探索的是与以宪法为支柱的美国民主制度合意的可能性。然而一旦到了将其理论化的阶段,他始终不放弃怀疑的视点。这是因为如果先获得以个人选择

---

　　①　"假设上述的博爱家的心被他自身的悲伤笼罩,这种悲伤打消了他对其他人的命运的各种同情。虽然仍然具有为他人行亲善的能力,但是由于他因为自身的困窘已经是束手无策了,根本无法为他人的困窘操心。像这样,即使各种心理的倾向都无法打动他,而如果他仍能从这种严重的无知觉的状态中摆脱出来,仅仅是出于义务做出亲善的行为的话,这种行为才真正具有真实的道德的价值。"(康德:《道德的形而上学的基础》,第239—240页)

　　②　"尊敬尽管只是一种感情,但是它不是受到外界的影响而被动地接受的感情,而是由理性概念自发生成的感情,因此与归结于结局倾向(偏好)和恐惧等被动的所有的感情有质的不同。"(《道德的形而上学的基础》,第243页)。

为基准,在最终阶段得到的总结的效用,对在高次原理的制定阶段提出来的个人判断完全理解的话,达成一致是不可能的,或者即使脱离个人的选择的价值判断级别上的合意是可能的,那也只能是个人顺应集体主义价值的结果,不可能是因为真正尊重个人的评价和选择。就像前面看到的,马斯格雷夫把基于他本人自身的"共同的关心"的个人的主体性评价选择作为依据,对价值财富进行定义,这也是因为在"共同的必要"这种漠然观念当中嗅到的独特气味的缘故。顺应主义(conformism)有瓦解这种个人的选择内部的倾向。

个人的评价体系具有多层性,个人根据主体形成不同性质的评价,本章就是从这里开始讨论的。例如市场里的个人通过不同的各种财产的组合,从在何种程度上达成了自己的个人目标这个观点出发形成了个人选择。同一个个人在决定社会成员之间的权利义务关系的法则制定的基础上,从公共的观点形成了公共的判断。这种关于个人评价的多层次的框架组合一方面尊重每个人的个人评价,另一方面有形成关于公共善的重复承认的可能性。而且被承认的公共善是不停地合理地追求个人目的的个人,通过理性的公共使用而自发地能动地选择出来的。并且把处于各种不同的境况的人的个别特征与自身的幸福和倾向性相对割裂,描绘从不偏颇的观点评价公共判断的特性,这已成为可能。确保上述这些意义是本章的一个课题。然而,一边继续保持对个人目标的关心,一边形成与主题相应的公共判断;一边关心个别的特征,一边构想一般的法则;把被好的意志支撑的理性活动在一定期间内持续下去,这些实践起来并不容易,这也是本章的另一个课题。

个人单独且内省地形成公共判断,这一理论模式的难点在于个人没有照自己的触手可及的镜子,这种情况下,阿罗和马斯格雷夫所担心的顺应主义有可能会抬头。离开自己的个人目的时就会把自己反省的思考让给特定的集合目的,离开自己的个人关心获得公共的观点;实际上是因为害怕影响到自己所属的集团或者是特定的类群和地位的个别利益。罗尔斯和哈贝马斯提到的应该尊重的高次原理和公共的讨论场所,也许可以帮助回避这样的顺应主义。理性的一个特性是存在于显要和广泛之中,理性的公共性使用是指积极地用可以检证的方法也就是无论谁都可以进入的状态,从自己的立场追求公共的认知、承认。这也是与个别的特殊性深刻相关,来解释其普遍意义的过程。在这个动力说当中,既有的组织、制度、法、常识和习惯被验证被超越,主导人们认识的正义的基本原理和宪法也是在这种动力说中被产生、被验证、被超越的,这种平等地保证每个人的理性的公共使用的制度才正是民主主义。

第七章
社会经济体制的进化与公共性

八木纪一郎

1. 经济中的进化和统治

近年来,不仅在日本,在世界各国都在倡导为政府政策和市民行动奠定基础的"公共哲学"的必要性。笔者个人作为社会经济学的一名研究者,在这一系列"公共哲学"中,是否也有自己的主张呢? 社会经济学者是把思想和伦理作为总体的社会过程的一部分加以考虑的,对他们而言,一切都是历史过程中内在的东西,不存在超越的视点。所以,本章首先必须搞清楚的是,在作为总体的社会过程中,"公共性"以何种形式才能被当作一个问题。

(1)进化的变动理论

所谓"社会经济体制"是这样一种看法——在社会中存在以经济活动为中心的综合秩序(系统),并且这种秩序具有历史性地形成的特点。社会经济学经常把"社会经济体制"作为总体把握的目标。然而,当我们把视线投向现实的经济社会时,就会发现无数的个体正在开展各种各样的活动,把它们看作是统一的系统简直是不可能的。即便如此,多数情况下,各种各样的主体在开展丰

213

富多彩的活动的过程中,会反复重复特定模式的相互关系,产生它们的搭配组合。把这些要素和搭配组合功能性地关联起来,重新构造拥有这种关联的"模型"就是通常所谓的"系统"。而另一方面,在社会整体当中,特定类型的主体及其活动,或者特定类型的相互作用正以某种状态分布着。当它们稳定的时候,就被称为是社会的"结构"。我认为在"社会经济体制"这一术语中,具备两种含义:一是作为"模型"的含义;二是作为赋予了现实性的"结构"的含义。

把"社会经济体制"作为总体概念使用时,切忌将其实体化,陷入好像总体"体制"本身对人们造成影响似的整体论式(holistic)的想法。实际上并非如此,对人们造成影响的是构成"社会经济体制"的诸种要素及它们的相互作用,因为并不存在单一的整体论式主体。

当我们考虑"社会经济体制"的变动时,也需要同样注意,并不是单一"体制"本身变化、交替,而是"社会经济体制"中所包含的诸种要素(诸种主体及其它们的活动、相互作用)的缓慢变化,反映在整体构成(分布结构)上,其结果概括起来就是产生了"社会经济体制"的变化。在变动过程中产生的这种整体与要素之间的关系,很容易让人联想起生物界中的"进化"过程。虽然生物的"种"是根据信息论式的 DNA 排列来定义的,但是如果只是 DNA 发生了变异,也不能说"种"就进化了,实实在在的生物个体群的变化必须对应 DNA 的变化。虽然生物的个体被定位为相对于"基因型"的"表现型",在与同伴及包含另类生物的现实环境中,拥有各种变异的个体展开了延续种族的竞争,在此过程中优胜劣汰的结果是,可以称作是"基因池"的个体群的分布结构发生了变化,这才是总体意义上的"种"的变化,即"进化"。放眼现实世界,生物的"进化"就是对变化着的环境不断适应的过程,生物进化本身也是造成它本应适应的环境变化的重要原因。包含各种生物"个体群"的"环境"全体,通过对个体的生存/生殖条件加以规定,促使生物的特性发生相应的变化。这样的全体与个体的关系对于"社会经济体制"的变动也会有很大启示吧。

在生物界中,生物个体并没有意识到关于"基因"的信息,其选择是在繁殖子孙的事后的结果中进行的。但是,在人类社会里,却可以意识到这种关于行为次序和组织的设计图的信息,可以事先进行选择。并且,这种事先选择的进行并不仅仅涉及个别个体的利害,还可以顾及其他的个体及集团,或是普遍的利害,生物界和人类社会的最大差异就是存在着这种事先选择。只不过,即便进行事先选择,多数情况下也是以过去经验中学到的知识为依据,并且凭借事先选择也不能完全知道结果究竟如何。被选择的行为在与其相互交错的领域中,创造出相对于各自主体而言的新环境,因此其结果也随之发生变化。因为被选择行为的结果奠定了新的选择基准,所以过程中的适应特性永恒不变。

在生物界只存在事后性的淘汰过程,若不考虑基因,信息只凭诱发某种行动的信号(releaser)即可,只需重复信号 A⇒行动 B 就可以了。它与其他信号(A,A'……)及相关联的行动(B,B'……)之间的搭配组合,仅仅是平行式地存在着。对于没有学习能力的个体来说,行动(B,B'……)的结果成功与否,是没有价值的。但在存在着学习和事先选择的人类社会,行动 B 与结果 C 之间的组合(行动 B⇒结果 C)和其他的行动、结果群一起规定了下次的行为选择。人类凭借某种基准评估可能的行为群,在认识目前自己及外在环境的同时,决定自己采取的行动。由此可见,诱发行为的信息已不再是信号(releaser)。在人类的选择中,不仅要求对自己及环境状态的认识,还包含评估与每个选择项相关的过去的结果及与下次选择相关联的基准以及与其相适应的信息。也就是说,在指示直接行动的信息上层,存在着与认识、评估、选择相关的信息群。制度就是由这样的信息群的某种相互关联形成的,或者说社会结构是由这样的信息群以及利用这些信息群的主体的分布结构形成的。

上述的进化论式的存在论若用表来表示,就是表 6 了。在表 6 中,生物学式的进化过程是:个体层次上的基因信息依环境受到了事后选择的作用发生变异,而这种变异改变了个体群层次上的基因结构。但是,在社会的进化过程中,附加上了认识/评估型的信息以及以此为依据的指示型信息的事先选择作用,环境也转化为包含这两类信息的社会性(知性)环境。在这种存在结构下,信息与个别经济主体(或是其行为)的变异使它们的分布结构及社会性环境发生变化的过程就是社会变动。在以物理环境和生态学环境为基础的社会环境的变动过程中,制约、淘汰等要素也参与其中。

表 6 进化论式的存在论

领域	生物界	人类社会
个体	指示型信息 →个体形成、个体行为	认识、评估型信息 →适应学习、事先选择
个体群	基因池	社会结构、制度
环境	物理环境 + 异种个体群	社会环境

新要素的发生、普及带来的变动 ⬇

环境的制约、淘汰带来的变动 ⬇

（2）统　治

近年来,社会科学者之间经常使用的一个概念就是"统治"governance,来源于英语 govern(统治、支配)的名词形式,时常被翻译为"统治"一词。同词根的名词"government"重视统治主体及组织,已统一翻译为"政府"。但"governance"却更为抽象,显示了"统治"的有效状态或者使"统治"成为可能的机构,并非像"government"那样把"统治"主体及组织从"被统治"一方分离出去,因此这里所说的"统治",更有其内在特征。实际上意味着具备一定的效率性和安定性,获得了来自于内外主体信赖的秩序。相对于权力主义的秩序观,政治学者们将涵括了文化思想等多元势力的均衡结构称之为统治,展开了"全球统治论"——在没有政府的国际关系中,如何构筑不是单纯依赖军事力量的安定秩序(处理纷争)。①

在经济学的世界里,正在谈论关于企业组织,特别是法人企业的"corporate governance"(企业统治)。在那里争论的焦点多集中在所谓企业组织实体的经营者和员工的行为,是否遵循了出资方、股东及债权人的利益。虽然商法规定股份公司归股东所有,但股东并不支配构成"政府"的公司,是通过组织员工从事经营的经营者来管理公司的,因此为了使公司获得良好的业绩,即必须在适当的监督机构下,调和员工、经营者、股东/债权者的利益,切实遵守无个别介入的良好的组织秩序。进一步说,"corporate governance"的内容就是让顾客及地域或是政府这些与企业有利害关系的相关

217

---

① 参见渡边昭夫、土山实男编:《全球统治:无政府秩序的构想》,东京大学出版会 2001 年。

人员相信,企业是值得信赖的组织。收益率高却没有稳定性,从事反社会活动的企业都称不上是"统治"有效的企业。

奥利弗·E.威廉姆森(Oliver E. Williamson)为普及这一经济学概念作出了贡献,从把"统治"的概念运用于制度及系统等一般领域的视角出发,作了如下的说明。

里奥·弗拉把"关于良好秩序和运转可能的构造的科学、理论或研究"的定义赋予新词 eunomics,但我却将其称为 governance,认为与定义中的精神更为符合。"统治"同时也是评估组织的替代性样式(手段)实效性的实践。目的在于,通过统治的结构,使良好秩序的实效得以发挥。因此,在提到统治的结构时,应将其理解为审核其内部的某个交易或是相关交易集合综合性的制度框架。①

正如图5所示的三层结构那样,作为制度经济学的基本图式,他在个人与"制度性环境"中加入了"统治"这一层次。尽管"统治"是由个人的行为属性和制度性环境赋予的"移动参数"(表明变换方向及程度的参数)双方规定的,但其自身还具有独特的性质和结构。这种"统治"的状态,不仅对个人的取舍施加影响,同时还拥有使"制度性环境"本身发生变更的双重反馈路径。对于"制度性环境"的反馈,在使"制度"或者"游戏规则"自身发生变化的意义上,被称为"战略性反馈"。

在制度中,或者是每个个人利用制度进行活动所带来的结果依赖于制度的统治状态。人们在多数情况下会适应这种统治状态,但在无法适应的情况以及想要变更统治状态的时候,便会追溯

---

① Oliver E. Williamson, *The Mechanisms of Governance*, New York, Oxford: Oxford University Press, 1996, p. 11.

到"制度性环境"本身开始变更活动。为此,对超越个别行为特定结果的"统治状态"进行判断的信息就非常必要。在这里,正如威廉姆森所说的那样,包括与良好统治状态及"替代式样式"进行比较的考察,是有发展的可能性的。

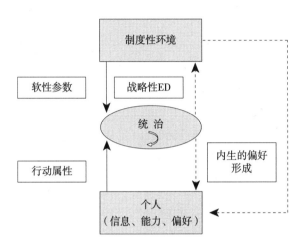

Williamson,1996,p.326.

图5　包含统治的三层结构

"制度性环境"——"统治"——"个人"这种三层图式,在讨论"社会经济体制的进化"的时候也是有效的。"制度性环境"虽然位于"社会经济体制"之中,但只有在对个人取舍施加影响,成为个人的现实活动的时候才实实在在地发挥作用。然而,很多人的丰富多彩的活动形成了相对于个人的全体环境,同时其结果又以"统治状态"为中介返回到个人。在这个环状结构里,存在着个人行为的变化和制度变化同时进行的可能性。但是,至于以"统治状态"为依据的"战略性反馈",有意识地变更行为也是可能的吧。例如,在经济性评估里,不仅仅是市场价值,如果还能使用

219

包含福利指标及环境指标的"社会价值",那么,企业和个人的行为也会发生变化,同时制度变更的方向也会不同。或者也会出现从重视平等和民主决策的立场出发,提倡把这些基准引入统治制度结构内部的主张。

在制度和统治的相互作用中,如果说存在着容易变动的部分和不易变动的部分,那么后者规定了制度变化的路径:设定不变的部分(例如基本人权的保障),或者提供各经济主体(企业)共同利用的基准及财富(公共财富)以及技术革新者所说的"站台财富",以此来促进竞争的进化。所有的这一切都暗示了有选择地形成进化式过程的"路径"本身是可能的,因此"统治"这一概念也有可能适用于进化式发展过程。

2. 市民社会中的公共统治

(1)作为统治场所的市民社会

在上节中,我们从进化的制度经济学的角度出发,将"统治"稍微抽象地定位为"全球统治委员会"。如果从实践的角度,在个人及机关、公与私的关系中去把握,把统治定义为"个人和机关、公与私共同问题的多种方法的集合,也是调整相反的或是多样的利害关系,采取协作行为的持续性过程"①。在这里重要的是,不要仅从对立面来把握个人、私与机关、公之间的关系,而是从面向共同课题进行调整与合作的作用上来加以把握。即便是代表了

---

① 全球统治委员会、京都论坛审译《地球领导权:志于建立新的世界秩序》NHK 出版(*Commission on Global Governance, Our Global Neighborhood*, Oxford, New York: Oxford University Press, 1995),第 28 页。

"政府"(统治)的公共机关,也被还原到隐藏了利害差异及对立的多元化社会中,成为致力于合作的持续性过程中的一个要素。笔者想依照马克思在下面所表明的传统,将"统治"这一概念中所隐含的这种多元化社会过程称为"市民社会"。

我的研究得出这样一个结果:法的关系正像国家的形式一样,既不能从它们自身来理解,也不能从所谓人类精神的一般发展来理解,相反它们根源于物质的生活关系,这种物质的生活关系的总和,黑格尔按照18世纪英国人和法国人的先例,称之为"市民社会",而对市民社会的解剖应该到政治经济学中去寻求。①

最近复活的"市民社会论"将"市民社会"的范围限定为自发性的相互扶助、文化社会或者是政治活动,多是排除以权力为背景的国家(政府)活动及基于营利原则的经济活动。② 但是,即便是这样狭义的"市民社会"论,也不是从"市民社会"里全面排除政治和经济。还不如说,它主张政治和经济并不是依赖权力国家和营利企业的垄断领域,也开展非国家、非营利的自发式活动。将政治和经济与市民社会结合起来思考的意图本身,与黑格尔=马克思式的广义市民社会论有共通之处。因此,必要的是搞清"市民社会"这个概念中有狭义和广义之分,而不是将其用法统一于其中任何一方。

总之,广义的"市民社会"包括了国家(政府)和营利经济,同

221

---

① Karl Marx, Zur Kritik der politischen Oekonomie (1859), Marx/Engels Werke, Berlin: Dietz, Bd. 13, S. 8. [马克思:《经济学批判》,大月书店(国民文库),第15页;中文版马克思:《政治经济学批判·序言》,第3页,人民出版社1976年。]

② 参见浅野清、筱田武司:《现代世界的"市民社会"思想》,八木等编《复活的市民社会论》,日本评论社1998年;迈克·沃鲁茨编,石田淳等翻译:《走向全球化的市民社会》,日本经济评论社2001年。

时又包含了国家(政府)和营利经济的制度性统治结构。国家(政府)本身是市民社会内部的集权式统治机关,适用法律和政策对经济过程加以限制,但同时,来自社会方面的、对这个机关的统治也很重要。营利经济(市场经济)又成为在内部的活动主体(企业)的"信用",含有无法还原为国家式限制的分权式统治因素。"信用"是有利于企业活动及金融活动长期稳定的经济式信赖指标,它不是仅以收益性为标准,还反映了社会的信赖性——对投资者的信息公开及对消费者的应对措施。把直接影响集权式统治的过程以公开的形式制度化,就是代表民主主义,它把代表的决定权委托给社会成员。然而与各领域各问题的当事人及专家的谈话、来自普通市民的信息公示的要求(accountability),也是影响集权式统治的广义政治过程的要素(见图6)。

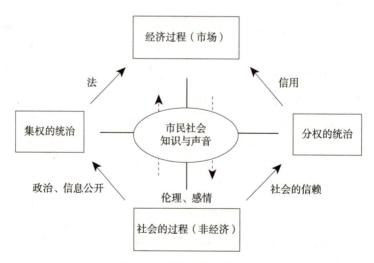

图6　公共性与社会的过程

这样,集权式统治和分权式统治都是以来自个人及社会的限制为背景形成的,这也可以称之为对社会经济过程的间接性限制。但是,在社会中成长、生活的个人,是凭感情、伦理等无法还原为法律、政策及经济信用的因素参与经济过程的,因此它们是直接影响经济行为的重要因素。当然,其中还包含个人的偏好及判断标准受到经济过程影响的逆过程。

(2)经济中的公共性

现代极端的自由放任主义者在其思考实验中,否定行使超越个人合意的、权力的国家。个人享有全部的所有权,根据个人意志进行生产和交换。生命和财产的保障依靠特别为此而加盟的自发式组织(诺齐克使用的术语是"统治式保护协会")得以满足就可以了。[①] 这是把纯粹公共财富作为俱乐部财富来提供,之后就交给市场交换的主张。

针对这种主张,存在两种类型的反对意见。首先具有强烈社会责任感的人们认为,这样的组织只是富人的组织,之所以反对是因为在此完全没有考虑社会的公平性。继他们之后,新古典派的经济学者也指出自发性组织会以提供有效服务需要高昂费用,并且出现了尽量逃脱支付费用而只想获益的自由职业者等为借口而强烈反对,总之就是批判说"市场的失败"是不可避免的。

自由主义者针对这两种类型的反对所采取的态度也不同。面对道德家的抗议,自由主义者可能会以关心的问题不同而加以驳斥。因为自由主义者所说的问题是,无国家强制力的、依靠自发式交换及筹资能否获得与国家所赋予的同等的保障;而道德家

---

① Robert Nozick, Anrchy, State, and Utopia, New York : Basic Book, 1974[Nobert Nozick. (嶋津格译:《无政府·国家·乌托邦》,木铎社 1996 年。)]

强调的问题是，如何保障不参与这些交换及筹资的人们。然而，面对主张自发式交换及契约并不能解决所有问题的经济学者，就不好对付了。因为经济学者们提出的问题是"市场的失败"——即便进行自发式交换、契约，也不一定能给当事人带来好的结果。

市场良好运作有几个必要的条件。虽然彼此之间也许会有所重合，但还是列举一下吧。第一，法律和货币等制度性的基础设施是必要的。这不是一个人可以完成的，同时从谁也不会自发地试图承担费用这一点来看，可以说是伴随着"安全"的"纯粹公共财富"。第二，必须明确规定各个当事人的所有及权利关系，这是关系到第一项中的法律制度的实施或具体化的条件。第三，被交换的私有财产不能独占的外部环境并不存在。例如保健卫生、基础教育、环境等因为外部性强，通常置于市场交易之外。同时，关于在市场上被交易的财产，多数也存在着对第三者的有利或不利的影响。作为第二项和第三项重合的事例是如下的情况：由能够被利用的数量上有限制的公有资源来支撑的市场式竞争（公共所有土地上的放牧）。第四，不存在垄断。在垄断存在的情况下，即使在交换的形态中，也会产生单方面的剥削，但在经济活动里，虽有技术性的、地域性的特征，不得不走到垄断这一步的情况时有发生。在以费用递减型为基础的情况下，因为企业竞相扩大产量，所以竞争性企业的利润是无法保障的。只有当垄断形成的时候，才有可能设定高于费用的价格。第五，不存在信息的严重匮乏及非对称性。在完全不清楚交易财产性质的时候，从一开始交易就无法进行，或者信息只掌握在一方手中，那没有信息的一方就处于弱势。第六，虽然在信息不齐备的情况下会发生，但不存在以谎言谋取利益那种机会主义式的行为。

"市场的失败"把从经济角度出发的国家必要性作为第一项内容的依据。提供治安和司法活动、保健卫生、基础教育等公共财产,限制垄断,弥补信息的不完备,实际上这也是容易让自由主义者承认的国家。因为他们之所以会进行依据自发式筹资的"统治式保护协会"的思考实验,是为了构筑不进行强制性再分配的"最小国家",原理上无法否认凭借市场式交换无法实现"公共财富"的供给及为此所需费用的征收本身。

应对"市场的失败"的国家是以提供资源的分配为前提的,结果是达到资源的有效利用状态,这种观点其实是非历史性的国家观。这里的基准不过是限定了一定时期的"资源分配的效率性"而已。但是其前提"所予的资源分配"本身却是历史性地、依据以往的社会经济过程形成的。在上一节中已经介绍了"统治"(良好的秩序)这一个概念,仅有"效率性"称不上有"统治","统治"中必须具有产生信赖的社会安定性。

考虑到社会安定性的时候,道德家们针对自由主义者的批判也不能以"关心的问题不同"而一语带过。社会经济过程一方面不仅无法实现其期待的利益,在其内部还包含着遭受巨大损失的风险;而另一方面又有积累的侧面,即某个时期内积聚的资产又有利于下次活动。市场经济对前者,在能够明确责任范围的领域采取了保险这一对策,但对于无法预测的危险以及涉及多数人的灾难,保险也不是万能的。同时,关于积累所产生的资产积蓄(及同时产生的不平等),市场所能做的只是最多通过提高资源利用的效率,为最不幸运的阶层提供劳动机会和廉价的商品。

经济效率的实现只需明确规定使市场交易成为可能的资源财产权就可以了,至于这个财产权属于谁则无关紧要。正如被称为

"科斯定理"这个命题①所表示的那样,市场活动的效率性是没有社会视野的标准。这样一来,社会稳定性的确保必须立足于与"市场"的"看不见的手",还是"市场的失败"的争议不同的理论之上。

罗尔斯的最高限度的最低额原理求助于"无知之幕"假设,试图为最不幸人群状态的改善奠定基础。他的原理与"科斯定理"正好相反,其内容是如果人们不清楚自己是处于幸运者的立场还是不幸者的立场,那么按照回避危险的原则,就会赞成改善最不幸人群的状态这一原则。② 但是,在经济学者看来,只是关心最不幸的个人,而不关注不平等整体的分布状态,是缺乏现实性的。与其为最不幸个人的状态改善投入很多的资源,还不如广而薄地、给相对不幸阶层的状态改善投入资源,或许在福利的量的方面,可以取得超常的效果。罗尔斯的分配原理的意义是,与其说是为再分配政策提供基础,还不如再次确认最不幸的人也是社会成员,有权要求社会公平这一事实。即便密歇尔·桑德尔等地方自治主义者将罗尔斯作为前提的人类形象批判为"没有负荷的个人"(缺乏社会性的个人)③,但他们即使不依赖假设,也是认为在现实社会中产生的责任心、价值观、伦理等为对社会公平性的要求奠定了基础。

---

① 参见 Ronald H. Coase, *The Pirm, the Market, and the Law*, London: University of Chinago Press, 1990(宫泽健一等翻译:《企业·市场·法律》,东洋经济新报社 1992 年)第 2 章。

② John Rawls, *A Theory of Justice*, Cambridge, MA: Belknap Univ. Press, 1971. (矢岛钧次译:《正义论》,纪伊国屋书店 1979 年。)

③ Michael J. Sandel, *Liberalism and the Limits of Justice*, Cambridge, New York: Cambridge University Press, 1982. (菊池理夫译:《自由主义与正义的界限》,三岭书房 1992 年。)

社会公平性的要求由两重要素构成，一是个人作为社会成员被承认，二是追求某种平等性。只要前者不成立，"最不幸的人"即便成为社会保障政策的对象，也不是参与政策形成的社会成员（市民）。作为社会成员的人格承认，其积极表现是，保障基于自由意志的社会参与和选择，森将其称之为"潜在能力"（capability）[①]。作为社会成员被承认，是指社会性权利义务关系得以成立的基本要件。对此，对于作为其结果的个人福祉的公平性，以什么为基准、追求到何种程度，最终是由社会公共决定的事项。在此当然也考虑到了经济性资源的限制及效率，因此原则上第一项承认的要素要优先于第二项平等性的实现。

相比于新古典经济学者的"效率性"准则，自由主义者的"最小国家"更加非历史性，缺乏现实性。将既有人格和财产状态视为天赋，想拒绝再分配的人们或许会赞同"最小国家"，但这种天赋的前提本身却是以前的社会经济性过程的结果。在产生天赋前提的社会经济过程中，如果已经包含了让人对正当性产生疑惑的因素，那么前提本身的正当性也就不复存在了。如果正当性丧失了，那么"最小国家"就不得不转化为利用权力压制社会不满的"权力国家"。即使不理会这样的正当性，从保护自发性的生命、财产到形成国家这一系列的逻辑，也只是把人格及资产的所与状态视为不变方可成立，但是现实的社会经济过程却不断地使之发生变化，产生社会的不稳定性。

227

---

① Amartya K. Sen, *Commodities and Capabilities*, Amsterdam: North-Holland, 1985.（铃村兴太郎译：《福利的经济学：财富和潜在能力》，岩波书店1988年。）并且还有一本书是关于森的思想和理论的探讨，参见铃村兴太郎、后藤玲子：《阿玛蒂亚·森：经济学和伦理学》，实教出版2001年。

（3）社会公平性的实质化

在现代，国家的课题不单是应对"市场的失败"，还要兼顾社会公平性的改善，后者关联到承认"最不幸的人"也是平等的"社会成员"这件事。然而政府所代表的集权式统治机关是依据财政情况及统一官僚主义式的独自逻辑来行动的，不一定会满足"社会公平"的实质性要求。"承认"和"公平"是以一对一的相互关系为基础的，与此相对，政府进行的活动是在排他性公共机关和社会成员全体的关系中，在对每个成员情况的关照上能力有限。政府活动往往志向于普通法律规定下的形式平等或是物质主义意义上的平等的国家最低社会保障的支付。

但是，同样也是政府，市、町（町：日本的行政区划单位，位于市之下、村之上——译者注）、村等地方政府以居民自治为基本原理，其末端的行政机构深入地域社会。最近几年的开发经济论认为，国家机能已经扩大到提供最新信息、整顿市场和流通机构、提供技术革新孵化场等促进私人经济活动或者"市场机能"的领域。即使在社会性的领域中，也以与之平行的形式，作为国家的新职责，促进居民参与社会的自发式活动的机能被逐渐为人们所接受①。人们要求行政服务及其设施为居民的自发式集体活动提供方便，满足其期望的对话型行政。

刚才针对自由主义者，笔者列举了将国家存在所代表的官方活动的必要性作为基础的原理——"市场的失败"和"社会的公平

---

① 世界银行的《世界开发报告 1997》上刊登的《开发中国家的作用》一文（海外经济协力基金开发问题研究会译，东洋经济新报社 1997 年）中，论述了使以市民的活动活性化的形式进行有信任的国家活动的发展。

性"。但是官方活动的现实发展是依照解决燃眉之急的方便性原则来展开的,然而在其决定及立案、实施的过程中,多少会看到社会习惯和伦理、价值的影响。即使对于依照方便性开展的官方活动,也有可能要求居民参加选择类型的决定、实施方式、信息公开的原则及社会公平的基准。

"公平"这个概念,总是被"和'平等'有什么不同"这个疑问所纠缠。我认为所谓的"公共性"是以一对一的人格承认为基础的概念,因此力图实现以理解对方情况为前提的、能够相互承认的福利状态①。在对方的情况中,包含对方的资产及能力、努力、嗜好,因此作为其结果所承认的福利状态就不可避免地因人而异,也不可避免地加入具体的价值判断——那个人比我努力得多,报酬比我多也是理所当然的;那个人受益于资产、能力,所以将其一部分返还社会也是应该的。

关于"平等性",存在着这样的争论——应该重视结果的平等还是重视出发点的平等,至于"公平性"也可以将事后公平性与事前公平性进行对比、考虑。如果所得收入是由自发式经济活动(市场活动)合法得到的,按照"公平性"原理乍看一下,即使产生了收入差距的不平等,也只能予以承认。但是,只要产生这种结果

---

① 笔者在另一篇文章中进行了如下的说明。"处于'公平性'的原理基础,是自己可以站在对方的立场上,或者是可以想象自己站在对方的立场上。这是承认对方和自己都是假想的'人类'社会的同等成员。这是第一次以自己有限的经验和知识,自己的价值观为基础的理解和认可。只要不局限于此,就可以作为独善的想象来接受批判。然而不可否认的是,理解越加深,对方的伦理和价值观都成为理解的对象,与对方的共鸣也有可能变得更加灵活。因此,没有必要从一开始就拒绝从这种共鸣中产生的公平原理。"(《从20世纪到21世纪》,森冈孝二、杉浦克己、八木共编:《构想的21世纪的经济社会》,樱井书店2001年,第125—126页。)

的前提(出发点)中,存在着资产及能力的不平等分配;在到达结
果的经济过程中,潜藏着产生不平等结果的淘汰机制,那么就不能
把作为结果的不平等收入状态当作"公平"状态予以承认。关于
产生不平等的经济过程,有必要完善分散危险的社会保险。同时,
如果位于出发点的资产/能力具有垄断的性质,那么作为结果的所
得中必然含有租金(不劳所得)的成分。

在现代经济社会里,不仅存在着土地等不可增加的稀缺资源,
还大量存在着专利和著作权等人为地设定垄断权的资产。这种制
度及权利人凭此所取得的租金,在发挥促进社会知识财产创造的
机能的同时,从有效利用现有知识财产这个侧面来看,很显然限制
了知识资产的有效利用。特别是依据脱离了发明者、转化为营利
企业资产的专利获得收入的活动,能否促进知识的创造还很值得
怀疑。与涉及思想表现、关系到人格权的著作权不同,从社会利
用这一角度出发,对专利权垄断期间的限制及公示性是十分必
要的,同时对于垄断带来的知识创造的停滞也应该采取对抗
措施。

即便是对于专利,对于垄断租金的取得人们也毫不犹豫地给
予批判,因此对于其他一般的可以公开的知识、信息则应该努力使
之尽可能地共享。社会一稳定,不单是经济资产,即便是教育和文
化资产也出现了世代继承的现象,社会阶层分化,这是与社会公平
性原理相背离的。按照公平性原理,其方法是要么保障能够消除
位于出发点的落后的教育,要么事后要求那些能够利用教育/文化
资产的人对社会作出贡献。关于后者,如果将超越伦理的要求义
务化很困难,那么就应该采用前者的方案。只不过,"公平性"并
不是"统一的平等",对此我们必须有充分的认识。这是立足于原
理性的共享可能性,在现实中追求尽可能的社会公平性。

打破基于垄断资产的不公平,使社会公平性实质化的道路不限于教育。言论、出版、学术活动曾经是将知识公共化的"第一"公共性,现在又出现了被称为"第二公共性"的网络世界。在这个世界里,不单是政府/公共机关、研究/教育机关,形形色色的市民专家提供信息,同时彼此交流成为可能。迄今为止消费者对厂家的抱怨,只能像面对大象的蚂蚁,但现在只要在网络世界一诉说,支援的信息和赞同的波涛立刻汹涌而来。即使是营利性的经济活动,为了对抗 Windows 等商品化的软件,以 TEX 和 LINUX 为代表的、作为公开共享资产的软件也是不可忽视的势力。这个"第二公共性"空间是一个以双方交流为基本的世界,因此特别适合协同作业。迄今为止,营利经济体制致力于私有化,而"第二公共性"将促进与之不同的经济活动。

市场经济通过竞争对基于新知识的准租金的取得,依靠知识的普及、最后共享,来达到其效率性。但是其竞争过程,在中途是凭借垄断的剥削过程,当知识到达最需要知识的经济主体的时候,往往已经被剥削殆尽了。另一方面,因投机竞争所产生的准租金(劳动者的高工资等)的崩溃,破坏了使准租金成为可能的生产基础,造成的结果大多是——强制向低水准一般化。在维持社会福利的同时,使准不劳所得的基础本身逐渐共享,为此,不同于营利企业或是市场经济,谋求知识的公开和共享的场所是最为理想的。以往的"福利国家"是以市场和国家的双重经济为前提的,即以垄断准租金的形成为前提,再由国家吸收,实行再分配。但是这种再分配经常是不可能的,促使资源(准不劳所得的基础)中能够共享的部分使之共享,不如说我们正在向这样的经济过渡。

231

3. 日本的展望

（1）从战后型开发主义到丰田主义

"市民社会"这个概念有广义和狭义之分，笔者刚才已经叙述了包含国家的广义市民社会概念，这是战后日本社会科学中市民社会论的立场。这种市民社会论，从黑格尔到马克思进一步追溯到西方近代的社会经济思想，试图探求社会形成的原理，因此时常被称作"近代主义"，认为它想要批判的是，日本社会在经济方面和政治方面的"前近代性"或是"落后性"。然而，现在回想一下，与它相对峙的，与其说是前近代性的日本，还不如说是战后型开发主义的政治经济体制，即以经济的复兴和增长为目标所进行的资源动员更为贴切。

所谓的开发主义 Developmentalism，制度形态上是以私营企业为中心的市场经济（资本主义），但是常用来表示发展中国家的政治经济体制，即国家的限制和干预以超过自由主义基准的形式进行，对于政治的民主主义也时常加以限制①。军事统治下的韩国和国民党独裁统治下的中国台湾等对政治民主主义的限制很强，就经常被称之为"开发独裁"。定期举行选举的日本，虽然在政治体制上不能说是"开发独裁"，但还是存在着不一定有法律根据的、政府的各种经济干预，除却占领期这段时期，保守（自由党、民主党、后来的自由民主党）政权的持续是不争的事实。

作为"开发主义"统治机构的特征现象，我想举出的事例是超出私人所有的资源动员。在战后的日本经济结构中，民营大企业

---

① 关于"开发主义"，在《近代日本的社会经济学》（筑摩书店 1999 年）的补章《开发主义和动员现象》中论述了笔者的观点。

占据了中心地位,对私营企业进行的动员,基本上是利用利益诱导进行的动员,并不是像战争期间那样的"征用"、"征发"。尽管如此,通过以政策优惠、长期交易及雇佣关系为背景的意识统一,有可能进行超越个人之间、企业间契约交易额的资源动员。在通过各种金融政策及主要银行所进行的他人资本动员,通过连锁乃至承包企业的所有资源的中心企业所进行的利用和动员,包含了常用工、临时工、白领的加班、假期上班的劳动动员中可以看到这种资源动员。同时,虽然伴随着人口流动的资源移动也能够参与资源动员,但是战后成长过程所带来的人口向城市的集中,中高等教育带来的现代产业部门对年轻劳动力的吸收,农民的外出打工及其长期化也是支撑战后经济成长的基本因素。

然而,20 世纪 60 年代前半期的日本经济,在劳动力供给方面通过吸收农村劳动力储备这个转换点,进入了经济增长与增加工资并举的阶段。几乎在同一时期,以前的禁止垄断法的运用有所缓和,同时在适应资本交易自由化的名义下,股票的相互持有和金融支援的确立、大规模合并等措施得以推行。虽然通商产业省策划"新产业体制"的构想破灭了,但行业体制及行政指导的方法已经确立。被指责为高成本的日本制造业也通过采用最新制造设备及向廉价的海外资源转换的方式,增强了国际竞争力,最终使贸易收支盈余稳定下来。虽然阶段性进行的进口自由化和减少大米耕作面积的政策中,农业有相对的缩减,但是由于地价上涨带来资产所有者意识高涨,同时促进了地域利益的政治化。在此过程中,官僚机构试图在产业之间、企业之间进行政策性调整,政治家则谋求地域利益的调整、诱导。这样的官僚机构和政治家、与大企业及大金融机关集团形成了三者结合(政、官、财的铁三角)。

作为对这种政治经济体制的批判,20 世纪 60 年代的市民社

233

会论①也许过于不切实际。1968—1970年爆发的骚乱是以反对越南战争的运动为导火线的，在此骚乱中颇为狂热的年轻人也被在经济增长轨道上飞奔的日本经济所吸收，多数成为忠实的企业战士。从20世纪60年代后半期出现的反公害运动和地域运动，也因取得了一定的法律/行政成果及企业一方的部分让步，而得以平息。20世纪70年代的日本经济经历了两次石油危机，尽管日本相比于其他的工业国家更要依赖于中东石油，但日本的失业率并没有升高，成功渡过了此次危机。以1974年的争取罢工权的罢工为顶点，即使在春季斗争（简称春斗。从1955年以来，每年春天，劳动工会组织的全国规模的、以要求增加工资为中心的日本独特的共同斗争——译者注）中也不再采取大规模的罢工战术，劳资双方协调型劳动运动成为主流。大企业经营者阶层取代了人们对政治家和官僚的信赖，作为拥有业绩的指导者其威信得以提高。

20世纪70年代的整个变动中，不可忽视的是出现了不同于高度增长期的成长体制。第一，引导这个时期经济增长的已不再是钢铁、造船等生产资料产业，而是以汽车、家电、电子等耐久消费品为主的高科技组装产业，支撑其需求的是日本社会已经到达了大众消费发达的阶段。第二，汽车、家电、电机以及电子工学产业实现了高度生产，不仅可以作为出口产业确立自己的地位，还开始了海外生产。第三，因为劳动移民政策的限制，劳动力市场陷入紧缩，除了石油危机期间的一两年，实现了工资的持续上涨。第四，整个时期，日本经济的储备机构已经国际化——满足美国旺盛的消费需求所产生的超额出口及其反面对美国的储蓄的供给，另一

————————

① 参见平田清明：《市民社会和社会主义》，岩波书店1969年；羽仁五郎：《都市的伦理》，劲草书房1968年。这些都是代表性的著作。

方面向东北亚、东南亚出口工业半成品及输出资本。20世纪首先出现于美国，之后传播到欧洲的大量生产、大量消费的经济体制常以其代表性企业的名字来命名为福特主义，那么20世纪70年代以后的日本制造业也可以仿效之，称为丰田主义吧。

这个时期的日本产业，已经孕育了与战后型开发主义不相吻合的因素。本来汽车工业当初并不是产业政策的目标。同时这个产业的主要企业，引导不属于现存财阀集团的独立企业集团的情况居多，与政策金融和官僚机关保持很大的独立性。从产品的特性可以看出，这个产业追求的是针对显示了消费者多样喜好的市场，开发与之相对应的、灵活的、有效的生产方式。

虽说产品是消费产品，是以市场为导向的，但这个时期的日本产业依旧保持了从战后开发主义时期继承而来的浓厚的生产及劳动优先、供应者（企业）优先的生产主义特质。至于丰田汽车的生产方式是一种 just·in·time 的方式，公开声明不是"自动化"而是"自己劳动化"的高密度劳动和改善活动，是在必要时间生产必要的零部件及材料，这是一种与市场联动的、生产线的高效生产，综合性地筹措从业人员与相关企业的资源、能力的系统。但是，进入90年代，为了应付年轻劳动力的供应困难、劳动力的高龄化、女性化等问题，引入了劳动的人性化思想，同时承认应具备适当的缓冲措施，从而缓和了对彻底避免浪费的精益生产方式的片面追求。同时，丰田制定了重视环境保护、尊重职工个性的公司章程，使企业形象焕然一新。公司本身承认市民社会的思想，显示了对一种新的丰田主义的追求。

但是，20世纪70年代开始到90年代，产业和行政对消费者运动的应对明显地试图坚持其供应者（生产商）的优势立场，同时加强消费者立场的法律也不健全。代表性的事件是1971年，日本的拉尔夫·纳德所策划的"消费者联合"的技术人员和法学家被宣判有罪。① 1975 年国民生活审议会提议引入"制造物责任（因商品缺陷而造成消费者人身、财产受到伤害时,制造者应承担赔偿损失的责任——译者注）",但其立法过程因产业界的抵抗而迟迟难以推进。除了指定部门经济企划厅开设国民生活课之外,推进"制造物责任"的是消费者生活协同工会及自愿参加的法学家,而不是政党和劳动工会。就在 1994 年非自民党的西川联合政权下这项法律得以出台之前,多数的产业界还固守由产业界主导的调停机关这一方案。直至"制造物责任"法制化之后,产业界的这一方案仍然存在着,由各个产业界共同出资设立了"制造物责任协商中心"。

这期间,我很关心与汽车相关的消费者政策,忙于参加有关机构的听证会。担任产品召回的运输省官员反复表明,要依靠生产商与行政的相互信赖,充分发挥产品召回制度的功能。同时,还得知一般被认为是汽车消费者团体代表的日本汽车联盟（JAF）,原来是退役警察组建的机构。汽车会议所这个政治团体,虽是以汽车有关业者和劳动工会为主要成员,向国会议员施加压力的游说团体,但却是以减轻汽油税、促进汽车销售为主要任务。为消费者市民代言的组织非常软弱。

（2）有声音的市民社会与经济

丰田主义的时代,是渡过两次经济危机的、日本的经营者资本主义最受信赖的时期。土光实现了东芝的再建,以他为首的临时行政调查会的权威压倒了政界、官界,但是这个与财界长老有密切

———————————

① 参见伊藤正孝:《故障车的企业犯罪》,社会思想社（现代教养文库）1993年。

关系的日本产业界领袖的形象(朴素的生活、踏实的技术者、对权力保持独立)与20世纪80年代后半期的泡沫经济时期的、日本经营者阶层的暴发户行为毫无相似之处。到了20世纪90年代,因无序融资、政商勾结、暴力组织的渗透等不幸事件的连续发生而丧失信赖的财界,大为苦恼,提出了定位于市民社会的、新的企业形象,呼吁经营伦理的严谨。1991年经济团体联合会制定了《企业行动章程》——重视"公正",将企业定位为:作为"优良的企业市民"为社会做贡献的存在。在这里,倡导重视环境和安全,尊重员工的个性。许多公司仿效这个章程,将公司方针由原来的勤劳伦理和重视组织,改为贡献社会和尊重个性。

尽管这种变化是迫于国内对企业的批判和在海外建厂时的要求,但原则上还是应该欢迎的。但问题是,将企业社会向个人和市民社会开放的现实基础是否存在。现实中的日本企业,在达成缩短劳动时间和符合环境标准等若干数值目标的同时,公正性和尊重个性等高尚的目标在不景气中消失得无影无踪。也许依靠过去的集体主义式生产主义来组织的企业、产业体制的变化,其进程还是不得不迟缓一些。关于这一点,我认为不如在与过去的产业文化不同的主体中来寻求变化的主要动力。

第一,与丰田主义形成对比,非封闭式组织中心的、新的产业榜样开始出现。以与实物一起行动为招牌的丰田主义,可以说是把上游各部门及合作企业统一在主要生产线上的、坚实的、节约型的信息系统。但是信息技术的发展产生了与之相对立的商业战略①——开放型结

---

① 参见国领二郎:《开放·建筑策略》,钻石社1999年;野口宏:《IT革命和全球资本主义》,《经济理论学会年报》第38章(2001年),也强调了IT革命体制变革的意义。

第七章　社会经济体制的进化与公共性

构,即通过多数主体的相互作用,使附加价值成几何式增长。这是因为与其把新技术作为企业的秘密,还不如将其公开让大家探索自己没有预想到的应用方法,这样才更有可能加速商业化时期的到来,扩大市场规模。

同时,信息技术甚至还可能使生产商与消费者或用户之间的"信息的非对称性"崩溃。光听生产商对自己的技术和产品的承诺,视野会受到限制,只要消费者或是用户能够比较自由地选择,在各种信息公开、能够马上和专家(包括业余专家)商量的网络空间里,就可能获得比较丰富的信息。在总是进行双方交流的网络空间里,使迄今为止因数量极少而难以进入一般市场之类的特殊需求,也可以通过个人对个人、个人对企业、企业对企业的个别交易和拍卖,来使买卖成交。

在这种网络型经济中重要的是,知识不一定具体化为特定的商品,通过其销售产生收益。可以举出很多这样的商业典型,从以前的共享软件,到最近的网上拍卖者向大众提供可以共用的知识,只要求事后返回其利益。总而言之,商业的信息化本身,使以信息私有制为前提的资本主义模式开始崩溃。

第二,包括非营利组织(NPO)在内的社会部门在经济全体中所占的比例大为增加。为了让"市民进行的""自由的""社会贡献活动"的组织能够容易地取得法人资格,1998年施行了"特定非营利活动促进法",一直到2001年3月末为止,其间作为"特定非营利活动法人"得到承认的共有6579家法人,今后还会继续增加吧。虽说这些NPO法人并不一定集中在一个特定的领域里,但其中相当于61%的3999家法人将谋求保健、医疗及福利的进步作为章程,随后是社会教育(2829家法人)、城市建设(2353家法人)、儿童的健康成长(2344

家法人）。① 保健、医疗、福利和教育是 21 世纪非常重要的两大领域,期待着 NPO 展开与市民要求相适应的活动。

在非营利法人组织中,还包括农协、渔协等消费者生活合作协会等协同工会组织、宗教法人、学校法人、医疗法人、社会福利法人等。虽然他们的形态多种多样,但其作为社会部门成员的使命即与营利法人不同的目的开展经济活动,尚且没有消失吧。很明显为了应对人口的老龄化、女性社会参与度的增加、终身教育意义的增大等来自于社会基础的变化,这些社会部门必须再接再厉,进一步发展。

问题是, 作为社会部门经营基础的、经营医疗和福利设施及学校的多数非营利法人,有很多为了确保经营基础而滑向连营利企业都自愧不如的经营。虽然 NPO 法人的资产, 基本上是由捐赠而来, 但是只有很少法人满足为提高捐赠意愿而设置的免税措施的条件。考虑到若没有这种措施,那么社会部门将最终分担作为社会责任的、广义的公共活动,那么依靠公共设施的提供和补助金来援助 NPO 的经营,也是理所当然的。同时,不仅能够促进行政和 NPO 的相互合作,还有利于确保 NPO 活动的透明性。虽说 NPO 并不一定法人化,但站在市民一方、对行政和其他组织进行监督的为公民代言运动②尽管还很分散,其意义正逐渐地为人所知晓。

商界和社会部门的这种动向,必将使第二次世界大战后开发

① 参见内阁府主页《关于特定非营利活动法人的活动领域》(平成 14 年 3 月底)(http://ww5. cao. go-jp/j-j/npo/020329bunya. html)。

② 关于世界 Ombudsman 运动,参见 International Ombudsman Institute (http://www. law. ualberta. ca/centres/ioi),关于日本的 Ombudsman 运动,可以参见 "Ombudsman·网络"(http://www. st. rim. or. jp/~jhattori)。

第七章　社会经济体制的进化与公共性

主义时期中形成的日本社会经济体制,由集约型的资源动员向开放式协作的方向转变。在这个协作式的网络中,若知识能够继续得到共享,那么经济社会本身就将成为有声音的市民社会。

但另一方面,有声音的社会因为没有垂直性的决定结构以及不容忍暧昧的、妥协的解决方式,造成每个个体的不满连锁式地增长,存在着不稳定的可能性。一位用户的不满瞬间引起众人的同感,从而使大的生产商不得不采取紧急对策,但另一方面情绪化的非难和毫无根据的诽谤中伤也屡见不鲜。正确对待、辨别在网络上传播的认识、判断、评价性的信息,是非常困难的(见图7)。

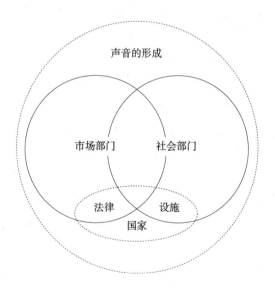

图7 充满市民社会的经济公共的统治

针对这种情况,有两种对策。一是以某种形式形成多数人都赞同且可以确证的、客观的评价标准,信息技术人员的圈子里也将其称之为"测试台"。打个比方来说,就是如何促进与统治相关的信息健全发展。在经常进行网络式相互交流的社会里,其提供方并不一定是排他性的公共机关。二是使具备社会公平性的市民伦理得以发展、扎根。因为网络型社会里所发出的每个声音分别反映了发出者的个别状况,所以为了理解这些声音,依照普遍原理作出判断的判官式态度是不合适的。这是因为在由各种各样的主体组成的且不断变化的社会里,作为当前判断基准的"普遍性"遭受质疑的事例,可能会出现问题。因此,作为通过对话学习、加深理解的对等的市民,其共鸣态度必须成为市民伦理的基础。之前,已经举出了公共统治的必要依据——"社会公平性",但最为重要的是反映每个个人关系的声音是如何形成的。

即使在日本,21世纪社会经济体制的统治构造也是潜藏着因现有组织、构造的惰性而产生的抵抗的同时,向着开放式非集权化的,即市民社会的方向发展。但是,因不稳定的因素或统治结构的特异效率构造,可能造成社会公平性的欠缺。公共言论和学术活动作为"拥有声音的市民社会"所不可缺少的构成要素,必须为形成更高级统治信息、健全社会进步作出贡献。

241

第 八 章

多元自我和自由的法律共同体

长谷川晃

1. 人的多元性和公共制度

众所周知,20 世纪最后的 25 年,规范性的法—政治哲学重新兴盛起来。自由主义、自由放任主义、共同体主义以及共和制和民主论等各种立场把正义、自由、平等、民主主义等的应有状态作为争论点,围绕人和社会秩序的新的可能性展开了激烈的讨论。① 预计这种状况在本世纪结束之后还会持续下去,并且各个视点也会变得更为精练。然而,这种争论的另一方面是,在这个过程中所讨论的历史变迁,不断提示出用单纯的对立图式已经无法考察人和社会的复杂问题,因此,在新世纪里要求从多个角度来考察这个问题,探索回应的可能性。

这种人和社会的复杂问题涉及许多方面。只举几个例子来说,如何调节信教的自由和社会的宽容,如何特别指定并公平地分

---

① 作为概观,参见川本隆史《现代伦理学的冒险》,创文社 1995 年,特别是第一部。cf. Will Kymlicka. *Contemporary Political Philosophy*（2nd ed.）, Oxford U. P. , 2002. John Dryzek, *Deliberative Democracy and Beyond*, Oxford U. P. , 2000.

配给人们必需的各种物资,人们的各种活动和环境的关联在何种形式下才能一直持续下去,等等。为了分析和解决这些问题,当然不仅需要相关的人文、社会及自然等科学之间的协同合作,还需要在理论和政策上予以更好的配合。然而,有一个重要的问题是,这些尝试之中还有几个应该给予基本方向性的问题,有必要对其进行展望。笔者认为在这些问题当中最核心的问题是,关于如何在公共制度下理解人(person)的多元性以及由此产生的多种要求的基本视点。

法—政治理论只要与规定社会秩序应有状态的公共制度的构想相关,其目的就会归结到如何理解和实现在社会内部生存的人的各种要求上来。[①] 当然这些理论里面有按照法律和政治本来的形态去理解法律和政治这一侧面,这对于正确理解无论善恶都一样在运转着的人和社会的状态是非常重要的。然而,原样的现实的另一方面是,法律和政治是通过规范和其动力进行运转,这种规整的影响力也波及了在那里生存的人,当然它自身也会受到从人的生活反馈回来的影响。在这种规范的相互作用之中,法律和政治的各种理论的意义是什么,这是一个重要的问题。[②] 并且规定这种意义的是,怎样把握人应有的状态并且从制度上来理解它、应对它的这个问题。

即便如此,如何掂量这种人和他的各种要求并非易事。现代社会最根本的特征就在于多元的事实当中,并且在新世纪到来之

243

---

① cf. Daniel Hausman and Michael McPherson, *Economic Theory and Moral Philosophy*, Cambridge U. P. , 1996, chs. 6, 10. Paul Fairfield, *Moral Selfhood in the Liberal Tradition*, Univ. of Tronto Press. 2000, Introduction.

② cf. Ronald Dworkin, "In Praise of Theory", *Arizona State Law Journal*, Vol. 29, No. 2, 1997, pp. 353 – 376, esp. Ⅰ, Ⅱ.

前面临的问题就是人的多元性。① 这里的人既不是理性的合理的存在,反过来也不是被非合理的冲动操控的存在。人并不是一元性的存在,无论是在其内在还是外在的关系中,他都是同时有着各种要素的复杂的人,并且是由于这些要素暴露在纠葛中的争议中人②,而且从人应有的状态出发,他对社会又提出了错综复杂的要求。

人的错综复杂的要求,比如是以下述形式显现出来的,举一个例子就是信教自由的问题。③ 宗教信仰涉及许多方面,从世界级规模的宗教到小规模的新兴宗教有很多种类,在同一宗教内部宗派也不一样。人基于自身的信仰想要实现自己的生活,而不能接受妨碍和抑制,特别是他们要求政府的不干涉和保护。如果能够放任一切宗教活动的话也不会产生问题,然而对政府而言,有必要维持社会秩序,并且不能只优待特定的宗教。但是,适当的干预和保护的范围因宗教而异。既有自然科学的教育违反教义的情况,也有先进的医疗保障不合适的情况。因此,出现了一个问题是,对各种各样的宗教活动能够干预到什么程度,保护到什么程度,同时如何用不偏颇的、适当的形式来理解扎根于该信仰的各种要求也是一个重要的问题。

另一个例子是需求保障的问题。④ 人有各自固有的身体生理条件和能力,因而疾病和残疾的情况也不一样。即使是同一种疾

---

① John Rawls, *Political Liberalism*, Columbia U. P. , 1993, passim.

② 参见拙著:《公正的法哲学》,信山社2001年,第145页以下。

③ cf. James Davison Hunter, *Culture Wars*, Basic Books, 1991, esp chs. 1, 2, 3, 4.

④ cf. David Braybrooke, *Meeting Needs*, Princeton U. P. , 1987, chs. One, Two, Three.

病,例如癌症的症状和必要的治疗也因人而异;再比如同样是残疾,小儿麻痹症的程度与看护也因人而异。健康、运动能力等基本需求也因人而异,因而他人和政府在应对时需要给予更为细致的关心和照顾。然而,对人的多样需求是不是政府都必须予以应对,这也是一个问题。特别是从政府的角度来看,如果没有大规模的人力资源和预算,对多数人给予相应的多样且精细的应对基本上是不可能的,而且要支撑这种规模的政府本身就会给社会造成巨大的负担,并可能起到相反的作用。因此,如何采用不偏颇的、合适的方式来对待每个人的需求并帮助其实现,是一个重要的问题。

再一个例子是民主参与的问题。① 为了使在统治者的主导权之下变得疏远的现代秩序得以回归和重生,作为政治的民主性之关键的参加变得愈发重要了。只是,在各种价值观和利害冲突错综复杂的今天,民主决定要达成完全的意见一致、达到统合还十分困难。多数表决确实是一个方法,并且现在也在起作用,但是并不是说就可以忽视少数人的各种要求了。民主决定中对话的重要性不言而喻,在各种价值观和利害冲突并存的这种状况中,要做出有建设性的、有生产性的并且十分明智的决定需要很多条件。尤其要求的是参加者之间对于人既有的价值观和利害冲突内容和强度的相互的自觉和相对化,以及向更大范围的参与者提出能让他们接受的提议。然而,为了让各种意见主张都处于同一平面上,对话需要一定的共通空间,并且需要的条件是需要有相互性的原则和议论的中立性等等。这种时候,有着自己价值观和利害关系的人摆脱自己所处的框架,从另一个角度来看,很可能就是要否定自己

245

---

① cf. Amy Gutmann and Dennis Thompson, *Democracy and Disagreement*, Harvard U. P. , 1996, ch. 1.

固有的立场。因此,对话的条件是一方面感应着人的独特性,另一方面应该思考如何进行不偏颇的适当的讨论。

只看这几个例子就能发现,从公共的角度来理解人的多样的要求并使之实现绝非易事。上面几个例子若互相交叉组合一下,甚至会产生更复杂的问题,公共制度相应也要增加其复杂程度。因而对于文章开头提到的功利主义、自由主义、自由放任主义、共同体主义,或者是共和制和民主论等各种角度,我们一方面要探明它们指出了哪些应对的可能性,另一方面也要再考察一下它们可能的方向。并且我们要分析人的多元性的实相是什么,应对这一实相的基本姿态是什么,既存的法—政治理论应该怎样展开,这些都有必要按照顺序一一考察。

2. 人的多元性的源泉

人的多元性,它自身当然是非常复杂的,要进行整体的把握基本上是不可能的。然而,它的多元性的基本规定要素至少可以从几个角度来把握。在区别形成人的核心的自我内在构造的多元性和外在关系的多元性的基础上,再进一步在它们的统合当中考察自我整体的多元性,探索多元性的源泉。①

关于自我的内在构造的多元性,从古代开始就有争论。例如,柏拉图的灵魂论,特别是他运用的表现欲望部分和气概部分的由黑白两匹马牵引的马车和象征操控理性部分的驾驭者的比喻,可

---

① 参见山胁直司:《新社会哲学宣言》,创文社 1999 年,第 145 页以下。cf. Jonathan Glover, I, Penguin Books, 1988, chs, One, Two, Three, Four. Owen Flanagan, *Varieties of Moral Personality*, Harvard U. P. , 1991, Parts Ⅱ, Ⅳ.

以说是关于自我的多元性的最初论证。① 并且,这种考察自我的三部分的方法在之后的哲学史中也被沿用。但是,在现代的论证当中,斯图亚特·汉普希尔批判了以理性作为自我的根本这一柏拉图式的看法。欲望、气概、理性的各要素互相抗衡,有时候理性之外的要素也占支配地位。汉普希尔的观点是,自我是在这些要素的能动的作用中形成的,被反省和指令统御着,而且是能动的,具有多种可能性。内部几个要素互相抗衡的这样的自我,要平均地听自我的三部分的声音来下决定。②

关于自我的内部构造中另一要点是存在着一定的级别的区别。哈里·法兰克福把个人的欲求分为两个级别,有具体对象的第一级别的欲求和对第一级别欲求进行比较考量的第二级别的欲求。③ 如果把这种观点扩展一下的话,正如戈里·沃森指出的那样,关于理性和意志,也可以分为直接以某件事为考察对象的第一级别的判断和把第一级别的判断放到一个更高的层次进行整体考察的第二级别的判断。④ 这个时候,例如在第二级别的欲求和意志的基础上来判断第一级别的欲求和意志的正误和分量,这种理性活动的贡献很大,而且还反过来会给高层次的理性判断带来影响。在欲求和意志之间,在各自的高层次的状态下是互相影响的,于是这种包含两层区别的欲望、气概和理性的相互作用的整体就

① 例如,柏拉图著,藤泽令夫译:《斐德罗篇》,《柏拉图全集》5,岩波书店1974年,第246页A以下。

② Stuart Hampshire, *Innocence and Experience*, Harvard U. P., 1989, p. 31ff., p. 51ff.

③ Harry Frankfurt, *The Importance of What We Care About*, Cambridge U. P., 1988, ch. 2.

④ Gary Watson, "Free Agency", John Martin Fischer, ed., *Moral Responsibility*, Cornell U. P., 1986, ch. 2. esp. p. 83ff.

更加复杂了。

实际上,综合这些来考虑,自我的内在构造是欲望、气概和理性这三个构成部分上再区分出至少另一个层次来的话,它们整体之间成立的关系则有六种可能性,这里产生的复杂性给自我的内部构造提出了一个有意思的问题。重要的是这种复杂性在被社会认识到的范围内是以什么样的形式表现出来的,从个人的伦理的纠葛和表现里可以找到一个线索。各种各样的欲求和意志,或者是理性的判断之间互相冲突,在其判断的评价和选择中寻求一定的解决。这种冲突是互相抗衡的自我的表现。[1] 例如,有一个自己很好奇的活动只举办这么一次,(很想去参加)但是又必须去照料需要生理上的照顾的伴侣,是牺牲一方还是双方半途妥协,必须要做一个决定,并且要求有把这个决定贯穿到底的坚强的意志。即使是像这样比较单纯的情况,在自我内部发生作用的欲求、意志和理性的相互作用也包含了相当复杂的关系和过程,用可感知的形式来表现的时候,应当作为伦理判断之间的冲突来考察。当然这种伦理冲突当中的最初的判断及其意义内容有可能会变化,但是这种伦理判断的变化是与自我内部构造的构成要素的比重联动出现的,也是自我的多元性的一个表现。

然而,自我的多元性,不仅在这种自我的内部构造中,在与可视的具体的自我外在关系性属性,特别是与具体社会关系的关联中也是十分重要的。在这个问题上,迈克尔·沃尔泽有他的远见卓识。沃尔泽把自我的多元性放到三个身份上来把握。[2] 第一是个人的自然属性,也是人种、性和其他的遗传特征产生的多元性。

---

[1] cf. Samuel Scheffler, *Human Morality*, Oxford U. P. , 1992, ch. Five.

[2] Michael Walzer, *Thick and Thin*, Univ . of Notre Dame Press, 1994, ch. Five.

第二是个人形成的社会关系,也就是家人、朋友,或者是所归属的集体等产生的多元性。来自哪个收入层,经历过了怎样的社会化的过程,或者是属于怎样的宗教和职业集团等,按照这些来看,每个人都很不一样。第三是个人从所属的社会获得的权限、资格或者是义务产生的多元性。人们在宪法权利方面有许多的共同点,但是根据状况,权利里又被附加了限制,还有各自生活的社会关系,例如从各种契约关系得到的权利和资格,或者是义务也都不同。从沃尔泽的这个观点出发,自我首先分裂为三个相,并且每一个相都还可以根据具体的要素再进一步分裂。这种分裂的自我,绝非是精神异常,而是在各种分裂中在多元性的平衡之中成立。在这里沃尔泽把自我比作为持有各种不同意见的人之间的讨论,在那里自我就好像听到各种声音的主持人,而且不是在支配的地位上,而是扮演倾听这一谦卑的角色,由此自我的整体持续的对话关系就成立了。

实际上,人们从社会关系中获得了各种各样的身份。例如,笔者是来自本州的日本人,男性,从父母那里遗传到了特定的遗传特征,在乡下的父母家里长大后去城里继续完成学业,和各种各样的人结为朋友,现在在北方的某个高校里当大学老师,并且已经成家了。我并没有特别的宗教信仰,不过我对佛教的净土真宗很有兴趣。另外,作为日本国民,北海道居民,札幌市民我还有各种权利和义务,并作为国家公务员有各种权限和义务,此外我还担当参加的各种协会组织的权限和义务,同时在日常生活中还不停地创造出新的权利和义务的关系。这些关系彼此不同但是并存着,有时候会相互冲突。像这样,我这个自我就在各种社会关系的关联中成立了。因而一般来说,人因为自己的社会关系和身份不同而有了多样的自我。

　　如上所述,在自我的内在构造和外在关系的多元性之外,自我还有另一个需要考察的层面,它是贯通这两个多元性的层面而存在的。也就是从对现在的自我来说最根本的价值利益和身份,到派生的价值利益和身份,以及附属的价值利益和身份,它是这样一个序列化的层面。① 对这些的排序因人而异,有人认为拥有信仰,从属于某个宗教集团,这就是最重要的利益和身份;相反,有人认为昂贵的消费生活和放浪不羁的生活才是自己的理想;还有人认为家人之间的感情才是最根本的,和家人一起生活才有价值。这里共同存在着根本的、派生的、附属的等诸多价值利益和身份的排序,为了使自我不会陷入一种完全的分裂状态,保持一定的平衡,必须以某种形式导入这些,这样自我的多元性就产生了。刚刚论述的多元性的两个层面,每一个层面即使判断的内容和身份的构成要素都是同一个人,再进一步把哪个看成是根本的价值利益和身份,哪个看成是派生的或者是附属的,他的判断都很不一样。这种情况下,排序不是向着多元性的统合而是向着强化它的方向前进。

　　这种自我的多元性的三个层面是重叠的,并且它们互相结合,向着更深层的多元的自我的状态发展。然而,这里要补充的一点是,这些多元性是共时的静态的,是一种在某个时间断面的多元性,其整体是在一定的历时的动态的过程之内,其中的人的多元性会变得更加复杂。某个内在构造取代别的内在构造,某个外在关系取代别的外在关系,某种排序取代别的排序,每个层面即便自身不变化,其他的层面也会起变化。德列特·帕菲特指出,这种重心

---

① Flanagan, op. cit. , ch. 3, esp. p. 65ff.

的转移在时光的流逝之中,自我的构造起了变化,出现了转变。①
不过,这种转变的可能性在时间内部并不是显示为自我的断片化。
自我的这种各个时刻的多元的状态不断地成为过去,如果过去与
现在不断地分节化,并再构成一种潜在的可能性的话,那么原理上
过去经常被适当地分解它的这种潜在的可能性,而追求其整合性。
当然,并不是所有细小的事情都能够这么要求的,关于问题关键的
条件和理由,应该重视由过去到将来的首尾一贯性,或者是各种判
断的历时性的完整性;另一方面,未来与过去不同,并没有直接存
在着,在现在看待过去的人,在过去和现在之间将整合化的世界延
长,扩展到未来,这又构成了现在。人在时间之中总是面向未来,
他现在的思考和判断不断形成于从未来向过去转变的时间历程
中。人所做的事是,一边注视着过去的事情,一边对要来到的事情
不停进行假设的反复试验。这种反复试验叠加积累的结果只不过
是在永恒的时间当中的某一点断片的积累,但是人有记忆,而且这
种记忆不仅是在各自的内部,而且还散在于围绕着各自的他者和
事物之中。并且人或多或少一边形成一个连贯的故事,一边把它
作为身份的来源而生存着。② 如果是这样的话,潜在的可能性不

① cf. Derek Parfit, *Reasons and Persons*, Oxford U. P. , 1984, Part Three.

② cf. Christine Korsgaard, *Creating the Kingdom of Ends*, Cambridge U. P. ,
1996, ch. 13. Glover, op. cit, chs. 13, 14. Fairfield, op. cit. , ch. 4. 参见前附拙著,162
页以下。并且,这里还潜伏着日本式的自我的状态的问题,要是区别考虑自我构
造的一般性状态和其重心的位置的话,就没有必要拘泥于日本式的自我的特殊
性。只是,要与怎样寻求自我的状态的规范性的意义的问题相区别。cf. Nancy
Rosenberger, ed. , Japanese Sense of Self . , Cambridge U. P. , 1992. esp. chs. 6, 7. 同样
的事情也可以用于文化的少数派的自我的特征问题。参见 K. 安索尼·阿匹亚等
著,佐佐木毅等译:《多元文化主义》,岩波书店 1996 年,第 211 页以下;多希拉·
康奈尔著,石冈良治等译:《在自由的心之下》,情况出版 2001 年,特别是第二章。

断整合,这种行为自身生成的人的升级,不是单纯的实际存在的,而是向未来着眼追求诸种判断的历时性的首尾一贯性。而且在某个时刻的自我的状态之下,这种源泉存在于这种历时的行为当中的解释性的统合,因此自我的多元性在不断过去的现今还成为被经验的异质性这一问题。

这样,人是由自我的内在构造、外在关系、选择排序、时间性等复合的形式构成的一种多元的存在。由此而产生的社会要求在原理上也是发生多样的变化的。从自己的某个层面产生要求也是那个层面固有的,与其他的层面的要求不同,有时候甚至互相矛盾冲突。当然,现实里产生的问题并非是无数的,人寻求对自我来说最紧要部分的冲突的解决。然而这种个别的要求并没有穷尽所有的要求,在它的背景里总有可能变成别的问题的多样的价值和利益存在着。这一方面是人的丰富性,另一方面也是产生冲突的不竭的源泉。每一个自我都有着分裂和冲突,人的思考和行为也不断地产生裂痕,因而社会也不停地有冲突产生。

3. 公共制度的射程

社会的多元性导致了价值和利害冲突的产生,这个时候不可避免地要进行整序。通过对位于冲突的旋涡之中的人用适当的方法给予尊重和关心的方式来寻求解决,于是形成了制度,这本身就是对应多元性和冲突的存在的另一个根本事实。从这些事实而来的社会空间,在其内部包含对立抗衡的价值和利益,另一方面也通过通观全体的一定的规范性的观点而定位为公共性。[①] 这里采用

---

① 参照前附拙著,第80页以下。

的观点是,各种价值都有一定的对等性,有可能在相对的比较优势下被整序,这就是公共制度的视点。

然而,考察以在前一节分析过的人的多元性为前提并满足各种要求的制度时,制度有怎样的幅度和厚度,在怎样的过程中吸取每个人的要求并采取措施,这些问题非常重要。在这里十分重要的是,制度是规范地对抗多元的事实和冲突而存在的,这与制度对事实及冲突等作出结构性反应时的不同条件联系在一起,制度构造要求更多元性的承认和冲突的解决。公共制度在何种程度上提出了各种要求(幅度),每一个要求在何种程度上得到了回应(厚度),对这些要求的应答是运用了怎样的方法,在这个过程的三个条件的规定中上述的制度构造的要求十分重要。因此,从只寻求强烈的同质化的上意下达型的厚重的秩序到只在最小限度的程序上共有,其余依靠自发的交涉的稀薄的秩序,有相应的秩序原理和其分支,必须从中探索最适合的公共制度。

公共制度的射程,一般可以分成三种视点,即放任的方略、同化的方略和统合的方略。

放任的方略并不涉及多元性,毋宁说是进一步促进了多元性,维持公共上最小限度的程序,其余的都依赖人的自身努力和自发的交涉。这是由自由放任主义的权限的正义而来的最小国家论的立场①,也是重视价值的多样性而不承认特定价值的优越,认为价值之间因为情况的不同而可能达成暂时的妥协的价值多元主义的立场。② 相比于多元性同化的方略在一定的价值的基础上追求较

253

---

① Robert Nozick, *Anarchy, State and Utopia*, Basic Booke, 1974, ch. 7.

② John Gray, *Two Faces of Liberalism*, Polity Press, 2000, esp. chs. 1, 2. cf William Galston, "Value Pluralism and Liberal Political Theory", *American Political Science Review*, Vol. 93, No. 4, pp. 769－778.

强的同化,并根据该价值追求多元性的整序,追求对人的活动的统制。打个比方说,这种倾向常见于基于某宗教的教义而达成秩序的统御,也见于与这种教义相关的希求共通善的立场。这并不是说全面否认了多元性,而是多元性的范围变窄了。①

然而,放任和同化这些方略都没有适当地处理人的多元性。放任的方略粗一看好像是最适合多元性的,这是因为把人的活动看成是自由的,只通过最小限度的程序的制约和被限定的妥协来促使自发活动的展开和自生的秩序形成,使社会看起来更充满多元性。的确,制约越少,人的活动展开的余地就越丰富。然而,这只有在多元性的内部生存的人在维持一定的对等性的时候才能成

为可能。然而不可忽视的是,在多元性的展开中,产生了不把责任归结于己的、结构性的不平等和歧视,人享受有意义的多元性的行为受到阻碍。而另一方面,同化的方略通过诉诸一定的共同善来追求多元性的收敛,但是有时候又会遭遇平均化的危险。当然,在何种层面上来追求共同善的同化,其导致的危险程度不一样。在全体社会的层面,只追求少数的实质的价值的话其危险会增强,反之在个别的共同体的层面,重视独自的价值的共有其危险就会减弱。但是在前者来说应答多元性的可能性明显降低,在后者来说对多元性的应答即便在每个共同体之间的自由是可能的,但不可否认的是在其内部是不能应答的。如果说多元性的要求既回应个人的存在又普遍存在于社会的话,只局限在共同体的层面上并不完全。因此,重要的是统合的方略。

所谓统合的方略,一般来说,是指通过一定的实质价值和程序

---

① e. g. Robert P George, *Making Men Moral*, m Oxford U. P. , 1993. Amitai Etzi-oni, *The New Golden Rule*, Basic Books, 1996.

条件的双方的适当的结合来构想公共制度,并通过这些来希求对个人的多元性作合理的应答的一种立场。然而,这是处于上述两种方略中间的射程,含有下列几种情况。首先,这种统合方略的立场被分为两种,即分配的方略和讨论的方略。分配的方略是指,既尊重多元性又实际规定出必要的价值,并以此为基础为其实现的程序导入一定的制约,这也是传统的自由、民主的立场。讨论的方略是在多元性的基础上,把应当尊重的价值看作是在按照合适的步骤的对话过程中形成的,把讨论的过程看成是在最基础最底层,这也是被广泛讨论的民主的立场。

然而,上面的这些,每一个都还可以再细分为二,即分配的方略可以再分配为资源取向式分配和能力取向式分配;讨论的方略可以再分为限制式讨论和包含式讨论。

资源取向式分配和能力取向式分配的区别,可以看成是约翰·罗尔斯和阿玛蒂亚·森的辩论。① 罗尔斯按照人的合理行动的一般形态规定个人的善,为了追求善而通过正义原理导出应该均等保障的社会优先财富。社会优先财富是指个人通过多种形式进行合理的计划的追求之际服务于任何目的的手段。这里面包含政治的自由和生活机会、收入和财富、自尊心的社会基础等,只要不均等的分配没有成为最不幸人群的利益的话,基本上就是均等的分配,从而支撑个人的多样的善的追求。在社会优先财富的分配之中,以平等的推定为基础的正义原理在运转,对财富的分配状态赋予了一定的微观的形式。并且在这种形式的范围内,社会优

---

① John Rawls, Collected Papers (ed. by Samuel Freeman), Harvard U. P. , 1999, ch. 17, esp. p. 365ff. Amartya Sen, *Inequality Reexamined*, Harvard U. P. , 2993, chs1, 3, esp. p. 26ff. cf. Rawls, *Political Liberalism*, p. 178ff.

先财富的保障是通过以议会为重点的宪法和法律的完善而得以实现的。

与此相对,森则认为受限于手段的社会优先财富的保障并不能感受个人活动状态的多样性。个人在身体、生理或者是社会、环境迥异的条件之下生活,其生活被作为这些条件的总体的活动机能规定为多种形式,财富的性质即使是同一性质,给个人带来的满足也因个人的条件和环境等而变化,也给其活动机能带来不同。因此,比起只给社会优先财富这样的一定的手段,更重要的是通过各种活动机能的展开保障能使资源转换为目标达成的个人的活动能力。活动能力有许多种,其中为了个人的生存并过有意义的生活、营养的摄取、疾病的回避、住房的确保等是非常基本的。并且这些保障因每个人的能力不同而在必要充足的程度下进行。这时的分配包含的射程一方面致力于人的多样化生活,另一方面通过给其他的诸多活动机能带来深刻影响而达成平等。

另一方面,限制式讨论和包含式讨论的区别体现在,例如爱米·古特曼提出的熟议式民主制和艾理斯·玛里昂·扬提出的包含式民主制的辩论之中。① 古特曼既承认价值的对立和非合意的事实,也重视在将人们互相尊重的精神作为核心的情况下作为对等的议论主体参加的熟议而形成合意的过程。古特曼把要求互换性、公开性和说明责任作为可能的基本原则,在此基础上把人们的意见统一起来,达到互相了解的程度。并且为了培养参加这样的过程,达到某种合意的能力,要求基本机会原理和公正机会原理这

---

① Gutmann and Thompson, op. cit. *Iris Marion Young, Intersecting Voices*, Princeton U. P. , 1997 chs. 2, 3. do. , *Inclusion and Democracy*, Oxford U. P. , 2000, esp. chs. 1, 2, 3.

两个原则必须十分充足。前者是追求在医疗、教育、社会保障、所得和劳动等方面都能正常地生活的保障,后者是无论对谁都用公正的形式来保障其就业机会,特别是为了消除就业歧视而在必要的场合追求能积极纠正歧视的措施。这些原则,作为形成民主性合意的基本条件,是任何人都需要被保障的。另一方面,这些原则确保为了个人就具体的问题形成合意的力量,通过熟议来解决具体的价值、利益或者是意见的不一致。

然而,与此相对,扬则认为通过各种条件被纳入民主讨论,以一致的意见与统一为志向的做法并非对多元性的尊重而是一种排除性的功能。每个人和集团的多元性在这个过程中产生的差异是不可通约的,信仰、性别,或者由人种和归属集团等造成的差异在个人和集团上形成了固有的身份,不能轻易地让步。因而,通过道德上的互相尊重并不能把立场逆转回来,而从中获得对称性,必须把各种各样的主体之间产生的非对称性看作是根本性的,这才是道德的尊重进一步扩张的意义。因此,这种有差异的人与人之间的交流,与共同基础之上的理解相比是新的了解的创造,这是既承认伴随各自的历史和伤痕、足迹和影子的差异和悬隔是不可理解,同时又超越自己的行为。不是屈服于一定条件的正当化和说明,而是各种各样的叙说方法起着重要的作用。因此必要的不仅是熟议,而是扩展的包含性的思考;不是按照既定原则形成的合意,而是追求新的根据的、为了实现更广泛的正义而进行的交流。

如上所述,分配方略中的资源取向式分配和能力取向式分配;讨论方略中的限制式讨论和包含式讨论的立场,都是以各种形式承认人的多元性和解决冲突为目的的。每一种都属于统合的方略,但它们志向的统合状态是不一样的。既有的议论认为这种对

257

立是自由主义和民主之间的排他的对立,然而需要注意的是这些差异中含有超越了单纯的二选一的内容。有鉴于此,问题就是从这些立场中抽出共通的内容的可能性。①

　　从这四个视角看到的差异意味着什么呢？如果不是从自由主义和民主,或者是分配和讨论中二选一的话,这里存在的差异应该怎么理解呢？作为统合的方略,在以解决感受到多元性的冲突为取向的方面是共通的。然而,这里更重要的是,制度性应答的方向存在的异同。分配的方略并不是否定讨论的必要性,分配的基本原则在之后有引导意志决定过程的意义。实际上,罗尔斯和森都高度评价民主制的意义。② 另一方面,讨论的方略也并没有完全否定分配的基本原则。限制式讨论的立场自不待言,包含式讨论的立场也肯定了在新的了解创造过程中追求正义的重要性。实际上,古特曼重视熟议的基本条件的充足,扬也在互换性和正义的价值的基础上,在包含式的交流中给出比较丰富的解释。③ 再进一步,像森和古特曼指出的那样,能力的保障无论在分配的方略还是在讨论的方略中都是受到肯定的,再如罗尔斯和扬指出的那样,基本资源的保障在讨论的方略当中也绝非被否定。④ 毋宁说之所以在这里会被相互视为问题是由于资源分配、能力分配、限制性讨论,或者是包含式的讨论都认为仅凭自己就可以感受到人的多元性并对此进行处理,同时却有否定其他视角的缺陷。因此,重要的

---

　　① 　参见酒匂一郎:《"差异的政治"和自由主义》,《法的理论》16,1997 年,第21—59 页,特别是第 40 页以下。

　　② 　Rawls, op. cit. , Lecture VI, esp. p. 227ff. Sen, *Development as Freedom*, Alfred A. Knopf, 1999, ch. 6.

　　③ 　Gutmann and Thompson, op. cit. , chs. 8, 9. *Young, Inclusive Democracy*, ch. 1.

　　④ 　Rawls, op. cit. , LectureVI, esp. p. 216ff. *Young, Inclusive Democracy*, ch. 1, esp. p. 31ff.

是从为了承认人的多元性和解决冲突的公共观点出发,对多元性的考虑在多大范围和何种深度是必要的,这种方法是怎样的等问题,关于这个问题的可能的提示我们可以在四个视角中找到答案。

四个视角如果像这样加以区别的话,只要是关于人的多元性,问题就不是单纯地选择保护少数派的权利还是促进多数派的利益的二选一的问题,也不是追求正义或者是拥护民主制的二选一的问题。这四个视角如何组合,人的多元性在制度上能有最适当的回应的可能性,这是一个需要重新提出的问题。并且,如果能从中看到一个框架的话,就可以预想出这四个视角可以在保持自己的意义的同时以一定的形式并立。

在这里思考时就会注意到这四种视角在内部都关联着一个事实,也就是说所有这些视角都是着眼于对于人而言的外在的决定形式的理想状态,而不是定位在人的多元性转变的可能性上。多元性以内在于人的存在之中的某个轴为中心展开,按照与这个轴的关系,分配和讨论中的诸种条件有可能作为一定的构成条件被定位。说得直白一点,这个轴就是有着多元性的人拥有的自我形成的可能性。如果有着多元性的人在接受这种可能性的同时面向未来生存的话,那么对多元性的各种制度的应答应该会因为人的状态而以一定的形式结合在一起。人并不是经常都能意识到自己的多元性的,很多时候是在冲突之中意识到了其意义。一旦到了发现多元性的阶段,人就会从自身内部寻求确认和克服多元性的意义的可能性。[1] 另外人是时间性的存在,一方面在时间的断片之中共时地存在,另一方面在时间的流逝中历时地生活,这种人的状态与制度上的实体式关系和程序式关系相关联。人可以尊重并

---

[1] 参见前揭拙著,第 144 页以下。

关照自我形成的公共制度的射程,既承认多元性又最大限度地感受冲突并解决冲突,所以必须要能够担保广泛的充足的分配和创造性的讨论的可能性。

罗纳尔多·德沃金主张伦理的民主主义和立宪的民主制。首先德沃金认为法律和政治的要求来源于个人的伦理的活生生的状态,也就是挑战。① 这种挑战是每个人为了更好的生活而发挥所长的一种行为,在对状况的正确的应答这一点上也依靠周围的环境条件的支持。为了实现挑战需要的环境条件有健康、身体能力、生存期间、物质资源、友情、关系、家族和人种、国家传统、宪法和法律体制、知性的、文艺的或者是哲学的机会、语言和文化,以及正义等范畴,这些作为构成挑战的规范的参数有意义。特别是符合正义的实现好的人生应有的资源的适当享受的状态而支撑着挑战。符合正义的资源的享受方式相应于给人们提供好的生活指针这种根本利益而确定。作为挑战的基础对任何人都一样,谁都必须得到均等的分配。资源的不均等会毁损挑战中个人的伦理身份。并且偏好、确信、倾向、志向、喜好等个人的事项都在挑战中达成,政府的作用就是保全状况应有的形态,创造对个人的挑战合适的环境。

这与挑战依靠立宪民主制也是相关联的。② 德沃金把民主理解为共同的(communal)概念,因而相同的尊重和关心是最根本的

① Dworkin, SovereignVirtue, Harvard U. P., 2000, ch. 6, esp. p. 242f., ch. 7, p. 293ff.

② Dworkin, "Equality, Democraccy, and Constitution: We the People in Court", *Alberta Law Review*, Vol. 28, No. 2, 1990, esp. p. 328ff. do., *Freedom's Law*, Harvard U. P., 1996, Introduction, esp. p. 15ff. do., Sovereign Virtue, p. 200ff., p. 231ff. do., *Law'sEmpire*, Harvard U. P., 1986, p. 195ff.

理念。民主是把这种理念作为现实社会中在水平方向和垂直方向实现的条件。这种情况的社会不仅不是个人的集合体，也不是有机的整体，而是把所有的人作为对等的存在在最大限度上给予尊重并加以统合的拥有真正的道德的政治共同体。这种共同体里所有的成员都在相互的尊重和关心之下担负着特殊的共同的责任和义务，从这一点来看，社会不仅是通过一些法则群而结合起来的，而是有着根本性的原理和基于这些原理的议论，以及由此而来的在法律纯粹性基础上的结合。而且这个共同体的每个人的关系是参与、个人利益的尊重与独立等三条原则所规定的。通过不同的原则，每个人通过行使参政权等地位平等和政治自由的主体性而对共同体的政治发挥一定的作用，其经济的、社会的或者是法的利益受到了同等的保障，保障各自固有的伦理观念和生活方式的宽容，同时作为共同体的相互的伙伴进行伦理上的统合。因而以宪法为基准，根据司法审查的每个人的各种各样的权利保障和通过多数表决的集体式政策决定过程相结合，来促进民主。特别是在权利保障方面，基于多样的冲突的原理来解决，就意味着对少数派的自由的保护才是意味着保障民主决定中的平等。

德沃金重视不断持续挑战的个人的形态，把自由平等主义和对其进行增强的遵循伙伴关系的立宪民主制作为确保挑战的环境条件，试图从多个角度对个人的自由的生存进行保障。只有当个人权利得到广泛保障，同时各种各样的人的共同的讨论场所得以确保的时候，通过具体的设计，制度才可以实现相同的尊重和关心的理念。① 这种讨论是以用自由平等的理念来解释政治

---

① Dworkin, "The Partnership Conception of Democracy", *California Law Review* Vol. 86, 1998, pp. 453－458, esp. p. 456ff.

第八章 多元自我和自由的法律共同体

共同性为基轴的,它提示了分配的方略和讨论的方略的互补性,另一方面又揭示了资源和能力、熟议和包含性交流的结合的可能性,并在这一点上给人的多元性和公共制度的关系指出了一个方向。

一般来说,依据政治共同性中的一定的自由的理念,并且将分配和讨论作为公共制度相辅相成的渠道予以关联,这种做法将制度的射程用一种更广更深并且是开放的形式来进行设定,让我们注意到人的多元性,可以说是有意义的。在这里首先重要的一点是,基于自由的理念的人对政治共同性的认识,相互确认人的多元性的时候,即使可以批判他者的多元性,但是却不能掠夺多元性本身的根源。在这种理念下人的地位和自律的确保成为共同性的基本条件,于是权利保障和集体的意志决定相辅相成才成为可能。与把分配和讨论的关系还原为其中的一方,或者把双方看成是对抗性质的视角相比,这是一种有很高感受性的看法。的确这里对人的把握是个体指向的,与万恶的原子论不同,这种由公共制度而来的尊重和关心最终还是要指向人的。特别是大范围的权利保障,通过把人作为规范性的保护对象,聚焦于从理念上确定对人的关系的妥当性,要求他者行使以考虑他人为优先的责任,以对否定权利的意志决定的威胁的承认要求,对肯定权利的意志决定的不充分性的扩张要求,或者是对仅仅肯定特定权利的意志决定的威胁的别样的权利要求等各种形式来吸收人的多元性的要求。这种以权利保障为条件的集体的意志决定过程,在某种意义上由于过程复杂化,决定成本也增大,但关于各种议题的各种主张都在讨论的范围内,以加深了解的创造,由于意志决定过程在性质上具有由多数派优先的权力性,所以很容易被形式化的程序具有了可塑性,这样就可以在更广的范围内考察多元性了。[1]

但是尽管如此依然还遗留着很多问题。在上述基本上是自由的制度构想中,在基本上是尊重关心人的多元性的同时,用何种形式来设定权利并推进其保障,用何种形式来设定社会性目标并推进其集体性决定,这必须以与政治共同性相关的理念为前提,并通过适当的正义原理在更为具体的文脉中来规定。[2] 有必要在一定的理念之下的具体的框架中公共性地认知人的多元性,并构成与之对应、能够采取适当保障的制度,因此,必须明示在怎样的领域怎样的财富被适当地分配,以及在怎样的领域怎样的财富被依赖于集体性的意志决定等关于条件的基准。

关于这个问题有几个可能的理论方向。在自我的内在构造、外在关系、判断的排序或时间性等方面,人是多元的存在,其社会性要求也是多样变化的,即使如此其公共性的认知也必须相应与认知联动的保障基准的形式进行。而在这种情况下,制度对这些多元性的源泉的回应是通过把保障基准具体化的法律规则的形式而被显示出来的。[3]

这一点,如前所述如果把人的多元性之轴看成是自己形成的,把多元性的源泉作为自己形成的参数来定位,从这个视角来看,重

---

[1] 参见拙著:《权利・价值・共同体》,弘文堂 1991 年,第 146 页以下。cf. Robert Dahl, *On Democracy*, Yale U. P., 1998, esp. chs. 5, 6, 7. Jeremy Waldron, *Law and Disagreement*, Oxford U. P., 1999, ch. 13, p. 289ff.

[2] cf. Dworkin Sovereign Virtue, p. 263ff., p. 172ff. 参见后藤玲子:《自由和必要》,《季刊・社会保障研究》36—1,2000 年,第 38—55 页,特别是第 40 页以下。

[3] 制度是各种原则和法则的复合体,这些是按照一定的意思内容来规整人的行为,使享受各种各样的财富成为可能;然而这些机能都是通过法规形式被特定下来的。参见盛山和夫:《制度论的构图》,创文社 1995 年,第九章;金子胜:《市场与制度的政治经济学》,东京大学出版会,第二章。

要的是对自己形成的支援以及促进相互尊重和了解的保障基准。举例来说,其内容可以表现为通过斟酌财富的一定的性质以及灵活运用该财富的人的活动领域而得的保障机能和在分配与决定的主体与享受利益的主体之间形成的保障结构组合在一起的基础。① 按照前者的机能来看,例如指定性规则、支持性规则、诱因规则等干涉度不一样的法律规则形式。如果从后者的构造来看,例如免除性规则、促进性规则、救济性规则等目的不同的法律规则形式,这两种规则组合起来才能制定保障所应有的形态。② 在这种情况下,对应着成为问题的财富以及相关的活动领域的区分,在权利保障和目标决定这两个基本方式的基础上,进一步通过九种具体的法律规则形式,使公共制度能灵活地处理人的多元的要求。

因此,比如个人的伦理观的问题,依照宪法中保护信仰自由的条文用最大限度的宽容来对待。生死观、性道德观、政治观等问题也是作为与信仰同样的个人的自律决定的问题,通过制定性的,免除性的规则而得到尊重,并受到保护,以不受多数人从常理出发的蔑视和无视。这些个人的伦理观的尊重是把由自己形成的好的生存看作是集体的决定而形成,也有助于促进精神富足的社会合作③。不过,多元性的尊重通常与人的共生和加深相互理解相连,不允许敌对和暴力。在政治共同性的自由理念之下,既是对多数专制的拒绝也是对少数无法无天的拒绝。④

再如,围绕立法和行政在社会福利中的作用,以宪法中生存权

---

① 例如,前附拙著《公正的法哲学》,第 171 页以下,第 203 页以下。

② 例如,同上书,第 69 页以下。

③ cf. Dworkin, *Life's Dominion*, Alfred A. Knopf, 1993, esp. chs. 1, 6.

④ cf. Paul Wilkinson, *Terrorism Versus Democracy: The Liberal State Response*, Frank Cass, 2000, chs. 5, 6.

的保障作为基轴,立法的可否,接受福利的权力的确定、行政裁量的范围的正误等成为司法上的问题;另一方面进一步充实保障的集体性政策和与之相伴的立法,通过政府、审议会或者是议会等讨论成为应当制定适当的具体性规则的问题。① 只不过这些都不承认自己形成的腐蚀和制度的僵化,而是通过多元性的保障把个人的自立和连带相辅相成地实现,在政治共同性的自由理念下为对人的关心指明方向。

4. 21 世纪的法—政治哲学的课题

20 世纪末十分显著的近代性价值和秩序的多元化倾向,与人的多元性密不可分。到了 21 世纪还会昂首挺进,并且这种对人的诸多要求的呼应也会成为社会秩序的课题。到了 20 世纪高度复杂化的制度会更加复杂,另一方面其复杂化会被与近代的原理有着完全不同感受性的原理重新整序。这种原理究竟为何物,就是我们今天考察的出发点。

公共制度是在一定的公共性的范围内着眼于保全多元性的一种制度。其合适的基轴就是一定的自由的政治共同性的理念。的确,无论是在多么灵活并富有感受性的制度下,人的多元性都会比制度更广更深,留下残渣。因而人和制度之间还留有隔阂,并且制度本身含有一定的优势的价值和对制度的解释都还有提出疑问的可能性。公共制度一方面含有对多元性的制约,自然会产生抵抗,

265

---

① 参见堀胜洋:《社会保障法总论》,东京大学出版会 1994 年,第 220 页以下;菊地馨实:《社会保障的法理念》,有斐阁 2000 年,第三章、终章。

而且这种不和谐会进一步成为批判的靶子。① 然而,重要的不是对制度的抵抗和感情的肆虐,社会的制度是不可或缺的,也是自然的,因此重要的毋宁说是更好的制度的构想。在预设人的多元性的同时,把制度提高到有丰富感受性的高度,形成"有品位的社会"(decent society),这才是我们目前的问题。②

其次,特别是对迎来 21 世纪的日本社会最为紧要的是,对人的伦理性自立的可能性必须多加注意。人的多元性的认识主体还没有完全渗透的这个社会里,与欧美把人的多元性作为问题的情况有些不太一样。例如以家族关系为例,彼我同样站在个人化和共同性的夹缝之间,关于每个人的什么是好的生存问题,彼我的认识差异很大,比如在同性恋问题上的分歧就很大。存在这种差异本身并没有对错的问题,但是尽管如此,在日本社会中的女性、儿童或者是同性恋者,再或者是原住民等少数派,他们的生存方式受到的压力越大,就越有必要尊重和关心人的多元性,公共制度的构想也就越有必要变得更有厚度。③

探究人的多元性和与公共制度的射程的适合程度,将其作为法律保障的指针而予以固定化,这应该是 21 世纪法—政治哲学的一个紧迫的课题。

---

① Nicholas Rescher, Pluralism, Clarendon Press, 1993, p. 158f. cf. Young, op. cit. , p. 108ff.

② cf. Avishai Margalit, The Decent Society, Havard U. P. , 1998, esp. Part Ⅱ.

③ 参见辻村美代子:《女性和人权》,日本评论社 1997 年,特别是序章、第五章;中川明编:《少数派的孩子们》,明石书店 1998 年,特别是第一章。

第 九 章

司法改革的公共哲学

金原恭子

进入 21 世纪,自制定日本国宪法以来已过去了 50 余年,此宪法奠定了战后日本社会的理念性基础,为了真正实现此宪法所指向的国家形态,设立于内阁的司法制度改革审议会(以下略称为"改革审")历经两年,跨越两个世纪,对司法制度改革进行了活跃而充分的审议工作。2001 年 6 月 12 日,改革审归纳汇总了有关"支撑 21 世纪日本的司法制度"的意见,提交给内阁①。国民是司法制度的使用者,同时首先是统治主体,该意见(以下称其为"意见书")旨在从此种国民的角度对司法制度进行彻底改革。此次司法制度改革成为继 20 世纪 60 年代"临时司法制度调查会"之后的大改革的良好机遇,将其置于政治改革、行政改革、地方分权推进、经济构造改革等诸项改革的"最后之要点"的地位②。20 世纪 80 年代末之后,从三类法律工作者(三类从事法律事务的人:律师、检察官、法官)本身是否没有满足国民需要的想法出发开始了改革进程。尤其是三类法律工作者都认识到有必要

267

① 本章引用改革审提交给内阁的意见书时,引用来源为登载该意见书全文的《jurist》1208 号,第 185—236 页(2001 年)。依据该杂志中的页码数标明《意见书》的页数。
② 《意见书》,第 187 页。

增加法律工作者人员数量，日辩连（全国律师协会——译者注）的中坊公平1990年就任日辩连会长之后强化了对司法改革的积极态度。可以说改革审是在三类法律工作者的行动，加上处于国际竞争旋涡的经济界的具体要求以及政治对其做出的回应中成立的。

根据1996年6月制定的《司法制度改革审议会设置法》于同年7月在内阁设立了改革审。其目标为明确司法在21世纪日本应起的作用、调查审议有关司法制度改革及完善其基础所需要的基本措施。根据《审议会设置法》，任命改革审的13名委员时需得到国会的认可，由此改革审被赋予了很高的地位，在三类法律工作者同心协力的配合下展开了审议工作。如前所述，司法制度改革是之前进行的诸项改革的最后之要点，调查审议的是关系到国家形态的基本政策，所以审议理所当然应向国民公开，从此考虑出发贯彻执行审议公开的原则，包括网上公开播放"记名议事录"等。在约两年的时间内，改革审进行了63次集会和暑期集中审议、全国四个地方的意见听取会、法院、检察院等的实况视察、以民事诉讼使用者为对象的首次大规模面对面调查、在美英德法四国的司法制度考察等活动，于2001年6月向内阁提交了意见书，该意见书为13名委员全体一致同意的结论。

该意见书在全员一致方面意义重大，它以司法制度改革的三大支柱（参见后述第1节）为中心，描绘了有关司法制度的宏大构想，指出了实现这一构想并将其具体化的路线程序。政府在意见书提交的三日后即6月15日的内阁会议上，通过了"与司法制度改革审议会意见有关的处理方针"的决议，决定在最大限度地尊重意见书的基础上，致力于司法制度改革的实现。此次内阁会议上还决定尽快制定推进司法制度改革的法律，三年之内制定具体实现改革的相关法案等。承接此次内阁会议的决定，同年7月1日内阁官房设立了司法制度改革推进准备室，着手进行司法制度改革推进法案的立案工作,并于同年 9 月 28 日向国会提交了该法案。该法案在参众两院正式会议上得到通过,于11 月 16 日被公布。该法依据意见书及上述内阁会议的决议而制定,旨在规定依据意见书的主旨而进行的司法制度改革的基本理念及方针、国家的职责以及其他基本事项,同时通过设立司法制度改革推进本部等措施综合而集中地推进司法制度改革。该法于公布之后的次月,即 12 月 1 日起施行,与此同时,内阁设立了司法制度改革推进本部。该本部由内阁总理大臣及国务大臣组成,在 2002 年 3 月 19 日的内阁会议上,决定并公布了司法制度改革推进计划。依据此计划,将以该本部设立的其后三年期间内为目标,推进相关法案的制定等工作。

司法制度改革推进计划在结构和内容上几乎依照了意见书原样,明确了实现改革具体化的各项措施内容、实施时间、负责起草法案的府省。但是,还有几项课题改革审本身也几乎未经讨论就暂且搁置起来,或在进行了一定讨论后写在了意见书里,但是其要点被暂且搁置并被放到改革具体化过程中予以讨论解决。后者是很重要的课题,有必要在考虑到这些课题的基础上对今后司法制度改革推进计划的实施过程予以关注。

1. 此次司法制度改革的概要和本章的视角

经过上述过程,依据意见书主旨的司法制度改革开展起来,关于改革的基本理念,司法制度改革推进法第 2 条作了如下规定:

> 司法制度改革将以下内容作为基本。构建国民更易利用、同时在公正适当的程序下能更迅速、恰当且有效地完成其使命的司法制度,充实强化支撑司法制度的各项体制,如培养及确保具有高

度专业法律知识、广泛的教养、丰富的人性及职业伦理的法律工作者等,并且通过扩大国民对司法制度的参与而使国民对司法制度增加理解、加强信赖,以此有助于形成自由公正的社会。

此项规定与意见书中表明的此次改革的三大支柱——构建符合国民期待的司法制度、扩充司法制度的人力基础、确立司法的国民基础——相呼应,明确了司法制度改革的基本理念。本章内容虽然不是以详细介绍三大支柱的具体内容、具体的制度整顿为目的,但将本次司法改革整体构思的概要加以一定的把握,对于本章论述内容的展开,还是必不可少的。在此,参照该法第5条(举出具体的改革措施为例,规定了三大支柱各自的改革基本方向性),我们先将三大支柱的具体内容做一简单把握。

首先,关于"构筑符合国民期望的司法制度",具体列举了为了构筑更易为国民所利用、在公正而恰当的程序下可迅速、切实有效地履行使命的司法制度,在民事方面完善必要的制度以进一步充实并提高法庭程序的速度,并扩大利用法庭手续的机会,扩充庭外纠纷处理制度(ADR)等内容。另外,还举出在刑事方面,进一步充实法庭程序并提高其运行速度、完善针对嫌疑人及被告的社会辩护制度以及强化检察审查会机能等事例①。其次,关于"支撑

---

① 改革审提交的《意见书》中,进而具体分为如下项目:首先关于民事方面,有因计划审理的推进而出现的民事审判的充实、迅速化,强化针对需要专业知识的事件、知识财产权关联事件、劳动关联事件的对应,充实家庭审理、简易审理机能,强化民事执行制度,提起诉讼手续费的低额化等对审判所接触的扩充,ADR的扩充、灵活化,对行政事件诉讼的重新评估等提议。关于刑事方面,通过制定新的准备手续实现刑事审判的充实、迅速化,整顿针对嫌疑人、被告人的社会辩护制度,引入检察审查会针对一定表决的法律约束力的授权制度,犯罪人员的改造与被害人员的保护,民、刑事司法及法律工作者的国际化,推进针对发展中国家的法律整顿支援,等等。

司法制度的法律工作者形态”,也列举出大幅增加法律工作者人数、充实法庭及检察厅的人员体制、完善培养法律工作者的研究生院（法学院）制度以及重新评估其他培养法律工作者的制度、完善制度以进一步提高法官、检察官及律师的能力和资质等内容。[①]最后,在“确立司法的国民的基础”方面,通过扩充国民对司法制度的参与等来增进国民对司法的理解,提高他们的信赖程度,为此,举例说明了如何引入谋求国民和法官共同参与刑事诉讼的制度（“裁判员制度”,参见后述第2节）。[②]

涵盖上述内容的本次司法制度改革的构思,可以从不同的角度来进行讨论与评价。其中,本章陈述了从公共哲学的观点来看比较重要的三个论点,以此来明确本次司法改革的意义及问题点。本章提出的有关公共哲学的三个论点,依次如下:

第一,作为公共性承担者的市民、国民与司法的关系（第2节“国民的司法参与”中所涉及的论点）。

第二,迫使传统公私二分法修正的社会性别差异（即 gender）角度（第3节“女性与司法制度改革”中所涉及的论点）。

第三,公共哲学上的重要考察对象:伦理、道德问题（第4节“司法制度的伦理基础”中所涉及的论点）。

以下按照顺序分别提出这三个论点,并就由此明确地对本次

[①] 《意见书》的具体提案,涉及新司法考试的及格人员与法律工作者人数的目标值、新设立的法学院的概要、新司法考试以及与其联动的司法学习的形态、法律工作者的继续教育、律师协会运营的透明化及律师伦理的重视等律师制度的诸改革、检察官制度的改革、多样化供给源和任命、人事制度的重新评价等法官制度改革等等。

[②] 《意见书》提案,涉及引入审判员制度及专门委员制度,调停委员、司法委员、参与人员等各制度的扩充,关于审判所、检察厅、律师协会的运营方面反映国民意志的方法摸索等方面。

司法改革意义及问题点加以考察。

2. 国民的司法参与

（1）为了在司法中真正实现国民主权

本次司法制度改革的最大意义,在本章开头已有所点明,即通过将国民的司法参与作为改革支柱,明确抛弃我国过去的官僚司法。① 这一国民司法参与的核心就是引入刑事诉讼中所谓的"审判员制度（暂称）"（以下只称为"审判员制度"）这一新制度。意见书作为把官僚司法向国民司法的转换这一司法改革的基础前提,提示了国民由统治客体意识向统治主体、权利主体意识的转换。另外,正是这一国民意识的转换,才是本次司法制度改革在日本国宪法所依据的"法的支配"（其内容见后述）基本理念所要有机结合的政治改革、行政改革、推进地方分权、缓和限制等经济结构改革等不同的改革所共通的基础前提。② 作为上述统治主体、权利主体的国民,作为自律存在而积极地形成并维持多样的社会生活关系之际不可或缺的帮助（作为直接参与司法运营的职业）的法律工作者,换言之,作为"国民社会生活的医生",法律工作者会按照国民生活的具体状况,提供相应的法律服务,并由此而形成良好的社会。法律工作者就被定位于这种对国民的主体性活动做出贡献的群体③,而国民则要通过与法律工作者形成并维持丰富

---

① 参见藤仓皓一郎:《民理民享的司法》,《法律时报》73 卷 7 号,第 16 页（2001 年）。

② 参见《意见书》,第 187 页。

③ 参见同上书,第 189—190 页。

的交流场,自觉支持司法。①

为了在真正意义上实现日本国宪法所确立的对个人的尊重(宪法第 13 条)与国民主权(同前第 1 条)基础原理,就要实现"法治"理念——法律之下人人平等、对等的理念,与对作为拥有宝贵人生并努力生存的个人,平等地对其尊严和骄傲赋予敬意的个人尊重原理直接相关的理念②——对国家、社会的全面浸透,支撑这种国家的统治结构,有必要由统治主体的国民为了国民而构建并维持。改革审即是立足在这一根本的课题认识上,将法的主导理念从"把全体国民置于平等、对等地位,经由公平的第三者的适当手续,基于公正且透明的法律规则、原理做出判断的司法形态上的最显著表现"③,到有机结合政治、行政改革等一连串的先行改革的"最后轴心",实现本次司法制度改革的定位。支撑 21 世纪日本发展的基础,归根结底是统治主体的每一个国民个人由社会责任感所支撑的自由、活力的社会生活关系的展开。若这一基础也适用于承担国家三权之一的司法关系④,则今后要具体实现的司法制度改革,就要求每一国民带着对公共事物的关心予以关注,并以各种形式积极参与。

(2)作为国民司法参与核心的审判员制度

本次被定位于司法参与核心的,即是审判员制度这一新的制度。2002 年 3 月由内阁会议决定的司法制度改革推进计划中,改革审的意见书写道:"关于制度设计,就是立足于具体提案,在刑

① 参见《意见书》,第 190 页。
② 参见上书,第 188 页。
③ 参见上书,第 188 页。
④ 参见上书,第 190 页。

273

事诉讼程序上,引入一般国民广泛参与的、与法官一同协力承担责任的、可以对审判内容的决定进行主体性与实质性参与的制度（所谓的审判员制度），提出需要的法案。"根据意见书的制度设计,作为构成司法核心的诉讼程序的新的参与制度的审判员制度,是以刑事诉讼事件的一部分（法定刑重的重大犯罪）为对象,由从选举人名单中随机抽选任命的复数国民,同作为审判员的法官一起进行评议,并做出有罪、无罪的决定及量刑的制度。①

结合意见书,仔细分析其详细内容,我们可以知道审判员在评议中,拥有与法官基本对等的权限,但构成同一审判体的法官与审判员人数以及判决方法,则成为今后需要探讨的一个课题。审判员根据具体的事件予以选任,并负责某一事件的裁决任务。接受了法庭传唤的候补审判员,则负有出庭的义务。另一方面,被告人对于法官及审判员构成的审判体做出的判决,不得拒绝。诉讼程序由审判长（法官）主持,判决书的内容,也与法官单独判决的情况基本相同,由法官基于审判员的评议结果作成。为了求得当事者以及国民对判决正当性的理解和信赖,以及为了使得上诉救助成为可能并容易达成,判决书必须列出实质性理由。而且,对审判员参与的情况,因为有可能产生误判和量刑错误,事实认定及当事者对量刑的上诉,都获得了认可。

那么,对于具备上述内容的审判员制度,我们首先指出其值得肯定评价的几点:第一,本制度是针对"当下"②刑事诉讼程序而引入的,民事诉讼程序方面的引入则被当作了将来需要探讨的一个

---

① 参见《意见书》,第 230—233 页。

② 同上书,第 231 页。

课题,今后本制度的展开留有余地这一点值得关注。① 第二,如果我们注意到制度设计本身的话,审判员制度则成为构成司法核心的对诉讼程序的国民参与制度,作为确立司法的国民基础策略,可以说具有极其重要的意义。之所以这么说,是因为通过一般国民对诉讼程序的参加,判决内容可以更好地反映国民健全的社会常识,同时深化国民对司法的理解与信任,从而使司法的国民基础更牢固。② 第三,作为审判员的国民,因为要与法官一同承担案件的审理,即可作为构成诉讼(审判)的人的三要素——审判者、被审判者、第三者——中的审判者来参与审理,可以理解为司法参与的极其重要的形态。(换言之,国民参与诉讼程序,除了作为审判者,也有作为被审判者以及第三者而参加的形态。关于后者,下文叙述。)

其次,在与司法观的关系中,因为审判员在审判员制度中要与法官进行事实认定以及量刑,所以比起将事实认定作为陪审专权的英美法系的陪审制,这一制度可以说更接近于注重诉讼程序全过程中两者协力互动的大陆法系中的参审制。这一点,从把陪审制理解为"通过法官与陪审的机能分担,来基本达成审理的高效化制度"的角度看,则意味着司法观的大转换。之所以这么说,是因为从这一角度而言,即使存在作为国民直接司法参与形态的陪审制,那也不过是"只限于事实认定而使用陪审来达成审判的高效化,而归根到底还是要靠司法专家"的构想,而目前我国陪审制并不存在,在此情况下,"司法要靠专家"的构思是被比较彻底地

---

① 座谈会,前文注4,第24页(参考改革审委员吉冈初子的发言)。

② 参见《意见书》,第231页。本内容同审判所运营的国民参加制度相比较,更容易理解。

第九章 司法改革的公共哲学

贯彻理解的,而这一构思,在此却被"非专家的国民参与司法(全部程序)"所取代了。基于此,将法院权威的根源植根于国民参审制的新制度,就被评价为革命性地变革了日本的司法观。① 总之,正如前述,为了制度具体化,今后还有许多迫切需要解决的重要问题被留下来,审判员制度在实际上会成为什么样的制度,还需要看其今后的具体展开状况。虽然如此,向国民司法参与迈出一步这一点,还是要高度评价的。

(3)审判员制度的问题点

这样,使国民作为主体参与司法成为可能的制度大略已设定完毕,但是如果从细微之处探讨其内容的话,我们就可以看到里面所蕴涵的司法参与形式化的危险,这与在诉讼上发挥主体性作用的是法官还是国民这一点有关。比较一下英美法系的陪审制与审判员制度,这一点就更容易理解了。也就是说,在陪审制中,至少在被认为是陪审专权的事实认定部分,陪审的国民会发挥主体性的作用。这跟全员一致裁决原则以及对事实认定理由不负说明责任原则一起,构成保障陪审评议实效性的关键。② 与此相对应,在审判员制度中,作为审判员的国民与法官从事实认定到量刑的全过程都需要协力互动,因此,在陪审情况中的国民(审判员)事实认定专权就不被认可,而法官也自然会加入到事实认定的裁决中来。另外,事实认定的理由,也会同原有的判决一样做出说明。使陪审制度成为真正国民司法参与形态的这三个要件,审判员制度

---

① 参见园部逸夫:《陪参审问题随想》,《现代刑事法》3卷7号,第14、16页(2001年)。

② 参见藤仓:《意见书》,第18页。

都不满足,结果,审判的主体作用也会与迄今为止一样为法官所拥有的可能性很高。① 考虑到向来批判法院的态度的实质性理由,可以说这也是应该深深理解的问题。

(4)今后的课题

审判员制度是本次司法制度改革实现引入的最值得注目的制度。今后该制度会如何具体化,国民人人都有必要予以深切关注。如前所述,在本制度具体化的措施中,诉讼中作为协助互动者的法官一直维持着主体性的作用,国民司法参与也就有可能终结于纸上谈兵的状态。② 审判员制度目前当然应该关注立法作业的走向,不过,本来此制度立法者的斟酌裁量权就很大,加上立法作业本身是在法律专家主导下进行,考虑到这些因素,自然也会强烈要求国民对立法作业予以监督。③ 长期来看,不仅在(对多数国民而言非日常的犯罪行为予以裁决的)刑事诉讼中,即使是对于关系国民日常生活全部的民事诉讼上,引入审判员制度也是非常值得认真探讨的。④ 另外,论者同时也认为,为了使国民在诉讼中切实发挥主体性的作用、巩固司法的国民性基础,必须考虑将审判员制度及陪审制加以运用。⑤

① 参见藤仓:《意见书》,第 18 页。
② 参见新堂幸司:《司法改革的原点》,有斐阁 2001 年,第 34 页。
③ 参见同上书,第 36—37 页。
④ 观察了美国的陪审制度后的阿列克西·德·托克维尔认为,比起刑事陪审来,民事陪审的意义要大得多。参见 A. 托克维尔著,井伊玄太郎译:《论美国的民主(中)》,讲谈社 1987 年,第 214—216 页。
⑤ 参见例如堀田力:《强韧改革的必要》,《jurist》1208 号,第 156—157 页,2001 年。

(5)"国民司法参与"的含义

关于国民司法参与制度,尤其是英美法系的陪审制,以法国的历史学家、政治家、政治思想家阿列克西·德·托克维尔为首的许多著名论者,都就其意义发表了富于洞察力的见解。在此,就这些见解中与本章有重要关系的方面陈述二三。

首先,陪审制不仅仅是司法制度,更是政治制度。观察了19世纪前半叶美国的政治、社会,并写下了美国研究的古典名著《论美国的民主》的托克维尔认为,陪审给诉讼过程以重大影响,而且在此之上更予以社会全体的命运以重大影响,所以它首先更是政治制度。① 此处的问题意识是发现了存在于司法部门的主权,本次我国的司法制度改革中,这一点也被认为是根本的课题,并与将司法制度改革定位为先行诸改革的最后关键点密切相关。有鉴于此,可以说审判员制度这一国民司法参与制度,在将来的运用与开展中拥有重组日本这一"国家形态"的巨大力量。

从陪审制度的观察中引出的另一重要结论,即它在国民教育上是一种极其有效的手段。通过以陪审员的身份参与司法,国民可以获得权利与法律方面的实际知识。通过审判者的身份参与审判,从自己也许在某时会成为被审判的一方这种思考出发,可以培养国民公平无私的审判力。更重要的一点是,通过履行司法参与这一社会职责,把国民从只从事私人事务放弃参与社会生活的危险性中解放出来,转而拥有了对公共事务的主体性参与经验。这可以使国民个人感受到对社会所应负担的义务,以及在社会成员

---

① 参见阿列克西·德·托克维尔著,井伊玄太郎译:《论美国的民主》(中),讲谈社1987年,第211页。

中创造出产生将我们的社会变得更好的伦理要素的契机。在这个意义上,国民的司法参与具有极好的教育效果,换言之,它可以被称作"公共精神的学校"(school of public spirit)(关于这一点,请参照下文第4节)。①

最后一点,就是在美国,陪审制在具体运用上种族偏见的影响成为一个主要法律争执点。② 事件如与上述偏见相关,则一般国民的审判力就有可能成为不值信任的东西,这一点不容否定。在美国,种族偏见是个极其重大的问题,那么在日本,什么样的偏见会成为最深刻的问题呢? 现阶段各人种的冲突水平远不及美国,在日本最棘手的偏见大概即是在男女社会层面上所呈现的性别差异了。有人就指责,日本一直以来由法律专家垄断司法运营,他们基于社会性别差异的偏见,对目前日本司法的形态带来了极令人不满的影响。围绕性别差异的各种思考,特别是年轻一代的思考如何通过审判员制度这一司法参与制度而被反映到审判内容中,也许会成为大大改变日本社会形态的一个契机(参见下述第3节)。

(6)关于法律工作者一元化

具有上述范围的国民司法参与,在陪审制度、参审制度、审判

---

① John Stuart Mill, "Considerations on Representative Government", Collected *Works of John Stuart Mill*, Vol. XIX, University of Totonto Press, 1977, p. 412. 三谷太一郎:《作为政治制度的陪审制——近代日本的司法权与政治》,东京大学出版会2001年,第11页。

② 例如,在最高法院的判决中,就出现了对陪审选定过程的人种差别回避权行使的合宪性(是否符合联邦宪法的平等保护条项)争论。介绍上述判例的著作,有远藤比吕通《陪审选定手续中的人种问题》(Georgia v. McCollum,507 U. S. 916,1992)。参见宪法诉讼研究会、芦部信喜编:《美国宪法判例》,有斐阁1998年,第228页。

员制度等国民参与诉讼程序本身的制度方面,也不能说完全得以实现了。在此,作为国民司法参与制度,意见书及司法制度改革推进计划书所没有说明的两个重要制度,我们再简单说明一下。首先即是法律工作者一元化制度,即从法官以外从事法律职务的具有律师资格者(主要是律师)中采用法官的制度。这是英美传统采用的制度,在日本,尽管也在律师中间被强烈提倡,但在20世纪60年代的临时司法制度调查会答辩中,以制度实现的基础条件尚未完备,而将其作为将来的一个课题来处理了。

法律工作者一元化作为打破日本先行职业体系的制度,与审判员制度有一个共同的目的即摆脱官僚司法。从尊重个人这一宪法基本原理出发,为了贯彻与此相关联的"法的支配"理念,能够对政治及行政提出严厉批判的法官是必不可缺的。在不得不受制于最高法院人事的现行职业体系中,要产生上述法官,在制度上是很难的。为此,需要任命基于法律的判断力,并且为了弱者而勇于权力交锋的律师为法官,获得这种强大法官就是法律工作者一元化制度的根本。[1] 意见书特别回避了这一用词,并且在司法制度改革推进书中,也只是止于明文记载赋予全判事补(判事即法官——译者注)必须具有其他职务经验(法官职务之外的其他法律专家的经验)的义务,以及律师任官(律师担任法官)等。尽管如此,长期来看,通过大力推进法官来源的多样化、多元化,可以说也具备了法律工作者一元制得以开展的可能性了。

(7)关于"法院之友"

在本次的司法制度改革中,为了构筑国民期望的司法制度,展

---

① 参见新堂幸司:《司法改革的原点》,有斐阁2001年,第23页。

示了许多可以更有效、更易用地改善审判的方案。① 这与国民作为诉讼上"被审判者＝诉讼当事者"的参与诉讼（审判）形态有关，这可以称作国民司法参与的第一条道路。另一方面，新设立的审判员制度，如上所述，是国民作为"审判者"参与诉讼程序的关联制度，这也是国民司法参与的第二条道路。按此整理，构成诉讼的三个人的要素中，唯一被剩下的，就是作为"（诉讼的）第三者"而参与审判的理想形态——换言之，即国民司法参与的第三条道路——在司法改革讨论中被探讨到何种程度笔者很有兴趣。关于司法参与的第三条道路，新设立专门委员制度（非法律工作者的各专门领域专家作为专门委员，从其不同的专业技术领域角度参与审判的全部或者是一部分程序，从而形成对法官的支持的诉讼程序参与制度）以及改善现有的灵活运用专家的鉴定制度，也被加入到司法制度改革推进计划中来。与专门委员及鉴定人等各专业领域的"专家"不同的第三者的视角，在不少情况下，为了实现获得广泛的国民支持的审判，都是必要的。

关于这一点，给予我们有益启发的，是战后不久 1948 年实施的《关于关系国家利害诉讼的法务大臣权限等法律》第 4 条规定。该法规是战后以美国法律为模版制定的，其第 4 条规定让我们想起英美法院所习惯认定的"amicus curiae"（译作"法院之友"）制度。"法院之友"制度由非诉讼当事者的第三者（"＝amicus"）提出对事件处理有用的意见和资料，从而对法院起到辅助作用的制度（例如关于"法院之友"制度，美国联邦最高法院就在联邦最高法院规则第 37 条详细规定了其内容。此

①　《意见书》，第 192—207 页。

外，关于"法院之友"的制度概要，也可以参考注释中列出的参考文献）。① 也就是说，"amicus"即为了使法院知晓其可能忽视的事实或情况，以及认为法院有误解危险而在法律事项上向法院提供参考意见，在获得法院许可后向法院提出"amicus 意见书"（amicus brief）的个人或团体。上述第4条规定"法务大臣在涉及国家利益或者公共福利的重大诉讼中，在获得法院的许可后，可以对法院陈述自己的意见，以及可以让其指定的所属职员陈述其意见"。在此，我们可以理解为作为站在国家立场上陈述意见的"法院之友"，对法务大臣参与私人间的诉讼是得到认可的。

只有在诉讼的第三者为国家（＝官）的情况下才认可其作为"法院之友"提出意见书，这大概本身就是官僚司法的想法。考虑到现行法律中，已经有与"法院之友"制度发挥相同机能的制度存在，不也应该扩充它，使得任何人只要是希望参与、参加到诉讼程序中的第三者也能从诉讼本身中寻找到社会意义，并自发地想要在（诉讼等）公开场合对唤起舆论有所贡献的个人、团体，也认可其作为"法院之友"参与诉讼的制度吗？ 而且，如同上述已有规定所暗示的，对诉讼制度进行大规模的修正并无必要，对现在而言制度的扩充才是可行的。在广泛唤起公众关心、具有巨大的社会、政

---

① 关于"amicus curiae"制度，参见拙作《舆论与法院的联接者——美国的"amicus curiae"与法律职员》，滝泽正编集：《大木雅夫先生古稀纪念：比较法学的课题与展望》，信山社2002年，第243—265页。目前我国在制度上对诉讼第三者同时参与诉讼认可的，除了本文述及的法务大臣以外，只有在人事诉讼中的检察官（《人事诉讼手续法》第5条、第6条），可以说两者都是代表国家（官）立场的意见陈述者。

治影响的事件①中,设立出可以让作为公共性承担者的个人或者中间团体以"法院之友"身份参与的制度,对司法领域中国民统治主体意识的酝酿、强化将是个巨大的贡献,21世纪日本司法的国民性基础也将因此而更加坚固。

3. 女性与司法制度改革

日本女性的地位以及她们在政界、经济界对于决策过程的参与度在发达国家中明显偏低,这一问题至今仍有人不断指出。考虑到日本今后将日趋加深的少子化和老龄化倾向,为了使日本将来也能成为一个富足而安定的生活场所,有必要将以往未能发挥出来的女性潜力充分激发出来,而为了达到这一目标,尽快地重新审视现有的各种制度、措施就成为了必不可少的工作。为此,"男女共同参与"被定位为国家的重要政策,1999年"男女共同参与社会基本法"制定完成。在此基础上,第二年,"男女共同参与基本计划"制定完成,计划针对那些对实现男女平等没有发挥积极作用的社会制度和政策措施,规定了需要采取对策的条款。之后的2001年,阁府甚至新设置了"男女共同参与会议"这一讨论重要政策的会议专题。②

原本作为日本国宪法基本原理的"尊重个人",是不拘个人性别而设计的稳妥理念,宪法第14条也明文规定,性别与种族、信仰

283

---

① 在非常盛行提出"amicus curiae"意见书的美国联邦最高法院,至今为止,提出尤其多的事件是言论自由、信教自由、社会教育上的人种差别、流产的权利、肯定运动(针对少数民族权利,积极修正歧视)、同性恋权利等争论事件。

② 参见住田裕子:《希望导入选择性夫妇异姓制度者与阻碍者》,《jurist》1220号,第2—3页(2002年)。

等均不能作为歧视对待事项而受到承认。并且,与"尊重个人"原理直接相关的"法治"理念,对于占社会成员人数一半以上的女性而言,也是需要普遍实现的理念——这自不待言。并且,政府承认前文提到的日本现实和宪法理念之间的差距,于是在内阁展开了相关的具体举措。可即便如此,正在摸索(女性占一半的)国民对于司法的主体性参与形式、与司法制度改革相关的种种改革审议中,却丝毫见不到从所谓"性差"的视点,来对迄今为止日本司法的现状进行批判性探讨的痕迹。其结果是,即使在司法制度改革推进计划当中,也一律没有加进从这一视点切入的与具体制度设计和改善相关的措施。然而,关于司法现状,1999 年已由律师会出示了一份基于实例来论证的报告书,报告书列举了一系列由于法官自身的"性差偏向"(基于社会的性差产生的偏见)而产生的与性、性别有某种形式关联的事件(比如离婚诉讼、家庭暴力,与强奸有关的性犯罪、性骚扰等),并指出这些事件的判决均有所偏向。[1]

　　司法改革议论中"性差"视点缺失,这一问题应如何来看待呢?[2] 如果把本应享受作为国民、市民的基本权利而实际上没有得到充分保障的人群称为弱势群体的话,那么女性就是日本现在最大的弱势群体。对于女性地位的关心,当然也应扩展到对于女性以外的弱势群体(如残疾人、外国人等)的关心上,然而遗憾的

---

　　① 参见第二东京律师会、关于两性平等的委员会所编:《司法中的性差偏向》(1999 年)。

　　② 浅仓睦子论述道:"对于这样重大的问题,在司法改革议论中丝毫没有论及,真是太不可思议了。"浅仓睦子:《司法中的性差偏向》,《法律时报》73 卷 7 号,第 87、89 页(2001 年)。另外,全国有志于律师这一职业的约 120 人,于 2001 年 3 月 8 日针对改革审议提交了一份《请求在司法制度改革中导入人权和性差视点的请愿书》。参照浅仓,同上文第 90 页的注(13)。

是，在此次的司法改革议论中，立足于日本社会也是由带有性、宗教信仰、有无残疾等多种属性的个人所组成的社会这一认识，并试图在这样的社会中彻底实现"法的支配"理念的构想可以说是极其稀薄的。性差在现代的公共哲学中是一个不可或缺的论点①，因此关于此次的司法改革，其内容有必要从性差的视点来进行探讨，在此首先指出两点。

首先第一点是，在 13 名改革审议委员的人员构成上，对于性差的考虑不足。具体而言，在 13 名委员中，女性委员只有 3 人，而且都不是法律方面的专家。② 而现在要找出一批女性的法律专家应该已经不再是什么困难的事。女性的法律专家们自身作为女性会在司法界有各种各样的亲身体会，她们会根据这些经验敏锐地指出潜伏于现有司法制度中的问题，如果有考虑到这些问题并能在司法制度改革议论中现身说法的女性委员在场的话，可以想见，议论的结果就决不能和此次改革审议意见书上的内容一致。一般来讲，会议审议的结果都在很大程度上受到会议成员构成的左右。正因为如此，我认为，男女共同参与这一态度即使在决定改革审议委员人选时，也希望能以保证女性法律专家出席人数这一形式贯彻下去。

第二点，就是性差教育的必要性。就像在改革审议委员人选环节当中所体现的那样，在很多情况下日本对女性地位的关心还远远不够。因此，为了改变这一现状，有必要重新探讨开始于儿童时期的教育方式。而且对于直接参与司法运营的法律工作者，也

285

---

① 参见小林正弥《前言》，佐佐木毅、金泰昌编：《公共哲学 4：欧美地区的公与私》，东京大学出版会 2002 年。

② 提交意见书时，三名女性委员的职衔分别为中央大学商学院院长、作家、主妇联合会事务局局长。参见《jurist》1208 号，第 237 页（2001 年）。

应该在大学、法科大学院、司法研修所和取得司法资格的继续教育等各阶段，有意识地对其进行性差教育。通过这些努力，只要在与司法相关的领域实现了对性差问题的充分关心，那么日本就有可能摆脱迄今为止人们眼中歧视女性的国家这一旧有形象，而这也就为日本在国际社会上赢得有名誉的地位准备了又一个必要而重要的条件。在性差教育这一问题上，还有一个侧面不可忽视，那就是可以通过使人们实际地了解那些作为法律工作者而活跃的女性们，渐渐地人们的意识就有可能发生转变。关于这一点，比如说可以任命一名女性为最高法院法官①，那么这件事本身不仅成为体现我国女性地位的重要指标②，同时可以想见，它对整个社会的性差教育也会带来巨大的影响。

21世纪的日本社会，在以加速度推进的国际化进程中，需要成为一个能够与越来越多的人共生的社会，因此需要培养的人，应该是能与对待自己一样去对待与自己拥有不同属性的他者的人。这在当今的日本社会中，也许是为了实现男女共生社会而不可或缺的，在男性应对女性适当关心的语境当中最能切实感受到的课题。可以认为，掌握性差这一视点，是让人们各自思考自己对男女共存的日本社会应尽何种责任的最好方法。待到全体社会成员对这样的公共责任都自觉起来的时候，以全体市民为参与者——并以全体市民为最终受益者的司法，才能真正地在这个国家得到

---

① 1994年，在当时细川总理大臣的强烈愿望之下，行政长官出身的高桥久子氏被任命为日本历史上第一位女性最高法院法官。1997年高桥法官退职以后，2001年仍是行政长官出身的横尾和子氏被任命为历史上第二位女性最高法院法官，至今。

② 参见大野正男:《从律师到法官——最高法院法官的生活与意见》,岩波书店2000年,第71页。

实现。

4. 司法制度的伦理基础

正如意见书中所陈述的那样，"能有效利用制度的，无疑是人本身"[1]，而在终极意义上支撑人的，恐怕是伦理吧。于是在此，笔者想将人分成两部分，一部分是与司法运营直接相关的专业法律工作者，另一部分是包括法律工作者在内的全体国民，并以此来对司法制度的伦理基础进行考察。

首先是有关法律工作者的考察。在此次改革当中，大幅度扩充法律工作者的质与量这一目标在意见书中得到了明确体现。如果律师、检察官和法官这三类法律工作者能够在量上得到顺利扩充（其中律师的情况更加适用），那么可以想见同行业之间的竞争自然就会变得激烈起来。从需要法律服务的需方来讲，就不仅仅要考量法律工作者的知识能力，还要考量其伦理素质，这也就意味着甄选法律工作者的门槛会抬高。法律工作者的伦理素质，包括被称作法律工作者伦理的狭义上的职业伦理，也包括作为人的广义上的伦理，无论对哪方面，在法律服务市场上导入竞争机制都会产生巨大的影响。

关于法律工作者伦理，意见书中倡议，应加强法律工作者培养阶段的伦理教育和继续教育阶段的伦理进修。[2] 而且关于律师伦理，意见书中特别提及了具有实效性的担保方法，可说是相当触及

---

① 参见《意见书》，第189、211页。
② 参见同上书，第223页。

问题核心的一条建议。① 其背景是,改革审议中体现了一种规范化的认识,即在法律工作者行为违背法律工作者伦理的事件近期不断增多的情况之下,要从根本上解决这一问题,必须强调法律工作者的公益性(公益性使命或社会责任)绝不能在激化的竞争中被丢于脑后。法律工作者在与司法相关的领域诚实认真地完成各自的职务,通过为实现国民的权利利益所作的努力而发挥其社会责任(公益性),那时应对符合公共使命的职业伦理有所自觉,并能对自己的行为进行自律。② 即使在今后可以预见的竞争激烈的法律市场中,对伦理的重视也不应有任何放松。

这不仅适用于三类法律工作者,如果相近的专业法律职业者(司法文书、代办人、理税员、行政书记员、社会保险劳务员、土地房屋调查员等)在法院的诉讼代理权受到承认,其职务内容与律师极其类似时,对于他们也同样适用。③ 关于这一点,意见书似乎仅仅停留在采取信赖度高的能力担保措施以及在此基础上提倡按照职业类别赋予诉讼代理权的层面上,而知识能力和高层面的伦理素质却没有作为标准提出,因此意见书在这些问题上的关注是相当不够的。应该要求他们像律师行使诉讼代理权那样,也应在一定范围内遵守以禁止双方代理为代表的律师伦理。如果这样想来的话,那么在专门培养法律工作者的研究生院——法学院中,就有必要让以律师伦理为中心的法律工作者伦理教育得到与其他实务性的法学教育一样的重视。而且,是否也应考虑,让允许以律师身份从事职业活动的人们,和将要成为律师的人们一样完成法律

---

① 参见《意见书》,第233页。
② 参见同上书,第220页
③ 参见同上书,第224页。

工作者伦理教育等科目的学习,并以成绩来判定其资格呢？通过采取这样的措施,社会上一支队伍庞大、提供法律服务的人群内部,就有可能实现法律工作者伦理水平上的整体提高。可以认为,这才是使支撑司法制度的"人"这一基础得到巩固的途径。

如果此次的司法制度改革能够实现,今后的国民就能更近距离地接触到各种法律专家,暂且不论认同与否,对于法律专家的伦理素质都能亲见亲闻。比如通过导入审判员制度,成为审判员的国民就可以在法庭上直接见到三类法律工作者的实际形象,而且此次就以其实现为目标——国民对于检察院和法院运营的参与,都给了国民一个了解各个专业组织现状的机会。封闭的专业组织的伦理,即使在很大程度上能够自律,也难以避免堕落的危险。因此,防止法律专业集团独断专行的这一机能,换言之,(应把它比作对于职业军人的文官控制)作为对于专业法律工作者的文官控制的意义,存在于国民对各种司法的参与制度之中。①

以上针对与法律工作者相关的伦理问题进行了阐述,最后笔者想就关于包含法律工作者在内的全体国民的伦理与司法制度的关系进行一下探讨。在构成国民参与司法制度核心的审判员制度当中,法律工作者与非法律工作者在诉讼的场所,认真地进行法律沟通这件事在一开始就是约定好的。通过与普通国民的对话,比如正在评议的法官,自身作为一名国民,在某种场合也有可能不得不改变迄今为止对自己所居住国家、社会的现状的认识。这样,以审判员制度为顶点的国民的司法参与,可以使作为统治主体的每一个国民都能认真思考社会与自己的关系,而国民也获得了一个

---

① 认为陪审制与对专业法律工作者的文官控制制度最接近这一思考方法,参见第30个注释中提到的三谷的著作,第23—25页。

把从此种社会责任派生出来的伦理要素与他者进行相互确认的好机会。国民的司法参与,对于包括法律工作者在内的全体国民来说,是一个探索如何形成公共观念和公共伦理的无可比拟的优良制度。

结　语

回顾迄今为止的日本国的形态,可以说,战后是在彻底地否定了战前的"灭私奉公"("公＝官")的意义之上起步的,其结果是,战后一直处于"私"的一味扩张之中。但是不通过任何中间团体的"私"其实是一个无力的存在,结果与国家直接对立的"私"依然没有打破"公＝官"对"私"这一图式。日本国宪法的制定扭转了国家的方向标,但即使这一大转折也并没有为打破"私"对"公共"的这一图式提供良好的契机。就司法而言,司法部门从明治时期以来直到今天,一直都是由官员运营,并最终为官员服务的。由于制度上的种种障碍,国民在作为主体自觉地利用司法制度,开辟新的公共空间方面一直是困难重重的。此次的司法改革,特别将焦点集中于"诉讼"这一司法作用的核心,通过消除司法制度上的种种障碍,原本以实现个人权利利益为目标的私人诉讼,由于司法的人为、制度基础的整顿完善和国民的司法参与,而充分发挥出了其本来的公共性质,可以说,这是对具体的制度设计进行深思熟虑之后设计出来的。

本章围绕此次司法制度改革的意义以及存在问题,从在今天显得越来越重要的公共哲学这一观点出发,并以国民的司法参与(第 2 节)、女性与司法制度改革(第 3 节)和司法制度的伦理基础(第 4 节)三点为中心进行了论述。最后,针对各个问题附带说几件事情。

首先是关于国民的司法参与,作为其核心的审判员制度最终以什么为目标的问题,这个问题与如何看待陪审、参审等的意义相关。在形式上,由于审判的整个过程都有审判员参与,所以可以认为它更接近于参审制,而与事件一起随机抽取选任的审判员们,却很难期待他们能和法官对等地进行实质意义上的法律沟通。如果是这样,可以认为审判员制度归根结底不过是以陪审制为努力方向的一种不彻底的制度。当然也有一些观点认为它将来有可能会成长为真正的陪审制①,因此作为国民来讲,必须持续地关注这一制度的具体化过程。

其次是关于"女性与司法改革"。首先想指出的是,这是一个可以为"全球与区域相结合(global + local)的公共性"这一概念提供很好例证的论点。也就是说,对于那些通过个别诉讼来实现真正男女平等的诉讼当事人来说,诉讼首先毫无疑问是一个解决区域纠纷的手段,同时,它在这个国际化趋势逐渐加深的时代,在保障国际人权这样一个全球化的语境当中,也可以作为一个需要解决的问题而公之于众,使人们意识到它的存在。意见书在谈到围绕日本的客观条件时,特别指出了国际化进程的深化这一问题,并提出了一些具体的意见作为应对措施(参见意见书Ⅱ。第3《如何应对国际化》②)。只要用国际视野来分析日本的现状,那么围绕女性的客观条件当中就有一些部分,不能再仅仅停留在区域性问题的层面上,而应该从保障国际人权的观点来摸索改善的方法。

291

---

① 比如,参见村上淳一:《德国参审制的今天》(上)(中)(下),《UP》343 号第 1 页,344 号第 1 页,345 号第 1 页(2001 年)。

② 《意见书》,第 209—211 页。

因此考虑到此次的司法改革不否定应对国际化这个侧面,那么可以说,改革审议中"性差"这一视点的缺失,就再一次显示了日本男女不平等的问题根深蒂固。

最后是关于伦理的问题。首先,我想强调一下,就是此次的司法制度改革应该在国际化视野下进行,同时应该努力推进支撑司法制度基础的每个国民的社会责任感和伦理。换言之,对于无论在水平方向(国际化视野)还是在垂直方向(司法制度的伦理基础探索)都拥有很大延伸性的司法制度改革这一公共课题,每个国民都应该作为自身的问题来对待,对改革具体化的工作持续进行带有主体性的关心和监督,最终对打算构建怎样的社会这种必须包含伦理因素的公共性问题,进行真挚的思索并付诸行动。在这一意义上,对21世纪日本的"国家形态"具有决定意义的此次司法制度改革,对于改革的主人公,同时也是这个国家的统治主体,即每一个国民来讲,才有了真正意义上的开始。

下 篇

科学技术·民主主义·公共政策

第十章
关于科学技术公共性的恢复

小林傅司

　　平成 7 年(1995 年)科学技术基本法制定之际,在国会的附带决议中要求政府在制定《科学技术基本计划》时要明示具体的预算规模。于是在平成 8 年制定的《科学技术基本计划》中,明确指出从平成 8 年开始五年内,预计对科学技术的投资总金额为 17 兆日元。近来,自民党干事长加藤纮一曾经表示,作为财源可以利用建设国债。众所周知,所谓建设国债是为了公共事业发行的。它基本上是用于提供公共建筑物、道路及港湾等所谓的"公共财产",而作为科学技术的研究资金加以使用是没有先例的。但是,加藤的想法从某个观点来看,含有一个值得关注的论点,即科学技术的知识生产能够看做是公共财产的生产。也就是说,国家对科学技术研究投入公共资金,从提供公共财产的观点来看是正当的。进一步说,可以抽出这样一个有趣的视点,就是科学技术活动和公共事业是有相似点的。即公共事业基于长期的计划一旦被预算,就很难在中途变更或停止,在科学技术研究中同样会产生这样的现象,或者说已经产生了这样的现象。

　　下面看一下美国的情况。1987 年里根政府批准了高能量物理学的高额实验设备建设。该建设计划被称为 SSC (Supercon-

295

ducting Super Collider:超导巨大碰撞型加速器）计划,10 年间投资
100 亿美元进行建设。但是该建设进行到 1993 年,克林顿政权根
据联邦国会的判断中止了该建设。围绕该建设的中止,高能量物
理学者发出强烈的反对声,引起激烈争论。但是,拥护 SSC 计划
的科学工作者没能说服以下的反对论调:"SSC 是为了单纯科学的
庞大计划,其成果只有高能量物理学的专家们感兴趣,对周边诸科
学领域没有影响。另外,计划的副产品也不会对产业产生积极的
波及效果。美国科学预算的分配过于偏重没有社会效益的单纯科
学,而对有社会需求的领域预算过少。如果把 SSC 的预算投资给
例如物质科学,则会产生有助于新兴产业的培育,提高美国的经济
竞争力,进而改善国民的福利等效果。本来应该用于像少数人的
失业对策和酸雨对策的公共资金不应该用于像 SSC 这样没有社
会效益的计划。SSC 的唯一价值在于和音乐、文学一样的文化价
值,这倒是更应该依赖于（个人、企业、爱好者团体等）私人资
金。"①这里,被质疑的是 SSC 计划这一科学研究的公共价值。随
着计划逐渐陷入中止的境地,拥护 SSC 计划的科学工作者不再只
主张该计划作为单纯研究的价值,而是主张该计划对原子能发电
站的安全控制技术的开发有利等"实用"价值。

1. 科学技术知识的公共性

科学技术的公共性是什么呢？在此有必要从两个视点看:一
个视点是作为科学技术产物的知识的公共性,另一个视点是把生

---

① 平田光司、高岩义信:《SSC——大规模科学的实验》,岩波讲座《科学技
术和人类》第 2 卷,岩波书店 1999 年。

产科学技术知识的空间想象成公共空间的模型。前者是这样一个视点:把科学知识作为经济学意义上的公共财产加以考察,阐明科学知识的性质。后者则是这样一个视点:把产生真理的合理社会制度的科学工作者共同体视为合理化、理性化的社会模型。换言之,是把科学工作者共同体视为理想公共空间的一个视点。首先笔者想进一步详细提示各个视点,试着阐明现代科学中诸如此类的视点将越来越难以维持。

(1)知识的公共性

经济学试图说明在国家经济框架下,政府成为公共财产供给者的理由。但是,这里想暂时忽视那种框架,在规定公共财产这一概念时,着眼于其基于财产和服务的性质这一点。

所谓公共财产,是指因非竞争性或者非障碍性而很难被私人所有或商品化的财物和服务。例如,灯塔的光,即使有一个人享受其便利,也不会妨碍别人的使用。如果是鱼的话,一个人把它吃掉后,其他的人就不可能再吃到这条鱼。像这种围绕便利形成竞争性时,作为私人财物可以任凭市场供给调节,但公共财产却不形成那种竞争。像这种财物和服务,除了灯塔之外,还有国防。通常,像这种竞争完全不成立的称为"纯粹公共财产",像情况比较复杂的道路、图书馆等根据不同的情况会形成局部竞争,这些称为"准公共财产"。

把科学知识看作公共财产的想法,是以以下认识为铺垫的[①],即科学知识具有与以所有权为基础的市场原理不相融的性质。换

---

① 从这种观点进行论述的是,M. Callon, "Is Science a Public Good?," *Science, Technology & Human Values*, Vol. 19, No. 4(1994) 。

言之,就是认为科学知识不可能成为私人财物(商品)。的确,像古典力学定律那样的知识,一个人使用时也不会妨碍他人使用。科学知识一旦被生产出来,围绕其使用不会发生竞争,并且也不会因使用而被破坏或变更。因此,科学工作者满足于公开发表自己生产的知识,对人类共有的知识财产的形成作出贡献,留名于单位等知识上的享受。在这个意义上,科学知识是公共财产,它不由市场来供给,因此必须直接或间接地由政府及其他非市场部门来支援。值得一提的是,这个理论作为把纯粹科学的公共支援正当化的理论经常被使用。例如,在科学技术基本计划中,有以下表述①:"以物质的根源、宇宙诸现象、生命现象的探究等,以新定律新原理的发现、独创性理论的构筑、未知现象的预测和发现等为目标的基础研究成果,作为人类共有的知识资产有其自身的价值,在对人类文化的发展做出贡献的同时,也给予国民以理想和自豪感。"

但是,实际情况会更复杂些。首先,从历史上看就会明白,科学知识经常会被占有、被隐藏。就像科学知识曾经作为行会的秘密被占有一样,第二次世界大战时与核分裂有关的知识在学报上消失了。另外,现在被称为解决能源问题的王牌技术的核聚变研究,原本是以美国、英国、苏联等核开发发达国家进行的氢弹开发为契机的,当初各国科学工作者之间,也是在没有交流的情况下进行研究的。

1958年在关于和平利用核能的第二次国际会议上,作为军事

---

① 科学技术厅科学技术政策局编《科学技术基本计划(解说)》,1997年,第50页。另外,野口悠纪雄《社会资本整备的未来方向性》(收录于宇泽弘文、茂木爱一郎编《社会的共通资本》,东京大学出版会1994年,第235页),都是从把研究开发的投资作为具有公共财产的性质的知识生产这一观点进行论述的。

机密的核聚变研究被解除,开始了作为能源开发的核聚变研究①。被加密或者作为军事机密、企业秘密也不稀奇。当然它也是能成为贩卖或盗窃的对象的商品。另外,其特殊的实验设备和器具也容易商品化。拥有特殊技能即掌握了知识的科学工作者都有可能被看做是一种商品。也就是说,人和器具一体化的知识,其本身作为商品是可以流通的。②

的确,数据、理论内容其本身作为用文字表示的文本如果被公开发表,很难把它作为商品加以占有,让人感到它有公共财产的性质。这是因为文本的复制、流通比较容易,使用时的竞争性、障碍性不会轻易成立。在这个意义上,科学知识作为用文字表示的文本,比起一条鱼更像是灯塔的光。

但是,用文字表示的科学知识能够自由利用是怎么一回事呢?试着把古典力学的教科书送给未开化社会将会怎么样呢?恐怕这种知识被利用是不可能的。因为孤立的书籍,孤立的知识、理论是不可能起作用的。知识被利用是有条件的。在现代日本社会,古典力学教科书的利用可能性很高。但是能够维持这种利用可能性,是以高度普及的教育、教科书的编纂、实验设备的制作、教师的培养等社会环境为条件的。并且如果放弃对这种社会环境维持、调整的努力,即使是古典力学的知识,其利用可能性也会很低,最终会从那个社会中消失。明治初期的日本,在引进西方科学技术的同时,不得不对日本社会整体进行西化,从上面这个意义上说,

----

① 参见吉冈齐:《科学社会学的构想》,リブロポート出版社 1985 年,第 78 页。

② 这并不是什么新鲜的指责。我们培养了由特定技能和能力的人才,并且支付给他们高薪。所谓"技术转移",一般是由此而形成的。众所周知,明治初期,日本支付高额工资从西洋各国雇佣了被称为"活着的机器"的人才。

这绝不是偶然。①

总之,要利用某种科学知识需要以下几个条件,即复制知识的条件、使用知识的条件(特定的技能和设备)、维持此技能设备的条件(教育制度和资金)、利用知识产生新成果的条件(研究人员集团的维持和研究经费的提供)等。然而,如果只着眼于复制知识的条件,忽视其他的条件,科学知识本身会被误解为如同公共财产一样本质上没有竞争性、障碍性。换言之,"没有竞争性、障碍性"的公共财产的性质,在科学知识的场合,应该理解为"不仅能够自由地复制,而且有可能被任何人利用"。

因此,科学知识被利用时条件整备度不同,其作为公共财产性质的程度也会变化。的确在日本现代社会中,可以说古典力学的知识在相当大的程度上具备了公共财产的性质。但是,越是尖端的科学知识,其使用条件就会越严格。在开头叙述的像与 SSC 设备相关的科学知识,能够利用它的科学工作者是少数,也只有在这些少数科学工作者的内部,这些科学知识才显示出"公共财产"的性质。

这样思考的话,就会明白以下内容。科学知识不是基于其内在固有性质才成为公共财产的。如果科学知识看起来是公共财产,那是因为它具有完备的社会环境,它是完备社会制度本身的产物,是社会历史和社会制度决定的产物。除此之外,尖端科学知识,在为使用它而投入必要资金的集团之间,有"公共财产"的性质,在这个意义上,属于局部性公共财产。

---

① 关于日本社会的科学技术导入,请参见 Tadashi, Kobayashi, "Japan's Reception of Science in the Light of Social Epistemology,"*Social Epistemology*, 1999, Vol. 13, No. 3/4。

也就是说,把什么样的科学知识看作是"公共财产",是由优越的社会制度决定的。这里,不得不看一下公共财产这一概念形成的前提。通常,公共财产不能任凭市场原理调节供给,因此被理解为由非市场部门供给,那么,作为由非市场部门供给的财物,公共财产是对社会有用的财物也就成为当然的前提。并且,认定什么是对社会有用的财物,是由社会政治来决定的。只要科学知识从其本性上看不能说是公共财产,那么有必要探讨使什么样的科学知识成为公共财产而进行投资呢? 应该投资并不是因为科学知识其本性是公共财产,而是因为我们认定它是对社会有用的财物,赋予科学知识以公共财产的性质后才投资的。这里被质疑的是,科学知识的目的是什么的问题。

(2)科学的共和国

科学工作者共同体作为生产科学知识的集团,应该看作是具有什么性质的集团呢? 关于这一点,曾经有一种见解迄今也非常有影响力。这个见解就是"科学的共和国"。该见解一般认为是1891 年出生在布达佩斯的迈克尔·波拉尼提出的,他先是研究医学、物理、化学,后来又转而研究哲学。波拉尼的中心主张是,全体科学工作者构成一个探险家的社会,他把由全体科学工作者构成的社会命名为"科学的共和国"。

这样的社会向着未知的未来而努力。因为该未来是可以接近的,并且深信该未来值得实现。科学工作者是探险家,因为他们为了知识上的满足而向着隐性实在不断努力。并且这些探险家们得到知识上的满足时,他们启发所有的人,因此帮助社会成员向着知识的方向提高自我,自觉履行义务。①

这样,在该共和国的内部,科学工作者时常关注其他科学工作者的探索成果,对其进行知识价值评定。当然,每一个科学工作者能够作出判断的领域是有界限的。但是,每个科学工作者能够下判断的领域是相互重叠的。从整体上看,科学是由相互重叠的邻接领域组成的纽带和网状组织覆盖的,因此通过该纽带,整个科学界中对探索成果的知识价值的评价是能够达成一致的。因此,

> 科学的见解不是某一个人主观随心所欲的见解,而是在对很多分裂的分析片断后,很多科学工作者共同持有的见解。但是,那是通过一系列相互重叠的邻接领域,把自己和其他所有人联系在一起,各个个人就是依靠这个达成协议的锁链来间接地证明他人的见解的。②

波拉尼极力强调只依靠这些科学共和国的成员对科学研究的成果进行评价的重要性。为什么呢? 因为所谓科学就是伽利略以来的长期知识传统,而只有成为作为科学共和国居民的先驱科学工作者的学徒,接受长期的训练,才能继承这个传统。通过生产有价值的科学知识,科学才能不断成长,保护科学的共和国不受外部任何干涉,才可能获得完全的理性自由。

在追求真理的理念下,根据训练有素的共和国居民的独立创

---

① Michael Polanyi, "The Repubic of Science, "*Minerva, I,* Autumn 1962, p. 72. (日译《科学的共和国》,收入佐野安仁、泽田允夫、吉田谦二审译:《知识与存在》, 第89页,晃洋书房1985年。)

② Ibid. , pp. 59 – 60(日译第71 页).

造性,进行互相调整,科学的成长就是借助于此而最有效地被实现。

因此,波拉尼说,不管是基于什么样的善意,诱导科学活动向着追求真理以外的目的的尝试都是对科学的破坏;另外,为了提高科学成长的效率进行规划的尝试也终将难以摆脱失败的命运。科学的土壤必须是"治外法权"①。

如此,拥护科学自律性的波拉尼,把科学工作者的共和国与政治学上的埃德蒙·伯克(Edmund Burke)和托马斯·潘恩(Thomas Paine)的对立结构联系起来了。伯克批判法国大革命一举改变国家各种制度的做法,强调"生者和死者,以及将来出生的人之间的合作关系"这种意义上的传统继承。另一方面,潘恩强调每一代人的绝对的自我决定的权利。波拉尼说,法国大革命的延长线上有俄国革命,两者都是决心无限改进人类社会,为了社会的全面革新而挑战传统。但是,只要看一下支配科学共和国的健全策划的原理,就会明白传统的重要性。科学共和国在物质财产分配领域,被表现为市场原理的一般性原理所支配。即基于各个个人具备的创造性形成的自由联合,发挥一种看不见的手的调整机制,实现科学的发展。并且,这个共和国的居民通过训练接受科学的传统,通过服从这种传统而被接受为居民。但是,科学的传统在作为权威发挥作用的同时,也要求服从此权威的人们通过自己的独创性革新权威本身。

波拉尼说,自由社会是以不断地自我改良为目标的社会,从这一点上说,它与科学的共和国是一样的。因此,在否定每代人的绝

303

---

① 这里,波拉尼始终思考的问题是,苏联科学技术政策的有计划性和英国伯纳尔(Bernal)等人的科学研究的高效率。

对的自我决定、拥护传统这一点上,他赞成伯克的观点,在拥护人类和社会的无限改良的理想这一点上,则赞成潘恩的观点。并且,他"放弃了全体成员根据民众意见决定的共同目标而踊跃工作的梦想",取而代之的理想是,只能部分地理解公共性的利弊,也就是归结为形成以解决部分问题为目标、各个个人发挥创造性的社会。

(3)科学的共和国的棱镜分析

波拉尼的"科学的共和国"理论,多被认为是从保守立场出发的精英主义科学论。这种评价有正确的一面,但是,波拉尼确实提到了考察科学技术时不可回避的论点。那就是,在继承科学传统并使其发展时,接受过特殊训练的专家是必需的。[①] 在这个意义上,科学并不遵循谁都能参加并能下判断的民主主义程序。他原本就认为,科学并不总是把握自然的真理,而是发现错误进而订正。因此,某个时点上的科学判断,是那个时点上的共和国中某些权威科学家们的判断。换言之,有限民主主义结构中,由被选拔的人的多数决定构成权威。被选拔出的人是"科学的共和国"的居民。另一方面,波拉尼还主张,科学不单纯是保守主义,还发挥着实现人类和社会的无限改良这一理想的作用。

在这里,表现出两个暗含在科学中的理念。一个是实证主义的理念,另一个是启蒙主义的理念。1965 年,库恩(Thomas Kuhn)

----

① 他把这个当做"沉默知识"的习得,从这一观点出发主张以成为科学共和国的居民为目的的教育是与艺术相类似的。但是,"沉默知识"的存在绝不是科学固有的,而是相当普遍的存在。以之说明科学的本质,主张科学独立的波拉尼的理论,基本上没有说服力。

和波普(Karl Raimund Popper)的争论,就是围绕着两个理念进行的①,这已经成为科学哲学历史的一页。众所周知,库恩倡导范式理论,主张科学的进步是由范式交替引发革命性变革产生的,波普则主张科学进步是由大胆的推测和反证的尝试等批判的方法产生的连续的轨迹。其后,库恩的范式理论,伴随着与库恩自身的疑惑所不同的扩大解释,变得脍炙人口。即使是在科学哲学和科学论中,围绕范式交替之际连续和中断的认识论争论也广泛开展起来。但是,现在回首这场争论,更加重要的不是库恩的科学"革命"的争论,而是被范式支配的"通常科学"这一概念。

库恩的观点是,科学为了开始安定并且有效的知识生产,科学工作者共有范式是必要的,他把进入那种状态的科学命名为"通常科学"。库恩创造了比波拉尼的"科学的共和国"更中立的概念,称共有范式科学工作者为"科学家共同体"。库恩认为,科学家共同体如果接受了某个范式,就不会一味地对位于范式核心的第一原理进行哲学讨论,而是能够激励更高效率的知识生产;进而通过把科学家共同体从普通人和日常生活的要求中隔离,科学家才有可能进行只把科学家同仁放在心里的研究。他认为,这才是科学知识的最有效的生产方法。② 据此可以看出,基于接受范式的批判精神的驯服和搁置,才是高效率的知识生产条件。从知识生产的效率观点来考察科学的这种立场,笔者想暂且称之为实证

① I. Lakatos and A. Musgrave, eds., *Criticism and Growth of Knowledge*, Cambridge University Press, 1970(日译:《批判和知识的成长》,木铎社)。关于波普和库恩,请参见小林傅司《科学论和波普哲学的可能性》,收入日本波普哲学研究会编《批判的合理主义》第一卷,未来社 2001 年。

② T. Kuhn, *The Structure of Scientific Revolutions*, 2nd ed., The University of Chicago Press, 1970.

主义的立场。

另一方面,波普尔却把此称为科学的堕落。对波普尔而言,科学就是古希腊爱奥尼亚学派以来的批判传统。提出大胆的假说,时常进行批判性地研究,这样的传统才是科学的本质,把这扩展到社会活动的理论中就会形成"自由社会"的理念。借助批判性研究的知识改善和借助知识的自我解放才会实现社会的进步。在这种社会中,通过批判性争论,错误被订正,社会被改良。当知识的探求被自由地进行,并且表达知识的言论自由被确保时,争论并不是作为某一方主张者的人而消亡,而是借助主张本身的消亡(通过批判被驳回)而使争论得以解决。因此,对波普尔而言,科学是应该成为社会活动整体的理论的,在这个意义上,他强烈主张科学的启蒙作用。① 这种主张是立足于批判主义对知识进行改良的立场,被称为启蒙主义的立场。另外需要事先指出的是,这种实证主义的立场和启蒙主义的立场,如果使用政治学的术语,分别接近于共同体主义和自由主义。

波拉尼的立场是,在上述科学理解的两种理念即实证主义理解和启蒙主义理解之间保持某种平衡。在拥护专家主义这一点上,可以说是接近于实证主义。但是,在拥护人类社会的无限改良这一点上,又并不是单纯的保守主义,而是启蒙主义。至少,波拉尼认为,作为探险家,科学家的"知识满足"是以社会改良和世界秩序和谐为前提的。然而,在强调传统这一点上却显得很微妙。是强调传统的"容纳"性,还是强调促进传统"革新"的传统(元

---

① 参见 K. Popper, *Open Society and Its Enemies*, Routledge, 1966(内田昭夫、小河原诚译:《开放的社会和它的敌人》,未来社)K. Popper, *Objective Knowledge* Oxford U. P. ,1972(森博译:《客观的知识》,木铎社)。

"传统"），强调的侧重点不同，解释也就不同。那么，波拉尼的真正意图到底是什么呢？这是一个非常重要的问题。还有一个问题比这更重要，那就是现代科学的存在方式是在怎样的平衡下实现这两个理念结合的；并且，这种平衡是理想的平衡吗？如果不是理想的平衡，那应该如何改善呢？

2. 现代科学技术的分析判断

1962 年波拉尼发表的"科学的共和国"论，对抗了苏联的科学计划化以及受其影响的英国伯纳尔等追求科学计划化的言论，拥护科学的自律性。

但是，科学的历史发展极具讽刺性意味。伯纳尔指责英国的科学投入仅占国民收入的 0.1%，要求增加十倍的投入。① 第二次世界大战后，世界各国的科学研究经费如同伯纳尔主张那样开始增加，现在在发达国家已经占到国民生产总值的近 3%。很明显，科学这一产业已经扩大了其规模。特别是美国，曼哈顿计划以后的军队产业联合体制把巨额研究经费投向科学。当然，像曼哈顿计划那样的军事研究是一种由科学外部设定特定的使命和课题的研究，与波拉尼所说的科学自律相去甚远。不过，伴随这种军事研究的无限度的预算，战后美国的"纯粹研究"也开花结果了。纯粹研究是在不考虑成本、一味追求最尖端的心理状态下进行的，比起企业研究其更类似于军事研究。并且，这种纯粹研究的成果通过

307

① 参见伯纳尔（Bernal）有关科学计划性的主张在 J. D. Bernal, *The Social Function of Science*, Routledge, 1939（坂田昌一、星野芳郎、龙冈诚译：《科学的社会性作用》，劲草书房）中有所论述。增加研究经费的主张，在该书第 3 章。

发扬美国国威这种象征性作用,不断得到社会支援。在美国国会当被问及加速器的建设在保卫国家中怎样发挥作用时,物理学家因回答"它的作用是创造一个值得保卫的国家"而受到鼓掌喝彩。① 波拉尼在思考"科学的共和国"论时,始终念念不忘的是,与20世纪初的产业几乎没有关系,甚至根本不会有什么关系且不成规模的科学,是带有自然哲学色彩的少数精英科学家的科学。但是,战后的纯粹研究,随着规模的扩大其性质也在发生变化。

(1)科学技术的社会化

第二次世界大战后,科学开始向科学技术变化。科学开始显示其实用性和有用性,是在第一次世界大战和第二次世界大战时期。当然,19世纪的化学是个例外。此间,国家和企业开始向科学投资。第二次世界大战后,这种倾向变得更加明显,对科学的投资变得开始期待作为科学报酬的技术开发。结果,科学和技术的界限变得模糊起来。在现代,比如新材料的开发和尖端医疗技术、生物工程学,与其说是单纯研究自然的运行规律,倒不如说是研究、制造出以前自然中不存在的状态和物质。那么,把从事这些行业的研究者截然分为科学人员和技术人员也就变得不可能了。

在这种状况下,出现了被称为科学技术的"社会化"的现象。具体是指,企业和国家因期待某种回报而提供研究资金,从而造成科学家集团的内部结构发生变化的现象,以及伴随着向科学技术提供巨额资金,从科学技术活动的大规模化中产生的知识的分散

---

① 参见佐藤文隆:《科学和幸福》,岩波书店1995年,第56页。

化和片断化。

　　首先,看一下科学家集团的内部构造。波拉尼用"科学的共和国"来表述全部科学家的共同体。但是,很难对科学家下定义。科学家是否就是指自然科学工作者呢? 这样,医师是否也包括在内呢? 还是说只包括发表过研究论文的医师呢? 另外,工程师是否也包括在内呢? 要是包括的话,什么领域的工程师包括在内呢? 心理学者呢? 只包括实验心理学者吗? 理论研究所的研究者是否也包括在内呢? 现代的"科学工作者"是在大学、企业研究机构、政府研究机构、理论研究所及调查公司等各种雇主的雇佣下,进行各种研究活动。并且,普遍认为研究者的常态就是奔走于这些机构。这样,科学家的身份也多元化了。结果,科学家共同体的正式见解未必反映全体科学家的见解。

　　科学家之间的意见不一致,即在科学研究者的内部争论,如同上述,在和社会的关联中更容易凸显出来。社会上在讨论原子能发电、转基因食品、脑死亡与内脏器官移植等问题是否被赞成时,无论是赞成派还是反对派都是科学家在讨论。这同时意味着科学变成了科学技术,研究只在封闭的研究者之间进行的时代已经结束了。在"科学的共和国"中,研究与社会无关,以共和国的居民为对象,进行其评价。也就是所谓的同事评审(同行评审)。但是,国家和企业是资金提供者,也就是作为研究的顾客而出现,科学和社会也因此开始了复杂的相互作用。

　　科学家进行的研究,已经不能再用一种普遍的模型来表述了。纵然是粗略地看,所谓纯粹研究(波拉尼在"科学的共和国"论中始终考虑的问题)以外的,以创作出某种产物为目标的研究(例如药品、机械、设备、原料等),以解决具体社会问题为目的的研究(例如,面向企业的咨询,有关交通问题和公共卫生的研究,军事研究,食品和药品的风险评价,环境影响评价等)蓬勃地发展起来了。① 科学家的世界,与其说是科学的共和国,不如说是变成了诸科学的联邦国家的状态。

所谓纯粹的科学,是指应该研究的课题的设定和方向设定、研究题目、研究成果的评价等,这些都有可能借助科学家同仁之手进行。在这个意义上,纯粹科学作为知识行会,垄断了参加研究活动的资格认定权。但是,以创造某种产物和解决社会问题为目的的这一类研究,参加的科学家多种多样,不仅有必要调整各自领域的研究方法和评价基准,而且还必须考虑各种顾客的发言权。因此有必要对投资的成本与效益进行经济学的研究,还应该反映企业、一般市民的声音。

另外,科学作为一种业界,其规模也在显著扩大。这虽然是科学的充实,但伴随其结果产生的事态却很严重。在这一百年间,科学家的数量大约增加了 100 倍,这同时意味着研究成果数量(也就是论文数量)的爆炸式增加。毋庸置疑,专门领域也在急剧地细分。如果科学家的数量增加,围绕其地位分配的竞争也不断激化,因此业绩至上主义理所当然地得到了强化。这样,研究就变成了以生产论文为目的的产业,增加的论文数量也因此变得超过了科学家的处理能力。人类能够使用的时间以及能够处理的信息量却没有很大变化。因此,为了时刻关注自己研究领域中的其他同行的研究,必须花费很多时间。出现所谓的"摘要杂志"也是从这

----

① 吉本斯把这里列举的后面两种研究作为"应用的脉络"中新的知识生产,称其为"模式 2",与此相对的是,"学科领域的脉络"中作为传统知识生产的"模式1"。他们对"模式 2"给予了很高的评价,但也留下了一个值得探讨的问题(以后讲述)。M. Gibbons, et al., *The New Production of Knowledge*, Sage, 1994(小林信一监译:《现代社会与知识的创造》,丸善出版社)。

种结构中产生出来的。在波拉尼的科学的共和国中,科学家通过关注同行科学家的研究成果和相邻领域的成果,形成有关科学整体的恰当的科学判断。但在现实中,科学家饱受经济学中所说的交易成本(transaction cost)增加之苦,别说是科学整体,就是有关自己的研究领域也很难把握其全貌。反过来说,就是出现很多论文发表了却因未被阅读而被忘却的现象。①

现在,科学丧失了提供出有关自然界全貌的能力。产业界和政府之间以各种形式结合起来,大量的科学家每年发表大量的论文和研究成果。可是,他们很少进行有关相互之间的关联性和一致性的研究。科学技术的知识已经零碎化了,剩下的是庞大的假说和暂时性结论的堆积。这些都是随着生产量的增加和更新速度的加快而变得极具流动性和可变性,谁都再也不能标榜自己是"真理"了。

(2)社会的科学技术化

关于社会的科学技术化无需赘述。当今世界,利用科学技术的形形色色的产品俯拾皆是。看一下近50年的变化,就会明白科学技术是怎样深深地渗透到我们的世界,而我们的生活又是怎样牢牢地依靠它的了。并且,科学技术向社会提供的各种技术产品的更新速度更是不断加速。现在,科学技术的发展已经成为发达国家的先决条件。发达国家争先振兴科学技术,也是寄望其

---

① 关于这个事态所具有的哲学意义,请参见小林傅司《社会性认识论的可能性》(《科学哲学》32卷第1号,1999年)。这个观点在探求现代科学技术知识的存在方式的基础上,显示出经济学分析的有用性。也就是说,不仅要考察知识的"生产"环节,而且还要考察知识的"流通"和"消费"环节。这是从科学的大规模化产生的结果。

维持发达国家经济实力的实质性作用和发扬国威的抽象性作用。

但是，除此之外，现代社会中理解科学技术时还有另外一个应该认识的侧面。那就是，科学技术作为社会决策正统性的提供者所发挥的作用。由于科学技术渗透到生活的各个角落，故而在进行社会决策时，与科学技术相关的情况增加起来。围绕食品和医药品的使用安全性，设定了以科学技术研究为基础的各种指针和规则。如此一来，这些指针和规则，便约束着企业和医疗现场的决策，如果违反就会被追究责任，并受到处罚。

另外，在犯罪搜查和审判中，科学技术的应用也有很大发展。DNA 鉴定已经是很平常的了。在日本和歌山县发生的砷掺入咖喱的事件中，在确定被使用于犯罪的砷的来源时，大型放射光设备 Spring8 起到了很大作用。法医学开始向法科学转换。这就是科学技术通过审判，给人类的处罚开始带来巨大影响力的证据。科学性鉴定，在审判中作为正当的证据使用，这也说明现代科学作为"值得信赖的知识提供者"的社会性理解得到承认。例如，从政府这样的政策决策者的立场来看，根据科学技术专家的意见进行决策时，其决策的正统性得以确保。即使后来出现错误，政策决策者也是"做了应该做的事情了"。并不是以实质性内容，而是以借助科学技术的判断本身为理由，进行决策的状况才是社会的科学技术化现象的重要侧面。

但是，科学技术的社会化现象和社会的科学技术化现象的同时进行和同时并存，带来了麻烦的事态。社会化的科学技术自身产生的知识是假说性和暂时性的，作为社会性作用不得不扮演"真理提供者"的角色。另外，通过扮演这种作用，对科学技术活动的社会投资也变得可能了。另一方面，科学技术化的社会，在认定值得信赖的科学技术成果的智慧、真理的基础之上加以利用，借助现实的科学技术的社会化现象，利用什么样的知识，信赖什么样的专家，都不得不自己下判断。社会化的科学技术，把未必是一致性的暂时性假说集合体在"真理"或"值得信赖的智慧"的名义下，不断提供给社会，而科学技术化的社会肯定是从那些集合体中筛选出"真理"或"值得信赖的智慧"。

在这种状况下，在日本发生了药害艾滋病问题、O－157事件、JCO事故和阪神大地震等，在欧洲发生了疯牛病及GMO等问题。从世界范围来看，脑死亡、内脏移植、克隆技术、人类染色体组研究等问题也不可忽略。

关于疯牛病，英国的农业大臣和女儿一起食用使用疯牛病的牛肉制作的汉堡，以向世人显示疯牛病是不会传染给人类的。之后几年(1996年3月)，英国政府正式承认疯牛病有可能传染给人类，并且禁止输出英国牛肉，对其牛肉进行废弃处理。根据2000年公布的英国政府的调查报告书，政府咨询的科学家集团内部人选有问题，并且随着科学研究的推进有关疯牛病的认识也不断深入，政府机关的专家和大学等机构的专家之间争论不休，指出对应措施迟缓的原因是因为没有充分共享信息。结果，当初英国政府依据的科学家的报告，直到1996年正式承认有可能传染给人为止，都按照那"不是暂时性的见解吗，是被证明了的科学事实吗"来处理①。这个事件的麻烦之处，是没有任何一个人否认疯牛病有可能传染给人类，科学家、行政官员和政治家都不是蓄意玩弄虚

313

---

① 英国政府关于疯牛病事件的调查报告，请参见 http://www.bseinquiry. gov.uk。另外，还可参见"Inquiry Blames Missed Warning for Scale of Britain's BSE Crisis,"*Nature*, 408, 2000, pp. 3－5。

言,而是诚实地相信了那种观点。① 最近,布莱尔首相也食用以转基因农作物为原料的食物,来宣传转基因食品的安全性,但是人们已经不再相信了。

在日本,药害艾滋病也导致了社会上广泛不相信专家的现象。菅直人厚生大臣在这个事件中成为英雄,但是,在 O－157 事件中,自己却不得不吞食发了芽的萝卜。② 阪神大震灾、JCO 事故和新干线隧道脱落等事故,完全打破了日本的安全神话。显然,现代社会活动在不得不依靠科学的同时,却很难选择到底听从哪个科学技术专家的判断。并且,这种选择的失败会引发很多灾难性后果。

314

3. 科学技术属于谁

科学技术不仅在于它是给我们提供便利的设备,而且在影响我们的决策这个意义上,其存在方式的研究是现代思想很重要的课题。正如环境伦理、生命伦理、信息伦理及工学伦理等所谓应用伦理的问题大量产生一样,现代科学技术的存在方式已经是一个和社会的存在方式不可分离的问题了。

如同在前一节叙述的那样,科学技术的社会化动向和社会的科学技术化动向同时进行,显然是让我们反省社会的科学技术的

----

① 当然,这个事件不能过度扩大化。这是因为,如同水俣病和因用药引起艾滋病事件中所看到的那样,除了选择适当的专家、共享确切的信息以及系统性等问题之外,也存在着很多科学家、政府官员和政治家等负有责任的诸多事例。但是,和通过审判追究刑事责任不同,对因用药引起艾滋病的事件进行全面调查,是为防止再次发生类似事件而进行检讨,当然这究竟能否实现还是个问题。为防止再次发生而进行研讨的结果被总结在 NIRA 研究报告书《关于防止因用药引起艾滋病等事件再次发生的体系研究》之中,综合研究开发机构,1999 年。

② 详细情况请参见菅直人《大臣》,岩波新书 1998 年,第三章。

存在方式,并且创造出促使其重构的事态。科学技术的社会化导致"科学理性"的改观。如果使用上述说法,启蒙主义的重要因素即展望社会和人类无限改良的这种批判精神,通过细分化的庞大科学家队伍进行庞大的科研工作,被缩减为相同专业的少数同行之间进行"批判性"的讨论这种习惯做法。可以说"同事评价(同事批评)"体系确实还依然在发挥着管理科学家知识生产质量的作用。① 但是,质量管理体系自身的质量高低却不是自言而喻的。例如在今天,大多数最尖端的科学技术,如果不投入巨大的设备、资金和人才是不可能成功的,批判精神的运用也不得不受到制约。若试图从根本上批判性地讨论靠花巨资购买设备的高能量物理学研究工程的"科学意义"(不是社会意义),这种鼓励性行为首先不会在科学家中产生。② 这种尝试,因场合不同有时会中止其他科学家的研究,弄不好还很容易剥夺其职位。一旦巨额资金开始被投入,就不可能中断,只能按计划推进。具有讽刺意味的是,在这一点上,所谓公共事业和大规模科学研究的类似性也展现出来了。

另一方面,在决策时不得不依靠"社会的合理性"或者"科学的合理性",从这个意义上说,正如此前引用疯牛病的例子所说的那样,社会的科学技术化开始显示出了混乱。但却产生了借助社会的合理性选择利用科学的合理性的事态。刚才也讲到社会公意依据科学的判断获得了正统性。但是,科学的判断并不是坚如磐

---

① 科学论争(始于20世纪70年代美国的理论家和科学家之间的论争)虽说是一种一点也不高雅的方法,但在某种意义上,也含有发挥科学所具有的批判性作用的一面。

② 进一步说,如果过度推进业绩主义,科学家将不会再有兴致去批判性地研究其他科学家的成果。因为比起研究其他研究人员的研究成果,进行自己的研究将会受到更高的评价。

第十章 关于科学技术公共性的恢复

石的。例如,在 1972 年日本四日市的公害审判中,大气污染和支气管哮喘等疾病存在着因果关系,可并不是严密的因果关系,根据病因学判断却将其认定为因果关系,从而支持了受害者的诉讼请求。① 在这里,依据什么样的科学判断来下社会性判断(判决)呢?在这一点上,从社会的合理性观点来选择利用科学的合理性这一做法是可行的。

在这种状况中,可以看到科学技术和社会之关系的变化,这种变化是好还是不好呢? 对其进行中立分析的是吉本斯的"模式论"②。根据这个理论,借助传统的学问领域内部的问题关注和手法而进行"自律性"研究的"模式 1"相对照,产生了新类型的研究模式("模式 2")。在模式 2 中,研究课题是基于"应用性"即根据经济、社会的需要来设定,动员各种学问领域的研究者和研究方法,构建独自的研究方法。另外,参与研究的人也不局限在大学里,而分散于产业界、理论研究机关,也可以是政府官员或市民。这些研究者并不像模式 1 那样制度化,根据研究课题的不同其构成人员也灵活地发生变化。在模式论中,从模式 1 到模式 2 的变化,被表述为以知识生产为目的的社会组织的进化过程。

近而言之,在模式 2 中,因为与"应用性"关系密切,研究人员必然会关注自己的研究所具有的社会价值,自觉地承担其责任。

---

① 这个判决之后,1973 年 9 月颁布实施的《公害健康损害补偿法》就吸收了这种想法。这部法律规定,举证责任由被害者转移到了被告。德国社会学者贝克(Beck)认为,这是应对起因于科学技术风险的社会对策,高度评价了日本的这个事例。请参见贝克(Beck):《风险社会》(东簾、伊藤美登里译),法政大学出版局 1998 年(原书发行于 1986 年),第 100 页。

② Gibbons et al. ;参考前述书。

另外,由于最近几年社会上对环境、生殖、健康、个人隐私等问题的关心不断提高,并且随着与这些问题相对应的模式2的研究的增加,社会科学研究者和人文学者也开始参加到这种研究中来。

那么,问题是怎样评价以知识生产为目的的社会组织的这种"进化"。波拉尼梦想的精英主义的"科学的共和国"确实变成了自闭于学问领域内部的模式1。现实中的"纯粹研究"毕竟未能全部满足研究者的知识要求和改良社会的"前定和谐"(per-established harmony)这两个条件。在这个意义上,应该对模式2中的责任感的增大以及参与研究者的多样化和扩大化等特征给予评价。但是,根据模式2那样的经济、社会的"需要"来判定责任感难道就没有问题吗? 模式论的模糊性就在于此。作为模式2的研究事例他们列举的是计算机科学、材料科学、生命科学和环境科学。个别情况下,还会举出风险分析和技术评价。

这里混杂着各种"需要",包括从跨国公司的需要到普通市民和特定地域居民的需要。模式论以某种方法对之进行了中立性的评价。

另一个问题是关于"模式1"和"模式2"的对比问题。在这种模式论中,一种是固守脱离实际的理论,另一种是根据经济、社会的需要灵活应对,科学家必须从这两种做法中选择其一。现在,在日本大学内生产的知识被专利化,从而有偿提供给社会上的企业,这叫做科学技术者的社会责任,并且以此为目的的TLO(Technology Licensing Organization)接二连三地被建立起来。这里,大学研究的责任被还原为对市场的满足。在这种状况下,其结果是,致力于纯粹研究的科研人员进一步丧失了对责任的感受性,更容易抱怨自己研究领域被边缘化。这促进了纯粹科学研究人员的"封闭化",导致其从纯粹科学的社会中孤立出来,把自己束之高阁。①在某种意义上,这是对科学启蒙主义的否定。从短期来看,在容忍社会性孤立这一点上,对现在的纯粹科学研究者来说可能是令人满意的;但从长远来看,纯粹科学的存在意义将与单纯的兴趣的存在意义是一样的吧!

这一点也与模式 2 的弱点有关。在模式 2 中,以知识生产为目的的组织没有形成制度化,在分散的状况下,根据课题不同而离合聚散。因此,生产出的知识,经常被认为是和学术领域的知识体系有着不同的构造,但问题是被生产出来的知识的质量究竟如何。在模式 1 中,至少其领域内部的质量管理体系是很完备的。当然,应该指出现代的大规模纯粹科学的质量管理体系是有问题的,尽管如此,它在历史上还是起到过一定作用的。在这个意义上,能够把它看做是科学的批判功能的制度化。而在模式 2 中几乎看不到这种制度性功能。此外,正因为与"应用的脉络"相关联,质量管理的缺乏也容易带来社会风险的增大。

在现代科学技术的发展中,与经济需要相结合的"应用型"知识生产的加速和知识的商品化非常明显。如同在美国的专利政策中所看到的那样,把最尖端的科学技术知识作为专利加以商品化,作为维持企业国际竞争力和国家霸权的武器加以利用的倾向正在加强。② 例如,围绕艾滋病治疗药物,非洲诸国和欧美各国制药公

---

① 佐藤文隆认为,纯粹科学只有被一定的社会政治条件支撑才有可能变成现实,并把其生存的可能性通过三个空想的故事提示出来。这种状况,类似于佐藤所说的 B 国状况。佐藤文隆:《科学家的将来》,岩波书店 2001 年,第 II 章。

② 2001 年 5 月,理化研究所两名日本籍科学家,因被怀疑从美国的研究所盗取了有助于弄清楚阿尔兹莫病的研究资料,而被提起诉讼,那时适用的法律就是《经济间谍法》。

司的对立就是其典型。以非洲为首的发展中国家,有 3000 万到 5000 万名艾滋病患者。欧美各国的制药公司正在开发各种艾滋病治疗药物,但是如果想利用这些药物,平均每年每个患者需要承担 100 万日元的费用。并且,关于这些治疗药物的成分,其开发的药物公司是拥有专利的。然而,在巴西和印度,这些国家的国内制药公司在未得到欧美生产厂家许可的情况下,政府允许它们生产类似的治疗药物,并且价格却不及欧美同样药品价格的十分之一。这样,巴西政府试图把本国的廉价治疗药物出口到非洲,由此与欧美的制药公司之间出现了对立。处于贫困状态的非洲诸国对巴西此举表示欢迎,但欧美的制药公司认为巴西侵犯了它们的专利而提起诉讼。不过,该诉讼受到非洲诸国和 NPO 的强烈反对,欧美的公司被迫同意进行一定幅度的降价并撤销诉讼,但对立依然存在。① 知识所有权的保护与搭救人命到底哪种"需要"更有优先权,或怎样才能设计出不引起这种对立的制度呢? 诸如此类的问题浮现了出来。

在这一点上,模式论的"中立性"显得无能无力。吉本斯等人在叙述了模式 2 不断扩大,早晚要将模式 1 编入其内的预测后,最

① 关于这件事,可以参考《纽约时报》的报道。*"Lifting the Curtain on the Real Costs of Making AIDS Drugs"* (http://www. nytimes. com/2001/04/24/business/24AIDS. html) 。

"Patent Holders Fight Proposal on Generic AIDS Drugs for Poor"(http://www. nytimes. com/library/world/global/051800aids-drugs. html) 。

欧美制药公司的主张是,新药开发需要花费巨额资金,为了回收这笔投资有必要设定适当的价格,实行专利保护是对新药开发的重要奖励。另一方面,反对派指责说,制药公司比起研究开发费用,更是将大笔资金用于促销上面,因此进行价格设定是不合理的,制药公司没有思考医药品的专利和救助人命哪个更优先的问题。

319

后,这样问道:"模式 2 是否扩大了世界的不平等?"并且这样回答道:"的确如此。研究出科学技术活动的成果及成果的利用,扩大了世界的不平等。即使模式 2 的知识生产扩散到世界规模,从中能够得到的经济利益,在富裕国家和有可能参加的国家之间以不均等的形式再次被垄断。"①

我们确实生活在一个远离"科学的共和国"的世界里。但是,这种变化是否就是模式论中提到的"进化"呢? 我个人认为,不应该丢掉科学所具有的作为启蒙主义成分的批判性精神。模式 2 在这个意义上,是不充分的。最后,在下一节中我想考虑在模式 2 被推进的背景下,怎样才能确保"批判性精神"的问题。

4. 如何确保批判精神

现在是一个再次追问支撑战后日本发展的公共事业的"公共性"的时代。因此,所谓真正具有公共性的公共事业到底是什么? 公共事业的承担者仅仅是政府就可以吗? 是否有必要缩小公共事业的规模等等,诸如此类的问题被提到了研究的议程上。本章旨在阐明现代的科学技术具有和"公共事业"相类似的问题。由公共事业引发的问题几乎都适用于科学技术。

在这里,想打一个不恰当的比喻。作为典型的公共财产,国防经常被提到,军队的控制问题能够成为公共事业和科学技术控制的参考,以下想从这个角度进行探讨。众所周知,随着国民国家的产生,作为国民军的近代军队是国民国家防卫的物理性威力。但是,军队一旦被制度化,就会显示出按照自己的理论行动的倾向

---

① 参见前述日译书第 281 页,Gibbons et al.。

（军队的自律性）。有时还会引起政变。整个近代史就是一部防止国民军脱离当初目的而想尽办法对其加以控制的历史，最终确立的基本原则就是大家所熟知的文官统治原则。现代科学技术不用说对社会活动来说是不可或缺的物理性威力。那么，现代科学技术是否有必要采用和军队一样的原则呢？即科学技术的文官统治问题。

从某种意义上来看，还不能说已经产生了科学技术的文人统治制度。模式 2 的确像这种类型。但是，通过研究模式论可知，作为由"社会性、经济性需要"驱动的研究，模式 2 很容易被还原为以知识的商品化为前提的市场原理主导型的研究。另外，在生产出来的知识的质量管理这一点上，也还有值得研究的课题。所谓科学技术的民营化主张，就是和大学的民营化主张一样，可以理解为为恢复科学技术责任而采取的强有力手段，但事情绝没有那么简单。从官到民的转换，其本身并不能恢复公共性。对政府机构的研究机关来说，意在排除政府的过度干预，推进实质性的民营化，这的确可以说具有"不仅从经济的观点而且从人类的、国民的观点来看，因研究开发计划的合理性受到怀疑而放弃了自我保存努力的'政治性净化作用'"[①]。但是，政府为了研究现代尖端科学技术拥有着最大的资金提供能力，这是不争的事实。并且，政府有时还会发挥维持科学技术某种公共性的作用。例如，在人类染色体组研究中，对抗投机企业塞雷拉公司（Celera genomics）进行染色体组解析的，是中、日、美、英、德、法六国组成的国际共同体。塞雷拉公司本来打算将破解的数据有偿公开，但六国共同体决定

321

① 吉冈齐：《后冷战时代日本科学技术体制》，收入竹内启编《高度技术社会的展望》，日本学术振兴会 1996 年。

无偿公开。六国共同体反对知识的商品化,认为科学技术知识在某种意义上是"人类共同的财产",并尝试将其"公共财产"化。

因此,对模式2必须建立对它本身的驱动力——"需要"进行批判性评价的组织。比如艾滋病治疗药物的开发,NPO发挥了十分巨大的作用。无论政府还是民间,各种机构必须对模式2加以批判性讨论。在这个意义上,可以说扩大了对科学技术有发言资格的人群范围。在技术评价中,民意调查会议就是平民百姓对科学进行评价的一种尝试,它充分显示出从非专家的普通人角度对科学技术进行批判性考察是可能的。① 科学技术的文官统治,应该可以尝试通过对科学技术有发言权的人群的多样化来实现。

另外,关于模式2的研究,伴随着对"需要"的批判性评价,知识本身的质量管理也很重要。由分散的、没有制度化的知识生产组织生产的知识,在没有受到批判性讨论的情况下就流入社会,我们不能忽视其危险性。从这一点来看,模式1中统一管理式的研究所发挥的作用变得重要起来。通过纯粹研究培养出来的批判性精神对知识的"质量管理",至少不应该只用于少数专家进行自我满足的研究。"专家的知识满足"正好与"社会的知识改良"相关联。这既不是把纯粹研究从社会中孤立起来,也不是原封不动地使之直接与社会的需要相挂钩,而是主张探索第三条道路。并且认为这才是大学的使命所在。大学是承担双重职能的组织。一是保守性、权威主义的职能,即对过去的知识传统进行保存和典范化;二是社会的启蒙性职能,即通过批判精神革新知识。在这个意

---

① 有关"民意调查会议"的组织、历史和在日本的展开,请参见小林傅司:《"民意调查会议"的实验——普通人是否有评价科学、技术的资格》,《科学》Vol. 69,No. 3,1999年;另参见小林傅司:《科学交流》,收入中岛秀人、金森修编《科学论的现状》,劲草书房2002年。

义上,大学 TLO 的增加,很难说是在促进大学本来使命的完成。

最后,再一次引用科学技术和军队的比喻。近代历史也是一个裁军和扩军斗争的时代。科学技术在这一百年间,一直在快速发展。但是,科学技术规模的扩大,引起了科学技术的社会化,并且由于知识生产的爆炸性增长,很难再预见知识的整体面貌。在今天,科学技术的成长有可能成为收获递增的状态。和裁军一样,考虑缩小科学技术规模这一选择项不也是有价值的吗?话虽如此,但这并不是主张一味削减科学技术的研究经费。不,我在此想表述的是:是不是应该首先考虑重新研讨与科学技术相关的资源分配。通过所谓"重点研究"和"课题研究"的设定来重新研讨资源分配,已经在某种程度上进行了。这里说的与刚才所说的角度稍微有点不同。如今之所以产生大量没有被人们阅读而忘却的知识生产物,问题就在于各个研究者不能利用这些知识。这同时也意味着不能把握每个领域间各自的知识储备。以前,向知识生产过度偏重的资源分配,应该转向知识的流通和分配倾斜。以前是以培养能经常出新成果的研究者为目的,现在转化为培养能熟知现有知识理论、以这个媒介为职业的新型专家。这种想法,已经在1968 年由经济学家肯尼斯·博尔丁(Kenneth E. Bouldind)在"媒介的专家"这一名义下,被提出来了,并且展开了从知识的流通和消费的角度进行经济学分析的构想,这不仅为了改善科学内部,也为了改善科学和社会之间的交流障碍。由之,提议有必要创建知识交换的专门职业和对此做出高度评价的组织。① 培养这样的专家,对模式 2 型研究来说,也是非常重要的。

323

---

① K. E. Boulding, *Beyond Economics* (1968)(公文俊平译《超越经济学》,改译版学习研究社)。

　　科学技术规模的缩小也会给使用巨大设备的尖端研究带来影响。这一点，佐藤文隆提出了饶有兴趣的方案。① 佐藤认为，大规模的科学发展的基本模式，首先是萌芽时期的设备要成功，然后是专用设备，最后进展到使用大规模设备。这是一种自身繁殖型，那些设备的利用仅有可能局限于少数专家，从这个意义上来说，其是单功能型的。佐藤利用以前单功能的巨大设备进行研究，给研究组织、教育和研究题目带来了负面影响。大规模化带来了长期化，产生了研究课题被过度美化的狂热现象和一纸之隔的事态。另外，投资这种大规模科学所花费的费用会剥夺其他研究的投资机会，在这个意义上，科学技术研究中的机会费用也是个问题。与此问题相对应，佐藤的提案是，开发能够进行多种类型研究的多功能型尖端设备。因为这样的设备能够作为多种科学研究的基础设施发挥作用，所以他将其称之为"基础设施科学"②。作为例子，他列举了"辐射光设施"和"国际宇宙空间站"。在这里可以看出，他把重新认识公共事业与类似的论证方法用在了科学技术上。

　　综上所述，恢复科学技术的公共性这一课题，有必要对现代科学技术的存在方式进行多方面研究，并且摸索其改善政策。本章认为，与科学技术的公共性相关联的是，以科学的实证主义成分和启蒙主义成分的平衡为中心的制度设计问题。在现实中，推进科

---

　　① 参见佐藤文隆：《r射线风暴突然袭击地球：基础设施科学的进展》，《科学》Vol. 69. No. 3，1999年。

　　② 对社会认识论的科学论进行展开的斯蒂芬·弗勒（Steve Fuller）也主张，要从局限于特定研究的大规模科学向可以用于多种研究项目的类型转化。并且，各种研究项目如同雨后春笋一般涌现出来，在这个意义上，他把后一个类型的研究称为高替代性（fungibility）的研究，主张将这个概念纳入研究计划的评价中。请参见 S. Fuller, *Philosophy Rhetoric, &the End of Knowledge*, University of Wisconsin Press, 1993, pp. 295－297。

学技术知识的商品化、科学技术的社会性权威化导致启蒙主义成分的核心——批判精神的衰弱。为了恢复被削弱的批判精神，有必要一方面维持和扩大纯粹科学的批判精神，另一方面在制度上下工夫，即通过扩大对科学技术拥有发言权的人群范围来设定公共论坛，努力解决调和知识的卓越性与社会性控制、知识的有用性与公共性这一难题。本章不能说是已经解决了以上难题，但阐明了问题的所在及其复杂性，并在这个基础上稍微提示了改善的方向。当然，这些观点是否得当，期待着读者的判断和讨论。

第 十 一 章

信息社会和公共性

—— 网络空间可以称为"公共空间"吗

曾根泰教

当亲眼目睹两足步行机器人,看到有关克隆羊的出现和遗传基因信息的报道之后,有人会认为这是 IT(信息技术)革命的成果。但是,即使从广义上来说这些发明来源于科学技术①,但它也不产生于 IT 革命本身。至少不能说它是因特网的成果。

但是,我们不能撇开信息谈论现代和未来,并且我们用政治世界里很熟悉的"革命"这个词来表现信息的变化。这个革命可以是"信息革命",也可以是"IT 革命",可是没有定义的"革命"不是单纯的比喻上的东西,至少我们要确认它是不是革命。如果它表示字面意义上的权力转移,或者如果它意味着作为大规模的社会变化的结果引起了生活方式的变革的话,或许把这种变化称为革命比较合适。在 IT 革命领域,问题是,权力是不是从市场生产者转移到市场消费者那里。或者通过 IT 革命,社会组织会不会变得"小型化、

---

① 最新研究所关心的信息是否转移到生命的判断虽然不是本章的课题,但是对于观察研究资源如何分配,促进最新研究的科学家们来说是非常重要的问题。

平面化、透明化"呢？这个问题还没有完全被证明，但至少我们不能否认以社会组织为肇始，社会的变化正在发生。可是，随着电话的发明，汽车的登场，电视机的出现和至今为止各种各样的技术变化，社会被曝光了[①]，因此很难证明 IT 革命与之有何根本区别。

然而，不同领域对 IT 革命的理解也不同。在技术的世界里，把 IT 革命理解成这样的问题，即"数字化的信息的双向交流、网络"。从这一点来考虑，广播和通信的界限当然也成为问题了，电话和因特网通信的区别就变得很模糊了。另外，为什么地面电波的广播必须数字化呢？这个问题可以理解为是其延长。

但是，IT 革命和泡沫经济的话题，不能单纯地理解为技术的发达问题。就像淘金热时人们都涌向加利弗尼亚一样，IT 革命也以硅谷为中心，扩展到西雅图和波士顿。在经济领域，在以因特网为开端的网络空间寻求新的市场开拓地的扩大，这种想法倒是更为妥当。当然，从这个新开拓地里产生了很多商机，同时抱有"碰运气成功"的想法而失败者也很多，这一点同淘金热很相似。

在经济学领域也有这样的论争，即应该把技术的发达视为外在产生的东西呢，还是内在产生的东西呢？新的技术会产生期待，也会制造泡沫经济，这也是事实。[②] 或者也有人指出，由于信息和 IT 技术的发达，通常的经济原则的"收益递减"不够妥当，也可以发现"收益递增"的具体例子，因此有必要考虑它成立的条件。这是一个很有趣的现象。

327

---

① 除了科学技术带来了社会变化这个一般性问题以外，我们也不能忽视技术紧跟着社会所需求的东西这一侧面。这是佐藤俊树在《诺伊曼的梦想·近代的欲望》(讲谈社选书 1996 年) 里所指出的问题。

② 加尔布雷思这样论述到："我有这样一种想法：所有投机逸事的共同点是世间出现了一些新事物。" J. Galbraith (约翰·加尔布雷思)，*A Short History of Financial Euphoria*(《金融狂热潮简史》) Tennessee：Wittle Direct Books，1990；铃木哲太郎译：《泡沫经济的物语》，ダイヤモソ社 1991 年，第 37 页。

但是,政治和行政所考虑的 IT 革命,不仅仅是指市场的扩大。因此,它既没有蒙受 IT 泡沫的恩惠,受其损失也很少。但是,如果把利用人们一般所说的 IT 的政治作为电子政府的问题的话,就会陷入只讨论它的潜在性部分这一缺陷之中。更何况"电子政府"所寻求的如果只是"以电子代替纸"的话,那就会看不清事物的本质。

因此,用一句话总结一下本篇论文的主题,那就是"能把网络空间称为公共空间吗?"讨论公共空间,在政治学里只不过是重提古老的问题,可实际上通过引入网络空间这一概念能够起到这样的效果,即与其说这是新问题的发现,不如说是古老的问题在现代性脉络中更加鲜明了。

1. 网络空间的特征

如果仅仅从技术的发展会给社会带来怎样的影响这一文脉来讨论网络空间论的话,讨论的成果就不会太有成效。例如,直接民主主义的"技术性"问题很困难,在因特网时代,用"技术性"来解决这个问题的见解,不能成为真正意义上的问题。例如,如果直选制的含义是通过按钮式电话机的"是、否"的按键来投票的话,那么就可以把它作为技术性的问题来对待。但是,如果直选制的含义是直接,即指面对面谈话的话,无论技术多么发达,那都是无法逾越的问题。这是因为如果假设"同一亿日本人进行 1 分钟的对话,即使日夜兼程地与所有人谈完也需要 190 年"①。

---

① 西垣通:《IT 革命》,岩波新书 2001 年,第 104 页。达尔也持有相同的主张。达尔·罗伯特(R. Dahl)和爱德华·塔夫特(Edward R. Tufte):《规模和民主主义》(*Size and Democracy*),斯坦福:斯坦福大学出版 1973 年;内山秀夫译:《规模和民主主义》,庆应通信 1979 年。

还有，我们有必要考虑在很多情况下，直选制的含义差异很大。例如电话这种机器自身适合订货，可是很难成为我们通常所说的购物。只有有了厚厚的商品目录或者使用电视机提供的信息之后，使用电话预订才能成为电话订购。在网络空间，利用因特网提供商品目录和订购都成为可能，用信用卡结账也是可以的。但是，只购买信息的情况下利用电视网就可以了，然而，这些信息一旦制成图书和CD，也有必要借助送货上门人员和邮政的帮助。所以我们有必要重新讨论现实和虚拟空间的关系，这个问题也和身体性的问题、物和意识、身心问题等有关系。

在这里，引入因特网是想指出设计"复杂的系统"是有可能的。当然，这就超出了单纯直选制的问题。

例如，在政治领域选举是受技术发展影响最大的领域。很久以前，选举运动的方式，就从挨家访问的"地上战"转移到运用电视媒体的"空间战"了。作为这一讨论的延长，利用因特网选举的"网络战"成为日常化，可以说也不是太遥远的事情了。当然严格说来，"地上战"也不是一下子变成"空中战"，在这中间还有"印刷战"。另外，技术的发达也不是舍弃所有以往的手段，所以我们也不能忽视这样一个现实，即各种各样的手段仍然被同时使用着。

可是，当我们把选举作为制度来考虑的时候，其背景中有代表制，还有从"当面讨论的民主主义"转变成利用代议制的"议会"的历史。也就是说，由于利用选举参与政治的人数飞跃地增加，在政治上"参加革命"所带来的影响也不容我们忽视。这样的话，"网络空间能称为公共空间吗？"这一问题的答案，不仅仅是利用按钮式电话机的双向通信的参加者增加了多少这样的问题，而变成它能不能取代代议制和选举的问题了。

不过,这里的问题不是仅仅讨论因特网代替选举,或者代议制取代直选制的问题。问题是在讨论网络空间的时候,应该与探索在经济领域是否爆发"市场"革命,在政治领域是否爆发"论坛"革命(讨论的场所)这样的问题相结合。简单地说,如果所谓的市场是以所产生的效果和喜好为前提,来探求决定价格的机制和均衡怎样成立的话,政治所寻求的论坛就会关注"通过公共的讨论其喜好会转变吗"这一问题。①

也就是说,在网络空间"市场"能不能取代实质性买卖这个问题,同在政治上能不能利用因特网进行选举的问题有相同之处。不用说,关于这一层面的问题,给予肯定的回答是可能的。在每个人都根据自己的判断进行投票的选举上,即使以与市场的行为者同样的性格为前提来讨论,它们之间也不会有太大的差距。然而,如果以"论坛"作为政治的基础,在网络空间有没有可能展开? 这是和"市场"性质不同的问题。这正是与哈贝马斯所说的"公共空间"②的接触点。在讨论哈贝马斯的公共空间论之前,我们首先讨论网络空间是什么? 在此基础上,再讨论那里的公共空间论。也就是说,哈贝马斯讨论的大部分内容都是以网络空间以前的媒体为前提的,所以要讨论这个问题多少要绕点弯路。

---

① 埃尔斯特把市场和论坛分开来,把市场的特征定义为使用社会选择论的特征。与此相对,论坛是"理论的核心不是喜好的汇总和过滤,我们制作政治系统时也应该在这样的考虑下即根据公家的讨论和对策来考虑他们的喜好"。Jon Elster, *"The Market and the Forum: Three Varieties of Political Theory"*, in J. Bohman and W. Rehg, eds. , *Deliberative Democracy*(Cambridge: MIT Perss, 1997) , p. 11。埃尔斯特在别的地方论述了"讨论民主主义"。Jon Elster, ed. *Deliberative Demoncracy* (Cambridge:Cambrige University Press,1998) 。

② 在本书中, public sphere 的翻译词是公共空间, 当然, 哈贝马斯的 Öffentlichkeit 一般被翻译成"公共圈"。

所谓的网络空间①是什么呢？乍一看这好像是个很简单的问题，由于立场不同答案也是多样的。例如，对于一个很朴素的问题，即"人类能住在网络空间吗"应该怎样回答呢？如果它指的是人在那里能不能呼吸或者吃饭的话，"否定"的回答应该是正确的。正如字面意义所示，"人仅靠面包"是不能活下去的。当我们在读报纸、讨论问题层面上理解这里的人类的时候，人类住在网络空间的可能性变大了。这是一种认为网络空间和现实世界之间相互作用、虚拟和现实的往来是可能的立场。例如，如果有人认为国际象棋的胜负本身就相当于人生的话，那么有人在网络空间生活也就不是不可思议的了。只是在这点上，存在着是否把"身体性"纳入考虑范围的问题，所以留待以后再讨论。

关于网络空间的讨论，其立场大体分为二种，即从大脑延长上来看的立场②和从社会延长上来看的立场。从大脑延长上来看的立场又可分为以下两种，即从大脑外部的因特网来看大脑原型的立场，与像电影《黑客帝国》那样，虚拟现实的极限形态是指大脑所接受和反映的世界是现实的立场。本篇论文的中心课题是采取在论述网络空间时不能回避身体性问题这一立场，而不是采取在谈论虚拟现实和现实本身关系时，站在"脑子里的世界才是现实的"这样的立场。但是，当我们考虑它的极限形式时，也提出了必须克服身体性论这样的课题。

从社会的延长上来看网络空间的观点，是站在社会上存在的东西几乎都可以置换到网络空间这样的立场。无论是银行，还是

---

① 最初使用"电脑空间"（网络空间）这一词语是在威廉·吉布森（William Gibson）（黑丸尚译）的《神经漫游者》（*Neuromancer*）（早川书房 1986 年）一书中。

② 参见立花隆：《因特网是全球化的冲击》，讲谈社 1997 年。

基于投票的选举,只要是当今社会运行的系统,都可以在网络空间里被制作出来。或者,如果讲个极端例子的话,在社会上存在的犯罪,都可能在网络空间里发生。但是,即使可以利用网络进行诈骗,却不可能持刀伤人或杀人。来自这一立场的主张,在此也终于与"身体性"的问题相结合了。

在网络空间可以选举,与地上战、空中战、印刷战相并列,网络战一直在发展,关于这一点我们已经在前面论述过了,这件事也证明在网络空间可以承载社会系统。

当我们讨论网络空间和哈贝马斯的公共空间之间有没有接触点的时候,也应该考虑一下有没有必要讨论"身体性"的问题。

西垣通主张:"网络空间是彻头彻尾地被制约的空间,我们必须注意其中的信息是被'固定'了的。本来,信息不是被固定的。从'梅'这种实物来看,人类对之获得的是视觉信息,而狗获得的是嗅觉信息。获得信息的是具备感觉器官和大脑神经的'身体',这种获取方法,根据身体的状况而千变万化。"①

在这里,西垣通给身体下了这样的定义,即所谓的身体就是"关联我们自身和围绕在我们周围的环境世界的根本性的原型"。因此,西垣通在论述联机共同体的时候叙述说:"为了使现实空间和网络空间相互交错,必须使身体介于其间"②,强调了身体性的作用。

还有,德雷福斯确信电子世界"不是身体居住的世界"。他指出,身体性的欠缺"会丧失辨认关联性的能力",认为"在欠缺身体的网络空间里,不可能获得专门的技能。同远程学习的主张相反,

① 西垣通:前面注释的《IT革命》,第163—164页。
② 同上书,第164页。

实习是在家、医院、竞技场、研究室、工作现场等这些只在共有状况下才可能进行的。所谓的远程与学习就是一种自相矛盾。"①

他还说:"因为现实感觉的源泉是身体,所以身体的欠缺,会对事物失去现实的感觉。"

德雷福斯进而认为,哈贝马斯的所谓"公共领域",是指"18世纪中叶,报纸和咖啡屋成为讨论政治的一种新形式的场所"。并且采用了克尔凯郭尔的论点:"近代的公共领域把自己作为政治权利外部的东西来理解。"②也就是说,克尔凯郭尔"把公共领域作为一种新的危险的文化现象来捕捉。在这种危险的文化现象中,由报纸制造出来的虚无主义之所以被暴露出来,无疑在于旁观者的反省这样一种根深蒂固的错误,这种错误从一开始就与启蒙的理念纠合在一起。哈贝马斯企图重新理解公共领域的道德的和政治的价值。对此,克尔凯郭尔警告说没有拯救公共领域的方法。之所以这样说,是因为公共领域同拥有一些公约的具体的集团不同,它本来从最初开始就是水平化的源泉。"③

他又说,在哈贝马斯式的公共领域里,"直接的经验是没有必要的,同时也不追求任何一种形式的责任";"信息的积累会无限制地延长决断"。

在古希腊的安哥拉(Agora),"因为直接民主制的成员面对面地交谈,交谈的主体都是曾经受到被议论问题直接影响的人们。"

---

① Hubert L. Dreyfus, *On the Internet*, London/New York: Ratledge, 2001;福柯·L. 德雷福斯、石原孝二译:《关于因特网——哲学的考察》,产业图书 2002 年,第90 页。

② 同上书,第 99 页。

③ 同上书,第 101 页。

它同电子的安哥拉是不一样的。①

所谓"电子的安哥拉"其实"不是任何形式的安哥拉,它是为匿名的,不存在于任何地方的人们而产生的,是一个不存在于任何地方的场所"。因此,"它的非场所性(distopian)甚至到了危险的地步"。概括说来,在克尔凯郭尔式的(瑞格德式的②)含义上,其区别有三种。即"公共领域:对局部地区的问题漠不关心的反省式态度;审美领域:把现实世界中关心的事物置换成安全的模拟试验;以及局部地区伴随政治公约产生的伦理领域阶段。"考虑到上述问题,我们认识到"这些都是因特网所不能给予的东西"③。

但是,我在这里并不打算讨论克尔凯郭尔式宗教的意义、无条件公约等问题。我认为接下来有必要整理一下"虚拟现实"和"公共空间"的问题,即虚拟空间能否成为公共空间的问题。相关讨论必须从"虚拟现实"开始。

当然,如上所述,在讨论"虚拟现实"问题时,我们会发现两种角度:以人脑为重点的角度和以社会为重点的角度。讨论的方法因角度而异。

如西垣通以及德雷福斯所述,在讨论网络空间时,身体性的问题可谓首当其冲。我们一直认为所谓实在的东西就是可以用眼睛证实、用手触摸到的东西,通过眼球和手的作用,信息在大脑经过处理,成为视觉和触觉。虚拟现实的问题把这些问题以更鲜明的

---

① 现在在美国东部也可以看到村镇集会,例如,如果"不动产税"的大部分都应用到这个城市的"公立高中"的运营的话,不提对当地居民的相对高额的税收的关心,就是在那个学校上学的学生的家长也不能不关心了,所以议论很容易成为"当事者"的发言。

② 霍华德·瑞格德(Howard Rheingold):早期讨论虚拟社群的先驱之一,著作《Virtual Community》等。——译者注

③ 德雷福斯:前面注释的《关于因特网——哲学的考察》,第140页。

形式提了出来。"亲眼所见"的东西即使在现实中不存在也可以用眼睛看到。举例来说,用 HMD（头盔显示器）所能看见的东西,其实不存于现实生活中,但是可以用眼睛看到。这个原理还可以用于游戏中。如此说来,直接用眼睛观看的电影、电视与 HMD 又有什么区别呢？对大脑进行刺激确实可以引发与亲眼所见、亲手触摸同样的反应,但是这些可以成为对"身体性"的证明吗？这里提出了一个应该解决但又非常棘手的问题。确实,只用飞机模拟装置进行训练的飞行员驾驶的飞机是不会有人想乘坐的。可是,在当今时代,在实际飞行训练的同时,没有飞行员不通过模拟装置进行训练的①。

　　人类的认识是通过大脑进行的,这一点我们可以确定。在本文中,作为"身体性"的译词,"physicality"②比较合适;还可以使用"embodiment"或"intercorporeality"（相互身体性）等。在这里,把"身体性"译为"physicality"是因为对于网络空间的讨论其实与超越"身体性"这一问题是相互连通的。如果一定要对此进行说明的话,所谓"超越身体性"也就是到达了形而上学(meta-phisics)。在这里,我们不是谈论人类历史中具有悠久传统的"形而上学"本身或是网络空间中的"形而上学",也不是像克尔凯郭尔那样谈论"实存"问题。但是,对于"超越身体性"问题的讨论表明,过去的形而上学问题可以以一种新的形式进行探讨。

　　接下来我们先放下网络空间的身体性问题,以网络空间中的"社会"层面为焦点,讨论一下"公共空间"问题。这一讨论进而提

335

---

① 　关于虚拟现实,参见曾根泰教:《虚拟现实和现实的虚拟》,《中央公论》1999 年 7 月号,第 226—234 页。
② 　作为贴切的"身体"的翻译词,在这里 physical body 比较合适。

出了在网络空间中能否开展设计、实验、思考等活动的问题。

2. 网络空间的公共性

我们已经在身体性的层面上讨论了哈贝马斯的公共空间问题,接下来,将按照哈贝马斯的文脉对公共空间问题进行整理。其发展路径大体如下:

(1)资产阶级小家庭的交往空间。

(2)启蒙教养、咖啡屋、沙龙。

(3)以印刷媒体为媒介、公众与公论、"政治的公共圈"。

(4)电子化的媒体。①

其中,经常被讨论的是:(2)以咖啡屋、"读报者"等的启蒙教养为出发点、由(3)公众和公论构成的"政治公共圈"问题。当然,哈贝马斯没有涉及我们在这里讨论的"网络空间"问题。在《公共性的结构转换》第 2 版②中提到了(4)电子化的媒体。但是,当时尚处于网络等尚未充分发展的时期,虽然提到了"电子化媒体",其实论述的对象还是大众媒体。对于网络空间的公共空间讨论,可以通过探讨哈贝马斯的公共圈问题进行整理。

哈贝马斯的"理想化的讨论模式"有几个条件,即普遍的参与可能性、合理的讨论、没有地位差别的平等性等。这同我们以前论述过的问题,即政治"论坛"是什么、经过了怎样的变化等问题紧

---

① 参见花田达郎:《媒体和公共圈的政治学》,东京大学出版会 1999 年,第 8 页。

② Jürgen Habermas, *Stracturwadel der Öffentlichkeie*(Fvrnkfurt am Main: Suhrka-mp, 1990) ,细谷贞雄、山田政行译:《公共性的构造转换》第 2 版,未来社 1994 年,第 11 页。

密相联。不过在这里,对于公共圈是什么时候发达起来的、随着时代的发展发生了怎样的变化等"公共圈的缩小"问题的历史阐述并不是我们探讨的对象。

理论上的发展方向之一是前面已经述及的彻底否定哈贝马斯式思考的克尔凯郭尔理论,以及在此基础上进一步展开的德雷福斯理论。可以说,其中心课题在于网络空间中的"身体性"缺失问题。和本论的文脉联系在一起,这一问题也就是"面对面的世界"中发展起来的"论坛"在网络空间是否能够成立的问题。

然而在另一方面,哈贝马斯式的"读报者"其实不仅仅是指通过报纸来再次确认自己的直接体验。这一时期的人们开始对"直接"经验以外的事情进行探讨和判断。再深究下去,"读书者"也可以在书中寻求自己经验以外的东西。追溯历史,我们不难发现,体验自己直接经验以外的事物是教育和宗教的特性。这不是共同体和社会的区别①,与市民社会问题也并不相同。

超越"身体性"的世界是抽象的世界、想象的世界,也就是说,同眼前的事物、用手触摸到的事物有着相当的距离。

考虑到现代媒体的发展,很多人想在"读报者"和"看电视者"之间划上界线加以区别。但是这条界线有什么意义呢?从不是自己经历的事情这一点来看,两者并无二致。其差别也许在于是否理性地谈论公共性问题。那么"网民"应该属于哪一方呢?

① 一般译为社区、集体、团体等。共同体和社会这两个概念是德国社会学家斐迪南滕尼斯(Ferdinand Tonnies)在 1887 年发表的《共同体与社会》(*Gemeinschaft and Gesellschaft*)一书中提出的。滕尼斯将 gemeinschaft 理解为一种由同质人口组成的具有价值观念一致、关系密切、出入相友、守望相助的富有人情味的社会群体。他将 gemeinschaft 同 gesellschaft 进行对比分析,用来说明社会变迁的趋势和两种不同的社会团体。——译者注

人们日常的话题，从家庭、左邻右舍、工作单位这种直接经验的世界一直扩展到很多未曾体验过的事物，如阿富汗、华尔街的股市价格、瑞士的"世界经济论坛年会"（2002年在纽约举行）以及好莱坞明星的绯闻趣事等。在电视、报纸等大众媒体的作用下，各种信息已经融入我们的日常生活之中。也就是说，并不是由于网络空间的出现使我们开始直接面对超越身体性问题的。

可以说"形而上学"问题在计算机出现很早以前就已经存在了。但问题是我们能否像描绘"天国"和"地狱"那样描绘"市场"和"民主主义"呢？

也就是说，在"亲眼所见"这一意义上来说，"市场"和"民主主义"并不是记住眼前商店的商品或政治家的脸这么简单的工作。要认识这些问题，在心理上需要相当复杂的作业。而在心理学的问题，日常生活中，一般市民认识到市场、民主主义等问题，他们谈论着外汇牌价、内阁支持率等。也就是说，像描绘神的世界一样，人们也可以描绘市场和民主主义。这就好像只数眼前的手指和小石子，不会产生数学的道理一样。

如此，随着计算机的发展，网络空间出现了。在这种情况下，"身体性丧失到何种程度"这一疑问已经不能抓住问题的核心。也就是说，在我们的日常生活中，不仅有伴随着身体性的生活，事实上还有着身体性缺失的长期体验。

在承认这一点的基础上，我们就会明白，网络空间中的世界与我们曾经经历过的不伴随身体性的日常世界是多么不同。换句话说，在网络空间中，我们之前一直在探讨的"身体性"问题是否被作为一个尖锐的问题提出来了呢？

例如，所谓的"无政府主义"作为一种议论可以成立。但是，它从未在现实生活中得到实践。① 实际上,就连理念上的"民主主义"也没有在现实的世界中实行过,所以达尔·罗伯特②作出了"多头政府"(polyarchy)这样一种现实的测量尺度来代替民主主义。③ 可是,虽然在现实的政治世界里没有实践过"无政府主义",但通过网络,"无政府主义"的世界不仅在大脑中被构想,而且也得到了实践。这个例子凸显了网络空间的特征。因特网是靠TCP/IP这样非常简单的协议联结起来的网络。因此,它毫无疑问地受到了传统通讯业界人士,如电话公司从业者们的嘲笑。他们认为使用那种只能在小规模范围内起作用的简单协议、用"接力"的方式来联结世界的想法是很可笑的。然而,时至今日,因特网作为通信的基础设施发挥着公共财产的作用,甚至连大型电话公司也试图向 IP 电话方向转移。毋庸置疑,因特网的发展经过了以下的过程,即军事上的研究,科学家之间的交流手段,转化为民用产品,网景浏览器(netscape)和 IE 浏览器(internet explorer)等经过商品化后,使用者数量剧增。不过,在这里我们更关心的是这一系统的基础,即协议的问题。④

---

① 当然无政府主义有多种多样的议论,在这里使用的是政府不要或者中央的管理体系的不在的意义。

② 达尔·罗伯特(Robert. A. Dathl,美国哲学家),著有《民主理论的前言》、《论民主》。——译者注

③ Robert Dahl, *Polyarchy* (New Haven: Yale Unitversity Press, 1971),高田通敏、前田脩译:《多头政府》,三一书房 1981 年。

④ 在这里所讲的协议问题是指"因特网的三层构造",即物理层、代码层、内容层中的代码层的问题。从这个分类来看,本章网络空间论的大部分,主要是内容层。参见林纮一郎、池田信夫编著:《宽带网络时代的制度设计》,东洋经济新报社 2002 年,第4—5 页。

由 Linux① 所代表的"开放源码"②也同样采用了"无政府主义"式的网络技巧。从这个意义上来说,这是一种实验方案的具体化。在这一点上它虽然丧失了身体性,但是同形而上学是很不一样的。

在思考社会和网络的关联性时,我们不妨回想一下 25 年前的计算机。那时,在很多大学、企业里,耸立着威严的大型计算机中心。人们祈祷数据能够顺利地通过程序,就像在神殿面前虔诚等待神谕的信徒一样。当然,时至今日,即使对那些诺伊曼计算机发牢骚或抱怨也都无济于事了,而且 20 世纪 70—80 年代的计算机使用者的遭遇与当时世界其他地区的情况大同小异。然而,计算机的发展是日新月异的。转瞬之间,个人电脑(工作站)和网络之间缔结的自律、分散、协调型关系业已形成。如果与社会结构进行对比就会发现,这种关系的形成同从中央集权到分权的流程完全一致。但是,社会中的分权并不是"无政府主义"的。当然,各网络中存在"管理者",也有维持世界因特网的协议机构,但这与以往的政府概念差别很大。与政府管理相比,以"无政府管理"为目标才是准确无误的。在这个问题中,公私关系与官民关系的角度是不一样的。网络并不是能够设想出"参加型社会"的单纯 NPO。然而,可以说是形成了一个在共同规则、运行方式、费用负担等方

---

① 用于有 80386 和更高级微处理器的 PC 机的 UNIX 系统 V3.0 版内核的一个版本。它是由 Linus Torvalds(并以其名字命名)和全世界许多合作者共同开发的。——译者注

② "Open Source"(开放源码)被非营利软件组织(美国的 Open Source Initiative 协会)注册为认证标记,并对其进行了正式的定义,用于描述那些源氏码可以被公众使用的软件,并且此软件的使用、修改和发行也不受许可证的限制。——译者注

面都非常特别的系统。①

　　网络空间的另一个特征是,可以很简单地对我们以前在头脑中构想出的世界进行实验。例如,从卢梭(Jean-Jacques Rousseau)到罗尔斯(John Rawls)的社会契约理论,无论在哲学领域还是社会科学领域都颇具权威的话题。这里我们探讨一下在网络空间里应怎样操作社会契约理论。现在,即使是公共选择论,也假设一种原初状态,当人们被包裹在无知的面罩里时,怎样的契约才能够成立呢? 罗尔斯的议论是把它作为立宪契约这样的一般性问题处理的。但是,绝大多数的社会契约论是在全员一致的基础上形成的。因为这种理论设想出的个人是能够使全员一致成立的个人,从而社会契约要在全员一致的基础上形成。也就是说,正因为设计此体系的目的是全员一致,所以在全员一致的基础上社会契约才能够成立。

　　换句话说,社会契约是在设定了极其"虚拟的"人和极其特定的条件的基础上达成一致的。这里的"一致",不是在多种多样的人的基础上达成的一致(这种程序在理论上是不可能的),而是设定某种假设的人的形象,在此基础上探讨社会契约怎样才能在全员一致的基础上形成。如果以面对面的交流为前提(即以"身体性"为前提)的话,这种全员一致是不会存在的。反之,因为处于极其虚拟的世界中,所以可以达成一致。

　　我们在现实生活中也常常经历这样的事情。例如,一般来说,舆论调查时对于某个问题的意见不会出现100%的一致,即使是对"有争议的问题达成协议",最多也就是80%或90%。另外,在

---

　　①　例如, ICANN (The Internet Corporation for Assigned Names and Numbers——互联网域名与地址管理机构)是其中的代表(http://www.icann.org/)。

实际的会议运作中出现的"全员一致"，应该是下了很大工夫的"一致"，不可能像字面的意思一样，与所有人的选择都一致。①

在网络空间中，我们可以把虚拟的思考实验置换成具体实验，它以拥有各种喜好的具体的人为前提。至少，在市场中处于抽象的、理论方面的对象可以在网络空间中置换成现实的交易。因此，虽然网络空间不具有面对面的身体性，但也能进行实验，研究有着不同价值观的人们能否缔结社会契约。但是，在现实的同意中，是否进行了关于会面性、身体性的要素是否重要的实验，就是另一个话题了。

哈贝马斯式"协议民主主义"的具体实验，以及此实验与网络空间实施的同样实验是否具有可比性等问题将在后文中涉及。

本节中提到了网络空间的身体性问题。网络空间的特征在于可以实验。对于同样不具有身体性的"社会契约论"没能超出"思考实验"的范围来说，不同的是网络空间中可以进行"具体的"实验。进而言之，网络空间既有实验性，同时也有设计性的问题。如果再接触一下后者，"公共空间"问题就不难理解了吧。

3. "信息民主"的可能性

一般认为，因特网的发展很容易与直接民主制的言论结合在一起。但是，我在这里对此提出异议，是因为网络空间是具有设计性的。也就是说，现在的技术已经允许我们设计出某种复杂的制

---

① 例如，关于一致争论点，参见蒲岛郁夫《政权交替和掌权者的态度变化》，木铎社 1998 年等。关于 Vilfredo Federico Damaso Pareto 的基准，参见曾根泰教：《决定的政治经济学》，有斐阁 1984 年，第 231 页。

度。在技术尚不发达的时代，人们的意见只能通过按键器来选择"Yes"或"No"（就像在电视节目录制现场，观众们用按键器来选择答案一样）。这样，公众的反应就成为一种直接制的意见。

但是，因特网的发展使在网络空间中设置选区、构筑多层次的间接系统都成为可能。我们可以把参议院放到网络空间中来；在设计选区时，可以按各种顺序对其进行排列，而不一定要按地图上的顺序。例如，我们可以按照假名顺序（或英文字母顺序）来排列，也可以像"按年龄段排序"那样，按照某个关键字段将选区进行排序。我们还可以更随机些，就像舆论调查一样完全随机地抽出某个选区进行分析。

我们甚至可以设计一个仅存在于网络空间中的议会，或是联合国。提到这种网络性质的会议、团体，有人可能提出它与日常生活相距甚远。但在冈山市，一种"网上街道居委会"已经开始运行。会员们彼此熟识，因此无须验证密码；在上一节中讨论的"身体性"问题也很容易解决。也就是说，在这种情况下，现实世界与虚拟世界达成了一致。①

然而，现实空间与网络空间达成一致后，是不是所有的问题都迎刃而解了呢？我们不得而知。恐怕网络空间上的"绝交"②会引发比现实生活中更严重的问题吧。

让我们再次回到哈贝马斯的公共空间问题。既然在现代社会里，咖啡馆、沙龙等公共空间已无迹可寻，人们自然会想到能不能重建公共空间这一问题。不仅如此，人们还可以对公共空间进行

343

① 关于冈山市"网上街道居委会"，请参照 http://www.city.okayama.okayama.jp/search_fortop.asp。

② 原文为"村八分"，意为：全体村民对违背村约的人和人家实行断绝往来以示制裁。——译者注

设计,大胆实验。费希金(J. Fishkin)倡导的"讨论民主主义"(Deliberative Democracy)和经讨论后的"舆论调查"(Deliberative Poll)就是其中一例。现在对"Deliberative Democracy"的翻译译语并不一致,还有"熟议民主主义"、"熟虑民主主义"、"协议民主主义"等译法;其模型本身是极具实践性、极为具体的。这个问题可以从哲学、思想等方面进行分析,我在这里想探讨一下它的实践性以及这一制度能否应用于网络空间以克服"身体性"的问题。①

　　一般的舆论调查采用从母体集团随机抽样然后征询意见的方式,而"经讨论的舆论调查"的方式是,把抽样选出的人员从全国各地集中起来,设立一个讨论的平台,人们在小范围内相互交流沟通,并邀请专家发表意见。通过讨论、深思熟虑(deliberation)的过程,我们可以看到人们的意见是如何变化的。通常的舆论调查是由抽样选出的人员代表其母体集团来发表意见。而与此不同,在"经讨论的舆论调查"中,抽样选出的人员通过讨论和听取专家意见,其观点发生了变化。因此,这时的调查结果已经不能代表全国各地的母体集团了。

　　但是,这一系统的目的在于创建一个讨论的"公共空间",而一般的舆论调查旨在分析如何能取得更有代表性的意见;两者目的不同。也就是说,"经讨论的舆论调查"所关心的焦点在于,参加者如何通过讨论的过程改变自己的意见和喜好。虽然名为"调查"(Poll),但早已预料到讨论后的"舆论"不能代表母体集团的意见。另外,观众可以通过电视转播、报纸报道来了解参加者意识的变化,这对观众自身的知识、理解的深化也大有裨益。此实验也对

---

　　①　关于"讨论民主主义",参见曾根泰教著:《"讨论民主主义"的可能性》,预计 2002 年近期出版。

"讨论舆论调查"能否发挥论坛作用这一问题进行了测试。

从 1994 年在英国曼彻斯特的首次实践开始,到 2001 年 2 月为止,"经讨论的舆论调查"已在世界各国进行了 18 次实验①。在英国进行的首次实践对于我们理解"经讨论的舆论调查"理论体系是一个很好的例子。从英国全国抽样选出的 300 名实验对象齐集曼彻斯特大学,在 48 小时的时间内对同一论点("犯罪"问题)进行讨论。其间经过了多次小组讨论、对专家的提问、对政党代表的提问,实验记录了在此过程中实验对象的意见变化。在大学、报社(《独立报》)、电视台(第四频道)的合作下,一般民众通过媒体了解到了实验的过程。②

另外,笔者曾有机会经历了澳大利亚实验的全过程。由于实验在澳大利亚国会旧址举行,参加者像是从全国各地来参加国会的议员一般。虽然没有经过选举,但抽样选出的实验对象代表了全国的舆论趋势。讨论现场虽然是依照实验理念人为设置的,但这也形成了一种"公共空间"。尽管是一个看起来较为正式的"公共空间",但比起通常的议会平易近人得多。为创造一个比较宽松的讨论空间,实验对象被分成若干个小集团进行讨论,名为"促进者"(facilitator)和"协调者"(coordinator)的主持人也发挥了重

---

① 18 次实践中有 10 次在美国(其中 1 次在全国范围内,9 次在地区范围内)举行,在英国全国范围内举行过 5 次,澳大利亚 2 次,丹麦 1 次。讨论的议题以"犯罪"(英国曼彻斯特)开始,1996 年在美国得克萨斯州奥斯汀,讨论的议题与总统选举相结合,涉及"经济"、"外交"、"社会"等国策问题。在澳大利亚,"向共和制过渡问题"(1999 年)、"土著居民问题"(2001 年)成为了议论的焦点。在丹麦,2000 以"是否加入欧盟"为议题进行了讨论。

② "Deliberative Polling,"*Independent*, May 9, 1994, p. 8, p. 9. 关于"讨论民主主义"首先作出报道的日本媒体应该是吉田慎一的《政治和媒体:在时间、知识作用下的舆论变化》,《朝日新闻》1994 年 8 月 6 日。

要作用。

当然,也有舆论调查专家对这种"讨论民主主义"提出过反对意见。但是根本问题在于,这项实验能否人为地创造出"公共空间";而且,这种以面对面的"对话"、"讨论"(也就是"身体性")为前提的"空间"能否在网络空间中再现。关于网络再现问题,"讨论民主主义"的倡导者费希金也曾提出在线运作 ICANN① 的观点。②

以往曾进行过在网上交换意见的实验,我自己也曾参加过这一实验。可以说,这种实验创造了一种间接的言论空间。朝日新闻社的 e-democracy 实验的意见交换不是直接民主制的。实验过程如下:首先由提出问题者在 500 字以内设定一个问题,然后由参加讨论的代表在 200 字内陈述意见,接着再由一般参加者发表自己的观点、意见。③ 不过,一般参加者的意见首先由编辑部编辑整理,然后再送到讨论代表手里,由代表进行解答。比起 BBS,这种形式的意见交换更有条理。

另一种言论空间是一种叫做"言论 NPO"的组织。这种组织实行完全的间接民主制和部分的会员制。之所以采取间接民主制是因为这个网站有一种理念:民主主义是间接民主制的,因此言论空间也应该采取间接民主制。

关于"言论 NPO",发起人之一山崎正和说:"……现在人们开

① The Internet Corporation for Assigned Names and Numbers,对网上地址资源进行标准化及分配工作的民间非营利法人组织。——译者注

② James Fishkin, "Representation in Cyberspace Study"(http://cyber. law. harvard. edu/rcs/fish. html). 我们也曾在网络空间中进行过几次预备考察,但尚未进行过严密的比较分析。

③ 参见朝日新闻社《e-民主》,http://www. asahi. com/e-demo/。

始在网络上发表意见,进行辩论。有时,专业编辑也会引用其中一部分登载在杂志上。这样就构成了直接民主制和间接民主制相互结合的双重结构。重要的是必须确立编辑权,这里的'权'是一种'责任'和'义务'。"①山崎还曾写道:"我认为直接民主主义以及就每项具体政策进行国民投票的政治是极其危险的。"②

在这里我们可以看到,"直接民主制"与"间接民主制"的问题,关键在于谁对信息进行汇总这一"过滤者"的问题。也就是说,谁来编辑信息,谁来把备选项提供给一般市民? 特别是在信息泛滥的网络空间中,这种编辑、意见汇总、总结备选项的工作极为必要。

在政治学家中,就连对直接民主制持肯定态度的伊恩·百凯诗(Ian Budge)也曾提出:不应采取无媒介的"集中制",而应由政党对市民的意见进行汇总。一般的直接民主制拥护者主张否定政党,但是与他们不同,伊恩·百凯诗对政党寄予厚望,他指出:"能够合理地、系统性地探讨整个社会发展的唯一团体就是政党。也只有政党才能够对整个社会作出较长期的规划。"③"既然存在政党,为什么还需要直接民主制?" 这是因为,虽然直接民主制对人们的要求、喜好更为敏感,但是政党也可以在其中发挥提示备选项的作用。

4. 信息社会的"公私"和规则设定

网络空间提出了公私关系的新问题。网络的构造决定了它开

---

① 参见大塚英志、山崎正和著:《"言论"崩溃还是"言论"复活?》,《中央公论》2001 年 7 月号,第 76 页。

② 出自《言论 NPO》,http://www.genron-npo.net/jp/b/index.html。

③ Ian Budge, *The New Challenge of Direct Democracy* (Oxford: Polity Press, 1996) ,杉田敦等译:《直接民主制的挑战》,新曜社 2000 年,第 52 页。

放的特性,只要不是有意识地设置屏障,就会向外界公开。这与以往的社会原理是不同的。以前,只要不想把个人的问题提到"公"的层面上去讨论,它就只能是一个"私人"问题。但是,网络空间的公私关系与此不同。两者的差别在于,一个是原则上公开的世界,另一个是原则上不公开的世界。个人问题和公共问题的分界线究竟在哪里? 我们应从空间、心理角度明确解答这一问题。

加藤纮一曾一度与森喜朗首相意见相左(也就是所谓"加藤之乱"),当时人们频繁地点击他的主页并向他发送大量邮件。有位刻薄的评论家曾对政治家使用网络进行了讽刺:"半夜三更身着睡衣回复邮件的人怎么能搞好政治?"确实,本想穿着睡衣去后院走走,没想到却走到了因特网这条通往世界的大路上去了。对于网络的这种空间位置关系,如果不太熟悉就有暴露隐私的危险。但是,正如出门时要关门上锁一样,对于网上的个人资料也必须进行安全设置。作为常识,人们都知道信用卡的密码不可以轻易告诉别人(还有,要防止网络、信用卡密码被盗用),但是,如果不在现实生活中吃一次苦头,是不会知道问题的严重性的。

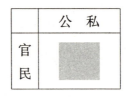

	公 私
官民	

让我们再次整理一下"公私"的关系(参照上图)。从"公私"和"官民"的关系看,因特网是一块巨大的民间领域。但是,不断呈现在人们眼前的事实表明,因特网又属于"公"的范畴。相比之下,"私人"领域在网络中属于例外的情况,要想使一个问题停留在"私人"层面,必须特别留意;这是因特网的特征之一。

另外,信息的特点在于它是一种财富,一种公共财富。即使在网络世界中,信息的"消费非竞争性"、"非排除性"都决定了它是一种公共财富。信息的另一个特征是可以廉价地进行复制,难以确定其所有权,因此有必要对著作权、知识产权进行保护。

不过,如果仅因为信息具有公共财富的特征,就断定网络空间是一种公共空间,似乎很难令人信服。也就是说,"非竞争性"、"非排除性"是"普遍访问"的一个侧面。无论何人都能够平等地、免费地、在不影响其他消费的前提下对网络信息进行访问;但是,这是否可以称得上是"公共性"? 要成为公共的空间,恐怕还需要一个条件。那就是,必须设置一个进行"合理讨论"的结构。仅有免费信息的泛滥还难以称得上是"公共"空间。

其实,与政治构造一样,关于如何设计网络这一空间的问题,人们的立场也各式各样①。

综上所述,除了直接与间接的标准问题外,原态(未经编辑)与编辑(过滤)、备选项或个人喜好是否汇总都是很重要的问题。"讨论民主主义"力求公平地提供各种不同的意见;但是这种努力是小心翼翼的,因为如果备选项数量过多,意见过于分散,讨论就无法进行了。

接下来我们要讨论的一个公共性的标准问题类似于事实标准

---

① 根据哈贝马斯的理论,笔者总结了一下规则。

(3.1) Every subject capable of speech and action may take part in discourses.

(3.2) a Everyone may challenge any assertion.

    b Everyone may introduce any assertion into the discourse.

    c Everyone may express his/her attitudes, wishes and needs.

(3.3) No speaker may be prevented, by internal or external coercion, from exercising his/her rights under 3.1 and 3.2 (http://www. cultsod. ndirect. co. uk/MUHome/cshtml/index. html) .

(de facto standard)和法律标准(de jure standard)的对立。也就是以下两种观点的对立：一种认为，因为大多数人支持的标准早晚会占据支配地位，所以只要等待其自然形成就可以了；而另一种认为，必须遵循一定的协议、规则。这不仅是围绕影像媒体及备忘录的纠纷。可以说，它类似于立宪主义和无政府主义之间的对立。一般说来，即使在形式上采用了立宪主义，其内容也有可能是极端无政府主义(杰斐逊式)的。巴洛(John Perry Barlow)的《网络空间独立宣言》①就是一个典型的例子。既然有《独立宣言》，那么网络民主的《权利章程》也就不足为怪了。以下就是丹尼斯·汤普森关于网络民主的《权利章程》②。

网络民主的《权利章程》
网络论坛更加开放(no bozo filters)
网页浏览积极参与(no lurking)
相互作用更加持续(no churning)
网上留言更加稳妥(no flame bait)
获取信息方式更加透明(no cookies)
Dennis Thomnson(1998)

《权利章程》列举了因特网现存的许多缺陷。例如，有些网络空间上的论坛存在排他性和限制性。③另外，第二条指出，对于网络空间，人们不应只是冷眼旁观，或站在消费者立场上享受他人提供的信息。这也涉及政治上的一个根本问题：是应该重视群众积

---

① A Declaration of the Independence of Cyberspace, by John Perry Barlow 〈barlow@ eff. org〉.

② Dennis Thompson,"E-mail from James Madison re: Cyberdemocracy"(http://www. ksg. harvard. edu/visions/Thompson. htm,1998)p. 6.

③ 这个问题还存在多种版本，如收取会费才能浏览内容，只有会员才能访问等。作为"公共空间"应具有开放性。

极参与,还是主张无论是否参与,只要稍加关心就值得提倡? 我们
要注意到,网络民主有可能只增加了巨大的"观众群"。另外,《权
利章程》还指出,网上讨论应是持续而不是零散的,在留言板留
言、发表意见时应有自制,避免过激。另外,关于获取信息应更加
透明这一问题,事实上,相当一部分网站利用 cookies,不露痕迹地
把访问者的信息自动收集了起来。对此也要注意。

让我们再次总结一下"公"与"私"的问题。事实上,让网络空
间成为公共空间的条件有以下几点:

首先,从"官"与"民"这个角度来看,大规模的民间机构、企业
纷纷涌现,其发展是否会使共同体走向衰落? 也就是说,如果我们
在网上设计出一个公共的空间并使其运转起来,人们是否会脱离
日常生活,陷入网络世界无法自拔? 即使情况没有这么严重,以往
人们以"社会资本"、"市民社会"为前提形成的参与集体活动、关
心社会的热情是否会因为网络空间的建立而逐渐消退? 另外,在
心理方面,由于网络的匿名性,人们可能会产生不负责任以及丧失
主体性等问题。由于对人的接触失去了"身体性",很容易引发
"关系丧失症"。

与本文中一直在论述的"私"的问题不同,上述情况属于"个
体"的问题。网络空间的发展带来了主体性及自我等心理学难
题。除此之外,我们还面临很多棘手问题:能否凭借人们在网络空
间上对某些对象的共同关心建立新型的公共性? 人们各自的主体
性能否形成一种公共主体性? 相对于"公共"、"共同体"而言的主
体性能否共同拥有?

这些问题的中心不在于"公私"关系,而在于可否建立一种
"个体"与"公共"的关系。现在,"个体"可以直接和世界进行接
触。其中一例就是通过图书馆了解世界。以往,很多人没有机会

351

接触大型图书馆,但是现在有了电子图书馆,不出门便知天下事。有着同样兴趣爱好、共同关心某些事物的人们还在网上建立兴趣小组、论坛;在这里,国界是没有意义的。

但在另一方面,从"市民社会"理论、"社会资本"角度来说,不可否认,罗伯特·柏特南(Robert Putnam)所说的"一个人的保龄球赛"现象也许会层出不穷。① 当"孤独的大众"越来越多,社会就会日益衰落,家庭逐渐走向解体。虽然这一问题尚未被实践充分证明,我们必须正视它并寻求解决之策。

"核心家庭"是由夫妇和子女组成的家庭单位。但是,手机又将家人细分为一个个"个体"单位。这种倾向加速了"个体化"的发展。为维持彼此关系,必须不断发送手机短信以进行确认。这种缺乏"身体性"的行为不能像面对面接触那样时时察言观色,或是得到对方的回馈。但是,如果要建立一个供讨论用的公共空间,网络就可以发挥它可设计性的优势了,它可以设计出专门为某种用途而设立的空间。

就是说,网络也可以建立论坛,舍弃了"身体性",问题更加集中、精练了。但是,正因为如此,有人提出反对意见说,观点的统一需要彼此相互理解,而在这一过程中"身体性"是很有必要的,面对面的相互理解是通往公共性的必然之路。与此同时,也有人认为,尽管网络空间缺乏"身体性",但仍然可以进行相互理解并达成统一意见。"身体性"的不足可以通过其他途径进行弥补。

因此,目前我们也许能够给"网络空间能够成为公共空间吗"这一问题给予肯定的回答。但是即使如此,对于"网络空间的发展是否会动摇社会的根基"这个问题,我们的研究还远未成熟,现

---

① Robert Putnam, *Bowling Alone*(New York: Simon & Schuster, 2000).

在只能说否定的因素较多。

结　语

从某种意义上说，"网络能否成为公共空间"这个问题是理所当然、毋庸置疑的。相比之下，"应在多大程度上怎样利用网络作为公共空间进行使用？""为了进一步熟悉网络，应对其进行怎样的设计？"诸如此类的问题可能更有意义。网络空间中的市场同现实生活中的市场发挥着同样的作用。实际上，网上选举也是可行之策。当然，必须留意本人确认（认证）、密码等安全措施，这对于网络空间的使用十分必要。另外，如上所述，对于网上议会是否可行，或是能否在网络空间上设计哈贝马斯式"论坛"等问题，我们应该认识到其可能性。作为哈贝马斯式"论坛"的实践，面对面的"讨论民主主义"实验已多次实施。因特网的一个特征是可设计性，而另一个特征是实验性。考虑到这两点，在网上实践"讨论民主主义"是可能的。

我们已经通过报纸、电视等媒体进行了"讨论民主主义"的实践。利用新媒体再次进行实验是很有意义的。不仅如此，网上讨论与面对面的讨论是否会得到同样的结果？这是能否解决本章提到的"身体性"问题的关键。

继"网络空间能否成为公共空间"之后出现了另一个问题："在网络空间中能否进行'面对面'般的对话以及意见的统一？"这是一个难以回答的问题。"身体性"的前提是双方共处同一现实空间，它包含着观察对方表情、反应的能力；而在网络空间中却很难时时窥测对方的反应。但是我认为这一问题是可以克服的。

在公共空间中，"公私关系"这个古老的问题以另一种形式登

353

场了。网络空间的出现使"民"的领域中猛然增加了一块巨大的公共空间,并使"私人空间"这一概念的意义产生极大变化。网络空间问题与其说是一个"公"的问题,不如说它包含着更多"私"的成分。成为"个体"的个人往往淹没于网络的匿名性之中。这一"身体性"问题属于网络空间"个体"问题的范畴。以往备受关注的"社会资本"、"市民社会"问题的根基,也许会因此受到动摇。

在网络空间上设计一个公共空间是很简单的,但是我们必须认识到,因特网的发展使得支撑家庭、社会的许多根本因素处于变化之中。其重要原因之一便是"身体性"问题。

第十二章
本地主动性与公共性

薮野祐三

1. 什么叫做"本地主动性"

说来或许有些唐突,我想从"什么叫做本地主动性"这个问题开始我们的探讨。在日本,"本地"(local)这个词有着很浓的消极意味,这是很不可思议的事情。像铁路线路的 local 线(地区线——译者注),报纸的 local 新闻(地方新闻——译者注)等等,在很多时候,"local"是指无足轻重、容易被大家忽视的一个概念。

如果追溯这些现象的深层原因就会发现,"local"这个词常常被翻译成"乡下"。"乡下"这个词本身含有歧视、消极的意味,从这一点上来说,英语的"local"这个词绝不是"乡下"的意思。在英语中,"乡下"一般翻译成"country"。

那么,对于"local"这个词,有没有比较贴切的翻译方法呢?让我们看一下"local"一词在日常生活中的用法。比如,很多年前,NGO 曾提出"Think globally and act locally"的口号。如果我们把这里的"local"理解为"乡下",就变成了"全球化思考,乡下式行动",完全不能传达这个口号的真正意思。还有这样一个例子,日

355

美经济摩擦论战正进行得如火如荼之际,美国要求日本做到产品供应本地化。这一要求被称为"local contents",这里的"local"也不能翻译成"乡下",因为并不是要求乡下提供产品。

还有,出国旅游时经常会遇到这样的情况:飞机即将抵达伦敦机场,乘务员通过广播提醒乘客说:"现在是伦敦当地时间×点×分。"在这里,所谓"伦敦当地时间"也就是伦敦本地的时间,绝不是伦敦郊区或乡下的时间。

从上述例子可以看出,"local"并不是"乡下"的意思。所谓"local",是指本地、此地、当地,也含有生活圈之意。如"local bar"是指平日常去的酒吧;"local market"是指常去购物的市场。日常生活中所熟悉的、能满足生活基本要求的场所就叫做"local"。从这里我不禁联想到,英语中"位置"一词称为"location";"local"和"location",也就是"位置"和"当地"这两个词可能是同源的。①

像这样由当地、当事人、生活圈来掌握主动性的思想可称为"本地主动性"思想。其主要观点就是创建一个由自己主导,而不是由他者承担的生活圈。

那么,"本地主导权"思想是在怎样的思想潮流中产生的呢?概括说来,这种思想潮流也就是构筑分权型社会的思想。说到分权型社会,大家可能马上联想到地方分权。但是,地方分权本身不能天然地引导出分权型社会。分权型社会包括关于地方分权的理论,同时还包括更为广泛的内涵,这一点需要提醒大家注意。

在这里,让我们再一次探讨一下在英语中这些概念的含义。

---

① 参见薮野祐三著:《本地主动性——超越国境的尝试》,中央公论社1995年。

"分权"在英语中表示为"decentralization"①。如果说"分权"一词的意义中尚有不明确之处,我们可以把"分权型社会"改称为其别名——"非集中型社会"。因为英语"decentralization"一词可以直译为"非集中化"。如果我们仔细回想一下就会发现,20世纪是一个集中化的世纪,一个国家的时代,由国家来管理各种各样的社会事务②。例如,从社会福利事业问题来看,20世纪盛极一时的理论就是由国家来管理福利事业,即"福利国家"理论。然而,进入21世纪后,人们开始追求国家发展的新模式,以及取代国家的一种新型组织。比如,现在关于"国家是否会退出历史舞台"、"国家是否会相对地衰落下去"等问题的讨论进行得非常热烈,有人提出应该由自治体取代国家开展其外交活动。从这些动向中,我们可以对目前公共性的一些问题有所认识。③

那么,所谓"非集中化"是指怎样的现象呢? 我们来看几个具体的例子。20世纪末,人们开始探讨由男性、女性共同参与的社会规划以及信息公开等问题。这些都是为创造分权型社会而提出的政策。不能仅由男性掌管权力,在招聘时不能任由男性垄断各种机会;这些提法都体现了由男性、女性共同参与社会规划的思想,是对男性垄断资源分配制度的否定。为了把男性集中控制的资源分配给女性,人们开始寻求"非集中化"(decentralization)。

---

① 例如英语中的"分权"也有时表示为"decentralization"。参见 Danny Burns, Robin Hamblenon, and Paul Hogget, eds. , *The Politics of Decentralization: Revitalizing Local Democracy*(London: Macmillan, 1994) 。

② 关于现代国家论请参见数野祐三著:《先进社会的国际环境2·21世纪体系中的国家》,法律文化社1998年。

③ 参见 Susan Strange, The Retreat of the State: *The Diffusion of Power in the World Economy*(Cambridge: Cambridge University Press, 1996) , 樱井公人译:《国家的退场——全球化经济的新主角们》,岩波书店1998年。

另外,进入 21 世纪后,在政治、经济、社会等方面,信息也成为了一种新的资源。这种信息资源不能仅由一部分人来垄断。例如,关于治疗情况的信息不能由医生独占,所以人们提出建立一种"知情同意制度"(informed consent)。回顾历史,信息垄断现象随着专业分工的发展而日益严重。技术越来越进步,也越来越复杂,这种复杂的技术信息没有必要向市民公开,只要委任专业人士全权负责就可以了。我们经历了这样一段信息垄断思想占主流的时代。当今的人们对这种信息垄断思想进行批判,要求公开所有信息。这一要求也是非集中化的表现之一。

综上所述,非集中化现象不仅在政治方面有所体现,在社会、经济等方面,人们对这个问题也进行了积极的探讨。国家衰落论也是从这一角度提出的,它不过是非集中化(分权化)的表现之一。

但是,要深入探讨非集中化社会(分权型社会)的问题,就必须进一步明确"非集中化"的含义。创造分权型社会的运动一般反对国家集中化,为实现非集中化,就要从"本地"(local)这一生活空间出发,以此为基准开展各种活动。

分权化的方向即非集中化的方向又分为以下两种。一是自上而下的分权(非集中化),这便是人们耳熟能详的地方分权,即"官官分权"。然而,在此同时另一种分权却常常被人们忽视,这就是自下而上的分权(非集中化)。如上所述,分权型社会有两种类型,而接下来我们要进一步探讨的,正是自下而上的分权。① 在这

---

① 民主主义可以分为"向上的民主主义"和"向下的民主主义"两种。参加政治组织属于"向上的民主主义",而家庭成员的平等,或是夫妻平等则可以称为"向下的民主主义"。一般来说,"向上的民主主义"伴随着制度化的要求;"向下的民主主义"不要求制度化,而是以民主主义的具体情况为前提。参见薮野祐三著:《民主主义》,收入 A. Mook 编《政治学明解》,朝日新闻社 1998 年。

里,笔者将自上而下的分权简称为官官分权,自下而上的分权简称为市民分权。为便于理解,笔者把分权(非集中化)问题在下图中归纳了一下。

分权化的两种类型 ————→ 自上而下的分权化(官官分权)

————→ 自下而上的分权化(市民分权)

为什么自下而上的分权(市民分权)变得如此重要呢? 在这里,我们不能忽视隐藏于其背后的一种现象,即"均衡化社会"的来临。与"均衡化社会"对立的概念是"差异化社会"。"差异化"显示了伴随着差异的产生,社会确立起来的一种作用。学历就是一个典型的例子。当社会生活处于贫乏的年代时,教育费用是一笔极大的开支,只有一部分人能走进课堂。虽然国家采取了国民普及教育的政策,接受高等教育的机会仍是很有限的。明治时期,日本开始设立高等教育培养机构,据说那时的大学入学率只有1%。然而,在大学大众化之后的现代日本,18 岁青年中接受高等教育的比例接近50%。过去,受教育的条件受到了"差异化"的作用,而现在,由于"均衡化"的作用,每个人都能容易地接受教育。

还有,过去人们都认为出国旅行是可望而不可及的,其附加值很高。然而,当今时代,每年都有超过 1000 万的日本人走出国门,周游世界。出国游从"差异化"进入到了"均衡化"的时代。

事实上,信息渠道越畅通,人们对教育的关注越密切,社会就越会朝着均衡化的方向发展下去。接受者与给予者、供给者与需求者的关系已不再是上下级,而是对等的。以前,医疗信息被医生垄断,患者接受的教育与医生相比要低得多,因而只能接受医生的解释。医患之间存在着"信息差距",即信息的差异化。患者只能

第十二章　本地主动性与公共性

相信医生及其垄断的信息,别无他法。然而,随着患者认识的提高,知识的增长,医患关系从"差异化构造"逐步改变为"均衡化构造"①。患者开始提出要与医生在对等地位上参与决策的要求。

这样的事例在当今社会随处可见。比如学校教育中家长和教师的关系,行政服务部门中行政人员与市民的关系等等,在很多场合都能看到均衡化社会的征兆。以前,教师,也就是教学的一方绝对地垄断着知识;而现在,学生或是学生家长掌握的信息和知识比教师还要多。还有,行政服务部门也发生了变化:以前行政人员绝对地垄断着信息和知识,而现在市民开始掌握比行政人员更多的知识和信息。具体来说,在环境保护、福利事业领域,有事例表明,市民掌握着更为完备的信息。

这种"分权化运动"通过"均衡化社会"这一"过滤"的过程,最终要作为实现民主化的手段,转变为一种旨在建立"分权型社会"的思想运动。这样,分权型社会的建立就成为了民主化要求的新发展,其表现超越了政治的框架,还包含着社会、经济领域的发展。上述各种层面上的运动可以用图8来表示。我们必须同时注意到,政治、社会、经济这三个领域的运动发生于"本地"这一生

---

① 一般来说,各种经济现象由于差异的作用而使附加值提高。首先对这一问题作出分析的是凡勃伦。参见 Thorstein B. Veblen, *The Theory of the Leisure Class: An Economic Study of in the Evolution of Institution.* 高哲男译:《有闲阶级的理论——关于制度进化的经济学研究》,筑摩学艺文库 1998 年。另外,不可思议的是,在经济领域追求差异化的同时,政治领域则追求均衡化以确立民主主义。事实上,差异化与均衡化可以说是人类拥有的两大本能,是竞争和平等思想的矛盾体。关于差异化问题,请参照以下文献。Jean Baudrillard, *Le system des objects*(Paris: Editions Gallimand, 1968). 宇波彰译:《物的体系》,法政大学出版局 1980 年。Jean Baudrillard, *Le miroir de la proction*(Paris: Editions Gallimand, 1973). 宇波彰译:《生产之镜》,法政大学出版局 1981 年。

活空间中。

図8　均衡化社会的发展

上述三个领域被多重构造后即是"本地"。其中，市民运动可以称为"本地主动性"。所谓"本地主动性"，正是有着涵盖三个领域的广度、深度的一种意识形态。

2. "国家"与"本地"的相互制约

那么，由"本地"来承担新型公共性的局面是怎样产生的呢？我们必须认清这一问题。在此之前，我想先对何谓"公共性"这一问题略加分析。要弄清"公共性"这一概念，首先要从其组成部分——"公"、"共"这两个词开始探讨。所谓"公"是指"公家"，从语言角度上分析即"大家"之意。所谓"大家"是一个相对的概念，是相对于"小家"来说的。因此，我们必须牢记"公"是一个相对的概念。

举个浅显易懂的例子来说，民营企业因其不承担公共服务，因此常被人们认为是"一切为私"。但是，即使在民营企业里也能看到"禁止私自使用公司电话"的规定。这说明在民营企业中也存在着"公"与"私"的区别。另外，即使是在私人的集会上，也不允

361

许窃窃私语。

从这些例子中可以看出,"公"与"私"的区别是相对的。"公"或许可以简单地解释为限制"私",或是强迫"私"抑制其欲求的上位空间。从这个意义上说,即使在夫妻之间也存在"公"这一空间。因为即使在夫妻之间也存在着不可干涉的空间和必须自制的方面。

问题是,在历史上"公"这一空间一直为"国家"所垄断。其结果是只要人们提到"公"立刻就联想到"国家",往往陷入狭隘的思路中去。而且,在把"公"等同于"国家"的那一刻起,人们的思考也就停滞不前了。为了不走入这种思维的死胡同中,我们必须认识到"公"是一个极其相对的概念。

问题还在于"公私"与"官民"的区别之中。在社会科学领域,关于"公"与"私"这对概念的讨论进行得如火如荼;然而对于"官"与"民"这对概念却无人问津,这是很不可思议的。有关"公私"与"官民"区别的讨论并不多①,坦率地说,这是学术上的一个遗憾。

那么,应怎样探寻"公私"与"官民"的区别呢?从结论上说,如果说"公私"是指服务的理想状态,以及提供服务的空间即制度的话,那么"官民"就是指承担这项服务的行为者。我们必须认识到,"公私"是一种制度,而"官民"是支撑制度的行为者。因此,我们可以把"公"理解为"有义务将事物'公家化'的制度",而把"私"看作是"没有义务将事物'公家化'的制度"。所以,"官"也存在着没有必要"公家化"的"私"的部分。同样,如果说"官"是政府的职员,那么"民"也就意味着是非政府职员。

----

① 关于"官民公私"的区别,参见早稻田大学多贺秀敏氏的观点。

通过这样的梳理,我们明白了"公"并不是"官"。因为"公"是一种制度,而"官"是一个行为者,其作用的层面是完全不同的。以前"官民公私"问题不明了的原因,就在于人们将"公"与"官"、"私"与"民"等同起来了。也就是说,将"官"视为"公",将"民"视为"私"。

在这里我想举一个简单的例子。在停车场,"公用车专用"的告示牌应怎样翻译成英语呢? 如果从"公用"的角度翻译成"public use only",那么就成了所有市民都可以使用的停车场。事实上"公用车专用"这句话不应该译成"public use only",而必须是"official use only"。问题在于"public"和"official"这两个词都可以翻译成日语的"公"。当"公"对应"public"时,表示不能排除个别的一种制度。因此,如果译成"public use",就不能将某一部分人排除在停车场使用者之外。因为"public"一词本来就含有"民众"之意,"public use"也就是"民众使用"。而日语中"官僚"与"公务员"这两个词的区别也是如此。"官僚"这一名称指出行为者这一意义,而"公务员"这一名称则指出了其工作内容是"公务"①。

现在把上述观点在表7中略作归纳。让我们以表7为基础,再次探讨一下"官"与"民"的区别。在学校教育中,有"官立"即"公立"学校,也有"私立"学校。但是,即使是私立学校也可以自由地进行教学活动。不管是公立还是私立,"教书育人"这项服务都是具有"公"的性质。因此,教学的内容都要接受"公家"的审核。医院也是如此。即使是私立医院也不可以任意选择患者。因为私立医院所提供的"医疗"这项服务具有"公"的性质,所以医院

363

---

① 关于"官民公私"问题请参见薮野祐三著:《先进社会的意识形态2·制度与行为者的矛盾》,法律文化社 2001 年。

是不能挑选患者的。这样的例子还有很多。如私有铁路因其提供的服务带有浓厚的"公"的性质，因此其票价成为"公共票价"，不能像超市的蔬菜那样随行就市。而出租车司机也不能选择顾客。寿司店的老板可以根据自己的喜好来选择食客，但是出租车司机不行。选择顾客的行为称作"拒载"，会受到处罚。

表7 "官民公私"的区别

	公	私
官	公立学校 公立医院	
民	私立学校 私立医院	私人企业

这样说来，我们就会发现我们无意识地采用了很多民间组织来承担"公共"服务。以前那种"承担公共事务的是'官'"的想法可能过于强烈了。而这种想法的深层原因正是源于日本明治以来对"公"的观念和认识。

接下来我们以前面论述过的一般认识为基础，回到"国家"这一问题来看一下。以前，人们动辄把"国家"和"官"等同起来，结果产生了"公＝官＝国家"这一思想上的连锁反应。据推测，在江户时代的日本，人们把幕府称为"上头"①。所谓"上头"，按照字义来说不过是对于处于上面的人、事物的总称。从这个意义上说，"上"的观念是相对而言的。

然而，"上头"一词丧失了其相对性，与"幕府"等同了起来。这种一般性、相对性的概念，经常在某个层面上失去其相对性，被固定在某个绝对的位置上。"公＝官＝国家"这种观念正是一例。

———————————

① "上头"，日语为「お上」，朝廷、政府、衙门之意。——译者注

"公＝官"的观念正是混淆了"公"这一制度和"官"这一行为者的结果,是一种狭隘的思路。

经过这种思想过程,作为制度的"公"和作为行为者的"官"一体化,与"国家"紧密地联系在了一起。不可思议的是,这种联系直至今日还持续着,"国家"使制度和行为者紧密地联系起来,"国家"成为"公"的终极形态,这种观念至今根深蒂固。在这里我们可以将"公"这个概念归纳如下:

(1)"公"这一概念是相对的。

(2)人们一直认为"公＝官＝国"。

那么,我们的任务就是要依靠经验来列举一下替代了"国家"的"公"和与"国家"同时存在的"公"。如果说"国家"是在"国"的层次上密切联系起制度和行为者的一种组织,那么可以说"自治体"是在"地区"层次上密切联系起制度和行为者的组织。

既然"公"是相对的,那么也必须在各种情况下把"国家"层次的"公"相对化。当然,有时"国家"层次的"公"的相对化还会发生在超越"国家"的国际组织中。① 但是,"国家"作为"公"的终极机能,是具有主权的。例如,主权的绝对性在当今世界仍是构成正确认识国际问题的基础。然而,我们必须承认现在还存在一种"国家"以外的"公",即"public";而其表现之一就是"本地"这一生活空间的存在。

以上对"公"这一问题进行了深入探讨。然而,问题并不仅限于此。事实上,在论及"公共性"时,"共"的问题并没有得到明确

① "国家"可以相对化为"从国家出发的组织"和"深化为国家的组织"。参见薮野祐三著:《先进社会的国际环境1·本地主动性的创造》,法律文化社1995年。

365

的解释。简单说来,所谓"公共"正是"公"和"共"两个词组成的合成词。从这个意义上说,"公"与"公共"有着天然的差异。以前我们往往注重论述"公",而且将"公共"理解为"公"。但是,对于"共"的问题却没有明确的认识。换句话说,我们一直都在讨论失掉了"共"的"公"。我们首先必须反省这个问题。①

那么,"共"所谓何物?关于"公共性"的另一个根本问题又摆在了我们面前。要分析这个问题,我们必须回到"制度"与"行为者"的二元论中去。如前所述,"公"是一种"制度",而"官"是"行为者"。但是,维持"公"这种"制度"的"行为者"却不单单是"官"。这一点我已经在表7中作了分析。"公"永远都是,并只能是一种"制度"。

简单说来,"共"是一种不在"制度"层面,而在"行为者"层面上发挥作用的机能。从这个意义上来说,所谓"共",也就是指一种多种要素相互影响的空间。如果说"公"是一种"制度",那么"共"就是"行为者"的"集合"。想到"官"与"民"共同支撑着"公"这一事实,我们就很容易理解上述问题了。毋庸置疑,一种"制度"是不能自发建立并存在的。一定存在支撑该"制度"的"行为者","制度"才能运转。从这一意义上讲,"制度"与"行为者"的关系相当于整体和部分、全体和要素的关系。②

经过以上的梳理,我们可以明确这样一个问题:"制度"是在与"行为者"的相互关系的基础上建立了其存在结构。由此形成

---

① 关于"公"与"共"的关系,请参见数野祐三著:《先进社会的国际环境2·21世纪体系中的国家》第6章"本地体系中的行为者",法律文化社1998年。

② 关于制度与行为者的关系请参见数野祐三著:《先进社会的国际环境2·21世纪体系中的国家》第1部"思想中的'体制'与'行为者'的矛盾",法律文化社1998年。

了"公＝官＋民"这一结构。所谓"公"就是由"官"与"民"这两种"行为者"共同支撑着的一种"制度"。即使是"民"也不能完全脱离于"公"之外。比如说,企业虽然属于"民",但是其经营过程中也受到各种来自"公"的制约,如对环境这种公共财产的关心,不能垄断拥有公家标准的价格,即公共收费①等等。还有一个典型的例子:"雇佣"这种劳资关系就一直是公家管理的对象。"雇佣"必须依据按照《劳动基准法》进行②,并不完全属于"私"字范畴。

如上所述,"民"必定受到来自"公"的种种制约,如果违反这些规定,"民"将无法继续下去。同时,"民"还通过商品这种物资的生产发挥着提供公共服务的作用。英语中把"商品"叫做"goods"。笔者想这也许是因为"商品"受到来自"公"的规定,必须是社会性"goods"的产品。同时,"企业"也就是"民"必须通过生产"goods"对社会("公")做出贡献。从这个意义上说,与"公"隔绝的"民"是不存在的。

通过上述分析过程,我们要首先弄清"公"与"私"、"官"与"民"以及"公"与"共"的关系。这是我们解开"本地"中存在的公共问题的关键。

3. "本地"中的"制度"和"行为者"

接下来,我们结合"本地"这一生活空间以及由"制度"和"行为者"构成的"公共"问题,探讨一下本地主动性问题。这要从怎

---

① 公共收费,日语为"公共料金",是运输、邮电、自来水、电力、液化气等提供物资、服务的公共机构收取的费用。——译者注
② 《劳动基准法》,日本政府于1947年制定的法律,以保护劳动者为目的。——译者注

样理解"本地"中的"制度"和"行为者"这一问题谈起。

概括说来,只有在"本地"这一生活现场,才存在实现新型公共性的必要性和可能性。如上所述,所谓"本地"是指生活空间,即"现场"。为了打破以往由国家垄断的旧秩序,创造自治的新秩序,我们必须明确"本地公共性"的应有状态。在非集中化的作用下,"本地"这一生活空间是可以从国家独立出来的。

为理解这个问题,我们必须再次探讨一下国家的机能。20世纪是一个"国家的时代"。那么"国家的时代"是怎样变成"地方的时代",即"本地的时代"的呢?让我们回到政治学的基本概念来看一下这个问题。

一般来说,所谓"政治现象"其实是围绕稀缺资源的分配而产生的纠纷。也就是说,与人们想要获得的物资、资源相比,社会所提供的物资、资源不足时,就会产生纠纷①。结合我们的日常经验也不难理解这一点。比如水资源或物资的缺乏往往会导致纠纷的产生。

当发生这类纠纷时,一般由国家对其进行处理,而实际执行这项工作的是政府。论述了古典自由市场经济的亚当·斯密预见到,由于市场不能使一切物资交换得以完成,必然导致纠纷。他指出,解决这种纠纷的不是其他机构,而只能是政府②。从这个意义上说,政府可以看作是排他性地执行价值分配的机关。

"排他性"正是我们接下来要论述的问题。发生于各种层面

① 在现代,把权威地分配稀缺资源定义为政治的是 D. 伊斯顿,请参见薮野祐三著《现代政治学的方法——D. 伊斯顿的〈政治的世界〉》,法律文化社 1981 年。

② 参见亚当·斯密:《国富论(四)》第五编《论政府的义务性经费》,岩波文库 1995 年。

上的纠纷,最终还要靠拥有"排他性决定权"的国家以及肩负国家重任的政府来解决。换句话说,稀缺资源的分配还要依靠"排他性"的政府来解决。黑手党企图挑战这种"排他性决定权",因而受到政府的猛烈抨击。正是经历了这样的过程,近代国民国家诞生了。

所以,社会越贫穷,企图把有着"排他性决定权"的组织据为己有的念头越强烈,这种想法逐渐在人群中蔓延开去。越是在匮乏的社会,独占国家统治权、对政府进行独裁统治的倾向越明显。这是因为在匮乏的社会中想要富裕起来必须首先将"排他性决定权"据为己有。反过来说,只有独占了"排他性决定权"才能富裕起来。这里的"富裕"不仅指经济的富裕,而且还包含精神上的"富足",即享受自由的权利①。

由此可知,"20 世纪是国家的时代"这句话也就意味着,20 世纪是一个物资匮乏、人们为争夺决定资源分配的国家统治权而纷争不断的时代。为了独占国家统治权,垄断资本、独裁政党的势力日益增强。② 而"排他性统治"最终引发领土争端,两次世界大战由此爆发。无论是资本主义还是社会主义都追求权力的"排他性集中"。

国家所垄断的最大的武器是战争,是武力。从这个意义上说,20 世纪的"国家"和"战争"不过是同一事物的两个侧面。国家集权构成了政治构造的基本形态。尽管"战争"这种形态在第一次

---

① 麦克弗森把民主主义分为多种类型。参见 C. B. Macpherson, *The Real World of Democracy*(London: The University of Oxford Press, 1966) ,粟田贤三译:《现代世界的民主主义》,岩波新书 1967 年。

② 分别对国家垄断资本主义和社会主义专政政权进行了讨论。在 20 世纪,"独占"这个词跨越了资本主义和社会主义的界限。

世界大战、第二次世界大战中的表现不同,而20世纪50年代爆发的美苏冷战表现为资本与劳动的对立,与两次世界大战又有所不同,但是,这些都是一种变相的国家垄断体制的对立。

20世纪中叶以后,特别是60年代后,社会开始逐渐富裕起来。众所周知,20世纪60年代被称为"黄金60年代"。美苏冷战局势开始化解,同时凯恩斯主义①经济政策支配着世界各地。这一时期的日本进入了经济高速增长时代,"国民所得倍增计划"开始实施。而在美国,政府提出了"伟大的社会计划",明确指出要"与贫困作斗争"。20世纪60年代经历了以国家为中心的经济体制的巅峰。②

然而,富裕的时代也带来了一些问题。一般来说,随着社会的富裕,人们对于政治的关心也愈加淡漠。换句话说,富裕的时代也就是对于国家越来越漠不关心的时代。这种漠不关心的态度延续到了20世纪末;进入21世纪后,这种倾向仍很明显。

但是我们必须注意到,对政治漠不关心并不等同于对选举无动于衷。如果说政治追求的是对社会的改革,那么在21世纪的今天,追求社会改革的人们其实并没有减少。如果我们看到活跃在地震灾区的志愿者们,在海外工作的NGO青年队员们,我们必须承认,他们绝不是对于政治(改革)毫不关心的。特别是在1995年阪神大地震发生后,各年龄段、各地区的人们纷纷活跃起来,参加社会活动和社会改革的意识日益高涨;由此,1995年也被称为"志愿者元年"。我们可以从中看出志愿者们强烈的变革意识。

---

① 凯恩斯(John Maynard Keynes,英国经济学家),主张政府对经济的积极干预。——译者注

② 参见薮野祐三著:《先进社会:日本的政治——结构崩溃的时代》,法律文化社1990年。

尽管如此,人们常说现代人缺乏对于政治的关心,这是为什么呢?因为他们不想参加投票选举。换句话说,人们常常认为投票率低就意味着对于政治的漠不关心。确实有一些人不想去投票,但是他们对社会改革非常热衷。这是为什么呢?因为独占排他性意志决定机关,即参加选举,夺取政权需要花费大量的时间、经济成本。在社会物资匮乏的时代,人们哪能忍受这种时间、经济成本的付出。

　　然而在日益富裕起来的当今社会,大胆利用自身资源,实现自己的改革目标能使人获得更大的成就感。人们开始绕过政治进行社会改革。如果"绕过政治"这个字眼容易产生误解,那么也许说"绕过选举"会贴切些。这种现象起到了使决定权非集中化的作用。

　　总之,人们为了实现改革而绕过了政治制度。确切地说,没有把制度纳入改革的对象之中。我们以前动辄谈论观念上的改革、观念上的正义,总是把被意识形态化的改革看作改革的实际情况,根本不考虑应如何面对眼前的现实问题。举一个具体的例子,比如在扶贫活动中,我们总是在观念中描绘出扶贫的对象,而对眼前的无家可归者视而不见。

　　然而,从制度中脱离出来的市民们,绕过了政治的市民们却认为眼前的事物正是改革的对象。这种观念愈加强烈,人们也越发感到改革的现场应该到"本地"这一生活圈去寻找。

　　改革的对象源于人们的生活圈。这一现状构成了 21 世纪的地域问题。人们越来越重视日常生活中的现实问题,把"公共空间"定位为共同生活的空间。扶贫也好,改革也罢,并不存在于远离日常生活的天边,而是在我们的脚下。"本地主动性"正是始于解决当下问题的一种观念意识。

这种意识不是对国家这一政治制度的改革,而直接面向社会改革。再次回到政治制度这一问题上来说,人们参与政治有以下两种方式:一是直接面向政治制度改革。其典型是夺取政权、民主化运动等。与此相对,还有一种绕过政治体制面向社会改革的方式。如前所述,绕过政治、绕过选举的方式正是 21 世纪的政治参与方式。

对当前问题的关心 —— 绕过选举的方式

"本地"是一种公共体制,必须由人们共同肩负起来。这就产生了一个问题:如何确定肩负"本地"这一体制的"行为者"呢?

如前所述,以前人们一直认为"本地"这一公共空间是由自治体,即行政人员/"官"所肩负的,"民"只不过是"官"所提供服务的受益者。这种观念至今仍根深蒂固。正因如此,建立"官"与"民"之间的沟通和交流将是今后的重大课题。

4. 从生活圈看公共性的发展

经过以上整理我们可以认识到,"公"决不是远离我们日常生活的事物,而正是我们的生活空间本身。我们还须认识到,肩负此公共空间的"行为者"是多种多样的。自治体这种机构也不过是多种行为者之一。在民间,承担教育工作的不仅是公立学校,私立学校同样提供着这一公共服务。提供交通、运输服务的也不只是国营交通公司,民营铁路也是承担公共服务的中坚力量。在日常生活中,"官"和"民"这两种"行为者"共同支撑着公共体系。

然而,新的问题由此产生了。人们对公共空间、公共服务并不怀有什么亲近感;反而有一种不好的感觉,认为公共空间的秩序难以维持,即使设备齐全,因维持秩序不力而很容易使其变成一个无秩序的空间。公园管理就是一例。私人庭院由于管理的责任主体明确,绝不会像公园一样毫无秩序。其实,公园也有其明确的责任主体,即自治体。但是,现实情况是,只要是不收门票的公园,其管理往往马虎起来。

　　另外,人们对"公共服务"的印象不佳,认为它质量低下,仅包含最低限度的服务内容。一个很好的例证就是国立医院和公立医院①。在国立、公立医院里,医疗服务官僚主义化,对患者的态度也令人不满。学校也是同样。很多家长对公立学校教育内容平均化、教育质量下降的现状极为不满,纷纷把孩子送到私立学校读书。

　　公共服务、公共空间不是毫无必要的。但是,人们却并不热衷于为公共体系贡献自己的力量。这是人们从生活经验中得出的一个矛盾命题。

　　这种矛盾是怎样产生的呢? 简单说来,这是由于必要性和成本之间存在冲突造成的。人们一方面认识到公共体系是必要的,另一方面又不愿意为维持公共体系付出成本。举个例子说,国家决定撤销有轨电车,因为有轨电车成本太高,而且占用道路,应把道路让给其他车辆。当时,很多媒体提出"反对撤销有轨电车"的口号。很多市民也向交通部门提出反对意见。

　　问题就出在这里。反对意见超过了80%,于是媒体大加报

---

　　①　日语中"国立"和"公立"的意思有所不同,"国立"指国家设立的机构,而"公立"指都道府县、市町村及其他公共团体设立的机构。——译者注

道。但是，反对撤销有轨电车的市民之中，有多少确实在乘坐有轨电车呢？我们不得而知。一般来说，提出反对撤销有轨电车的市民，平时却并不常坐有轨电车。因为有轨电车花费过多的时间成本和经济成本。很多市民考虑到出行方便和费用问题纷纷购买汽车。我们要注意到这样一个现象：人们一方面认为有轨电车是必要的，另一方面自己却不去乘坐。

还有一个有关电力的例子。人们一直在进行反对核电运动，但是却很少有人开展省电运动。一方面人们意识到环境保护的重要性，反对利用核能发电；但在另一方面，又不肯为此在生活中节约能源。这便是公共性问题的最大瓶颈。

对于我们来说，共同承担公共问题到底是一种乐趣还是痛苦呢？说得更明白一点，承担公共问题的动机是出于一种乐趣还是义务呢？举一个日常生活中的例子来说，大家都认为街道居委会的卫生扫除是很有必要的，但是承担这一任务又是十分辛苦的。那么，承担公共体系的"行为者"为什么要付出成本以维持公共体系的存在和发展呢？我们必须对其动机进行分析。

付出成本是一种乐趣还是义务呢？简单来说，承担公共事务者有两种动机即乐趣与义务。

但是，社会现实却并没有那么单纯。一项活动的内容是志愿者性质还是义务性质的，对于这一点的判断是因人而异的。因此，也许某人怀着志愿服务的动机参加了某一公共活动，但他的邻居却是以一种履行义务的态度参加了同一活动。

同样，即使行为者是同一个人，也不一定在参加任何公共活动时都怀着志愿服务的动机。而且，该行为者有可能根据活动内容，有时出于志愿服务的目的加入，有时又以履行义务的态度参加。对于参与动机的分析是很复杂的，在这里我们仅从概念上将其进行简单整理(见表8)。

表8　参与公共事务的动机

动　机	活 动 内 容
参与公共事务的乐趣(参加型)	志愿性活动(自律性)
参与公共事务的义务(拒绝型)	义务性活动(他律性)

如表8所示,当本地主动性体现为一种志愿性活动,也就是一种出于乐趣的活动时,问题还不会显现出来。但是,当需要人们义务地维持一种公共体系时,便出现了这样一个难题:所需成本应由谁来负担?

在这种情况下,有两种办法可以解决成本问题。一是把负担转移到民间;二是由权力机构强制执行。我们必须注意到,有一些公共活动具有义务性质,不可回避。正因为其不可回避性,维持公共体系和为此付出成本的"行为者"的关系问题凸显出来。亚当·斯密主张自由市场经济,提倡保障自由的个人经济活动。尽管如此,斯密也不得不承认某些政府义务性经费的存在,如国防、司法、公共事业所需经费。

现在我们来探讨一下上述两种方法。首先是向民间转移负担的做法。社会上存在着由特定企业承担公共体系运转成本的情况。如为了缓和交通拥堵现象,国家为民营公共汽车设置了专用车道,使其能够尽快输送客流。还有,为解决老龄化社会的种种问题,国家委托一些民间机构开设护理业务。总之,这种方法使民营企业在利益驱动下肩负起维持公共体系的任务。

这种方法一般被称为"寻租"(rent seeker)理论。"rent seeker"意即"既得权追求者",也就是说赋予某民营企业既得权,使其积极承担公共服务。上述例子中的公共汽车公司、护理机构也就

375

相当于"rent seeker"。

NPO(非营利组织)也采用了这种方法。一般来说 NPO 翻译成"非营利团体",但是,一个组织如果不营利就不可能维持下去,NPO 也是如此。事实上,NPO 的组织原理是:为维持公共体系的运转并开展有关活动,不向组织课税。因此,它并不是非营利团体,而是非课税团体。

一般来说,人们往往认为公共体系的维持和管理与营利性背道而驰。但是,我们应该把维持、管理公共体系设定在营利的前提下,通过公共体系运转成本的收益性,使民营企业在利益的驱动下把公共事业变成一种喜悦和乐趣。①

另一种方式是由权力机关负担成本的做法。例如对垃圾袋收费、加大对违法停放自行车的罚款力度等。这种方法公开了公共体系运转所需费用,努力防止"钻空子"现象。当权力介入公共事务时,很容易发生"钻空子"现象。比如,为应对垃圾袋收费化政策,有人把垃圾运到垃圾袋不收费的街道丢弃。又如,为逃避处罚,有人将自行车停在他人住宅前。

在公共体系的维持、管理过程中,有些情况无法依靠民营化来解决。此时,必须利用国家权力这种有着排他性的力量,动员市民来承担公共体系运转的成本。

问题在于,能否让人们把维护、管理公共系统当成一种发自内心的乐趣呢?"本地主动性"涉及一个人性论的问题:是坚持"性恶论",加重相应处罚;还是坚持"性善论",依靠人们心中的"善"

① 但是,如果盲目扩大这一论点,就会认为追求利润是社会生活的全部目的,利润是维持、管理公共体系的喜悦和乐趣的唯一源泉。这个论调十分危险,应引起注意。

来维持公共系统的运转呢？在富裕起来的社会里，人们应该从精神的富足中追求生活的乐趣。

公共哲学能否在人们心中生根发芽，这不取决于人们从公共服务中受到多少恩惠，而取决于人性能否向"善"的方向发展，从而使人们都能够心甘情愿地负担公共服务所需的成本。而这种"善"的创造正是源于人们的"日常性"，发生于"本地"这一空间，即人们的日常生活圈。因此，我们的乐趣与喜悦也首先要到"本地"空间中去寻找。"公共性"能否成为乐趣的源泉？这个问题与本地主动性的思想性密切相关。

第十三章

作为公共政策理念的公共哲学

足立幸男

1. 民主主义与公共政策

政策这个词的含义,一般来说指的是针对某一特定问题或一组问题所提出的应对策略。在我们日常生活中,总是要面对众多的困难和问题,大致来说可以将它们分为三类:第一类,只有我们自己(或家人)才能解决,而且此类问题我们解决起来不会感到不可能或不妥当,纯粹属于自己关心的事情。第二类,各营利团体或非营利团体所固有的、只有该团体内部成员才共有的问题。第三类,靠个人或个别团体的力量毫无办法解决,或者交由他们自己解决不妥当——为了使其得到妥善解决,需要由超越个人或个别团体之上的、更加总括性的社会单位进行集体讨论、制定政策、对构成该社会单位的所有个人及团体进行约束——是这样的一类问题。严格意义上讲我们称之为"公共"问题的,应属于第三类问题。解决这类问题的策略就是我们说的"公共政策"。

判断什么样的问题属于公共问题,关于这一点毫无疑问有着历史性的变迁。很多过去被列为公共问题的内容,我们在今天看来或者纯属私事,或者是某一团体特有的问题。如是否信仰神灵,信奉何种思想信条,应该从事何种职业等等,都是这样的问题。另一方面,像以下很多问题,如应该何时结束延长寿命疗法,应该在多大程度上允许治疗不孕和改良胎儿遗传基因。这些都是有关生命、医疗伦理的问题。此外还有歧视、贫困、家庭暴力、动物实验规定等问题。随着科学进步以及人们认识的变化,这类问题作为公共问题被重视起来。

应该由哪个级别的社会单位来解决问题才妥当呢?这是有关公共政策的一个非常重要的问题,我们基本上应根据问题的性质来决定。在不同水平的地区性社会(学校区域、市町村、都道府县、广域联合等)解决问题是完全可能的,而且很多是理想的解决方式。有关防卫、治安、司法等问题需要国家出面解决。更有些问题,如果国际社会不积极参与就无望获得实际收效。随着经济和环境污染全球化发展,近年来这类问题逐渐增多。

至于具体到某一国家在某一时期,什么样的问题是需要通过公共政策来解决的公共问题,各种公共问题需要社会的哪个阶层来参与解决问题,这些最终将由市民之间开展的"政治"(讨论、谈判、交易、妥协等和平的办法来解决纠纷)①来决定。针对各种公共问题应该采取什么样的解决办法(公共政策),也同样由政治来决定。至少在民主主义制度下这是我们追求的理想。当我们将民主主义作如是理解的时候,公共政策已经不再为少数杰出人物所

379

————————

① "政治"这个词有广义和狭义两种不同的意思。前者可以理解为包括暴力解决纷争(战争、革命、内乱、肃清反动势力等)在内的政治。与此相对,后者则可以理解为暴力的相对概念,即从政治过程中彻底去除暴力要素是极为困难的,我们必须承认看起来"和平的"谈判和交易其结果很大程度上受实际力量关系的左右,但在设法避免暴力毫不遮掩地为所欲为这一点上,我们可以看到"政治"的本质。以下,本章中所说的"政治",其意义指的是后者——狭义的意思[足立,1994a:375—376]。

独占,不仅政治家、官员、利益集团以及包括 NPO、智囊团在内的潜在的所有市民都可以成为公共政策的策划者和倡导者。在政策制定过程中,越是有更多更优秀的建议提出来,最后制定、执行的政策才会更好。如果可以比较、讨论的对象过少,原材料都是些粗劣的东西,即使我们作再多的调整和推敲,从中创造出好的成果也是不可能的。这就是市民必须提高自己设计政策的能力,并积极地为政策制定提建议的缘故[足立,1996:21—22]。

反过来说,什么样的政策才是好的公共政策呢?

第一,大家首先想到的就是,它必须是对达成政策目标(拟通过政策解决的问题得到解决)有效的。① 从这一点上来看,一般由多个方案组合成的政策比只由一种方案组成的政策更为有效。因为单一的原因(措施)成为某一特定结果(达到目标)的充分必要条件,这样的情况是很少见的。很多情况下都是因为有多个原因才产生了预期的结果。此外,与其采用指导、命令某一特定的行为,或者通过对违反者进行惩处的方法来达到政策目标,不如采取给予人们经济性激励的办法——也就是说把判断的权力交给市民,让他们自己决定是否愿意服从政策的意向以及多大程度服从政策的意向。如果越是服从政策的意向越是会得到好处,相反则

---

① 严密地说,通过公共政策来解决的问题,与自然科学家以及工程师所要面对的问题根本上不同,并不是能够完全解决的问题。首先,问题是什么这一点就不明确(如何解释问题已经规定了答案的内容),而且没有结束规则(讨论工作应该何时告一段落),加之互相对立的各种解释的背后所潜在的各种利益和价值观,要调和它们相互之间的矛盾并不容易。而且我们没有一个客观尺度来判断各种"解释"的真伪以及相互之间的优劣。一言以蔽之,我们所要解决的问题都是没有正确答案的问题。至多只能是在一定程度上缓和事态的严重性[足立,1994b:48—50]。

会蒙受损失——这样的机制被认为比其他很多办法都更加有效。①。

第二，公共政策必须是经济的(节约费用的)。即达成预期的政策目标所需要费用越少，这个政策就越是好的。这一点笔者想不需要做特别说明。

第三，政策实行的成效(预期的最理想效果)、弊病(负面的效果)、费用等的预期将或多或少会具有不确定因素，好的政策必须尽可能将应对这些不确定因素的措施包含在内。因为我们无论如何都要尽力避免由于估计错误导致致命的失败。尤其对那些预计费用巨大，从开始实施到结束需要很长时间，将对市民生活、生态环境乃至地球环境产生深远影响的政策，更是要谨慎。从这一点来看，在毫无根据的乐观论基础上设计出来的政策不能说是好的政策。此外，将项目细分为若干阶段，对每一个阶段进行再次细致地考察分析(为将来修改方针留有余地)，可以说也是好的政策所必不可少的一个条件[足立，1994b：73—77]。

第四，好的政策必须以现实的，即可达成的事项作为目标。因此，如果一个项目即使动用了可利用的最优秀技术和人员仍然无望实现，而我们把这样的项目定为政策目标的话，这不是一个贤明的政策。此外，我们还必须在大多数市民认为可以允许的费用范

---

① 但是，利用税金以及补助金等诱导人们的行动走向较理想的方向，这个办法有一定的难度，并且有无论如何也克服不了的极限。本来，我们应该以何种程度自私的社会成员为对象，确定这一点并不容易。如果税收优惠以及补助金额太小，就会有相当数量的人并不采取政策设计者所盼望的行动，那么当初的目标可能就无法实现了。反之，如果税收优惠以及补助金额有利于诱导绝大多数社会成员的行动，那么在短期内可能是有效的，长期来看这只能助长人们的自私，恶果很可能在以后暴露出来。加之推定各个人的激励结构(对多大程度的诱因做出多大程度的反应)常常伴随着不确定性[Adachi，1999a：233]。

围内实现目标。如果一项政策规模宏大,即使采用了最节约的方法仍然无法筹措费用,其实现的可能性将很小。如果一项政策虽然勉强通过政治程序审查,但最终几乎没有成功的希望,顽固坚持这样的政策目标,或者设定与人们的价值观和舆论走向背离的政策目标,只能说这是自我满足的一种表现,不能说是明智的政策选择。①

对达成目标有效的、经济的、事先对不确定因素做好对应、以可实现事项为目标,这四个要素与"慎重考虑"有关的条件,是制定一项好的政策所必要的条件。但仅具有这些还不足。如果我们慎重地考虑一下会发现无论是多么优秀的政策,如果在伦理的角度上有问题,还是不能算是好的政策。好的政策应该是符合公共伦理、公共哲学等诸多原理,并被充分认可的政策。

这一问题考虑起来有两个方面:第一,如果一个政策只有通过"不正当"手段才能实现,则不能将其定为政策目标。② 第二,一项政策要从公共伦理、公共哲学的角度来看是正确的,则在政策设计之初就必须将其重要结果和影响充分考虑进去。政策不仅会影响当代人,还常常会影响到子孙后代。甚至会波及人类以外生活在同一地球上的其他动植物。因为某一政策的实施导致自然景观和历史文物古迹遭到重大改变,这样的事情屡见不鲜。不仅如此,有

---

① 虽然这么说,这并不意味着一概否定价值观、舆论变化、政治领导人物以及政治思想运动所起到的直接的积极作用。人们的价值观和舆论并不是固定不变的东西。他们不断地变化着,并且是可以改变的。人们的价值观以及舆论的走向有时确实会在短时期内出现剧烈的变化,但是这种现象并不会频繁出现。人们的价值观以及舆论的走向,毫无疑问将限定此时此刻它的具体的内容[足立,1994b:66—67]。

② 例如以前纳粹领导人公开主张的"最终解决犹太人问题",但这一目标的解决办法只有通过从地球上彻底消除犹太人这一卑劣的手段才能实现。

时候某一政策的实施会给生态环境乃至整个地球环境带来无法恢复的破坏。一个政策多大程度上重视了对每个对象造成的各种影响,多大程度上认可每个对象的重要性,这些问题恐怕很难取得一致的意见。虽然如此,不管对象的具体情况和类别如何,我们应该预测、承认和分析所有能够考虑到的重要影响,并在决策阶段充分考虑这些影响。笔者想这是大多数公共伦理学者、公共哲学家共同要求的,制定一个好的政策所必须满足的条件之一。

民主主义的决策过程能否在保证满足以上五个条件的基础上,制定和实施好的公共政策? 关于这个问题我们将在下一节中探讨。

2. 民主主义的"公共"性

对于通常的市场商品,人们只有支付等值的金钱才能享受相应的便利。消费者要享受某一商品的便利,就必须支付等值的金钱。对商品消费者来说支付等值的金钱购买相应的商品,意味着他放弃了用同样金额的钱可以购买的其他所有物品(或者其一部分)。因为除非他有"点石成金的手指",能创造出用之不尽的财富,否则消费者虽有穷富之别,都只能在一定可自由处置的收入范围内生活。消费者实际上每天都在不知不觉地进行选择,决定将多大比例的收入用于何处。也就是说通过市场上进行的选择行为,反映了每个人对于各种商品进行的各自的价值判断。这样,市场中消费者所表现出来的选择行为以及其中显现出来的对各种商品的需求,只要是以"机会费用"观念为依据,一般都会非常严格而且可信度很高。当然也有一些消费者由于受到广告大肆宣传的诱惑,为了没有什么价值的商品大把花钱,过后又追悔莫及。既然

383

享受便利与支付代价不可分割,由于冲动购物导致生活崩溃的消费者实际上并不多。

但是,说到公共政策这一财富,由于其享受便利与支付代价没有结合在一起,不支付代价的人往往也可以享受其带来的便利。例如某一集团因某一政策而大获集体性利益,该集团不一定必须自己支付与其所享受利益相应的代价。如果该集团将费用的大部分成功地转嫁给其他集团,结果政策一旦实施,该集团几乎自己不用出钱就可以享受到便利。一旦这种搭便车的可能性存在,除了对公共事业积极热情的一部分人以外,很多利己的个人和集团恐怕就会乘机想要获取最大限度的政治权益。

众所周知,在民主主义体制下有这样的事情发生,即拥有强大财政基础和凝聚力的部分特权利益团体,会对政府开展颇有成效的施压活动,因而获得与自身不相称的很大的政治利益。(1)利益团体的领导者作为组织者、策划人具有卓越的才能,与政策决策中具有正式权力或者非正式影响力的权威议员、官员、媒体等联系紧密;(2)部分杰出议员因想要在再选中获胜的动机驱使(这时为议员提供选票和财源的后援团体的特殊利益就变得特别敏感);(3)受到制度上期待的可能成为部局领导者拉拢理应成为其管制对象的团体;(4)多数普通的权益人对政治毫不关心,缺乏对议员和官员的行动进行监视的意愿和能力;(5)媒体作为政治、政府的观察员没有充分发挥作用。在这样的情况下,很有可能导致一些称不上公共的公共政策,在民主主义正式的决策过程中被堂而皇之地确立下来并加以执行。这种可能性很高。制度的缺陷——即以议会制度、选举制度、官员任命制度、财政制度为首的政治体制,没有达到有效抑制利益集团、议员、官员、普通权益人等的利己行为,因而不能培养民众的公共心——此时事态必将进一步恶化。

凡是关系到管制以及补助金的政策中,上述情况屡见不鲜。

当然,施压团体的危害性往往被夸大,其行为并不是完全没有正面影响。民主主义的投票制度实行一人一票制,强力支持或反对某一政策的选民,和与此相反的其他选民,都同样只能行使一票的权力。民主主义投票制度的挑选(政治偏爱)、记录和统计能力,还远远比不上市场(经济的挑选、记录和统计能力)。自发结成的施压团体具有补充民主主义投票制度不足的有益作用。政策决策者目睹了施压团体近乎顽固的游说活动和示威活动,才注意到直接利害关系人的期待、感叹、愤怒的强烈和巨大力量,这种情况也不少见。

因此,我们当然要严格禁止施压团体向议员和官员行贿的这种违法活动,监督"强迫调动"和"政治捐款"等不良风气。但是敌视施压团体的活动本身,并将之列为管制对象,这明显是错误的做法。我们应该最大限度地追求利用民主主义自身内在的程序和机制,遏制特权利益集团的横行。

在政治世界中人们追求的利益是多种多样的。但一般来讲,其组织化和政治化越是发展,通过政治调整的必要性越高,集团间的相互监视和牵制的力量也就越强。其结果是作为当事者的各集团将不只进行一次游戏,游戏将不断重复。各集团必须认识到,在某种程度上抑制自己的利己要求,从长远的眼光来看结果反而是上策。这种可能性很大。这就是为什么我们必须进一步促进和强化林德布卢姆(C. E. Lindblom)所谓"自我中心性的互相调整"(partisan mutual adjustment)这一程序和机制的原因[Lindblom and Woodhouse,1993]。

要想使"自我中心性的互相调整"顺利发挥作用,促进政策决策过程的透明化、公开信息、激活议会内外的政策审议和政策论争当然是必不可少的。我们必须将政策决策和政策执行的权力委托给便于市民参与政策制定过程，并对政策决策人、执行人进行监督的机构，即尽可能推进权力分散。我们还要更进一步探讨如何建立援助制度，使得以代言（即使组织有效的施压行为是不容易办到的）集体利益作为政治生命的政治创业家能够登台。如果是由于经济不平衡导致对社会各方面的政治影响力不平等，校正这种不平衡将成为重要的课题[足立，1999：18—19]。

如果我们通过这一系列改革能够使"自我中心性的互相调整"机制顺利发挥作用的话，特权利益集团的不可容忍的旁若无人的气势恐怕也会不断收敛。其意义决不可小视。但是从结果上来看，公共政策在质的方面究竟能够在多大程度上得到改善呢？我们能否使公共政策真正具有公共性呢？从某种意义上讲，民主主义越是发展成熟——即市民意识到自己作为政治主体的觉悟，并且作为各集团成员之一踊跃参加政治活动——政治决策者越是希望极力避免给公众留下为非法优待某个特定集团而牺牲另一集团或者少数集团的印象。因为集团互相之间的平衡已经成为不可忽视的对象。问题是采取什么办法来保持这种平衡。对此比较简便的措施是，在给予某一集团很大的利益的同时，至少也要让其他集团多少跟着沾一点儿光。我们对于现代的政策决策人，不得不从选民的支持率即人气来判断其正当性，所以他们只要可能就一定会采取上述办法，很少能够例外。这个办法为大多数政治人物所喜爱，但是从长远的角度来看，它只是将问题向后拖延而已，有可能反而会给社会带来灾难。此外，它还往往导致公共支出膨胀。为了满足各施压集团的要求，同时避免直截了当地将这些要求列出先后顺序，最后只剩下增加公共支出总额这条唯一的出路[足立，1994b：166—167]。

只要当代人能够或多或少从政府的活动中得到实惠，并坚持负担全部费用的原则，这种危害也许不会表现得很明显。但是，如果这种形势刹不住车，即允许将费用的相当一部分甚至大部分转嫁给后代，那就完全是另一回事了。如果后代成为费用的主要承担者，当代人将完全不关痛痒地成为主要的便利享受人，对于拥有政治发言权并能够将其在现实中行使的所有现在一代人来讲，可以说这正是佩瑞多曲线的最佳点。正因如此，一旦这种费用的转嫁成为可能，将会出现当代人对于政策的要求永无止境膨胀下去的危险。

　　众所周知，日本同多数民主主义发达国家一样，都在为现在庞大的财政赤字烦恼不已，都抱有惊人数字的公债发行余额。这一事实淋漓尽致地精确揭示了将费用转嫁给后代的政治的有用性。养老金制度也是一样，政府以养老金的名义，在没有得到后代同意的情况下试图完成代与代之间的收入转移。这种制度中后代所能够期待的便利将低于他们要承受的负担，这样考虑一下，不得不说这是一种地地道道的榨取行为[足立，1998:9—21]。

　　为了抑制公共支出的膨胀，避免将费用转移给下一代人，现在有必要返回到财政均衡原则(将年内支出控制在年内收入范围内的原则)上来。诚然，在这一原则下绝不是不允许发行公债。实际上在有必要进行战争筹款等情况下，政府曾经发行大规模公债。但是这种情况下发行公债终究是紧急避难措施，一般认为要必须尽快偿还。但是凯恩斯革命以后，人们比从前更加强调公共支出对于创造有效需求的必要性，同时对财政赤字的心理抵抗却几乎完全被忽略。而且随着民主主义的发展，政治家对增税越来越消极。其结果导致财政情况日益紧迫，不负责任发行公债的现象激增起来[足立，1994b:176—177]。

第十三章　作为公共政策理念的公共哲学

通过激活"自我中心性的相互调整"机制,抑制政治家的利己主义,强化公共观念进行的制度改革,恢复财政均衡原则,毫无疑问将使公共政策的质量得到一定程度的改善。① 制定并执行好的政策的可能性也将增高。但是可能性终究只是可能性而已。"自我中心性的相互调整"在多大程度上能够完全发挥作用,以抑制利己主义、强化公共观念为目的的一系列制度改革和恢复财政平衡原则能否成功,最终取决于市民是否欢迎这些举措,以及在多大程度上盼望这些举措。在民主主义体制下,公共政策的质量和政治制度的质量一样,只能是各政治家尤其是普通市民的政治素质的函数。换句话说,不论如何改良民主主义制度的框架,民主主义自身还是不能直接保证我们能够设计和选择经过深思熟虑,被公共伦理和公共哲学认可的公共政策。

的确,这一点才是公共政策学整体尤其是公共政策规范论存在的理由。同时还具有实践的意义。改善民主主义的政策制定过程,将自动产生出更优秀的(公共政策)。如果两者一直能够保持正比例的关系,我们主要的努力当然应该指向民主主义政策制定过程的改善,而不必要特别将公共政策规范——必然指导公共政策的设计、选择和决策的规范及标准——视为问题。正是由于我们无法对民主主义政策制定过程寄予全部信任,我们才把公共政

---

① 激活"自我中心的相互调整"、遏制政治人物的利己主义、强化公共心这几个要求也许看似互相矛盾,但并不一定矛盾。市民对公共事业的忘我奉献往往会导致国家政治走向狂热的方向。这时候冷嘲热讽乃至无精打采都会成为政治狂人的解毒剂。在此意义上,主张放弃个人利益、彻底推行灭私奉公都是最危险不过的。因此,承认追求个人利益,承认利益团体的压力行动无疑是民主主义政治的要诀。但同时,赤裸裸地追求个人利益(利己主义)会削弱社会团结,甚至有可能导致社会自身的解体。市民必须通过参加公共论坛,将个人利益与作为市民的责任互相调和成为高尚的东西。要求市民做到这一点绝对不是不合情理的。

策规范作为学问研究的对象,并且必须通过公共论坛的讨论不断加以探求。

众所周知,迄今为止最有说服力的公共政策规范论,是继承功利主义社会哲学流派的"费用效益分析"①。政治、行政的实务家们一般按照惯例或多或少地遵循着这一功利主义的政治规范。普通市民也是一样。"美国人在想要建立公共政策时最先考虑的是大多数的人能从中获得多少利益,蒙受多少损失,利益和损失的比重各占多少。"[Ely,1978:407]伊利(Ely. J. H)指出的这一点也适用于日本。不仅如此,在日本参与个人自由和权利观念的风气迄今为止都比较淡薄,而功利主义的政策思考却比美国更加广泛深入地渗透到普通市民当中[足立,1991:42—43]。在下一节当中,我们将聚焦于得到广泛支持的功利主义政策规范论,探讨其在民主主义社会中具有的意义。

3. 民主主义社会中效益的意义

"费用效益分析"的思路本身非常简单明了。首先要针对各项政策的代替方案,在尽可能的范围内对它的预期成效(构成社会的各不同部分可能带来的各种理想效果)和预期危害(构成社会的各不同部分可能导致的各种不好的结果)分别进行预测、分析和统计。其次要推算各种代替方案实施所需的资源费用。最后要在各种代替方案的总便利(预期的成效总和)中扣除总费用(危

389

---

① 公共政策规范论立足于保守主义、渐进主义(incrementalism)、自由主义(liberalism)、自由至上主义(libertarianism)等政治理论。关于这部分请参见[足立,1991]。

害＋资源费用)得出纯效益,基于纯效益的多少来决定各代替方
案之间的顺序。

正像热衷于导入"费用效益分析"的政策研究者和实业家所
充分了解的那样,这种分析方法在技术上存在着诸多困难。第一
个困难是,与时间折扣率有关。"费用效益分析"与可称之为其母
体的福利经济学一样,并非将不同年度所发生的政策费用及效益
进行简单累加,而是将今后预期的费用及效益,运用时间折扣率换
算成现在的价值,试图在此基础上求出政策的总费用(现在的)及
总效益(现在的)。这种想法本身是极为有益的,甚至今天恐怕没
有人能够站出来全面否定其意义。但是涉及具体内容比如应该适
用多大程度的折扣率? 是使用市场利息率(投资便利率),还是使
用存款利率? 或者像马格林(Marglin)等所主张的那样采用社会
折扣率? 最终如何选择,绝非是简单的问题[Marglin,1963]。采
用什么样的折扣率将使代替方案互相之间的顺序发生变化。如果
一项计划是预计为几代人带来可持续的费用效益,那么即使折扣
率发生细微变化,也会导致预计费用效益额决定性的变化。①

第二个困难是,影响费用效益大小的独立变量如果具有一个
或者多个不确定性,应该如何应对。如果事先知道问题变量在一
定范围内变动,则要进行灵敏度分析,可以将效益和费用的大小确
定在一定幅度内。如果不仅知道变动的范围,还知道其概率的话,

———————

① 对于会对下一代人产生重大影响的项目,我们在评价的时候应该采用多
大的时间折扣率呢? 严密地来讲,与其说是技术上的困难,莫如说这是一个伦理、
哲学方面的问题。之所以这样说,原因是如果我们采用了像市场利息率这样的高
折扣率的话,将导致几十年乃至几百年以后发生的费用和效益的值接近于零。因
此,人们很有可能以两代人之间的正义的名义,要求将折扣率定为零(完全不打折
扣)。

应可以推测出效益和费用的期待值。但是现实中这样完美的情况很少出现。不仅变动的范围，就连什么样的变量会对效益和费用大小产生影响，我们都不能正确把握。可以说正如德洛尔（Dror）所谓的"质的不确定性"（qualitative uncertainty）那样，存在这种深刻的类的不确定性乃是一般状态[Dror,1988:248—250]。应对这种不确定性，已经研究并在使用"德尔菲法"（Delphi method,该方法是对专家进行反复问卷调查，通过每次结果的反馈，发现专家们集中的看法）等几种方法，但是这些方法依然没有脱离"试探法"（heuristics）的范围。大多数情况是，根据"费用效益分析""发现"的效益和费用大小，严格说来不过是主观推测罢了。

我们要根据纯效益的大小决定代替方案互相之间的顺序，为了使其真正成为可能，就必须正确预测各种代替方案实施带来的所有成效及其危害（或者至少其中所有重要的部分），而且必须与资源费用使用同样的计量单位，即以金钱为单位对其进行标示。但是成效和危害之中很大一部分，其多少用金钱为单位进行标示有困难，不仅如此，甚至对其进行量化都不容易。如果忽略这一部分，只将可以用金钱为单位标示的部分作为政策的成效及危害加以考虑的话，分析的结果恐怕难免缺乏可信性。此外，即使是可以用金钱为单位进行标示的成效和危害，只要确认对一个或多个变量多少产生影响而具有不确定性，那么就必须将其所具有的金钱价值看作是有余地的。这里面包含了"费用效益分析"所要面对的第三个困难。

391

但是不能够因为有这些技术上的困难，就立刻否定"费用效益分析"作为政策规范理论的妥当性。如果将用于评价短期项目的时间折扣率应用于长期项目，有可能决定性地损害后代的利益——事实上，确实如此——只要对后者应用零或者最小限度的折扣率就可以解决问题。如果确定影响效益及费用多少的变量具有严重的不确定性（像我们已在第一节中建议的那样，假定最不好的事态有可能成为现实），只要对效益及费用的多少进行保守地估算就可以解决问题了。如果不确定性并不是很严重，可根据其严重程度做出相应的乐观估计，并以这一估计为依据来推定效益及危害的大小。此外，尽管以金钱为单位标示效益及危害的大小有困难，但这绝不是说不应该这样做。相反，为了达到"费用效益分析"理论家们所研究提炼出来的金钱标示，我们必须使用先进的手段，力求尽可能地用金钱标示。对于那些对金钱标示完全不适用，而且这样做反而会产生负面效果及危害的情况（并且这样的情况估计不在少数），那就应该放弃金钱标示。当然在这种情况下，按照纯效益的多少来决定代替方案的顺序这一工作在数字上就恐怕没有什么意义了。但是这种想法本身，作为发现更好的政策推理规则，或者作为为政策讨论提供共通平台的争论规则，不是也可以发挥其特定的作用吗？①

那么，政策决策人为什么一定不能轻视关于费用的思考（一定要一直考虑机会费用）呢？这中间有几个相互联系的原因。第一，公共机构和民间机构在资本、劳动力、自然资源等资源消费方面处于竞争关系，而且在资源利用的有效性方面前者一般只能步后者的后尘。既然是这样，对于公共政策的过多资源投入将使民间机构的经济活动缩减，甚至导致经济业绩变坏。第二，各不同政策领域会因为争抢分配给公共机构的稀少资源消费而处于竞争状

---

① 所有的成果和危害都不与金钱标示挂钩的分析方法，严格意义上来讲只算是费用有效度分析（费用效果对比分析），不能算是费用便利分析。从比喻的意义上将纯效益作为政策规范这一点上来看，可将费用有效度分析视为费用效益分析的一个变种。

态,而且不同领域之间设置优先顺序(除了战争和经济危机这些极限状态以外),一般是很不容易做到的。第三,在同一领域内部,各种政策分别强调自己的正当性,各政策之间围绕资源利用处于竞争关系。第四,对于政府来说购买资源的主要经济来源是税收,考虑到市民对增税的抵抗,收税只能是有限度的。第五,完全不伴有危害(费用及牺牲)的公共政策实际上几乎不存在。危害往往和成效相抵。忽略了危害就等于忽略了资源费用,这是绝对不允许的事情。综上所述,政策决策人在何种场合都负有重大责任,要尽可能将费用降至较低水平[Adachi,1999b]。

恐怕还没有一个人对费用完全不介意,公开宣扬"为了实现目标付出多少牺牲也是正当的",或者"就算世界灭亡也要让正义兴盛"吧。问题在于怎样重视费用以及对费用重要性的判断。政策研究者和实业家当中,对于费用只承认它具有次要价值——首先确定将达到某种水平以上的成效(效益)作为至高命令,然后探索满足这一要求的最节省方法,只在这个限定内考虑费用——这样的人也不少。但是,这一政策思考并不能说是对机会费用给予了充分的重视。无论何时它都被认为是次善之策。

世界上无偿地想要获得任何东西几乎都是不可能的。如果我们想要得到自己需要的东西,我们将不得不放弃某些对自己很重要的东西——也许是金钱、时间、舒适、眼前的娱乐以及好的就业机会。公共政策也不例外,因为实施政策可能得到很多东西,但是其过程中将有很多东西被放弃。享受效益通常伴随着牺牲(资源费用及危害)。公共政策也不能忽视机会费用的观念。

效益的多少与费用的多少一般成正比例关系。要想获得更大的效益,就不得不增加相应的费用。如果我们能够控制自己满足于很少的效益,很低的费用就可以解决问题。不管效益多大,如果

393

费用高到完全将其抵消的程度,那么就不能说这一政策是一个好的政策。不管费用如何少,如果我们几乎不能期待有什么效益,结果还是不能说它是一个好的政策。那么我们应该根据何种方法将效益和费用的各种组合(政策代替方案)进行排序呢?例如最大的效益和最大的费用,中等的效益和中等的费用,最小的效益和最少的费用这三个组合同时存在,那么我们应该运用什么选择标准呢?只要我们忠实于机会费用的理念,而且承认该理念对公共政策的设计和决策具有决定性的重要意义,我们就应该将最适合于这一理念的"纯效益的大小"这一选择标准(只要没有特别理由需要限制这一适用),作为推论规则或者论争规则来使用。

将纯效益的大小作为政策选择的推论规则或论争规则加以活用,很多人对此表示犹豫。他们的犹豫当然有充分根据。如果主要只从社会的集体利益(纯效益)的观点判断政策的好坏,换言之,如果完全忽视效益及费用在什么样的社会集团经过怎样的分配等问题,一部分或大多数社会成员将被迫作出不合理的牺牲,而且其牺牲不能在社会整体的集体利益名义下得到正当化。我们不能够将这一担忧看成是杞人忧天。想要将"费用效益分析"导入政策设计与决策过程中,就必须正视这一隐忧,想尽办法最大限度地防止不合理的牺牲。

为此"费用效益分析"理论家和实业家所提倡的方法有:第一,对于不同的社会集团发生的效益及费用赋予不同系数,差别对待。例如,如果将平均贫富差异作为政策的一个目标进行提倡,则对处于较恶劣环境中的社会集团发生的效益及费用给予相对更多的重视,在此之上追求政策的纯效益。这个办法确实很有吸引力,但是决定其重要程度并不是一件容易的事情,必然或多或少带有主观性质。加之,把纯效益的多少这一主要与社会的集体利益相关的公共价值,与平均贫富差异这类与分配有关的公共价值放在同一层面上处理的话,恐怕很难办到。

第二,就是考虑补偿机制。按照这个办法,有效且适当的限制补偿是好的政策的绝对条件,而且只要有这种可能的时候,就必须为之付出最大努力。例如,某一高速公路的修建符合社会整体的利益,那么如果估计到沿线的居民会受到很大的危害,政策设计者就必须一面从建筑工学方面想办法,一面对受害者给予充分的经济补偿,尽最大可能地减小危害。而且需要将这部分所需经费计入费用项目当中①。此外,如果给予有效且适当的现实补偿有困难,而且政策的主要牺牲者属于所谓社会弱势群体,这种情况下必须给予类似的补偿而另外准备一套政策方案(对社会全体成员的最低社会保障;为支援产业结构调整建立职员培训、再教育系统等),以便使牺牲者的损失多少得到补偿。例如,加强了对污染物排放的限制,断然实行公共事业的重新研究等,对于没有充分实现将外部性资源内部化的企业和一直依赖于无用的公共事业的企业来说,将不得不缩减甚至停止生产活动。然而这正是应该受到欢迎的事情。但是,如果这些企业是雇佣当地劳动力的主要机构,那么失业劳动者自不必说,其家庭成员和地区社会整体也都将受到沉重的打击。可是,把对这种打击、损失进行名副其实的现实补

① 公共政策所产生的损失当中,不考虑补偿措施反而是一种比较理想的方式。例如,给附近居民带来大气污染和水质恶化的负面的外在效果的企业,因为有效阻止新力量加入的限制政策得到好处独占利润的企业,受到关税保护的行业等等,这些企业可能会因为实施试图将外在效果内在化的政策以及促进竞争的政策,受到很大损失。但是这种损失只不过是由于导入旨在纠正"市场失败"以及"政府失败"所产生的不当获利的新政策,使得收入减少而已。因此不能将之视为补偿对象[足立,1995:8]。

偿——为了将受损失者物质上、精神上的状况维持在与从前同等的水平上所作的弥补，或者将之所为强化排放限制、重新研究公共事业的不可缺少的条件，这些都是不现实的。与此相反，不这样做甚至有可能姑息放纵无法被认可的现状，或者加剧现状。所以类似补偿才是唯一可能的，并且是比较理想的[足立，1995：9—10]。

现在，大多数"费用效益分析"理论家和实业家对这样的问题并非感觉迟钝。相反，他们强烈地认识到有效且适当补偿的必要性。因此，政策研究者所熟知的对上述人等的批判，即认为他们的逻辑不过是将不正当的利益侵害冠以社会整体利益之名将其正当化的、为强势群体服务的逻辑，这种批判作为现在日益升级的对"费用效益分析"的批判，可以说已经离题太远了①。尽管如此，我们还是毫不犹豫地认可"费用效益分析"所具有的作为政策规范论的普遍妥当性。由于计量便利及费用大小的方法本身存在着重大的问题，使得根据"费用效益分析"发现的"效益"及"费用"与政策决策者所必须考虑的"真正"效益及费用之间，往往存在着背离。直截了当地说，其公共性依然存在可质疑的地方。这一点我们将在下一节中做探讨。

---

① 对于政策决策者来说，费用效益分析尽管有无数的困难和缺点，但是它将所有有用的利益——不仅包括拥有强大政治影响力的集团利益，还包括组织困难、没有政治代言人的集团利益——都考虑进来，是检察利益集团自由主义缺陷的一个有效武器。这一点不仅费用分析的支持者这样认为，甚至反对者大多也这样认为。另外，坎彭（Campen）从彻底的、经济的角度出发，揭示费用效益分析的理论特性时指出："费用效益在阻止 pork barrel（议员为选民所争取到的地方建设经费）方面起到了重要的作用。"［Campen，1986：67—68］此外甚至对费用效益分析并不抱有善意的威尔达夫斯基（Aaron Wildavsky），也曾说按费用分析不能确保选择最佳政策，但是在避免最坏选择这一点上是有效的［Wildavsky，1966：292—310］。

4."费用效益分析"的"公共"性

"费用效益分析"论者,极力想要避免预先判断混入到费用计算及效益计算当中,力求站在"当事人主义"的立场上。也就是说,始终尊重当事人的主观判断。从这样的立场出发,政策的某些效果被归结到成就这一栏当中,并不是根据某些客观标准判断它是好的,而是因为某些人认为这样对自己有好处。至于这一政策到底有多理想,只能由认为这一政策很理想的人们如何评价其价值来决定。至于其危害也是一样。①

对于政策效果的受益人所认可的政策的正或负的价值,作为局外人的分析人员要想进行认识,怎样才可能做到呢?恐怕大家想到的最快捷的方法就是直接向当事人调查询问(contingent valuation)。但是,"费用效益分析"论者并不将人们的说法不折不扣地信以为真,他们只承认这个办法能起到补充的作用。他们更重视人们在日常生活中不经意间表现出来的价值判断(现实行动所显示出来的偏好),而且这种判断不是政治过程中表现出来的政治偏好,而是市场中显现出来的人们作为生产者以及消费者的偏好,"费用效益分析"论者主要以这一偏好为基础来推算人们认定政策效果的正或负的价值。他们认为这样更能够得到正确的信息。

从市场行动来推定政策效果的金钱价值,如果要推定的效果

---

① 这一点,正像利特尔所说的那样,费用效益分析根据以下两个证据:(1)个人设法得到他们想要的东西,这是一件好事;(2)最知道自己想要什么的还是自己[Little,1957:258]。

是对通常市场上交易的商品的价格、生产消费量产生的影响,这并不困难①。但是,对不在市场上交易的"商品"的质和量,政策所产生的效果,其性质就大不相同了。"费用效益分析"试图用金钱单位标示出这种效果的社会价值。并且为了实现这一目标发明了"支付愿望法"(Willingness to Pay Approach)这一富有野心的办法。这个办法主要依据以下事实:为了享受没有在市场上进行交易的各种各样的商品(时间、安宁、景观等),或者为了避免负值的商品(噪声、拥挤、生命及健康危险等),人们现在就为之付出相应的经济代价(牺牲了对自己来说很珍贵的东西)。例如,我们为了缩短移动时间会选择不走普通的路而使用高速公路,为了确保更加安静的居住环境和更优美的景观宁可花费高额的费用,或者放弃了获得更高收入的机会。还有为了享受更加安全健康的生活支付追加建筑费用,购买比较贵的有机蔬菜。"支付愿望法"试图从人们所表示出来的这些市场行为,类推或发现一般市场上不进行交易的商品的"价格"(人们为了获得该商品每一追加单位所愿支付的等价)。

不得不说"费用效益分析"必须从人们的市场行为来推测政策便利和费用这一事实表明,"费用效益分析"所能涉及的范围是相当有限的(该方法提供的关于效益及费用的信息有时是不完全的)。为什么是这样呢?为了理解这个问题,我们首先需要确认一下促使人们的市场行为的动机是什么。

第一,对企业来说追求利润是至高无上的目标,但是企业的行

---

① 价格、生产量和消费量受到政策影响的物品市场上,如果没有"市场的失败",我们只要确定基于市场价格的政策效益或者政策费用就可以了。如果存在着"市场的失败",那么就需要多进行一项烦琐的工作,那就是推测影子价格(shadow price)。

为要受到很多限制。完全忽视伦理责任和社会责任的企业经营者实际上并不多见。消费者也是一样，消费者并不是只考虑效用最大化来决定在什么地方购买什么东西。生产者和消费者的行为在某种程度上经常受到非经济的（狭义上来讲即区别于私的、经济的利益）以及公共的（作为市民的）责任感引导。但是即便这样除去个别时候可以观察到社会公德心急剧膨胀的情况以外，一般来讲，公共思考只反映在生产者和消费者选择行为中极其不充分的形式。这是无可否认的事实。我们作为生产者或者消费者，规定我们动机的（同时也是"费用效益分析"中费用效益计算的基础）是我们作为生产者或者消费者的私的、经济的利益。因此"费用效益分析"提供的政策信息基本上来讲，可以说是构成每个人私的、经济的利益总和——"社会经济利益"的观点进行的政策排序。政策的实施对人们的公德心（或者是自私心）所产生的效果等等，也和对社会的经济利益所产生的影响一样，必须作为政策的效益及费用的一部分加以慎重考虑，但是并不能期待将其并入"费用效益分析"的分析框架。

第二，满足生产者及消费者眼前的偏好，确实可以提高满足程度。但是从长远的眼光来看，可能反而会损害利益，甚至给人们带来不幸。根据经验这类事情毫无疑问是真实存在的。但是"费用效益分析"及作为其理论支柱的福利经济学，也很明显将满足每次（或多或少带有近视性质）的偏好视为"利益"，根据"利益"进行效益计算和费用计算。因此"费用效益分析"所能提供的最终只不过是哪种选择能够使社会成员在当下的满足（短期经济利益）总和最大化的信息而已。既然普通社会成员所作的实践并不是站在长远的立场上的市场行为，那么我们也就无从保证，根据"费用效益分析"得到很高评分的政策，就是最适合于社会长期经济效益的政策。

第三,"费用效益分析"是以市场行为所表现出来的社会成员的偏好为根据,来计算政策的效益和费用,那么对于完全不能表明自己偏好的人(例如胎儿),只能以不充分的方式表明的人(幼儿、精神残疾者、人以外的动物等),甚至还有完全不具有偏好的东西(植物、自然景观、古建筑物等),恐怕不能够妥当地处理政策对上述各项产生的影响。人们作为生产者和消费者而行为时,有孩子的人和那些即将成为父母的人,他们多数不仅考虑自己的利益,更加为孩子(以及孩子那一代人)的利益和幸福着想。即使是没有孩子的人也不是对下一代的命运漠不关心的。从这种意义上来看,市场中所显示出的个人偏好,从一定程度上反映了对幼儿及胎儿未来的关怀(也就是说,只要对他们的利益及幸福的关怀在父母这一代人偏好中表现出来)。反过来说也只能反映到这个程度。精神残疾者、后代、动植物、自然景观、古建筑等可以说也是一样的。即便想要伸张自己的利益也没有办法实现,也就是说,他们的命运是除了期待现在一代人的善意以外别无办法。即将他们的命运完全托付给市场所表现出来的现在一代人的偏好。根据现在一代人的偏好其结果有各种可能,我们难道真的允许这样的情况出现吗?

第四,将市场行为所表现出来的社会成员的偏好作为前提条件,据此进行政策排序的费效益分析方法,对致力于改变社会成员偏好本身的政策(例如,致力于把生产者及消费者的偏好变为更加具有公共性的政策)以及将改变社会成员偏好作为不可或缺的一部分包括在内的政策,不是有对这样的政策给予不当的较低评价的倾向吗?偏好或多或少是制度的产物,是现存政策的重要一部分。既然将现有制度下形成的社会成员偏好作为政策排序标准使用,那就难免阻碍制度、政策的模式转换,并且不能单纯将这一担忧视为杞人忧天便了[足立,1995:4—7]。

如上所述,将"费用效益分析"作为发现政策纯效益的方法加以利用,这里面蕴藏着很多问题。但是,并不能因此就全面否定其在公共政策设计、评价中的意义。对于主要只影响当代,而且只考虑当代人的经济利益就可以的项目,还是可以运用"费用效益分析"来进行评价的。在其他情况下,还可以将其作为取得政策纯效益部分相关信息的方法加以利用。这不仅没有什么不妥,反而应该多加利用。只要我们充分地认识到它的局限性,如果不将其作为政策排序的唯一绝对标准,而只是将它视为公共伦理、公共哲学框架中众多的方法之一,与其他方法并用,可以说"费用效益分析"还是具有很大利用价值的。

近些年来,科学技术令人吃惊般地飞速发展,给人类带来了诸多福音,但是同时产生出具有以下两个特征的新类型风险(危害的可能性):(1)正确推测所预计危害的性质、规模、概率极为困难;(2)如果预计的最不理想状态发生了,将给我们的后代、动植物以及整个生态系统带来不可挽回的恶劣影响[Adams,1995:180]。当我们评价包含这样的风险在内的政策时,必须时刻将这一事实放在心上:现在坐在这里选择政策的当代人与后代、动植物和生态系统之间处于一种我们能够想象得到的最不公平的关系。前者决定性地支配后者的命运,相反后者完全不能规制前者的行为。在这种情况下,我们应该更加严格要求作为强势的前者要有责任感和自我约束[Adachi,2002]。将后代、动植物和生态系统所应享受的未来效益以及未来费用根据时间折扣率换算成现在的价值的做法,将其与当代人的效益及费用放在并列关系上计算总效益和总费用的做法,恐怕都是有失妥当的。因此笔者认为有必要对约纳斯(Hans Jonas)所说的"基于恐惧的发现技术"(heuristics of fear)致以最崇高的敬意[Jonas,1984:x],笔者想以强调这一点来结束本章。

参 考 文 献

足立幸男:《政策和价值——现代政治学》,女神书房1991年。

——《概说西方政治思想史》,女神书房1994年 a。

——《公共政策学入门——民主主义与政策》,有斐阁1994年。

——《效益—费用分析的辩证》,《政策科学》第3卷第2号,1995年。

——《民主主义社会中公共政策学的作用和课题》,《政策科学》第4卷第1号,1996年。

——《看护问题中公共政策学的建议》,《社会保障法》第13号,1998年。

——《公共政策中的非效率性——非效率性产生的原因及其克服办法》,收入《公共政策——日本公共政策学年报1998》一书。

Adachi,Y.(1999a)"Inefficiencies in Public Policies,"Journal of Comparative Policy Analysis:*Research and Practice*,1－2.

——(1999b)"The Limits of Economic Approach to Public Policy Studies,"a speech delivered at the Cambridge Conference on the Western and Asian Conceptions of Public and Private. (in print)

——(2002)"Can the Japanese Nuclear Sector Survive?"《政策科学》第9卷第2号。

Adams,J.(1995)*Risk*,UCL Press.

Campen,J. T.(1986)*Benefit*,*Cost*,*andBeyond*:*The Political Economy of Benifit-Cost Analysis*,Ballinger Publishing Company.

Dror,Y.(1988)"Unceretainty:Coping with It and with Political Feasibility",in Hugh J. Miser and Edward S. Qude(eds.),*Handbook of Systems*

Analysis : Crafts and Procedural Choices, John Wiley & Sons.

Ely, J. H. (1978) "Constitutional Interpretivism : Its Allure and Imossibility", *Indiana Law Review*, 53.

Jonas, H. (1984) *The Imperative of Responsibility*, The University of Chicago Press.

Lindblom, C. E. and E. J. Woodhouse (1993) *The Policy-Making Process* (3rd ed.), Engle-wood Press.

Little, I. M. D (1957) *A Critique of Welfare Economics* (2nd ed.), Oxford University Press.

Maglin, S. (1963) "The Social Rate of Discount and the Optimal Rate of Investment", *Quarterly Journal of Economics*, 77.

Wildavsky, A. (1966) "The Political Economy of Efficiency : Cost-Benefit Analsis, Systems Analysis, and Problem Defining", *Public Administration Review*, 26.

403

特　论

一名经营者对公共哲学的思考

——内发公共性发展经验积累者的自觉与实践

矢崎胜彦

我作为一名经营者、NGO 事务局局长、负责主办公共哲学共同研究会的将来世代国际财团理事长,本文是我在通过个人经验深化自我认识、提高认识层次的过程中写成的。据此我开始感觉到,"新的公共化"始于我们每个人的良心觉醒体验,通过良心的协同(collaboration)体验,产生旨在将良心向更高层次发展的传承自我认识——内发公共性发展经验积累者的自觉与实践。

1. 体验的自我认识深化

(1)停滞、危机体验与新的自我认识

在我 38 岁的时候,某天突然有了一种无可名状的体验,而且这种体验无论如何也无法治愈。这种感觉非常离奇,我在一生中迄今为止从未经历过。我从 23 岁创业以来历经 15 年,作为专务成绩不错,业绩反映在数字上每年约达到 40% 的增长,这是我未就任社长之前作为经营者在发展中创造的成绩,所以我不能对公司内外的任何人诉说这种空虚无助的感觉,只好一个人苦闷,每天

闷头度日。

那个时候我的身体感觉,完全处于概念、语言和自我这些意识的意向性的对立面上。这是一种从无意识的自发性——原本的"德的自我"想要恢复自己本来生活方式的自然要求。我意识到这一点,已经是此后的事情了。

我的问题同一家报纸专栏介绍的中国精英阶层多发的现象——"39岁现象"一样,被迫开始考虑自己应该如何理解上述体验,应该如何将其运用于以后的人生当中。于是我发现了后半生的课题,认为它也许将成为分清人生意义上公和私的一大转折点。后来我开始注意历史上的很多伟人在与我同样年龄时的情况,经过查找我发现,特蕾莎修女(Mother Teresa)建立了"Mother House",甘地开始了非暴力不合作运动,孙文提出三民主义思想,史怀哲(Schweitzer)登上轮船驶向非洲,王阳明被流放贵阳大悟"知行合一",路德发表三大文书,西乡隆盛建立"萨长同盟",荣格(Carl Gustav Jung)因为有关选择"个人还是人类"的问题与弗洛伊德诀别,玄奘法师从印度启程返回大唐,福泽谕吉出版大作《劝学篇》——古今东西不论哪个领域的人,都将这个年龄作为转向公共事业的分水岭,积极投身于此,建立了名传后世的伟业。

后来我了解到这就是埃里克逊(Erik Homburger Erikson)所说的"传承",这个概念,是人类个性发展课题的第七个阶段。于是我开始思考如何度过这个阶段?是积极对待这种身体感觉,还是将其埋没?我想荣格所说的"中年危机"的警钟,其意义就在于此吧!但是伴随这种身体感觉的新的自我认识的觉醒,此后一直作为对某种身体感觉意义的疑问继续存在于心中,在某一时刻开始了探索意义之旅,即以遇到一本禅书为契机,开始一场深化自我认识的涉猎之旅。

405

（2）参禅体验获得自我认识的深化

缘分真是不可思议的东西。当初我大约一共买了20多本有关禅的书，其中有一本书叫《初学者的参禅体验谈》（上下卷），它装订粗劣，印刷质量也非常差，我那时打算把它放在最后再看。这本书搜集了对禅毫不了解的初学者们在隐居的无名之师的指点下，不断发生变化的内心体验，也就是参禅指南之类的东西。这本初学者参禅体验谈中《坐禅应该这样》的"序"是一位笔名为"望叡轩主"的人写下的美文，其中说："艺州忠海有一陋室，名曰'少林窟道场'。存五百年不出世之巨匠檽隐文敬大和尚之衣钵，传绝妙之禅风。（中略）精读之后仍不明白参禅之要旨，径直前往，拜谒师之门下，岂仅得心头灭却之痛快乎！"我看了这一段，真是一读三叹，禁不住前去拜访。

我来到"艺州忠海少林窟道场"，在井上希道老师的指导下，用一周时间通过参禅体验到达的心灵境界，成为此前人生中从未体验过的、伴随回归主体性自然而来的深层自我认识的体验。

为了超越自我，必须将精神集中于一瞬间的呼吸，整理扩散的心念，参禅就是从这里开始的。具体说来，就是要在一瞬间的呼吸中，将自己全身心彻底投入进去，毫无保留，但是初学的时候为了达到这一目标我付出了很多努力，花费了几天的时间。我每天在禅堂打坐，从早上5点一直到深夜12点左右。在第三天的傍晚时分，外面下起雨，虽然已经是6月份了，禅堂内还是寒气逼人。我听着雨滴滴答答敲打屋顶的声音，不知不觉中感到自己仿佛是在无边无际的旷野坐禅，身体毫无遮蔽地被雨水淋湿。就在这个时候，突然从自己身体内部传来的热气遍布全身。于是身体内就好像发热似的越来越热。热气刚开始还只是身体感觉的程度，随后逐渐明显和现实,脸和腋下、胳膊和大腿开始流汗。就好像是去洗了桑拿一样全身被汗湿,汗水一滴一滴落到禅堂的草席上。

我体验了此前生命中从未有过的心灵的安宁。

就这样,我得到了指引因而步入解脱之门,如道元禅师所说的"修佛道乃修自身。修自身即忘自身",以及白隐禅师的坐禅和赞所云"众生本来皆佛也",我实际体验到,这些并不是另外一个世界的事,也不是只会发生在其他人身上的事。

到了我坐禅第五天的傍晚,我的老师对我说:"你也该到外面去看看了吧",于是我在五天之后第一次走出禅堂到了屋外,等待我的是更加意想不到的事情。我穿着老师的木屐到了院子里。感觉穿着木屐的双脚无比沉重。不,这不是木屐或者脚的沉重。在我意识到大地的重量透过木屐向我的脚下紧逼过来,这一瞬间我的脑子里面浮现出庄子的"无用之用"的印象。我全身心强烈地感觉到,正是因为有了木屐下面踩着的大地(有用)和周围的大地(无用之用),我才能够站在这大地上面。

超越了"我执",回归主体的自然,也就是《无门关》的主人公在偈语中所说的"行者之不识真实,乃为意识幻惑之故。过去所积苦种,愚称之为本来人"。我通过亲身的体验体会了这其中的意思。

我通过一周从清早到深夜参禅的体验,获得了作为自我身体感觉的"主体的自然",以及作为主人公的自我认识的深化,这一体验成为我以后各种场合和体验的自我认识的基础。

(3)阳明学的心学体验与自我认识的深化

过了几年之后,我在南非共和国的某大学讲述参禅体验,其后答疑的过程中,面对一位女教授提出的"参禅必须在禅堂进行吗"

这一突如其来的问题，我内心不自觉地想起了"良知说"，并脱口而出，说它是参禅体验中能够直觉认识自我的方法。关于阳明学此前我不过是粗略涉猎，之后为了全面对其进行理解，我不断加深对于儒学、新儒学尤其是阳明学这一易简之学、体认之学，作为身心之学加以系统学习。

在自古以来历代圣贤探讨求道的人生实学的基础上建立起来的"程朱之学"，被称为"圣人践履之学"，"人人皆可通过不断学习自己心中内在的'仁'这一本源而成为圣人"。我得知有人接触到这门学问，认为"圣贤也是人，为什么我不能学习成为圣贤？"因此致力于道学，也有人感叹"这才是学问的正道"，甚至有人赞叹"这才是我所期望的学问"而雀跃不已。这门学问自孔孟以来历经千年中断于世，程氏两兄弟在距今大约一千年前究明此学问，使其成为宋学的中心，其兄程明道门下培育出陆象山和之后的王阳明，其弟程伊川门下培育出朱子。就这样，给中国近代哲学史带来巨大生机的"程学"诞生了。它提出"仁乃天下之公，善之本也"。也就是说，"仁"就是要超越私心私欲追求天下公平的道德，诸善皆由此而生，此乃根本之善。我真切地感受到，那些立志学习此学问的人，在日常生活中真诚地学习"圣贤"所言的根本之学——他们为了学习"仁"而进行的实践活动，他们的感动似乎已经超越了千年的时空，给我的身心带来巨大的震撼。

时间向今推进，距今约五百年前的王阳明，他少年时代接触到这门学问，据说他读了"圣人必学而可至"深受感动，从此以后立志修此学问。但是随着他学识渐长，对于学而可至的圣人观，感到一种无奈。他认为"圣人之道自足于自身本性之中"，据此认为"人胸中各有个圣人，只自信不及，都自埋掉了"。他规劝所有愚夫愚妇们，要自觉遵守由良心和至诚精神建立起来的秩序。我自己也正像"读书百遍,其义自现"所说的那样,通过与"圣贤"的灵魂深层次的"言灵相遇",对于读书百遍所显现出来的意义、利益与公、私的区别等问题,通过日常生活中的心学体验不断自省,并确信应该进一步在实践中活用。即自觉"致良知"和"立志"之意识的意向性,赋予其方向,通过不断地在实践中磨炼,将与现实世界实时关联的自我内心的真实良心体验,作为"至诚的知行合一"体验之实学进一步深化,我实际感受到这一真实生活方式的重要。

"致良知"就是以自我内心的良心觉醒为驱动力,是"立志"这一主体性主观性作用认识的发展。这是我的另一个自我认识深化的方向,即我自觉地通过实践,内省自己的体验,然后在内发主体性、主观性的推动下进一步实践,在这样的推动下角色认识就会不断提高。

(4)唯识宗的我执的经验熏习体与自我认识的深化

此外我在禅堂静坐时,因为接连不断出现在面前的杂念和妄想的纠缠而备感痛苦,它来源于"我执"和"概念化"(名言化)这些人类本性中固有的东西。我知道这些是在阅读了太田久纪写的《唯识三十颂》和《成唯识要讲》之后(两本书都是中山书房佛书林出版)。

"唯识"是透彻、深层的自我认识,它将人视为经验者,人是根据经验创造出来的。我们每个人都是"熏习我执经验而生的结构体",即"唯识"是从为"八识"的人体结构这一深刻利己性的自觉来把握人。进而,我们通过语言和概念等"名言"来理解事物,思考事情,因此对于我们的认识来讲,"名言"的多少决定了认识的深浅,"名言"起了很大的作用。也就是说,"名言"使得人们的认识和思考精确;但是另一方面,认识和思考又受到"名言"的制约

409

被固定下来。我们在"名言"的支配下,有失去认识"生"的危险。"唯识"把背负着我执过去生活的这种人之存在的重负,理解为"八识"的人类结构。而在"三能变"的人的结构中,出于心的发展体验和对心的能动性的强烈震惊,将其译为"能变";心能动地改变一个人,改变这个人的世界。也就是说,用心的三个"能变"来超越我执,并不改变我们作为人的结构,我们还能够以本来的面目直接往生清净世界。因此我们必须通过第六意识——能够知道自己的迷妄——改变自己,自觉地使执迷于我执生活的自我解放出来。在此过程中,使得同样的内心作用扩展到所有方面,我们的生活方式得到转变和扩大。在抱着人格转变的信念而生的菩萨修行中,解说人生真谛。

比如"好吃"这个词,无论别人如何详细地加以说明,其本身并不能向我们传达意义。只有我们吃过好吃的东西,拥有这种切身体验以后才能想象好吃的意思。与此相同,没有体验作为基础的概念是无力的。如果从相遇的角度来说,这可以称之为与真理相遇。从体验的角度来看,只有在内心与真理一体化,无分别的"知"才能彰显出来。我们把体验的瞬间用"时"这个词来把握,一个人一生几十年的时间被集中压缩到这一点上来,人格好像被一百八十度大转弯一样,内在地凝聚成"时"。我们必须仔细体会与"时"这个真理相遇的重要性,现面我们来重点探讨一下。

关于唯识所说的"我执经验的熏习体"这种透彻的自我认识,我们或者没有意识到这一点,对于外界的刺激只是被动地在内心浅层次的喜怒哀乐水平上度过人生。或者作为"我执经验的熏习体"不断自觉进行自我认识,不断发展内心深处不能停止的深层的心(良知),能动地致力于更高层次的协作公共化,作为行动者为自我变革而生存。我认识到这个选择是我们人生的一大课题。

我开始思考虽然国与国不同,时代也在改变,但这一命题必然是人类永远的大课题。

在唯识看来,人们根据自己运用意识的方法可以很大程度改变世界和人生。如果我们确信这一点,那么把每个人意识的前提即人生观作为与我执经验熏习体相对的概念,对其进行再加工,这才是对于人来说最紧要的课题。也就是说,每个人将自己的自我认识的出发点定在对我执经验的熏习体的自觉上,在此基础上将相互间的主体的公(证自证)共同分享。确立站在这一公共化立场上发展的自我观,以及互相自我肯定的自我观,才是我们现在所需要的东西。

(5)内发公共性发展体验积累者的自我认识的深化

在无意识的自发性的引导下,从后代培养的心灵危机(Generativity crisis)[1]体验即另一个自我认识开始,由参禅体验所体会的作为主体性自然(主人公)的自我认识的深化,经过阳明学的心学体验获得深化。通过"致良知"和"立志"这一意识的意向性,主体的主观性角色认识能动地发展的另一个自我认识,不久便超越了作为唯识所说的"我执经验的熏习结构体"的自我认识,确立新的自我观。我想将我的这些感受作为积极向上、肯定的人生观与大家共享。从前,士大夫们所努力要达到的主体的主观性角色认识发展的自我认识,即通过与现实世界密切相关的经世之学的体验,

411

---

① generativity crisis:小此木启吾等著《后代培养的心灵危机》一书,将 generativity crisis 翻译为"后代培养的心灵危机"。他说,generativity crisis 指的是,无法培育下一代,对下一代的关心和照顾的危机。人们没有了考虑将来的闲暇,光是应对眼前的事情就足够忙的了。这是精神危机的根源,家庭问题只是它的一个侧面反映。——译者注

将自己与真理的相遇（即主客观合一的真实体验）作为自己的实学体验，深化人生观，并将之作为内发公共性发展体验的积累人。人人通过日常体验，不断深化拥有我执经验的熏习结构体的自我认识，自觉地把在实践中不断超越的自我观，作为内发公共性发展体验积累人。重新领会这种自我肯定的自我观，并在这样的生存方式中培育相互自我肯定的关系。我预感到：面向共同培育各自内在的"公"即主人公的协作公共化体验关系的发展，并更进一步使更高层次上世代相承的协作公共化体验向着作为自他经验价值、转换价值的人生观发展。

在明治末期，夏目漱石在承认"开化是发现人类活力的途径"的基础上，认为"现代日本的开化是外发性的开化，是只流于表面的开化"。他指出"真正的开化必须是内发性的"。确实，明治维新以来，国家迫于追赶列强并想要超过它们的愿望，采用来自外部的外发性模式实施了开化政策。国家为了富国强兵积极施行以军事技术为首的诸多政策，如提高"殖产兴业"的产业技术等。战后作为文明利器的生活用品也是一样。也就是说这是一种外来的、为人类社会全体带来富裕的外发性模式——以科学技术为核心的近代化文明，就是大到国家小到个人日常生活都是从外部借来的东西，因而创造出了私有化竞争原理下争着去模仿的社会。

作为手段的社会发展，偏向于狂热地追求从外部来的知识、物品和金钱等财富，应该作为目标的人的发展，尤其是人性的发展和人格的发展只剩下了残骸一般的理念，实践完全被忘却在一边。在这个反省的基础上，我们发现了以下的道路，即每个人主动地去自觉内发公共性发展体验积累人的超越性自我认识并不断实践，超越我执这一意识的意向性，不断致力于进一步的自我认识的深化体验积累之路。此外，良心的觉醒和良心的协作这些使良心向更高层次发展的方式,要通过人为了自己的营生——内发公共性发展体验积累人的自我认识的自觉和实践,才能使更高层次的世代相承协作公共化的当事人,超越作为媒介的个人,培育内发公共性发展体验的积累的文化,培育超越市场原理的内发公共性发展体验积累的协作公共化的体验文化,培养超越国家和制度的内发公共性发展体验积累的协作公共化的体验的文化。从这样的角度出发,通过有关人员内心真实的体验相互培养身心的富裕,这就是依据内发公共性体验积累人的良心协作公共化的体验,旨在不断向更高层次提升良心,并通过这样的实践体验与内省来深化自我认识。我认为关于这方面的讨论,才正是我们今天所要追求的东西。

2. 体验的目的认识的高层次化

(1)通过"超级店铺"的创业理念和经营者体验提高目的认识的层次

在我 23 岁的春天,父亲对我说:"从制定规则开始,所有的事情都由你一个人从头做起。"我的经营者体验完全是从学习我父亲的经验开始的。我的创业理念是学习禅的"超佛越祖"悟出了"超级店铺"这一结论。

我从学习父亲经验的创业期开始,到学习由很多人经验系统化而成的理论,再进一步将其在实践中进行体验,加深理解,通过实践,我在不断发现具体价值和意义的过程中提高了认识的水平,将其作为提高行动水平的理念,最后在"超级店铺"这一理念中发挥了作用。现在回想起来,那些日子我在更高层次的目的认识中,向不断提高的理念集约型流通领域迈出的第一步,也是我在体验

413

更高层次的目的认识中作为一个经营者锻炼自身的过程。

草创期我不断开发可以销售的商品，也就是商品开发阶段。尤其是创造了"午休是手工制作的时间"这一设想。不需要时间、工具和技术这三大阻碍手工制作的因素，超越了这些因素的系列商品是我在草创期开创的畅销商品路线。从此开始进行翻番比赛的热门商品开发，最终实现了在一个系列的产品中创造100万个热门商品。与此同时，这个时期我不得不开始深刻反省，自己把"超级店铺"的创业理念仅仅停留在商品开发水平的目的认识上。

在我就任公司总经理以后，下一个飞跃性的目标定位在"取得100万名固定顾客"上。在5年的时间内取得100万名固定顾客，这一目标对于作为总经理的我来说，必须将目标从物品转移到了人心，提高经济活动的目的认识的层次。于是我们开始了所谓的"文化大篷车"，到全国各都道府县的县厅所在地去，聚集当地的顾客进行巡回文化演讲会，在大约5年的时间内完成了全国巡回活动。作家桐岛洋子先生在每月份的某个周六，为了提高"探寻草根文化脉络"及其意义，承担起领导和第一承办人的责任，多次做嘉宾。他在次日星期日视察各地的商业集散地，拍摄录影带，强化了超级店铺的功能。承蒙各方关照，这些活动历经了4年11个月的时间，达到了100万人客户的目标，实现了总计284人赴香港旅游并举行盛宴的欢乐。

此外在我做"专务"的时期，由于石油危机的体验和在媒体闹起轩然大波的公害问题，加上年平均约40%的增长率持续了20年以上的时间，诸多因素糅合在一起，我猛然反省经济活动在企业这艘船内的安全性，以及自己作为经营者仅仅从数字去把握增长的近视行为。于是逐渐考虑到以下这些问题：超越迄今经济合理性这一企业内部的逻辑，也要思考环境问题等外部非经济化以及劳动条件等企业内部非伦理化等问题。在经过多次尝试失败之后,我从思考这些问题各自的解决办法开始,到考虑全面解决问题的优秀政策,最后到达在更高层次上重新构筑理念的想法。

(2)从创业理念到新理念——目的认识的高层次化

我超越了"超级店铺"这一创业理念,提出了"确立和实践幸福社会学"的新理念。

文化人类学者克拉克洪(Clyde Kluckhohn)曾说:"唯一合理的、诸多目标的目标是幸福。亚里士多德的这一论断,在我们所知道德范围内,是没有人能驳倒的。但是还没有科学家尝试开创建立幸福的心理学基础。"见田宗介在他的著作《价值意识的理论》(弘文堂)中的导言部分引用了上述内容。我从见田再次提起问题的态度中获得了莫大的感动和勇气。我在作为经营者的日常活动中不断思索事业永久性的问题,虽然是在很晚的时候,但我还是认识到每次得出的非常具体的答案,总结起来都是在指向"幸福"这一更高层次上展开目的认识。于是我以前的不安、矛盾、犹豫不觉一下子全消失了。关于我们的经营、人生应有的目标以及与我们有关系的人们的所有问题,其展开的方向都是以幸福这一最为明快的形式显示出来,眼前的云雾消散殆尽。宫泽贤治曾说:"如果不能实现全世界的幸福,就谈不上什么个人幸福。"他所提出的这种超越了个人水平的"大家的幸福就是我的幸福",也就是超越了自我实现的探索意义的幸福,这其中包含了想要实现每个人的人生幸福和社会全体幸福两全的目标,为此我将新的理念定位在"幸福社会的建立和实践"上。

这也就是说,个体的幸福和全体的幸福、连接个体和全体的各中间集团的幸福,将它们提高到更高层次上的目的,即幸福共创这

415

一层次，我反复思考共有这种不断开放的目的认识。提出每个人致力于将良心提高到更高层次，自下至上地将幸福共创作为协作公共化目标，并且通过日常生活体验，不断努力地去实践，这也是不断追求个体、全体和中间集团更高层次的目的认识这一社会理念与开放、提升企业理念的过程。

我开始关注将"超级店铺"这一创业理念，转向超越店铺的、具有高度流通功能的形式在业内的可能性。通过实践将其提高，提出了新理念——"确立和实践幸福社会学"，该理念是通过有良心的个人进行作为人之良心的协作化活动，必须将生活者社会的幸福共创体验和产业社会的幸福共创体验，作为向更高层次展开的幸福共创的过渡计划；把自己的存在意义以及与企业紧密相关的个人的幸福共创，才是其拓展课题。由此，人们各自提高自己的目的认识，将主人公的发展体验作为自己的幸福共创体验，使其起到媒介的作用；将相关的人们的角色认识提高到更高层次的目的认识。这就是新理念要展开的方向。

（3）根据"盛和塾"体验，提高目的认识的层次

"作为经营者，我一直以来所做的就是每天不断提高理念。"与稻盛和夫塾长的相识，是从听到他在京都"盛友塾"一开讲就最先说的这段话开始的。没有哪句话能够像这段话那样，完全概括了我此前的经营体验。我根据自己尚未纯熟的体验，对这句话从心底里面由衷佩服。我的直觉告诉我，这个人才是真正的经营者。记得我当时受到震颤一般的感动。

此后，我往京都"盛友塾"跑得越来越勤，在昭和63年（1988）9月，我和来自大阪的越境入塾组的稻田二千武两人一块，与盛友塾塾长直接商议："请求在大阪建支部。"尽管我们的要求非常唐

突,塾长却痛快应允,并在同年 12 月访问了稻田和矢崎的公司。当晚,他在大阪 Minami 与京都"盛友塾"的干部一起,就开设大阪支部的事情进行商谈,最后爽快同意了大阪方面提议的"盛和塾"这个名称。这个名字是取了事业兴隆、人德和合的意思,同时又是稻盛和夫老师的姓和名各取一个字得来的。塾长当即决定更改京都塾的名字,并指示今后将在全国各地开展的塾名都统一为"盛和塾"。

平成元年(1989)4 月,召开盛和塾(大阪)总会,我和稻田一同被选为干事代表。我从一名私人企业经营者学习开始,到作为大阪地区经营者学习组织代表,进一步提高了目的认识的层次。平成 2 年(1990)各地支部分别成立,9 月我们在富士山召开了塾长例会,其后塾长要求实现全国战略构想即成立 100 所塾,学员规模达到 5000 人。我们从 10 月 23 日召开了干事联络会开始,到次年 1 月出台意向书为止,每周就全国业务开展情况聆听塾长的意见,大家决定作为本部理事应该在工作中互相提高目的认识,即为全国经营者创造学习场所,为此我们进行了多次讨论。在平成 4年(1992)期待已久的杂志《盛和塾》刊行,我很荣幸成为编辑委员长。该杂志成为不仅面向经营者,而且面向广大商务人员、学生等广泛的读者群提高目的认识的刊物,迄今为止该杂志已经刊出 47期,每隔月发行一期。

盛和塾成为中小企业(私营企业)经营者学习作为"公有物"的企业经营和利他之心的罕见群体,它不断扩展到巴西、中国台湾,后来又扩展到中国大陆,现在共有 55 个支部,3000 余名学员。作为业主经营者和合的团体,它被培育壮大起来。

经营者在塾内学习利他之心,并将之作为自己人生的新指针,作为经营活动的坐标轴,并努力将学习所得付诸实践,活学活用,

417

将企业经营定位在"公有物"的位置上,使经营者的立场公共化。其结果,经营者在塾学习自我变革的方法,塾成了不断提高目的认识层次的经营者们互相探讨研究的场所,它使得企业经营向着更高层次的理念变革,使得相关人员的精神素质向着更高层次变革,进而是地域乃至日本社会发生变革。这的确是通过经营者的联系,力求实现道德与经济两全的经营,我们对这样的经营进行有组织的实践来构建和谐社会,大家共同构筑更高的梦想。

(4)通过京都论坛体验,提高目的认识的层次

说起京都论坛的建立,还要从1989年9月17日我在法国的勃艮第访问本尼迪克特派修道院"皮埃尔基比尔"说起。在那里,我听到了关于修行状况的如下一段话:"我们生活的全部不过是实现更高目的的手段而已。尽管如此,人们在这些手段当中总是捡适合自己的手段来行动,把其实只不过是手段的眼前的目的作为自己的目标,执迷于此而活着。"由此获得的认识,虽说是从清水荣老师和井上希道老师等很久以前就抱有的问题意识中阐发出来的,但仍让我恍然大悟。那天夜里我们彻夜讨论,成了京都论坛成立的基础。平成元年(1989)11月3日文化节那天,我们成立了京都论坛。

论坛主持人清水荣老师是京都大学的名誉教授,他在1954年第五福龙丸比基尼岛发生的事故中,通过分析微量的死者骨灰,得出了这次事故是由于新型氢弹造成的结论,将其公布出来震惊了国际社会,他就是著名的"清水报告"的负责人。1995年8月我们接待"普格沃(Pugwash)会议"主要成员时,据约瑟夫·罗特莱特(Joseph Rotblat)总裁本人讲,国际会议上发表的"清水报告",当时是从日本科学家那里传到了罗特莱特手中,再由罗特莱特转交

给了伯特兰·罗素（Bertrand Russell），罗素又将其转给了爱因斯坦博士，以发自科学家良心的国际会议闻名的"普格沃什会议"就是这样召开的。到了1962年"必须使避免整体性破坏的目标优先于其他所有目标"——这是第二次科学家京都会议中日本哲学家谷川徹三所说的"爱因斯坦原则"，他将此作为这次会议的精神。

京都论坛就像是受到奇妙因缘引导似的，以京都大学名誉教授清水荣为主持人——他也就是《坐禅应该这样》中"次之序"这篇名文的作者望叡轩主。京都论坛作为对外在的地球环境和内在的人的精神性这两个整体性破坏开展科学与宗教对话的场所，诱导人们从封闭的社会、封闭的自我走向开放的自我和开放的他者，由之达至开放的社会。我们这个小小的论坛迈出了第一步。

现在回过头来看，我切身感受到我们应该"立志于促使人的良心的觉醒，与有志于相互超越了无私心的立场的人们一同不断追求更高层次的目的认识，在对话的共鸣中开创人类的未来"。京都论坛成为加深这一认识的场所和体验。

（5）通过将来世代国际财团体验，提高目的认识的层次

1992年6月在巴西的里约热内卢召开地球峰会"关于环境和开发的国际会议"（UNCED）之后，"Sustainable Development"被译为"可持续发展"。为了再现这一关键构想的英文原意，我们将其译为"永久性发展"，并且超越地统合地把握这一用语所包含的现代人的各种不同的见解，力图从更高的目的认识水准上理解将来世代人的立场。为此，同年7月我们在美国设立了财团，这就是Future Generations Alliance Foundation（将来世代国际财团）。同时，我们在京都设立了将来世代综合研究所，聘请由京都论坛草创期开始活跃的雄辩家金泰昌先生担任所长。

419

从 1993 年 9 月开始,我们多次举办了将来世代留学生论坛活动,与来到日本的世界各国留学生一同参观了日本各地文化风土,站在后代人的立场上,就留学的意义以及加深对日本的理解的美好梦想彻夜倾谈。我们共计举办了 20 多次这样的交流活动,加深了超越世代和国境的作为人之良心的交流、体验所具有的意义。我和大家一同学习了更高层次的作为人的目的认识。

此外,以 1993 年 10 月的汉城会议为起点,我们走出国门举办了超过 30 次的将来世代国际学者会议,通过与抱有将来世代观点的国际学者的对话,把作为开放的协作公共化的当事人、媒介人的角色认识作为更高层次的目的认识相互学习,深切感受到国际性的有志者网络正在扩大。

进而,我们还从 1998 年 4 月起开展了每次为期 3 天的公共哲学共同研究活动,形式是通过彻底的对话这一协作体验建立共同研究的场所。目前共开展了 37 次。我们以公共化这一更高层次的目的认识,加深了对话这一协作体验的意义。

现在回想起来,人所创造的封闭的社会结构以及自我封闭的心理结构,将导致人性的危机,扩大到全球的环境等频出的公共性课题,确实困扰着当代人。我们要超越个人、各种中间集团以及国家层面的各种不同见解,从每个人的良心觉醒体验开始,到通过开放的良心协作产生的经验价值,以及将良心提到更高层次的思考,这些都将作为我们送给后代的良心觉醒和立志的礼物。进而我们将其确定为世代人的工作,这样,对于克服人性危机和地球环境危机的关注将会扩大。只有通过伴随每个人实践的持续发展的人性世代相承的协作公共化的参与体验,建立不断开放的社会结构,无疑这才是朝向克服人性危机和地球环境危机迈出的坚实的一步。我坚信这一点。

3. 探索体验意义的五个超越体验：从体验
学习内发的公共性发展

下面我根据以上经验，从体验学习内发的公共性上，将其总结为超越心灵墙壁的五种超越（Beyond）体验。

（1）超越利己主义

超越心灵的墙壁就是超越利己主义（Beyond Egoism）。

超越利己主义的体验，是我通过自己的参禅体验，加上其后"唯识论"给我的内省体验，我痛感超越日常生活的我执经验的熏习结构体和自我认识的重要。

一个人学习哲学能够达到什么深度？在我结束了将我带入解脱之门的参禅体验以后，我虽然在理论上已经弄明白了，但我仍然感到客观化、概念化了的客体认识这一知识的世界，与直接体验的作为主观的体验认识的世界，其间存在着就像死和生那样的差别。我深刻感受到，我们不单拥有语言和文字去用来说话和写字，不单会思考，而是人是拥有包容性的整个人格发展的感受性的存在，即可称为宇宙主体生命活动的睿智。同时我们的我执意识和体验，通过语言、概念、思考等打断了我们本来的生命活动，我在禅堂的时候，曾经多次体验了不断涌上来的杂念和妄想的念头。通过这些参禅体验、无意识的自发性的身体感觉以及阳明学的心灵体验，我发现了另外一种生活方式，即不为我执所驱使，基于内发公共性这一真正的自我认识的透明、健康的生活方式。我亲自体验了这一切，真实地感受到这种致力于发展的生活方式，就是通过每个人与现实世界（真理所依存的世界）实时相联的人类真实体验，即良

421

心的协作化体验,将良心向更高层次发展的生活方式。

我们所说的超越利己主义,指的是不被我执和概念驱使的生活方式。从执迷于作为"个人"的利己的自我解脱出来,以互相之间的良心协作公共化体验带来的对内发公共性发展的信赖感为基础,培养与周围的联系,活用未来建设的、形成相互关系公共化的精神,在日常生活中不断深化自我认识,实现"发挥和谐作用的自我"。我深切地感受到,超越我执经验的熏习体,自觉的互相信任、互相热爱、互相尊敬的自我,为了形成生命而行动的自我,即互相通过体验来有效利用参加大宇宙活动的生命喜悦,通过良心的协作化为培育良心向更高层次发展发挥和谐作用的自我。

为了在日常生活中不断实践超越我执,必须积极确立作为内发公共性发展体验积累人这一新的自我观,我想我们应该通过实践走出一条超越利己主义体验的意义探索之路。

(2)超越现在主义

超越心灵的墙壁就是"超越现在主义"。

超越现在主义的体验,就是我通过参加京都论坛得到的体验,是向着更高层次的人生观打开角色认识的切身感受。

我从邂逅《坐禅应该这样》这本书开始,遇到了禅师井上希道老师,这一体验使我不久创办了京都论坛这一交流平台。我们京都论坛的活动,从 1992 年地球峰会(UNCED)以来,为了后代人我们开展了全球规模的大量活动。

最初是 1991 年作为"地球峰会"的启蒙活动,我们翻译发行了该会议的时事通讯《地球峰会新闻》。我们将该报纸分发给包括国会议员、学术会议成员、四个经济团体领导成员以及媒体相关人员在内的日本有识之士共 1 万多人。其后,得到环境厅的预算资助继续开展了此项启蒙事业。

我有幸负责地球峰会招揽正式海报广告赞助等事宜,通过召集领导当今日本产业界的各位人士和全部上市企业的经营者,获得为将来世代的地球居民而对 UNCED 进行支援活动,共有全球规模的公共问题意识和公共角色认识的场所。

同时我还获得了地球峰会委员会授予的《地球峰会时报》共同发行人荣誉称号。该报的发行,对于我们京都论坛来讲具有重要意义。在纽约联合国总部举行的地球峰会预备会议上,1992 年2 月到 4 月发行的日报得到了好评。在里约热内卢召开的地球峰会上,作为地球峰会的唯一公开报纸《日刊》,免费发放到峰会会场、联合国总部以及国际机构、各国政府代表、各国 NGO(非政府组织)、各国媒体人士以及世界主要城市,这一贡献得到了高度评价。

在改善环境事业的实践中,我们得到了日本邮政省(现在的总务省)国际志愿者储蓄等的资助,与京都大学农学系的老师们共同进行了以下事业:支援泰国“火田农业”转型为“固定农业”的事业;印度曾给战败后的日本孩子们送来了梦想中的礼物——印度象,为了回报印度各界,我们开展了“象的报恩伙伴运动”,与当地的母亲和孩子们共同参加了植树活动。今年该活动已经迎来了第 10 个年头,我们植下的树苗超过 2000 万棵,正在茁壮成长。

我作为一名私营企业的经营者、NGO 事务局长,在“做健全的NGO,成为世界的榜样”这一目标的推动下,分别于 1991 年 12 月、1992 年 1 月和 2 月访问美国,与 UNCED 事务局长、地球峰会委员会议长、生态基金 1992 年总裁等进行了多次会谈,他们给了我上述许多机会。我回顾其后的体验,所有这一切就像是由“一期一会”这样美好的相遇造就的,这都是寻求相互想法一致的足迹,对此我有切实的感受。通过这些体验,我感到应该重新站在内发公共的问题意识的立场上,以较高的理念,将现在作为最好的时机,实现全球规模的因缘无量的壮大发展。

我们所说的"超越现在主义",指的是不被现在所驱使的生活方式。我们对于现在的认识应该超越,将它视为从过去到未来的直线时间的通过点的想法。此时此地,将我作为"缘"的起点,其终点是把握以更高层次的协作公共化当事人体验以及中介人体验,作为解决课题的因缘无量的机会。在转瞬即逝的现在,我深切地感受到了无限扩展的由"缘"连接起来的因缘无量的实践的生活方式——这正是生活在真实体验中的鲜活的生活方式。

(3)超越民族主义

超越心灵的墙壁就是"超越民族主义"(Byond Nationalism)。

我通过在地球峰会(UNCED)期间作为里约热内卢UNCED公开报纸《地球峰会时报》共同发行人的体验,扬弃了与国家利益优先的国民国家观相对立的立场,从更高层次的统合目标即从将来世代的立场出发,痛感作为地球市民需要重新定位认识和行动的重要性。

我本人作为里约热内卢公开发行的UNCED日刊报纸共同发行人,站在这一立场上,通过采访来自各不同国家、站在各种不同立场上的人们,和他们对话,深切感受到时代需要的是超越由产业革命和法国革命强化的国家和个人这些价值观框架的新的价值观。在里约热内卢聚集了历史上人数最多的世界各国元首,其意义之大可想而知。然而里约热内卢圣特罗的会场上,曾经看起来那样伟大的所谓大国的国家元首们,面对地球课题的时候,只不过是背负着国旗的国家利益代言人而已。我目睹了这一切,对我来说它是极具冲击的体验。通过在里约热内卢的这次体验,我开始觉醒,作为地球市民每个人将自己的经验价值转变为对将来世代的人类有益的公共化实践的价值,旨在实现人生观的范式转换(paradigm shift)。为此,我确信探求更高层次的公共性的实践哲学是必须的。

我们所说的超越民族主义,指的是不屈从于国家和权利的生活方式。从依赖国家和权利的生活方式,到为所有的一切作为互相联系的宇宙生命、意识、体验、自律和联合的生活方式的根本转变。我们每个人自觉地认识到人性的危机,作为面向再生的变革主体,将自己的自立和自律体验,活用到协作公共化当事人媒介人体验的自觉和实践当中,面向更高层次的世代相承的协作公共化,使人的活动不断向着这一方向展开——我想这才是每个人超越了国家利益的狭隘性见解的民族主义,作为更加兼具全球—地域视野的公共化变革主体的生活方式。

(4)超越科学技术万能主义

超越心灵的墙壁就是"超越科学技术万能主义"(Byond Scientism)。

根据我对广岛原子弹爆炸资料馆和胡志明市的犯罪纪念馆的参观体验,围绕由客观性观察的科学技术万能主义带来的进步,也就是主客变化的公共化这一人的发展,进行了思考。

原子弹和枯叶剂,虽然其中使用的技术不同,但都不仅能造成大量死伤者,甚至会产生后遗症。当我看到幼儿一出生就带着受损的基因,继续活下去的悲惨模样,对于那些为了在战争中取胜,为了目的不择手段的近视性行为的领导者,凡有良心的人都禁不住对他们所犯下的罪孽感到不寒而栗。

425

　　我通过将来世代国际财团的活动,像共同举办"帕格沃什会议"等经验,访问了亚洲、欧洲、北美各地,与学界人士进行了对话等,我深感我们需要超越对象性思维和分析性思维的体系——科学技术万能主义的价值观。也就是说,人学习自己本身,意识到内在于自己的主体性自然即"整个人格的生命喜悦"非常重要。同时在这种体验的基础上,认识到只要不实现各种目标之目标——能够实际感觉幸福的幸福之学,以及植根于"万人进行的为了万人的自我变革"的幸福共创实践,我们就无法应对地球环境危机和人性危机日益深刻的时代。

　　我们所说的超越科学技术万能主义,指的是不屈从于仅仅把科学、技术、知识当作力量和武器的生活方式。拥有我执这一意识倾向的人,将分工带来的对象的、分析的、专业的和客观观察的知识,判断为对人类来说是合理的,仅将这些知识绝对化而形成褊狭的见解,他们以对象性思维看待每个人原本拥有的潜在可能性,将全人性的人的意识能力分割成部分,使其从属化。我们必须从这种近代科学技术一边倒的社会,恢复人的完整性。从将来世代的角度出发,通过兼具全球和地域视野的协作公共化体验,培育全人格的综合知识;通过基于良心觉醒体验的弱性自觉与优性连带,使作为良心协作化的公共化当事人,共同努力不断提高良心的层次,为实现更高层次的世代相承的协作公共化的人类发达社会,我认为我们不是应该超越科学技术万能主义,努力实现"全人格的人"的生活方式吗! 这是我对实践的一些看法。

(5)超越经济至上主义

　　超越心灵的墙壁就是"超越经济至上主义"(Byond Econo-mism)。

超越经济至上主义的体验，是我自己通过 37 年的经营体验达到的深刻认识。那就是，超越产业化逻辑中的人生观，使其蜕变为更高层次的人生观，在此基础上建立"为了生活者的社会"，这才是迄今领导了产业化的经营者应该负有的责任，也是人之为人的一生中的责任。

我通过事业草创期经历的石油危机体验，宇宙飞船地球号这一观点出发，加深了对地球有限性的认识。我认识到仅在公司内部追求持续性是不够的。以前我一直追求企业这艘船的安全，对于船外的扩散污染等环境污染问题以及船驶向前方的大海其实就像悬崖绝壁一样是能源枯竭，我没有给予关注，完全是近视性地在经营企业，由此我受到了极大冲击。企业为了利己目的即内部经济化，进行外部非经济化和内部非伦理化的扩大再生产，危及将来世代，不断建构被扭曲的社会。这是我作为经营者对产业社会结构发自内心的察觉和深刻反省的体验。

通过这些经营体验，我确信，我们将冲破以"个体"之"私"为出发点，以利润动机社会、效益憧憬社会这一不断创造产业社会的私心化的束缚，构建每个人都认识到所承担的公共角色的"生活者社会"。也就是说，通过扩大力量和意志这一客体，把利己目的从互相依存的期待满足欲望的层面，转向认识到作为全人格性主体承担公共角色的生活者，不论是具有柔弱性的主体还是具有优越性的主体都要自觉而联合起来。这种生活方式的范式转换，才是今后社会、中间集团和个人层面有良心的人所应该努力的方向，才是新的生活社会的理想状态。

我们所说的超越经济至上主义，指的是不为名利力量所驱使的生活方式。我们要超越将人作为生产工具的劳动者观、将消费者作为生产目的消费者观即产业化逻辑中的人学观，努力实现良

427

心协作化带来的更高层次的人格发展、人的发展的人学观,实现为了互相培育丰满人性之人的经济。即在开放的市场原理中,互相培育人作为更高层次协作公共化的当事人、媒介人的使命,同时提高良心的水准。所谓开放的个人在道德经济全面发展的开放社会的活动、每个人参加真正意义上的经世济民的经济活动的体验——这才是互相培育公共角色认识的人生观、各中间集团观和社会观,这是人们对拥有这种克服产业社会化一边倒的价值观的重要性的认识。从将"物"这个客体私有化、以经济合理性进行竞争的社会,过渡到"生活者社会"。在"生活者社会"中,将市场原理作为每个生活者提高个人良心层次的良心协作化这一公共化的手段,培养"拥有良心的人"这一主体的公共化,从供求双方不断发展客体的公共化财产。我认为应该将互相培养更高层次的世代相承的协作公共化的当事人体验和媒介人体验这种经世济民活动,互相培养由人进行的为了人的公共化的文化活动,作为经济活动的开始。我们发誓要具体实践这些新的理念。

4. 通过公共哲学共同研究会的学习
得到的内发公共性发展体验

(1)制约私心化的结构和对公共性的探求/不是神的人对公共性的恐惧

通过1998年4月开始的公共哲学共同研究会上不断的学习,我深刻思考在公共性的反面,包围我们的这个世界拥有怎样的不同层次的多重的私心化结构这一问题。即从宏观层面的国家和社会制度到微观层面的自我意识结构和生活习惯,并且从其认识阶段到行动阶段,我痛感自己生活在可称之为被结构化的私心化制约的世界上。

这也就意味着,从宏观上来看现代化这一科学技术发明带来的产业社会结构,它是无限地将对象分成一个个小单位,最少的投资获得效率最大化的社会。每个人将自己所拥有的潜在可能性根据专业领域的区别进行细化,对其采取对象性思维,把本该是全人格存在的人的意识能力变成部分的、从属的、阶层化了的东西,被私心化这个外壳包裹起来。作为微观层面的更加本源的课题,正如"唯识"所清楚表明的那样,从每个人的深层意识中,强烈起作用的我执熏习体的精神结构孕育了更加深刻的我执,将自我绝对化、狭隘化,面对他者或使自我合理化,或有时变得傲慢,逃离他者将私心化的外壳层层加厚并关紧。加之,在负责培养产业社会预备军的学校教育的名义下,以竞争社会制度化了的私人知识拥有量为起点的人生,人们从童年时起就习惯于私心化的生活态度。对这些担忧和不安是永无止境的。

基于这样的想法,我深刻地认识到此前的公共性是国家权力单方面管理的公共性,对于拥有可称之为人性本源的公共性的主体——人,此前的公共性是与人割裂开来的制度等客体层面的公共性,是根据分工的专门知识将人性分裂、使之从属化,是由纵向切割的制度进行的外部开始的公共化,这是把人的尊严和人格发展割裂的公共化。

另一方面,迄今我们一直把公共性的问题交付给他者而生活着,现在我们必须进行自我反省,同时开始反复对接连不断涌出的疑问进行自问自答式的思考:"公共性是什么?""公共性是为了何人"?"公共性是为了什么"?"真正应该担负公共性的主体是谁"? 等等。其结果,迄今的公共性完全委托给了并非神的人,我们对它的绝对信赖瓦解了,这些体验使我们察觉到自我认识态度

429

本身的根本性错误。

（2）追问公共性的真正承担者

此前，我们虽然学习公共性，但只是将学者的言论当作第三者的表层的"形式知"来理解，对于公共性一直停留在所谓客观认识的水平上；或者即使说是主观认识，也只是在直觉的、依赖的、他人责任的"自我缄默的认知"水平上进行筛选，听到在认识态度上存在问题而加以深刻反省。就这样通过自身的体验，我开始思考：所谓公共性是各人对自己作为当事人的主体角色认识的自觉，每个人对于公共性及其发展课题的不断探索，这才是在真正的目的认识中生活，是真正的角色认识。对于真正的目的认识即"公共化"认识的发展来说，应该以作为真正的自我认识之"私"的认识的深化为立足点。

这也就是说，以作为"私"的认识深化的内发性公共性的发展为起点，不断致力于更高层次的内外合一的公共化，才是追求真正公共性的生活方式。通过不断追求更高层次的公共化，内发式公共性就一定会无限发展。因此，所谓公共性不是某个人有意识创造出来的封闭系统，而是将人们的生存活动持续向着更高层次的公共性开放，赋予人们的角色认识以更高的方向。所以恢复公共性不是"客体"方面的问题，而是恢复作为"主体"的每个人抱有的真正的角色认识和真正的目的认识，恢复作为每个人的主体的、主观的生活方式的公共性。正是在这里才包含着人本来的发展课题。这一"作为角色认识的公共性"认识框架的发展，才能作为个人和中间集团共同应对社会公共化的能力，才是不断提高的发展的方向性，体显了互相培养公共性的社会、组织和个人无限发展的方向性。而且对于我执化的、狭隘性见解的公共性来说，当我们联想到"公共性"一词本来包含的内发性动机时,在没有人格完成者存在的社会中将每个人的角色认识的发展与良心的觉醒、良心的协作化一起,共同使良心向着更高层次升华,通过这样的体验,内在地促进与自己有关的所有人向着更高层次的世代相承的协作公共化展开。作为真正的公共性承担者,要不断地发展作为更高层次的世代相承的协作公共化当事人的能力。我想,每个人恢复公共性的这种体验性学习,才是今后深化学习所必须的。

(3)人的良心觉醒、立志以及协作公共化体验/由意识化、体验化出发进行公共化的自我

在公共哲学共同研究会上,在不断聆听硕学的议论这一难得的体验中,终于在自己内心深处产生一种应该称为良心觉醒的东西,以前不知不觉感到过的不安和不满,开始成为明确的问题被提起和自觉,同时觉察它们也成为加深公共性问题认识的体验。进而言之,将这些公共课题作为内发性自我公共角色认识的发展课题,通过多次重新理解的体验,我真切感受到自身的认识态度和角色认识的确发生了变化。另外,我尝试着将这些得之不易的学习机会,用以超越自己浅薄的知识,将其作为伴随身体感觉的认识不断加深,把公共化作为"通过打开私的体验之公共化"而获得身体感觉。

对于公共化,当我们重新将其理解为它是打开私的主体的公共化体验与主题的公共化体验相融合的体验时,所谓公共化不是人为的概念,而是人自身中自然的安排。每个人在其自身内部所拥有的人的自然,才是公共化的源动力。人的自然,即恢复到完人的人性本来面目的无意识的自发性,不就是公共化吗!为了实现更高层次的公共化的角色认识,不断地有序地向宇宙无限敞开,内

431

发的公共性发展这一主体的公共化与公共的角色认识发展这一主题的公共化之融合体验,才应该是真正意义上的公共化的原动力。

这也就是说,我们此前一直把公共化当做公共企业以及公共团体等公共机构这样的外在化的实体加以把握,与之不同,我们不如把它考虑为是被每个人内在化了的不断追求更高层次的精神状态。所谓公共化,指的不是由人类社会制度化了的角色或公共政策这些外在性的东西,而是以来自每个社会成员向"人的自然"、人的本体回归的灵魂之良心的震撼为起点,真正的社会世代相生的协作公共化才能够向更高层次不断发展。

重新审视此前的诸多体验,我认为公共哲学是每个人作为人的良心觉醒的体验,基于这种体验的立志才是其真正的原动力。也就是说,将良心这一被内化了的高层次的自我,即所谓全人格的自我的发展,通过日常生活中良心的协作公共化体验,有意识地提高良心的层次并使之体验化,由之进一步打开自我的内在的公共性,自觉地使这一公共性不断向更高层次发展。依凭这种意识化、体验化提高自己的公共化,就为立志奠定了基础。

(4)通过对话和协作的协作公共化当事人体验、媒介人体验所培育的主体的公共化

通过公共哲学研究会上的对话引发的协作公共化体验,更加开放的面向外部世界的公共化认识的扩展,与作为发自内心的深切的体认之学的世代传承的公共化,通过学习场所得到的体验,成为能够被真实感受到的东西。通过这些体验,我感受到公共化也是理念,公共哲学是主体的实践哲学,公共化就是给自我的感受性发展确定方向、意义深远的心之学的活动。

这样,自觉地把开放的不断提高的各自自我公共性作为互相

对话的基础,对话的公共性才能形成。也就是要超越语言、概念、专门知识和经验的差异,共同享有自他的全人格的、全经验认识的立场,一起将其活用,这样对话的公共性自身才得以向更高层次提高,并且作为场所的对话空间的公共性才得以开放并向更高层次发展。同时我也切实感受到,该公共的场所通过共有公共哲学的共同研究这一更高层次的协作化目标,使所谓思维和研究这些个人层面的零散认知,通过完全异质层面上的、协作公共化的实践体验形成综合认知。

这样的共同研究的场所,是从语言的对话开始的。但是语言这一客体中既含有加深思维和对立的一面,又有促进互相的感受及协调性的一面。不过,这个共同研究会,作为互为全人格性主体的人之存在,超越语言和专业知识的理解与认识的差异,拥有公共哲学的共同研究这一目标,在公共空间的场所中互相提高公共性,成为协作公共化体验的哲学的场所,共同培育基于对话与协作的协作公共化的当事人体验和媒介人体验,通过主体的公共化和主题的公共化以及立场的公共化,共同培育人格公共化的场所。

(5)连接个人与社会、个人与未来的中间集团的公共化和世代传承及其课题

像环境问题一样,已经扩大到全球认识水平的宏观公共性与每天生活实践这一行动水平上的微观公共性,即认识水平的公共性与行动水平的公共性之间存在着差距。为了解决两者间的差距,有人考虑由连接个人与社会、个人与未来的各种中间集团,面向更高层次的世代传承的协作公共化体验开展各种活动,经常引导其更加注重实效性,也可以说这是各个世代的永远的责任。但从更根源上来说,每个生活者作为超越我执意识和物质数量增长

433

的精神的、人格水平的公共化的当事人的觉醒和实践,进而通过由下而上的良心协作体验和联系,不断积累作为更高层次的世代相承的协作公共化目标的社会实践,并向其提出新的挑战才是最关键的。这也就是说,将宏观认识上的全球规模的公共化自觉,在每天微观生活主体的行动层面的公共化中,赋予生活实践的机会这一位置,将其分别作为试图进行有机结合的文化加以培养,它将成为世代相承的生活文化的起点。

有一个很小的事例,我想将其作为思考世代相承的生活文化的一个例子,以自身的体验和见闻之事例为基础进行内省。1992年春天我在印度从事植树造林活动,我在东京与时任印度政府森林环境大臣的卡玛尔·纳什见面,当时的话题是从印度电视节目的录影带开始的。要点就是"在印度以男性为中心的团体进行植树活动总是效果不好,但是以女性为主的团体的植树活动往往效果很好"。即使共同抱有植树这一目的,以男性为主的集团因为要养家糊口必须挣工资,他们种下的树很难在山野中扎根。但是以母亲为主的女性集团她们自己在孩提时代经常去山野采摘果子和山菜,她们想要使山林恢复过来,不想让后代的子孙再感到贫乏,这个想法使得她们在干旱时期能够给树浇水就像照顾自己的孩子一样,将一棵一棵树苗种下,并精心培育。由此可见担心下一代的母性爱的真诚行动与男性集团之间的差异。所有这些活动的起点和推动力是良心的觉醒和协作化,我深刻感受到良心向更高层次的志向层面发展的重要性。

其后,我们在比哈尔州、奥里萨州、西孟加拉州以及与佛祖和泰戈尔有渊源的地方继续进行植树活动。在印度独立50周年的时候,一年前作为自由战士与甘地一同斗争的泰戈尔协会会长达斯古普塔(已故)与我一块儿亲切攀谈,他说:"甘地领导了印度独立,但是现在过去了 50 年的时间,我们还是不得不接受外国的援助来开展农村的自立活动,我们将接下泰戈尔倡导的农村自立的火炬,将其提高到可以参与国际上自立的村和村之间国际文化交流的层次。"他重新审视了公共化这一永无止境的理想之旅的目标。

在中国,建设新疆、沙漠绿化的创业者们说:"我们不仅贡献了自己的青春,也献出了自己的一生。我们不仅献出了自己的一生,也献出了自己的子孙。"我为这种无私的奉献精神所打动,到当地进行访问。在吐鲁番沙漠绿化研究所,当地现场作战指挥李所长对我说:他的座右铭是"我们这辈子把风沙带走,把绿洲留给后人"。我被这种世代相承的公共精神深深打动。不论是在酷暑严寒,为绿化不毛的沙漠,以王震将军为首的军垦人员们世代相继地用了 50 年时间,在中国西部地区——新疆的沙漠之中建设出了300 万公顷的绿洲。我参观了"军垦第一犁"的照片和当时用过的工具,想象他们开垦时的英姿。我感到此前的近代化文明主要是创造了"私",今后的文明将一同实现"公共",我想这一公共化的精神和人格性之人的发展经验资源,不是能够成为整个中国乃至全人类可以共有的实现公共化的经验价值资源吗!

(6)为了实现"新的公共化",不断开放自我,发展自他应对能力

不断开放自我,将自他应对能力发展到更高层次的公共化水平,把不断开放社会的进程当作"新的公共化"加以把握,这称得上是人类永远的发展课题。以下是对于该课题所作的简单整理。

俗话说"一年树谷,十年树木,百年树人",不管是哪一代人,在什么场所,珍贵的资源都是人。不断地完善个人的人性,才是所有人的目标。我认为这也是所有社会抱有的理想。

但是，正如在持续封闭的人类活动和封闭的社会中可以看到的那样，从自己的心的层面开始的我执化这一封闭结构，导致在工作层面金字塔型组织专业分化的分工原则引起固守一隅的见解，进而由对客体的客观性观察带来以机械论、要素还原论等近代理论为前提的科学技术建立的近代文明机构，将这些知识转化为物质经济化的产业社会结构，并且经过知识精英之手将其作为国力推进国民国家这一结构，以及为了实现客体的发展分工与专业化带来的幼儿化扩大再生产结构等等，的确是实行只见树木不见森林的专家集团化，作为主体的人的发展和人性的发展被淡忘，所有人在不断地构筑多重的封闭性结构。与此同时，这个封闭性结构创造出来的固守一隅之见的公共性，容易变成片面的东西，即成为媒体攻击的公共性，官僚管理的公共性，政治家权力化的公共性，学者专业化的公共性，经营者私密化了的公共性，大众依赖的公共性等。互相培养将公共性本来所具有的三个层次不断开放的人的良心为推动力的公共化，即通过参加建设公共化森林的参加体验使人活性化的方法已经不能够实现了。

但是，无论何时、无论何地，人都是最珍贵的资源，其中，从人内在所具有的人性之根源的"共同进行良心的觉醒"开始，到"共同进行良心的协作化"以及"共同向更高的层次发展"，向"新的公共化"的不断发展，才是使人成为真正的"公共人"必须自觉的东西。

也就是说，不只停留在近代知识的认识框架——对客体的客观性观察这一方法论上，还要把植根于良心觉醒体验作为实现更高层次主客合一的公共化的变革课题，不断提高回应更高层次的公共化的能力，把与现实世界时时相关的每个人的良心这一真实体验推向更高层次的公共化,这种发自内心的"事上磨炼"(王阳明语),才是人性学习的对象,才是进一步提高人性的推动力,是对不断开放的自己、不断开放的社会抱有的发展论的自我观。我想它将成为"新的公共化"这一开放的自我观的基础。

当我们思考将内发公共性发展这一新的公共化付诸实践的课题时,认识水平上"我执化公共性"、"固守一隅之见的公共性"和"进行过去化的公共性",为了超越上述某一个课题,我们需要共同培育在三个层面不断展开起来的"新的公共化"的态度。

作为付诸实践的行动方面的课题,不断自觉树立对基于良心觉醒的公共化的志向,通过世代相承的协作公共化体验将公共化不断提高,自己与他者同时不断提高对公共化的应对能力。由此,我真实感受到了内发公共性的发展这一新的公共化体验的种子在世代相承中不断积累。

伴随作为人的良心觉醒体验开始的内发公共性发展之"新的公共化",不久便通过良心协作公共化的共同体验,深化自我认识,同时,共同致力于良心向更高层次的发展,从内在的主体的主观性上促进对公共化角色认识的发展,最终到达切实地感受"新的公共化"及其自我观,即切实地感受向不断开放的自我观的发展。在这里,把对内发公共性发展体验积累人这一我执化的自我观的超越作为实感的体验不断深化,进而根据体验性的自我认识的深化获得新的公共化当事人的自觉和实践的积累,这不仅提高了协作公共化当事人的角色认识,也提高了媒介人对其角色的认识,最后到达共同培养更高层次的公共化之林的自我与实现了自我变革的不断开放的自我观。我想,这种新的公共化的发展才是确实的东西。

437

评论一　公、私与超越

稻垣久和

在本书的"导言"中,山胁直司把公共哲学作为"从公共性的观点出发,综合地考察哲学、政治、经济以及其他社会现象的学问"来把握,在阐述了"纵观历史,尤其在 19、20 世纪,公共哲学被束缚在民族国家的视野中"以后,他提出了如何才能形成兼具全球和地区视野的公共哲学这个问题。接着他构想了以"应答式的自己—他者"论为基础的、超越国家的公共哲学。这种公共哲学既不同于笛卡尔唯我论式的自我,又不同于带有帝国主义倾向的黑格尔精神,亦不同于把人际关系狭隘地归结为国民关系的和辻哲郎的人学。由此他提出了将理想主义的现实主义及现实主义的理想主义两种方法论互补结合的学问体系。

下面让我们稍微具体地看一下本卷的论文。三谷太一郎(第一章)认为幕藩体制下的社会人际关系,一方面作为身份地位关系,另一方面作为地域性割据关系被固定化,这种对内封锁状态必然导致对外的锁国。接着他论证了在传统支配的公共概念解体过程中,"公议"、"天朝"等象征着新型公共观的概念出现的过程。苅部直(第二章)论述了儒学学者横井小楠的思想。小楠活跃于幕末维新时期,是他导入了"公共"这个词语及概念的。小楠从朱子学的"天理"中得出了不同于近代明治国家所走之路的"另一个公共秩序"。他认为,每个人都发挥出内心所具备的"仁心",向着整体和谐的方向努力就是"公";相反,心灵由于利己之心被蒙蔽,只关注自己利益的态度即是"私"。由此小楠进一步提出了承认与自我相对的"他者的异质性",并探索实现"道理"之路的态度"诚"。

黑住真(第三章)指出,公共性扎根于伦理和生命,人的生命自古以来就是作为难以被自我与他者操纵的"赏赐物"而被人们所接受的。这种"赏赐"来源于与超越者的联系、影响或源于基本物质生产而得来的东西。因此,"私"的领域之所以被认为是"必须守护"的,是因为这关系到非物质的、有人格的活生生的个性,他者的行为、信息和价值聚集在"私"的周围。相反,"私"的行为、信息和价值扩大到他者的趋势就是"公"的事物。这一过程在释迦牟尼的摆脱自我,大乘佛教的慈悲,孔子"恕"思想中也得到认同。小林正弥(第四章)在丸山真男、福田欢一等"伦理的、个人主义的政治理论"等战后启蒙思想基础上,倡导与战前的国家主义、当今的新国家主义相对抗的、立足于当今"公共性"讨论中的"活私开公"(金泰昌)和"自由共同体"争论的新公共主义。这是对历史上共和主义系列中卢梭的社会契约论"公共体"(public)思想的重新构建,各个公共体作为国家以外的多层次、多元化的兼具全球和地区并超越一代人的网络而存在。其目标是原子论式自由主义和整体论式共同体主义的新对理法式的综合。

那么,笔者想在此提出一个问题。这就是丸山真男早在 1964 年就指出过的,关于"内心拥有超越契机的个人和共同体"的形成问题。丸山真男说:"亲鸾提出的、作为信仰共同体的同友团思想是基于政治价值和其他价值着眼点的自发性小集团(voluntary association)。国家和社会的二元性只有在这种思想的基础上才能被确保。如果没有这种思想,社会和文化都会淹没在政治体系之中。"①然而战国时代以后,现实的日本政治将这种自发性的小集团全都摧毁了。如德川幕府,就把佛教势力置于寺院神社管理官员的监督之下,彻底镇压基督教等就是这类活动(三谷,第29页)。到了近代明治以后,这种由国家权力实施的宗教统制倾向依然继续存在着。②

所以,今天我们必须从追问一个人的生存方式即它与"超越""私"的关系出发。这是"我与你"的根本性的"人的问题"。比如黑住把它叫做"带有复杂性的自我"(80页),小林将它称之为"以爱邻人、理性、自律和自由等伦理规范或社会习俗为核心的伦理个人主义"(113页)。不管怎样,我们都无法否认这些是带有宗教性的自我(私)这个事实(在实践上,矢崎胜彦用人生体验说明这个道理)。我在公共世界里追求自己的幸福。我的幸福和你的幸福也许不一样。我怀着自己的信念生活在公共的世界里。我的信念有时也会和你的信念冲突。因此对话非常必要。在传统中追求幸福和信念是宗教信仰问题。然而近代社会把它作为私事从公共世界里排除了。"信仰什么都可以,但请将它停留在内心世界的层面上"。因为如果把它和权力结合起来演变成"神与神的斗争"就难以收拾。欧洲因为在宗教改革后经历了悲惨的宗教战争,因此在近代早期就对这个问题作出了"政治性解决"。即人们所说的"威斯特伐利亚体制"。这样确立下来的宗教宽容不知不觉地

----

① 丸山真男:《丸山真男讲义》第4册(东京大学出版会1998年),第250页。丸山在本书中从历史出发,详细地探讨了"王法和佛法"的关系。关于此文献,笔者有幸得到了平石直昭氏的指点。

② 请参见本系列第3卷第274页拙稿《日本宗教状况中的公私和公共性》以下的内容。

变成了对宗教的漠不关心,继而又变质成为对宗教的蔑视。

不过,这种"世俗化"的历史只是西欧局部地区发生的事,如果我们将目光转向全世界就会发现,不用说伊斯兰社会,即使是在亚洲各国,宗教信仰无论其产生的效果如何却一脉相承直到今天(只有日本例外,原因就在于前面说过的理由)。然而,现在日本讨论公共性时,会讨论每个人的生存价值,为了共同的生存,爱邻人和自我牺牲的精神是被推崇的[比如薮野祐三说"要创造从服务的成本负担中感受到喜悦的人生观"(343 页)]。这是为了将我的幸福和你的幸福共同分享,从传统上来看无非是各种宗教用不同方式所提出的思想而已。另外,众所周知,最先在教会中发生的事件是东欧民主化革命的诱因之一。进一步来说,当今发生在全球各地的"文明的冲突",其间接原因中都含有宗教的因素,这是谁也无法否认的。

将"善的社会"(罗伯特·贝拉)中隐藏的"恶的部分"挖掘出来,进行深刻的自我批判和自我相对化而不是单纯地二分出好人、坏人,宗教哲学可以在这些方面赋予人以力量,那么对于这样的宗教哲学,公共哲学今后该如何运用呢? 反过来,全球化时代下卷土重来的宗教会仅仅堕落成为掩饰爱国心、民族精神和"私利私欲"的工具吗? 或者最多不过停留在仅仅使传统宗教焕发活力的层面上,抑或是传统宗教也在保留其优点的同时,通过与超越国界的公共世界中"异质他者的对话"和对它的挑战尝试着自我变革、自我更新呢! 21 世纪要形成"个人幸福与公共和平",不仅靠民主主义的技术性手续论就能解决,说它需要有关"文明的对话"这类的努力也不为过。

实际上,"文明的对话"的必要性也存在于发达国家内部。小林傅司指出,它是以"科技文明庞大化"的形式而存在的。其中小

441

林提出了以下颇有意思的建议（294页），有必要由文官来控制科学技术，把过度偏向"生产"的知识形态转向"流通"和"消费"，伴随着这些措施，培养从事知识交换的专职人员，设定公共论坛。与此同时，笔者想到的是，在"专职人员"培养过程中，要注重"培养与异质的他者交流的能力"、"培养爱邻人和思想深度"等道德方面的涵养。即要凸显出根本性的"人的问题"，而仅仅通过改变大学制度和修改大学课程等技术层面的措施是无法解决这个问题的。从长远眼光来看，为了培养后代，科学技术高度发达的时代预示着有必要更加重视人格教育。在修改教育基本法的呼声不断高涨时，不如对教育法中"人格的形成"（第一条）及"对于有关宗教的宽容态度及宗教在社会生活中的地位，在教育上必须予以尊重"（第九条）等内容进行讨论，在公共性论坛上不断重新探讨这个问题，使其中（以多元化形式存在）宗教的意思不会成为个人的事，我觉得这才是当今日本必须做的事。在不存在"超越性权威"（即超越政治体系）的地方所确立的自我，即使成立再多的各种中间性集团，它们也都会重新沦为国家的相似体①，而不久则一定会"被淹没在政治体系之中"。

关于"带有复杂性的自我"，长谷川晃把它称为"多元的自我"并展开了通过不同个体间的交流将多元性转移到公共制度中的有趣探讨。（参见山胁的观点，多维的"自己—他者—公共世界"）。接着他断言："其中，比如个人的伦理观问题，应该在遵循宪法的前提下，以有秩序的信仰自由问题为基准，用最大限度的宽容态度来处理。"（240页）然而，越是从日本的历史事实看就越会感觉到

---

① 参见丸山真男：《丸山真男讲义》第4册（东京大学出版社1998年），第251页。

这是多么严重的问题。遗憾的是,在日本"国家对个人信仰自由的宽容"直到今天仍不存在。[①] 也就是说,"良心的自由"和"确立人权意识"还非常不充分。[②] 不同于"私"的根源性而存在的,是每年八月重复进行的公(=阁僚、首相)式靖国神社参拜问题。也许你只在日本内部就意识不到这个问题值得深思之处,但如果从全球视野来看就会非常明白。因为亚洲近邻各国,特别是韩国和中国每年都会对此提出批判,认为"这样的行为会模糊战争责任"。

对于日本思想史上以"公"扼杀"私"(不仅指日本人)的良心这一段历史,如果我们不对此进行自我反省,那么即使讨论公共性,也只会沦为"公的哲学"。只有各种市民团体向着"良心的自由"、"个人的幸福"以及超越国境的"人权的确立"、"公共的和平"这些目标"共同"努力,21世纪的"公共哲学"才会形成。

① 参见上述第 279 页以下的内容。另外请参见拙稿《宗教的实际存在论和公共的哲学的形成》(《比较思想研究》第 28 号,比较思想学会编 2001 年)第 47 页以下的内容。

② 例如可以参见野田正彰:《被动接受的教育——中断思考的教师们》,岩波书店 2002 年。

评论二 向着"活私开公"的全球——
地域性社会努力

今田高俊

通过"活私开公"建立全球——地域的公共哲学,是引导21世纪的日本乃至全世界的条件。所谓"活私开公",意味着排除以往日本社会中典型的"灭私奉公",在活化"私"的同时敞开"公"。另外,全球——地域指的是,为了对抗奉行市场主义原理的、粗鲁的全球化,在考虑到当地文化和价值观等异质性的同时寻求全球性联系的立场。全球——地域性社会中的"活私",是从激活地域主义出发,而不是将普遍主义的世界标准强加给当地。

曾经风靡日本社会的"灭私奉公",打着以消除私心、全心奉公为善的标语。结果,产生了公"就是官府"这种意识,公共性从人们的日常生活中游离出来。一说到公共性就会滋生这样一种风气,即认为它是国家行政所要承担的事,是"官府"的工作。消灭"私",自觉地奉"公",这样做不会形成有活力的社会。只有使"私"首先充满活力,民主的"公"才能打开。而打破各国各地的个性及多样性,把世界标准强加于人的全球化,成为弱肉强食社会的温床,剥夺了追求扎根于地域性的幸福的可能性。

全球—地域的视角

通过"活私开公"建立全球—地域的公共哲学,成为本系列著作的母体即公共哲学共同研究会的核心思想。那么,下面我从这个视角出发来补充一些评论。

本书从构成上来说十分丰富,包罗了各种内容,就像公共哲学的一个万花筒。不仅介绍了西方的思想也顾及了东方的想法,以经济、法律和民主主义的讨论为中心,还涉及科学技术和公共政策。由于这个原因,对于整体内容的把握会比较困难,而山胁直司的导言则补充了这一点。

依据山胁的观点,全球—地域公共哲学基础是应答式"自己—他者"关系,即"既考虑到每个人所处的自然、文化、历史的各种状况及其地区性,同时在跨越国界、民族的角度上使人际关系活性化,创造出一个和谐的公共圈"。这种立场与新自由主义所奉行的市场原理主义世界标准是相对的。尽管 20 世纪 90 年代后期人们对公共性的关心提高了,但想起这种关心是以对抗新自由主义席卷全球趋势的形式而出现的,就会觉得山胁先生的发言是理所当然的。

不过,在这里需要注意的是,glo‐cal(全球—地域)这个词是日本发明的英语。最近,致力于环境问题的 NGO 团体把全球—地域主义作为"放眼全球思考,立足本地行动"立场的标语来使用,广为流传。然而,这句话实际上是 20 世纪 80 年代日本企业尝试进军海外时想出的理念。日本企业在试图将产生于日本文化与环境的经营方式在外国推广时遇到了困难。于是,原来的方针被更换成考虑当地生活习惯、文化和历史的方针。与奉行普遍主义的欧美企业不同,日本企业原来就有考虑当地情况的想法。然而这种尝试是否奏效就不一定了。

　　将公共性推及全球范围,也不能不考虑当地的情况。关于这一点,苅部直论文(第二章)中提到江户幕府末期的横井小楠,论证日本很早就存在立志于全球—地域公共哲学的人物,这一观点非常新颖。横井虽然以儒学,特别是朱子学为依据,却超越它们,指出"尽管面对与自己不同的他者,也能寻找共生之路,具备敏锐的他者意识"的必要性。他批判了西方各国拘泥于"狭隘见解"(基于私利的一隅之见)的行动,提倡通过由各国参加的"地球上之全论"(全球论坛)来实现世界和平,并主张日本应该成为调解世界各国分裂状况的"世界事务的负责人"。从一家开始,超越一国,再扩展到全球,讨论的场所交错复杂,这才是横井所构想的公共性。遗憾的是,明治政府无视横井的观点,日本同西方一样,走上了拘泥于"狭隘见解"的道路。但是,我们期待着把横井作为全球—地域公共哲学的始祖重新进行评价。

　　"只有在'本地'这一生活现场,才存在实现新型公共性的必要性和可能性",薮野祐三在论文(第十二章)中阐述了"本地主动性"的重要性。他认为,如果在生活现场中寻求公共性,绕过政治体系,不去面对社会改革,就无法斩断公=官=国家这样连锁式的想法。问题在于,如何处理通过本地主动性来维持公共体系时的成本负担和义务意识。公共服务大多处在行政机构的管理之下,如果由地方来承担的话负担就会增加。像志愿者活动那样,在以实现自我价值为动机的情况下,不会成为问题;若用义务意识来维持的话,退缩的人就会变多。

　　就像薮野所说的那样,本地主动性的思想性被质疑的地方,与"能否把'公共性'创造成为乐趣的空间"有关。尽管这个问题也适用于"活私开公"的论题,但我们不必变得如此悲观吧! 没有必要把所有的公共性都变成乐趣的空间。从能够做到的地方开始逐渐地开展就可以了。把志愿者活动和 NPO、NGO 活动作为打开这种乐趣空间的桥头堡,使之更加兴盛起来,才是最重要的。

从关心私利到公的判断

拘泥于私利就无法打开"公"的空间。然而,在以追求私利为大前提的经济世界里,不牺牲私利就引导出公共判断是一个难题。肯尼斯·阿洛曾用合理的方法证明了尊重个人选择,民主地将其导向公的(社会性)选择是不可能的。阿玛蒂亚·森更进一步地向人们证明了根据自由主义原理是不可能导出公共判断,特别是公共福利的(自由悖论)。把双方的观点汇集起来就是,通过自由主义的民主手段是无法打开公共性的。也就是说,要打开超越私利的公共性,只能选择一条不同于朴素自由主义的道路。这样一来,就有必要复兴曾经承担一部分道德科学责任的经济学了。

根据盐野谷祐一的论文(第五章),"经济世界的弱项在于其内部没有优先于'效率'的'正义'和'卓越'的理念,所有的价值都从属于'效率'"。人们应该做的是将经济世界与伦理世界的结合定型化。正义的伦理已经由自由主义者约翰·罗尔斯作为分配的正义问题讨论过了。不过,盐野谷认为这样的讨论还不够充分,于是又在此基础上补充了卓越(excellence)的伦理。卓越是关系到人存在的伦理标准,是指最大限度培养和发挥人的"能力"的状态。于是,由于卓越伦理的存在,使得脱离原来被效率主义污染的经济世界,在自由主义之下积极地定位公共福利成为可能。

过去的社会保障都是从正义和效率的观点来考虑的,但那往往有可能陷入消极的福利政策。然而,如果以卓越主义为基础,就有可能把它转换成积极的福利政策,从而创造出实现自我价值的

447

机会。这是脱离自由悖论的重要尝试之一。不过卓越主义中可能纠缠着精英主义的影子。因此要把它作为普通人的生存方法并与"活私开公"联系起来，似乎还需要进一步的努力。

后藤玲子的论文（第六章）从"理性的公共性使用"这一角度论述了由个人选择到公共判断之路，而此前的经济学只是以单层次的个人的选择结构为前提，这样做无法填补追求私利目的与公共判断之间的鸿沟。要从关心私利过渡到公共判断，建立"多层次的个人评价结构"就非常必要。后藤认为，这样的评价结构能保证理性的公共性使用，并可以引导出"换位思考式的且具普遍性的公共判断"。这样一来，换位思考成为了讨论的重点，位置（position）指的是，是否残疾，性别和年龄等无法归结为个人问题的范畴。重要的是诚实地接受他人的境遇和声音，运用理性的作用将它们导向公共判断。多层次的个人评价的要点，在于除了个人选择之外也包含"换位思考"。换位（他者）思考式的判断就是理性的公共使用，关于这一点，如果有更深入的论述就更有说服力了。对他者的考虑和照顾原本就是公共性的根源。

长谷川晃（第八章）认为，在公共制度中"尊重和关心人的多元性"是必要的，长谷川的论文也是在意识到森所提出的自由悖论基础之上的尝试。从公共性上实现人的多样性要求非常困难，但长谷川在基于"自由的政治共同性的理念""必须要能够担保广泛的充足的分配和创造性的讨论的可能性"中寻求其基础。它是个人权利的广泛保障并且确保共同讨论的场所，是把分配和讨论作为公共制度的补充渠道。虽然这是以罗纳德·德沃金的民主主义为基础的讨论，但如何将这个理念与发挥个人活力，打开公共性联系起来呢？我们期待着它的展开。要填补自由主义和共同主义间的鸿沟，就有必要将讨论扩展到如何阐明公共性的问题。

"活私开公"不限于志愿者活动和绕开现有公共体系的改革活动。在处于公私分离状态的制度中,市民参与进来承担起公共的作用,这也是活私开公的重要课题。金原恭子(第九章)论述的司法制度改革,特别是国民参与司法,作为揭示活化"私"的公共性的结构改革而深受期待。现在日本正在讨论导入审判员制度,这种制度虽然参照了美国的陪审员制度却又不同于它。在此之前,日本的司法部门由官僚为维护官僚的利益而运营着。因此,它成为国民灵活运用司法制度打开公共空间的障碍。金原认为,从现状来看审判员制度只停留在追求不彻底的陪审员制度的水平上。不过,它却也在一直关闭着的市民参与司法中打开了一个缺口,在一定程度上尝试着向民间开放公共活动,这一点作为"活私开公"的开端还是值得期待的。

　　八木纪一郎的论文(第七章)构想了"私"与"公"向着共同课题进行调整和合作的公共管理,也是从广义上重视市民参与到公共体系中的论文。作为公共管理必要性的根据,他列举了"社会的公平性"。尽管比起公正和平等的概念,公平的概念一直是暧昧的,但八木把公平性定义为"是以一对一的人格承认为基础的概念,因此力图实现以理解对方情况为前提的、能够相互承认的福利状态"。关于这个定义也许有不同看法和反对意见,但对于给出了明确定义这件事本身应该高度评价。另外,在公平性是以"理解对方情况"为前提这一点上,也与尝试克服自由悖论的多数论文相通,这类论文基本上都使用了"顾及"这个概念。

449

　　为了通过"活私开公"来构建全球—地域化社会,除了本书所选取的题目之外,还需要从各个角度进行探讨。尤其要重视本地性的"活私",为此,重新建立连接个人的中间集团是不可或缺的。关于这个问题,正像本系列(第7卷)所谈到的那样,问题的焦点在于如何将志愿者团体、NPO、NGO 等新中间集团,与家庭、镇内会、地域共同体等旧中间集团连接起来。此外,我们对因过度重视"私"而没能充分考虑"他者性"的"自我"概念,进行重新探讨也是必不可少的。自由主义聚焦于"私"的个人独立,并将其引向正义的伦理。但如果只将其视为金科玉律,就不能够实现更加广泛的公共性。关于这一点,"导言"中提出的对他者的关爱(care)很有启发性。我认为比起"正义的伦理",真正开展"关爱的伦理"的时机已经成熟。

后　记

0.0. 借《公共哲学》第 10 卷出版之际,在这里我想谈以下两点。一是介绍公共哲学共同研究会自成立到今天的历程;二是对共同研究会上迄今为止的讨论谈一些我个人的感想,并阐述我对公共哲学的基本态度。

Ⅰ.1. 首先我想介绍一下公共哲学共同研究会迄今为止的历程。1997 年秋,东京大学法学部教授佐佐木毅(时任东京大学校长)针对学界情况以及公私问题向我提出一些建议。此后我们在确切得到"世代国际财团"理事长矢崎胜彦的赞同和援助的基础上达成了基本认识。进而通过与国内外多位学者及企业人士交换意见确定了研究会的基本方向。在此基础上,我们于第二年(1998 年)4 月成立了"公共哲学研究会"。

基本认识:

①我们需要对当今日本学问的现状,尤其是占据其中心地位的大学的现状进行改革。

②关于学问和大学的功能,无论是其"公"的侧面(对国家的贡献),还是"私"的侧面(学者、研究者、学生各自达成愿望)都受到质疑。

③学问和大学的问题,不仅仅是学者、研究者、学生的问题,必

须将其作为事关市民全体的问题（公共的问题）加以探讨。我们
必须将讨论继续进行下去，共同探讨、认真应对这些问题，并有必
要公开其内容，以期社会评判。

基本方向：

①目前，公私问题以及公共性问题，不仅是日本国内的问题，
也是世界各国都抱有的国际性共同问题。这一问题也是探讨学问
改革和大学改革的重要基础。

②学问改革与大学的改革，是与社会整体改革紧密相关的问
题，因此必须从追问"哲学"的理想状态开始。最理想的办法是将
哲学从哲学家封闭的独占中解放出来，将哲学的问题意识导入所
有领域的研究与教育活动之中。

③哲学的问题意识必须是公共的。那些没有得到外部的批评
和反驳，或者也没有对这些批评和反驳充满诚意地去应对和反省
的"私"说（个人思考的单向传播），它的过量生产会给知识社会带
来"意义论"上的环境污染。而"公"说（由国家及中央政府认定、
总括、正当化、制度化的思考和言论）的教导和神谕则有可能制造
出傲慢的偶像，在知识社会横行。有觉悟的学者必须通过与有良
心的市民进行对话、协作，通过公共验证、深思熟虑、审慎选择等方
法以战胜"私"说的任意泛滥和"公"说的傲慢君临。这样才能确
保和维持知识社会中认识生态的健全性。

④为了达成上述目的，我们定期在京都召开公共哲学共同研
究会。

⑤本共同研究会致力于"公共知"的共同创造和共同实践。
通过多种不同的意见、学说、理论、观点、主张互相碰撞的过程，参
加者的意识与封闭在专业领域内部的认识和思想，有望通过开放

式的相遇、对话这些跨专业的相互作用,实现自我修正、互相接受,实现层次转换。

⑥在迄今为止的学术界中,同一专业领域的学者们为了把自己的学说阐述得无懈可击,都阅读该领域其他学者的论文和著作并互相引用,写论文和著书也主要是为了让其他学者注意和引用的。这种内向封闭的活动不断重复。我们旨在对学术界的这种状况进行改革。

⑦在本研究会所举行的立题、提问、发展协商方面,为了把握好离心扩散与向心聚拢的均衡,目前由主办方负责搭桥的工作。

⑧我们不期待立题人对给定的议题提出新的学说,而更加期待立题人将思考倾注在提出令人振奋的想法,以促进对话的展开。

⑨本研究会的运营资金由"将来世代国际财团"提供。

我们在初期这一重要阶段就确定了公共哲学共同研究会的基础,并能够对其基本方向进行调整,主要得益于福田欢一教授、沟口雄三教授、板垣雄三教授等学术界泰斗的指导,同时也是诸多资深学者的参与和协助的结果。

Ⅰ.2. 公共哲学共同研究会自 1998 年 4 月开始到现在为止共举行了 32 次国内会议和 5 次国际会议(分别在汉城大学、中国社会科学院、剑桥大学、哈佛大学、EU 本部召开),这些都是基于上述共同认识实现的。我们将国内会议成果的一半左右整理成为《公共哲学》(全 10 卷)系列丛书,由东京大学出版会公开发行,本次第 10 卷的出版为前半期计划画上了完满的句号。

Ⅰ.3. 公共哲学共同研究会自成立之初就一直沿着下述宗旨及愿望相一致的方向发展。

453

①不片面宣传和接受任何既有的信念、价值;决不创造这样的信徒,也不打算成为这样的信徒。

②重视对话共鸣胜于任何原理和原则。对话与交谈不同,交谈是指多个人聚到一起谈话,对话是指多个人互相面对,尊重对方(他人)不可替代的存在和价值,真诚倾听他们的提问(呼吁),充满诚意地给予回答。我们视这种精神姿态为最重要。

③对话不一定是为了取得最终的意见一致。比起"正"→"反"→"合"的辩证法式的结果,我们更重视"正"→"反"→"转"的方式,即对话的发展。

④一言堂以"同"和"一"的逻辑,封锁了对话的可能性。要想建立健全的对话环境,就必须要有容纳"异"和"多"的讨论态度,我们期待这样的心态。

⑤有必要重新强调下述立场的重要性:站在后代人的角度考虑问题。这就需要大家共同认识到,现代人过度的利己主义是当今日本和世界所抱有的全部问题的原因之一。

⑥专家不应该把学问变成私有物,对专业领域以外的世界也应负有责任。学术界的成员必须对来自市民社会的善意的提问(呼吁)充满诚意地给予答复。因为这样能够使双方建立真诚的对话共鸣。只要我们怀有努力将其继续下去、深化下去的态度,那么学术研究的公共化也就建立起来了。我们盼望这样的认识和行动能够扎根。

⑦我们努力在不同专业领域的学者之间,以及学者与市民之间建立起多层次协作关系,从而使他们相互之间能够关心、批评、反省与合作,并使这种努力持续下去。

⑧我们以各种形式公开议题、提问、拓展的内容。这是为了使学术界内部和外部(市民社会)之间的接触、异议、反驳、参与及合

作得以进行。

I.4.0. 我个人认为,公共哲学共同研究会是我学习日本的最好机会和最佳场所。因为在这里我可以通过直接接触各个领域多年积累的研究成果。到 1999 年 2 月公共哲学共同研究会第一次在国外召开研讨会为止的时间里,我通过日本国内的议论学习到的东西,主要可以总结为以下三点。它们是我此后展开公共哲学思考的基本参照框架,具有重要的意义。

I.4.a. 第一个问题是,假若我们果真把"公"的意义理解为与欧美所说的"public"完全相同或基本相同,并在此前提下展开议论是否妥当的问题。关于这个问题专家(尤其是日本史以及日本思想史领域)之间的看法分歧颇大,其中渡边浩教授的解释很大胆,他认为日语的"公"不包含"public"的意思,而且它所包含的汉语中"公"的理念也很少。而水林彪教授根据缜密分析得到的结论,是认为日本的"公"是国家集权领域、组织上的概念,"私"的起源和地位也不明确。我认为两位学者作了基本的梳理工作。

关键在于,我们应该在概念上将"公"和"公共性"理解为是不同的东西。而且"公"主要是指国家、政府、官员以及接近于这一类,它主要意味着领域(空间)和组织(制度)。关于"私",它独立的存在和价值没有得到承认,无论何时都是从属于"公"之下的范围,被置于"公"的周围。

455

I.4.b. 第二个问题是,我的思考方式来自我个人对于一度失去国家、丧失国民地位这一原始体验的记忆。但是我重新认识到,在日本人的思考环境中这种认识论、价值论的出发点是无法想象的。因此我的思考方式与日本的思考环境很难协调。把对国民国家的强烈热爱、国民国家的疆界和对疆界的执著,以更高层次上的某种东西将其相对化,这种矛盾的心理动向,在日本这样的思考环境中,很容易被误解和歪曲。

这使我联想到了马丁·海德格尔和埃玛奴尔·列维纳斯两人之间"存在观"的差异。对于同样的第二次世界大战悲惨的体验,他们以完全不同的方式做了回顾。对于海德格尔来说,他虽然失去了所有的东西,周围的一切也都变了模样,但是他自己幸存了下来,养育了他的故乡山水也还是原来的模样,他感到了些许安慰(因此他将德语中的"Es gibt"按照该词原本的意义进行了解释,即所有的存在都看作是赠与)。列维纳斯则不同,他因为战争而感到恐惧[他对法语里面的"Il y a"语义作了如下解释:存在的根据只能是与个人的意志和感情无关的、本质不明的东西(物、人),他从中读出了令人恐惧的意思]。

在日本人的感觉中,"国民"的存在是不容置疑的赠与,这种赠与作为安慰和放心的依据十分珍贵,所以绝不是让人感到恐惧或害怕的东西。但是除日本人以外的人们,他们认为自己的存在与国家的关系,或者与其他什么的关系,并不是理所当然的给予或者难能可贵的赠与,而是不得不通过激烈的斗争争取到的,看法上存在着相当大的差别。

人们为了对抗国民国家非正义、不公平、不善不美等制度和意识——不管这是自己国家还是别的国家——为了伸张作为"人"、作为"市民"的尊严和权利,进行壮烈抵抗所经受的痛苦和付出的牺牲,其意义从"公民"(例如现有权力体制中被作为单方面赠与的意思使用)一词中是看不出来的。从这一观点出发,也许可以说日本人是幸福的,因为他们作为国民感到安慰,不需要作为"人"和作为"市民"为了使自己的存在和价值得到承认而体验无法形容的苦难。

Ⅰ.4.c. 第三个问题是，日本所讨论的公共空间究竟是大同国①（笔者自造词），还是奇异国②（Heterotopia，米歇尔·福柯的用语）的问题。我所设想的大同国，是一个只有"异"和"多"被"同"和"一"吸收同化以后，才能确保安全和持续稳定的生活（意义）空间。而"奇异国"指的是在"同"和"一"中感到压抑和约束，从中解放出来逃离到"异"和"多"去，只有这样才能真实感受到生活意义，"奇异国"是基于这一想法所设想的生活（意义）的空间。从"公共哲学研究会"上讨论的脉络来看，可以说将公共性与共同性密切关联加以把握是大同国式的；而将公共性理解为与共同体不同，甚至与共同体相对立，这就是奇异国式的。根据我的体验和学习，在日本虽然学者之间进行理论层面的探讨时上述两种意见并存，但日本人的常识或者可以说是日本的环境乃至政治文化主流都是大同国式的认识占主导。

①我所体验、感受和学习的，首先是日本的学者和经营者（我在逗留日本期间和学者、经营者交往最多）的认识方式是"主客合一"的。他们很喜欢引用出自中国的"天人合一"、"知行合一"等语汇。他们普遍认为，融合、和合、商议、合议、一致等这些与分离、差异、争论、不和、个别等相反的概念才是善的。因此出现了欧美式的"主客对立"的认识方式才是产生所有问题的根源这样的看法。我个人认为，认识应该是"主客相关"的，但是我知道这一看

457

① 希腊语 homo 的意思是，两个基因完全相同叫做 homo。所有基因相同叫做纯系（广辞苑第 5 版），可见它表示的是"同种、纯"的意思。Topia 应该是来自于 utopia 即理想国这个意思，因此姑且将 homotopia 翻译成"大同国"，与下面的"奇异国"相对。——译者注
② 希腊语 hetero 的意思是，互相结合的配子具有不同的基因，这样的配子结合产生的个体的基因结构（广辞苑第 5 版），可见它表示的是"异种、杂"的意思。——译者注

法似乎并未被广泛地认同。

②此外，我切身地感觉到在日本社会和日本人的意识中，"他者"几乎是不存在的。并且感到这种看法是根深蒂固的。人们视不同的意见为具有敌意，对此加以警惕。不属于同类的思想在一开始就被排斥了。我曾在公共哲学共同研究会成立初期的一次研讨会上对一位叫做田中健一的企业家的著作《圣德太子：日本哲学入门》(东京：都市出版 1998)谈了一点感受，并提出建议在今后的讨论中增加重新认识"和"的议题。我的意见立刻遭到了强烈反对，以致我的思想态度也开始遭到质疑。

还有一次，我建议福泽谕吉的"公德公智、私德私智"论也是一个应该好好探讨的重要论点，这个想法也被视为怪谈而遭受批评。简单地说来，"他者"就是不能被自己的认识世界所接受、同化的人或者事物。如果与此种程度的异质、他者都很难共存，那么，探讨将生理、心理、逻辑、事理、伦理完全不同的外国人当作自己的同伴接受并一同生活的途径，该是何等艰难的事啊！对此，我有了充分的理解。

③通过公共哲学共同研究会，我理解了什么是日本式的讨论方式。那就是要明确论点，比起激发思想的展开而更重视确保所有出席者平等的地位和参与，优先考虑这一点是一条默认的规则。他们认为对话只是仪式，论点的发展可以通过各自的著作或者论文来解决。因此不损害对方的意向是关键，即使想说明自己的意见与立题者不同，也需要克制、等待，按照顺序发言，在这一过程中自己的论点也就不知跑到哪里去了。公共性产生过程的对话，是建立在和合原则基础之上的，因此"同"被强调，"异"被解消。结果公共性变成和共同性几乎相同的东西。在这个意义上，这种公共性是大同国式的。

在我积累上述体验和学习的过程中,我提议应该在国外举办公共哲学共同研究会,首先在亚洲的某处,可能的话在离日本最近的韩国召开。因为有以沟口雄三为首的东洋思想专业的各位学者的热烈期盼,和矢崎胜彦理事长以及已故首尔大学金荣国副校长(当时任副校长)在物质和精神两方面给予的支持和协助,在韩国首尔大学召开了首届"国际公共哲学共同研究会"。

Ⅰ.5.a 公共哲学共同研究会是为了继承"京都论坛"精神和态度,并以之为起点促进新的想法与研究而创设的。"京都论坛"是在京都大学名誉教授清水荣、广岛县忠海少林窟道场主持井上希道以及"将来世代国际财团理事长"矢崎胜彦先生的共同提议下,于1989年设立的民间对话活动团体。其宗旨是认真思考以教育、环境、科学为主线的各种问题,时而投身实践解决地区存在的现实问题,时而为了探索理念展开透彻的讨论。我自1992加入该论坛以来,多次深切地感受到日本与世界、日本与亚洲以及日本与韩国以多种形式、多种水平上进行成熟对话的重要性。于是,我的心中不断燃烧起一个强烈的愿望:创造一个日本和韩国共同幸福的世界。在这样的背景下,1993年10月,韩国的HAN Baek研究财团与京都论坛共同举办了"环境、教育与未来——面向21世纪韩日学术研讨会",取得了超出预想的卓越成果。发源于首尔的这一对话和共振,此后不断扩展到了北京、胡志明市、曼谷、吉隆坡、雅加达、科伦坡、伊斯兰堡等东亚及南亚地区。京都论坛自1993年到1999年的6年时间,在全球各地——从北边的冰岛到南边的澳大利亚和新西兰,从西边的爱尔兰到东边的加拿大东海岸——为探讨日本与世界的未来(具体说来主要是当代人对后代和环境应该负有的责任和关怀)召开了共同研究会。共同研究会期待能够开辟一条使人们对于全球重大问题和生活实际问题的认

识和行动互相理解，走向共同实践之路。共同研究会对此寄托了
无限的梦想和激情。

Ⅰ.5.b 在这样的背景和准备下，我们与首尔大学现代政治
思想学会共同举办了第一届"日韩公共哲学共同研究会"。在这
次会上，经过梳理首先得以确认的，是日韩两国相关学者之间对于
共通问题的关心点在于：媒介个人内部世界与外部世界、日本国内
问题与韩国国内问题以及两国之间的问题、专业领域内部问题意
识与专业领域之间的问题意识等认知实践的志向。

但综观日韩两国学者的状况，可以说两者都受到深刻的精神、
心理自闭弊病的侵害。人们认为将自己关在专业这一闭塞空间内
才是希冀的，这种固定观念的自我僵化、自我中毒的症状日益严
重。这一学术界病理现象的具体症状可列举如下：对周围的呼吁
不予理会的过度自我防卫的狭隘主义（parochialism）、心理上完全
投入到内部逻辑和内心世界当中寻求安心立命的埋头内心主义
（privatism），以及彻底排斥来自外部的投入和对外部参与的专业
至上主义（professionalization），我有时将这些倾向总括起来称之为
学者世界中的私事化（privatization）。这种自闭主义使得无论是个
人还是学术界，在对周围的世界毫不关心或者过度随同之间，以难
以调整的方式而狂奔，这是常见的倾向。也就是说，极端的"无感
症"与不能刹车的"过敏症"同时潜伏着。

日韩学术界共同存在的问题在于，两国学者没有把学术界存
在的私事化问题当作问题加以认识，或者是即使有了认识也没有
与其进行认真的斗争。无论是个人还是学术界都在学问自由和学
术界自律的名目下，强行将私事化的病理正当化了。自由和自律
应该具有以下实践的原动力的意义：即对来自政治、经济、宗教的
破坏性的恶意侵害、介入和压制进行抵抗斗争，捍卫和保护学术共

同体。它决不应该是个人内心安心立命的防护堤，或者被作为团体自闭正当化所使用的理论体系。这样的自由在所有共同体——不管是学术界还是地域社会、国家、国际社会哪个层次——的内部取得放心、自我满足而变质为个人的要求和欲望，这样的自律将失去对自闭危害的免疫力。因为自由的私化（个人化）麻木了人们对于他人的存在以及与他人关系的不可避免性的认识，并且被歪曲的自律不具有通过遇到异质、差异和他者开辟实现自我完善可能性的平台。

Ⅰ.5.c　从汉字的本义来说，"公"是打开、公之于众的意思；"私"是指严密包裹起来秘密隐藏的意思。我期望日韩两国的学者之间能够互相把正在思考的问题以及期望的目标等公开出来共有这些信息，在此基础上通过协作研究打开新的视野。如何能够使日韩两国的学者共有公共性的问题意识呢？这是日韩学者间公共哲学共同研究会的课题。

当然上述情况不仅只是两国学术界的问题，也是渗透到了两国关系方方面面的问题。互相被封闭的不仅是每个人的内心世界，国家与国家之间也是一样。因此应该开放的也不只是"私"，对于"公"来说也是必要的。而且我认为开放"公"更是当务之急。要想开放国家的"公"，不激活敞开内心的主体之"私"是无法实现的。我们必须认清每个人"私"的欲望一直被压抑的这一现实。只有激活了"私"才能使它成为开放"公"的原动力。

Ⅰ.5.d　带着这样的问题意识，经过事先的准备我们召开了几次国内会议，讨论了日本国内学者之间跨学科进行对话、共振的可能性以及存在的问题。我的一个感受是，专业领域的自我封闭性以及对专业的执著非常顽固。将学科固定化成为互相之间排他的原因，它使得呼唤与应答的良性循环不再可能。无论是个人还

461

是集团,如果用自我封闭的墙壁将自己(或自己的世界)坚固起来,就会陷入如下一种错觉(有人将之称为确信):即认为自己的想法可以任意左右外部世界,外部世界成为服从于自我意志的东西。有时候还会出现相反情形,即完全否定自己的自发性,认为只要遵从外界活动就可以了。

所以,如果要问日韩学者之间为什么要讨论公私问题,那是因为我们认为无论是在日本国内,还是在日本、韩国与亚洲之间,或者日本与世界的关系当中,要想打破对自己、自己所属国家的自我封闭性的顽固迷信,共同认识互相开放封闭的精神是紧急的课题,消除被多个层次、多种形式的墙壁封闭的自闭危害,就必须变革对公共性的关注方式,同时深化其认识和实践。幸好,"将来世代国际财团"为了建立开放的公共性(空间上向全球开放,时间上向将前人、现代人以及后代人一同包括进来进行把握的跨世代全面开放)开展了各种活动。可以说我们对这些问题进行正式讨论的准备工作大致已经做好了。

Ⅰ.6.a 在汉城大学国际会议室召开的"日韩公共哲学共同研究会"的经验和学习,成为其后继续召开的研究会在确立议题和拓展议论的基本方向的一个参照基点。此后我常有这样一个想法,研究会参与者之间的相互作用,不管是来自哪一方的信息都不应该是自言自语式的,而应成为真正的对话,这是很重要的。如果参加者只是确认事先抱有的意见和信念,将之通过对方的语言再次确认并将其正当化,这没有多大意义。因为所谓公共性并不是将自己的意见正当化的方便工具。我们所致力的公共性,并不是为了将现有的理论和信念的体系正当化而固定、确定、特定的标准、框架和出发点。它与这样的固体样态相去甚远,最多只能说,它不是一成不变的公理体系,但也不是像液体一样涓涓不停流向各处的贯通无碍的状态。它虽然通常拒绝任何形式的体系化和固定化,但是一旦有具体的问题被提了出来,它将认真面对,在为此而展开的互动中反复进行解体和构建的动态过程。

Ⅰ.6.b 因此,我们所要探索的公共性,与其说它的性质是稳定、不变、自我同一和确实的,莫如说它具有更强的运动、变化、异质性和生成性的性质。可以说,它起着未完成的或者总是需要重头做起的"非私事化"(deprivatization)与"私事化"(privatization)之间的平衡作用。现在我们为什么要讨论公私的问题呢?这是为了共有以下问题意识和调整视角:即为了对抗正在不断蔓延到我们生活世界各方面的有害的自闭现象而寻求互相补充的协作活动的方向和手段,对此需要在知识上和实践上进行协作。

双方在日韩公共哲学共同研究会上反复互相探讨的问题,就是如何克服自闭倾向的危害。我们要想建构日本与韩国、日本与世界共生的友好关系,在此基础上开辟双方能够共同得到幸福的新视野。对于我们相互之间为此所作的努力来说,自闭倾向是一种具有破坏性的障碍。要想共同认识这一点,跨越其间存在的高墙,就必须持久地为在日本和韩国的学者与市民之间展开公共对话提供空间。

Ⅱ.0. 下面我通过迄今为止关于公私以及公共性的立题、质疑、拓展议题来谈一下我多次的实感。我认为迄今的所谓"公",都是指国家控制的、统一管理的划定领域和设定的标准。与此不同,新的公共性是与"公"区别开来的,我把它重新把握为"活私开公、公私共媒",依此明确其与"灭私奉公"的"公"的差异,这是我们要讨论的重点。

Ⅱ.1.a 如果我们以这样的理解为前提,我认为迄今为止的理论在没有充分"活私"的情况下直接向"开公"倾斜下去。这可

以理解为是日本政治文化上以"公"为优先的环境使然。我当然
完全可以预料到会有下面的反驳:现在的日本看起来是"灭公奉
私"的风潮到处在蔓延,这已经成了问题,你这样说是多么错误的
认识。我之所以这么说,是因为无论是"灭私奉公"还是"灭公奉
私",都没有摆脱公私两极对立的结构和以"公"为中心将"私"与
"公"联结起来的问题意识。的确,学界开始重新追问什么是"公"
以及"公"应有的存在方式这些问题,讨论也取得了很大的进展。
但是,我认为学界还没有达到建立以下观点的程度:即迄今以来的
"公"已有的固定不变的原理、原则是按照"上"至"下"的方向单
方面强行要求、命令和指示人们去适用、尊重和遵守。彻底改变这
种方式,不仅要从公私相克的角度,而且要从公私相生的角度出
发,重视"公私共媒"中媒介发挥的作用,从根本上对公私关系进
行重新审视。之所以没有建立起这个观点,是因为对"私"的讨论
还不够充分,也由于"活私"还没有被太多讨论。

Ⅱ.1.b 我的直观感受是到现在为止的议论中对于"和"的
理论、伦理和事理都没有脱离至今日本的"和"的概念。我的印象
是对于从"和合"到"和解"的发展,无论是在理论方面还是在实践
方面都没有得到充分的探讨、反省和转换。关于"和而不同"的问
题,当我们面对异质性事物或他者,为与其共存共生,就必须具体
地、实践地思考如何从生理和心理上去应对文化多样性的问题,我
们很难说作为当事人已经具备了其应有姿态的觉悟。到了现在,
还是只能说无论是在身体上还是在精神上都没能克服"同"和
"一"的理论、伦理和事理。我个人认为,"开公"的根本在于摆脱
现在的状态:即"同"和"一"的逻辑向着国家(共同体)内部倾斜、
强调和固定而向外部展开的道路被切断的状态。摆脱这种状态正
是将共同体的构想和体质向着公共体构想和体质转换、改善的

契机。

Ⅱ.1.c 还有一点,就是世代相承的观点,也称之为关怀后代、对其负责的观点。在我看来,它的公共性意义还没有被完全理解。我认为今日之日本最重要的课题之一,就是日本、亚洲和世界能够共同拥有历史经历(每个人私的经历和国家公的经历)与历史记忆(私的记忆和公的记忆),即使做不到这一点至少也要将其作为可以共有的东西继承和整理出来,以便共同创造、形成新的历史。这不仅仅是日本的问题。我认为它是所有当代人、共同体和国家对于后代人及其世界所负有的责任。如果只将事物从某一代人的眼光和框架中加以把握和应对,这只不过是世代利己主义罢了。无论是世界史还是日本史都向现在的我们传达了同一个信息,即某一代人对社会的坚信、忠诚与献身有时候会给后代带来很大的麻烦,成为难以偿还的负债或是无法解决的难题。现在,我们的所思所行会对后代产生怎样的影响呢?我认为这个问题在所有领域都具有越来越重要的意义。

Ⅱ.1.d 从思考"活私开公、公私共媒"之公共性的立场出发,我想说的第三点就是,如果从"公"是"对国家(大家)有利的事",而"私"是"对自己(与大家区别开来的个体)有利的事",以"有利于"为中心这样一种设想、标准和力学出发的话,那么"公共"不是有利于谁的问题,而是为了使国家与个人、国家与国家、个人与个人以及人类与自然等所有这些互相关联的双方,直接或者间接有关系的人们进行共同思考、互相对话,寻找并仔细推敲解决的办法,一同去面对问题。比起目的和结果,我们更重视其过程。因此,超越国家层次的高尚的"公"理念,即使是由某个伟大的天才、圣人或英雄发现的,它虽然可能是崇高的"公"的理念,但却不是"公共"的理念。我认为大家对于包括这样的"公"在内的

465

所有事物,都在"共"的层面上去思考研究、议论和实践,由此创造出"公共"。

Ⅱ.1.e　与前面我提到的问题相关联,欧美所使用的"public"一词的含义,与迄今为止的议论中重新认识的"公共(性)"的含义之间存在着细微的差别,认真理解这一"差别"是非常重要的。也就是说,"public"指的是"公"和"公共"未分开的混同状态。我认为日本因为想要将"公"和"公共"与欧美的概念结合起来加以考虑,反而产生了各种混乱。但是,"公共"是更为拓展了的概念。

Ⅱ.2.0　在公共哲学共同研究会上,我们以"公"、"私"和"公共性"等概念以及认识的解构与重建为中心课题,进行立题、质疑和拓展议题。现在我觉得需要重申一下我本人对于公共哲学的思考和实践的基本态度。那就是①我所思考的"公共哲学"与主要由英美学者议论的"public philosophy"之间的关系,②通过讨论公共哲学思考与实践的基本课题可以明确上述问题。

Ⅱ.2.a　我想从迄今的公私、公共论再前进一步,到达旨在建构"公共哲学"的真正互动的阶段。我个人私下里期望的公共哲学,是诚实地学习迄今主要由英美讨论的"public philosophy"之中值得学习的部分,并在此基础上开拓新的视野。但是,其中存在着很多相异观点的接近与视角的差异,尤其通过剑桥大学和哈佛大学的公共哲学共同研究会可以切实感受得到这一点。

①public philosophy 是关于公共(性)哲学的理论探讨和议论;但公共哲学是以重新追问哲学、理论本身的公共性的思考和实践这一立场为前提,由此出发考察公共性。

②public philosophy 是为了将国内的政治体制正当化,或者旨在为其辩护的一系列理论;而公共哲学则是为了重新审视从全球

的层面与地域的层面之相互关系产生的民族主义层面上的诸多问题，也包括国家间的问题（政治体制），以及除此之外的各种各样的问题，对此进行相应的探讨。

③public philosophy 主要以自我管理（统制）和结构管理（统合）为中心展开议论（例如被埋没于特定传统和风土之中的自我、自由、独立的无负担的自我，或者道德上空虚的自由社会以及无视道德、伦理价值的共同体等）；而公共哲学是要对无媒介的自我（私）与被封闭的全体（公、共同体）这一两极对立的闭塞状况，通过创新和力学（公私共媒）从其中间打开局面，由此探寻看得见的新的视野（公共）。

④"public"包含着为了市民、与市民相关、依靠市民的含义，而"公共"强调的是不论是为了国家还是为了自己，都"与大家一同"这一层面的意义。从沃尔特·李普曼（Walter Lippmann）到迈克尔·桑德尔（Michael J. Sandel）等众多学者的议论来看，public philosophy 压倒性地向政治体制问题倾斜；而公共哲学则对人与国家、人与世界、国家与世界的问题进行重新审视，并以此作为重点。public philosophy 明显具有专家之间的政策论争占据中心地位的倾向，而公共哲学致力于促进、激发专家和市民之间活跃的讨论。通过以政治哲学为首的经济学、社会学、文化人类学等社会科学，与哲学、思想、伦理等人文学，以及科学、技术领域的参与及合作，重新综合审视人、社会与自然的相互联系，在此意义上，它的视野更加宽广。

⑤public philosophy 大体以某个学者的单独工作来建立理论、解释学说、批判、整理以及提出政策建议这样的结构为特征；而公共哲学则是通过多数学者协同工作的多声的（plurivocal）、复调的（polyphonic）、多理的（polylogos）、多领域（multidisciplinary）的共同

参与和创造的东西。公共哲学是关于公共问题的跨学科的协作研究,其目标是通过活跃的对话促进官员、学者与市民更新问题意识。

⑥public philosophy 倾注于提出某种正确答案、处方、方针和结论(它通过各种反对、批判和攻击从而修正、放弃和重新考虑的情况很多);与此不同,公共哲学致力于发现问题、形成议题与其相互确认以及思想转换。与对学说和理论进行解说、论证比较,公共哲学更是创造力的发展,与积累知识和创建智库比较,它更应该是跨世代的持续运动。

在此,我想预先澄清的一点是,①—⑥都是我个人在讨论现场实际感受到的东西。即开拓公共哲学新视野的途径,是容纳和激励不同的立场和不同的声音,并且使其不会在相互破坏性的对立中崩溃而发展下去。

Ⅱ.2.b 为了防止对公共哲学的误解,我想有必要首先明确有关重要论点的基本立场。首先着重讨论以下两个问题。

①经常有人误解,认为公共哲学的讨论欠缺真正的国家观和国家形象。由于公共哲学对于国家观和国家形象的基本的把握方式和议论的焦点与从前的国家论者(尤其是国家至上主义的观点和议论方向)有着明显的不同,说公共哲学中没有那样的国家论是事实。公共哲学的基本立场是为了能动地应对21世纪的时代要求和国内情况的急剧变化带来的挑战,认为与其坚守和维持从前的国家观和国家形象,不如果敢地进行结构改革。例如不再坚持单一民族、单一语言、单一文化、单一国籍国家这一内向封闭、排外防守的国家观,以及具有不可动摇的强韧纽带和坚固结构的国家形象,而是多民族、多语言、多文化、多国籍共生、共同参与国家这样一种外向开放的、相生相荣的国家观,要求向柔软连接、灵活

结构的像液体或气体状态的国家形象转换和革新。

"抗震耐性"通过物理原则向我们昭示,紧紧依靠能够对抗任何刺激的强大力量是不能够有效解决问题的。在复杂性不断升级(加深)的世界局势下,为了真正更好地将生存、发展继续下去,多样性的宽阔所带来的高度柔软性是国家存在所不可或缺的东西,这是基本的观点。

②只有倾听人的声音,敏锐感受人的活动,认真注视人的面孔,真诚回应人所发出的呼吁(提问、呼吁、诉说、要求和批判),从这里才能形成真正的公共(性),公共哲学把这一认识作为基础。这与专业哲学中某一哲学家将自己头脑中进行的思考和探究的结果发送给外部的方式有所不同,同时也不同于仅仅服从于某一伟大权威的态度。

假如我们暂且把自己内心产生的东西(实际上并不能断定是这样)向外部传播的态度称为"内发性",而把从存在于自己外部的权威和名声中借用自信与勇气的根据这一态度称为"外发性",那么我们就可以把应答自己外部的他者或自己内部的"他者"的呼吁这一态度称为"间发性"。

纵观以往的公私观,"私"是"内发的"思考、判断和行动。"公"是"外发的"思考、判断和行动。认为"善"、"正"和"义"的根源只存在于自己内心之中的思考方式是自我中心的世界理解(哲学)的基础,它是一种主观的观点和视角;认为"善"、"正"和"义"的根源存在于自我外部的思考方式(神、天理、国家、自然、法则等之类)是他者中心的世界理解(哲学)的基础。与以上两者不同,认为"善"、"正"和"义"产生于互相对立的内心和外部之间,是"间发的"(共观的)观点的前提。

"内发"对"外发"、"自我中心"对"他者中心"、"主观"对"客观"以及"公"对"私"等两级背反的对立结构产生了"灭私奉公"（公对私的压制、统合及管理）或者"灭公奉私"（私对公的背叛、开放及独往独来）这种两者择一的思考，把自己逼入闭锁状态，不能自拔。因此，这就需要我们从"间"当中去探讨另一种选择的可能性，这就是"间发性思考与行动"。

③"间发性思考与行动"，是面对"灭私奉公"所带来的封闭的"公"（全体）与无媒介的私（个体）之间的封闭性对立状态（结构、体制），从两者之"间"重新打开将它们引入别的（第3个）方向，使之"关联、连接、搞活"（共媒）这样一种设想。这种想法迄今为止没有得到重视。认真考虑一下的话，我认为基督教神学中"圣灵仲裁"（媒介）的作用是间发性思考与行动的一个原型。我认为要理解间发性思考与行动在公共哲学上的重要性，越来越需要审视和探索他者与自我之间的中间人、主观与客观之间的共观、客体与主体之间的（共）媒介这种本体论的、伦理的意义。我认为今后在比较哲学和比较思想上，深入思考欧美所讨论的"主体间性"这个概念与这里所提出的"共观"的差别，将会是非常有意义的事情。

④封闭的"公"（全体）与无媒介的私（个体）之间的封闭性对立状态（结构、体制），在"公"和"私"之"间"（中间）重新被打开，这就意味着公私关系的存在方式的解体、解构以及转换和重构。转换和重构不同于将一度解体、解构的"公"和"私"的相互关系恢复到它之前的方式上去重建。例如由"灭私奉公"转变为"灭公奉私"。这是问题的本质，因为认为恢复到原来的"灭私奉公"上去就能解决问题的想法只能说是一种倒退。这只不过是在"灭私奉公"与"灭公奉私"这一对立结构中的一种轮转。来自同一过程恶性循环中的突破口是不存在的，在这一意义上也可以说是封闭的。因此，就必须打破这种状态、结构、体制本身，进行重建。只是打破

并不能解决问题。因为"公"和"私"的关系是没有了一方另一方也不可能存在下去的。我们要从二者的"中间"将"灭私奉公"或者"灭公奉私"这种相反对立的关系,重新改变为另外的关系而存在(变革、转换、新建)。

我把与"灭私奉公"与"灭公奉私"这种相反对立关系不同的另一种关系称为"活私开公、公私共媒"。我认为,"活私"就是要通过关于"自我论"和"幸福论"的一系列对话(计划将这些对话作为今后共同研究会的课题),来阐明它的意义和功能。而"开公"就是通过《公共哲学》(1—10卷)展开多种见解和想法。在此,我们有必要思考"公私共媒"的问题。所谓共媒,就像字面上可以理解的那样,是"共同媒介"的意思。当我们将自己与他者之间的关系打破再重新建立的时候,我们不是朝向自己去关联、连接和活用他者,也不是面向他者去使自己被关联、连接和活用,而是从两者中间将其媒介。我们需要理解"公私共媒"中包含了"共同"、"共争"和"共和"这三个共媒的逻辑。尤其是在日本,很多情况下公共性是通过斗争和战争才最终形成的。"同"是统合、同化的逻辑,很容易让我们联想到和合、同意、同感以及赞同等。但是真正的公共性大多是通过激烈的论争、斗争乃至战争才最终成立的。所以这当中需要"争"的逻辑。而"和"指的则是和而不同的逻辑,我们应该根据情况不同进行选择和应用。

Ⅲ 我期待着,在日本所讨论的必须互动构建的公共哲学,能够回应 21 世纪人类和地球的要求,同时对每个人具体生活当中所面对的各种问题有可能给予有效的妥当的回应。

我认为 21 世纪的"全球—地域公共哲学"应该从新的自我论(探究自己与他者、自己内部"他我"与"自我"的相生相克关系)和新的幸福论——从以前那种个人心理、情绪幸福(私福)与社会整体、共同体及国家幸福（公福）这种两者择一的方式，即为了实现"公福"就要否定"私福"的想法，转换到由市民主导的通过中间媒介活动同时实现"私福"和"公福"，创造"共福"的想法——出发，其中最重要的就是不要压制个人实现幸福的欲望以及他们对结果的信念、勇气和期待，而是要为其增添力量。为此，我们必须促进和鼓励每个人强烈的本源性欲望（生存欲望、占有欲望、被承认欲望、建立关系的欲望，一言以蔽之，即获得幸福的欲望）。"灭私奉公"以普遍抽象的"理"，压制、否定和消灭了特殊的、具体的和作为个体生命体的个人的幸福"欲"求；而对其矫枉过正的"灭公奉私"，我们只能说它把没有被压制、否定和消灭的本源性欲求转变为一种歪曲、变质的东西。使其失去方向地爆发、泛滥，结果破坏了幸福愿望本身。

我认为"活私"的根源即在于此。只有从这里出发，才能产生脚踏实地的公共性，才可能建构伴随着人的音容笑貌的公共哲学。

译者后记

　　《公共哲学》丛书第 1 辑 10 卷本的最终卷中文译本完稿,译者如释重负,也备感欣慰。在参加该系列著作翻译的过程中,我们不仅从书本上学到了日本公共哲学运动取得的成果,而且通过每一次翻译研讨会上中方译者与日方著者之间的直接对话,更加深切地体悟到当下建构公共哲学的必要性、可能性与深远意义。

　　本卷是《公共哲学》丛书中译本的最后一卷,具有总结迄今公共哲学研究成果,展望 21 世纪公共哲学研究前景的重要的综括性意义。本卷收录的是对公共哲学较感兴趣的各领域学者们的新作,他们从各自的学科视角提出了"21 世纪公共哲学的展望"这一共性问题,其主要目的在于从哲学、伦理学、历史学、思想史、政治学、经济学、法学、科学、公共政策等各种角度,探求适合 21 世纪的"公共性",摸索"学科结构改革"的路径。现在,学术界虽然在表面上提倡跨学科交流,但学科严重分离的现象仍未消除。而"公共性"这一概念包含"实证性记述对象"和"规范性价值理念"两方面的内容,作为一个跨学科的课题,它能够填补上述差距,为分裂化、隔膜化的各个学科提供一个共同的交流平台,促进学术的发展。这是因为,只要提到公共性、公共世界,那些实证性的、记述性的社会科学也不得不站在哲学的(理念的、规范的)角度上看待这一问题;而哲学、伦理学也必须援引历史的、经验的实例来进行论证。

473

从上述问题意识出发,本卷设置三个部分,讨论以下三个主要内容:

第一,通过日本幕末时期的政治思想、东亚思想、战后政治理论,论证与以官员、政府为中心的"公之哲学"不同的以民为中心的"公共哲学"的形成。学者们试图使这种哲学脱离其产生时所带有的国民主义色彩,使之成为一种新的公共哲学,不仅适用于日本这一局部地区,而且可以影响到全球各地。

第二,正因为有了公共价值理念、规则的支撑,经济活动、经济制度才成为对人类有意义的概念。本卷作者认为,从理念出发的经济伦理学的方法、从个人喜好、选择出发的规范经济学的方法、研究经济体制历史变迁的社会经济学的方法,从这些角度也可以确认"经济中的公共性";并且提出在 21 世纪的今天,长期以来势不两立的近代经济学和马克思主义经济学应借助"经济中的公共哲学"这一平台,超越矛盾和对立;经济秩序、经济体制必须在"公共性"这个共同的基础上进行讨论。

在讨论"经济中的公共性"的同时,政治学家则采取从价值理念出发的方式、从对目前日本进行的司法改革的现状分析出发的方式,提出了各自的"法律中的公共哲学"。

第三,提出了建立 21 世纪"公共哲学"所不能忽视的各种问题。譬如飞速发展的科技中包含的公共性问题,网络空间能否成为公共空间的问题,跨国公共性的问题——地方城市、自治体问题,为施行公共政策、在现实生活中应建立起怎样的哲学等问题。

那么,建构 21 世纪"公共哲学"的必要性、可能性及其前景如何呢? 本卷主编山胁直司在题为"'全球—地域'公共哲学的构想"的"导言"中进行了综括性地论述,明确地提出要建构的 21 世纪的"公共哲学"就是"全球—地域"公共哲学。这样的公共哲学要在立足本地区的同时,对全球性问题进行探讨。为给这种理论打下坚实的哲学基础,必须拥有纵观全球的视角;同时,应正确认识到自己所在地区的局限性和现实性。此外,还必须加深与其他地区之间的相互理解,建立起一种"自己—他者—公共世界"的理论并使其得到发展。最后,作为方法论,山胁提出通往"全球—地域"公共哲学的途径有两条:一为"理想的现实主义(idealistic realism)";二为"现实的理想主义"(realistic idealism)。

在翻译过程中,由于本卷涉及人文社会科学各个领域的基本理论与学科前沿问题,使知识基础有限的译者备感困难,但这又促使译者边翻译边补课,使译者通过该书的翻译极大地提高了人文素养。尤其是本卷作为日本公共哲学运动初期成果的总结,提出的许多问题都很有学术价值和现实意义,特别是提出 21 世纪的公共哲学应该是"全球—地域"的公共哲学。这一构想的深远意义在于它突破了日本的乃至东亚的"国家"或"地域"的框架,立足于全球来思考我们人类面临的未来问题,这也就是 21 世纪国际学术界面临的共同课题。

中国是世界大家庭中的重要成员,是一个正在崛起的发展中的大国。在全球化进程中,中国的学术研究已经开始与国际接轨并且参与到国际学术的共同研究之中。仅以日本的公共哲学运动而言,近几年来亦与中国学者频繁交流,共同探讨各个领域的公共性问题。可以说,关于公共哲学的研究,日本学术界走在了国际学术界的前头。而在我国,尽管公共性问题已经引起学术界的关注,但对公共哲学了解有限。在 21 世纪的今天,如何建构适合于我国且又面向全球的公共哲学,还没有成为学术界的紧迫课题。因此,译者感到翻译出版该书会给我国学术研究带来刺激与启发,会引起我们对公共性问题的重新思考,进而激发我们在科学发展观指

475

导下,参与建构公共哲学的兴趣、热情和勇气。

最后需要申明的是,尽管译者全力以赴,但由于公共哲学对于我们来说是一门全新的学问,因此在翻译中遇到许多难解的困惑,译文难免有误,诚望学界研究者和广大读者批评,斧正。

译 者

2008 年 9 月

[执笔者简介]

山胁直司（Yamawaki Naoshi）：1949 年生，东京大学大学院综合文化研究科教授。主要著作有：《欧洲社会思想史》（东京大学出版会 1992 年），《综合社会哲学》（东京大学出版会 1993 年），《新社会哲学宣言》（创文社 1999 年）。专业是社会哲学、公共哲学。

三谷太一郎（Mitani Taichiro）：1936 年生。成蹊大学法学部教授，东京大学名誉教授。主要著作有：《新版 大正民主论》（东京大学出版会 1995 年），《增补 日本政党政治的形成》（东京大学出版会 1995 年），《近代日本的战争与政治》（岩波书店 1997 年），《作为政治制度的陪审制》（东京大学出版会 2001 年）。专业是日本政治外交史。

苅部直（Karube Tadashi）：1965 年生。东京大学大学院法学政治学研究科副教授。主要著作有：《光的领国：和辻哲郎》（创文社 1995 年），论文《现代主义与秩序构想——中井正一小考》（井上达夫等编《法的临界 Ⅱ 秩序像的转换》东京大学出版会 1999 年所收）。专业是日本政治思想史。

黑住真（Kurozumi Makoto）：1959 年生。东京大学大学院综合文化研究科教授。论文《基督教禁令与近代日本——围绕秀吉，〈天正十五年六月十八日付觉〉》（沟口雄三等编：《日本通史》第 13 卷 近世 3，岩波书店 1994 年）。专业是日本伦理思想史。

小林正弥（Kobayashi Masaya）：1963 年生。千叶大学法经学部法学科副教授。主要著作有："Atomistic Self and Future Generations：A Critical Review from an Eastern Perspective" and "Holistic Self and Future Generations：A Revolutionary Solution to the Non-Identity Problem，" both in Tae-chang Kim and Ross Harrison，eds.，

Self and Future Generations（Cambridge, UK：The White Horse Press, 1999.）论文《超政治学革命——实践的伦理—作为政治理论的美德—公共哲学》（《千叶大学法学论集》第 15 卷第 2 号，2000 年，第 1—58 页），《政治的恩顾主义论——日本政治研究序说》（东京大学出版会 2000 年）。专业是政治哲学、比较政治。

盐野谷祐一（Sionoya Yuichi）：1932 年生。一桥大学名誉教授。主要著作有：《价值观念的结构》（东洋经济新报社 1984 年），《熊彼特的思考》（东洋经济新报社 1995 年），《熊彼特的经济观》（岩波书店 1998 年），《经济与伦理——福利国家的哲学》（东京大学出版会 2002 年）。专业是经济哲学。

后藤玲子（Goto Reiko）：1958 年生。国立社会保障人口问题研究所室长。主要著作有：《阿玛蒂亚·森》（与铃村兴太郎合著，实教出版 2001/2002 年），《正义的经济哲学——罗尔斯与森》（东洋经济新报社 2002 年），"The Capability Theory and Welfare Reform," *Pacific Economic Review*, 6：2, 211–222, 2001. 专业是经济哲学。

八木纪一郎（Yagi Kiichiro）：1947 年生。京都大学大学院经济学研究科教授。主要著作有：《澳大利亚经济思想史研究》（名古屋大学出版会 1988 年），《近代日本的社会经济学》（筑摩书房 1999 年），*Competition, Trust, and Cooperation*（共编，Springer, 2000）。专业是社会经济学、经济学史。

长谷川晃（Hasegawa Koh）：1954 年生。北海道大学大学院法学研究科教授。主要著作有：《权利、价值、共同体》（弘文堂 1991 年），《解释与法思考》（日本评论社 1996 年），《公正的法哲学》（信山社 2001 年）。专业是法哲学。

金原恭子（Kimpara Kyoko）：千叶大学法经学部法学科教授。论文

《连接舆论和法庭——美国的"法庭之友"①"法官助理制度"②》,(泷泽正等编:《大木雅夫教授古稀纪念——比较法学的课题与展望》,信山社 2002 年),《总统与弹劾——美国法与政治的交错》,(《千叶大学法学论集》14 卷 3 号第 1—47 页,2000 年),《教会内讧与司法介入(1)—(3)——美利坚合众国宗教与国家关系的一个断面》(《法学协会杂志》112 卷 8 号第59—131 页,1995 年;同前 117 卷 11 号第 1—57 页,2000 年;同前 118 卷 8 号第 74—138 页,2001 年)。专业是英美法。

小林傅司(Kobayashi Tadashi):1954 年生。南山大学人文学部教授。主要著作有:《关于科学的思考》(合著,北大路书房 1999年),《批判的合理主义》(合著,未来社 2001 年),《科学论的现在》(合著,劲草书房 2002 年)。专业是科学哲学、科学技术论。

曾根泰教(Sone Yasunori):1948 年生。庆应义塾大学大学院政策与传媒研究科教授。主要著作有:《决定的政治经济学》(有斐阁 1984 年),《现代的政治理论》(放送大学教育振兴会 1989年),*Political Dynamics in Contemporary Japan*(合著,Cornell University Press,1993)。专业是政治学、政策分析。

---

① 法庭之友:amicus curiae。根据布莱克法律词典的解释,是指"对法院有疑问的事实或法律上的观点善意地提醒法院注意或向法院报告的人"。通常是对特定案件的事实或法律问题具有专业特长或独到见解的专业人士,其向法院提供的报告将有助于法庭加深对特定案件的理解,从而形成公正合理的判断。在这个意义上说,"法庭之友"对特定案件的解决是有积极意义的。一些国家(如美国)的国内法律中也有"法庭之友"制度(根据 http://www.jlqi.gov.cn/wto/zhishi/0507282.jsp)。

② 法官助理制度:law clerk。美国法院通常称其为 Clerk,其职责是帮助处理庭审中的事务及起草法律文书等,级别较高、高龄资深法官有时配有 2 名以上(根据 http://www.people.com.cn/GB/paper81/9841/904600.html)。

薮野祐三（Yabuno Yuzo）:1946 年生。九州大学大学院法学研究院教授。主要著作有:《本地激励》（中公新书 1995 年）,《先进社会的国际环境Ⅱ》（法律文化社 1998 年）,《先进社会的意识形态》（法律文化社 2001 年）。专业是现代政治分析。

足立幸男（Adachi Yukio）:1947 年生。京都大学大学院人类·环境学研究科教授,日本公共政策学会会长。主要著作有:《议论的逻辑——民主主义与议论》（木铎社 1984 年）,《政策与价值——现代的政治哲学》（女神书房 1991 年）,《公共政策学入门——民主主义与政策》（有斐阁 1994 年）。专业是公共政策学、政治理论。

矢崎胜彦（Yazaki Katsuhiko）:1942 年生。株式会社芬理希梦董事长,京都论坛事务局长,将来世代国际财团理事长。主要著作有:《芬理希梦幸福社会学》（1990 年）,《地球环境:杂志上的论坛》（1992 年）,《通往良知的路》（1994 年）,《通往超越的路〈3 部〉》（1995 年）。

稻垣久和（Inagaki Hisakazu）:1947 年生。东京基督教大学教授。主要著作有:《知与信的结构》（约旦社 1993 年）,《探究宗教的多元主义》（合编,大明堂 1995 年）,《为了建立公共哲学》（教文馆 2001 年）。专业是宗教哲学、科学哲学。

今田高俊（Imada Takatoshi）:1948 年生。东京工业大学大学院社会理工学研究科教授。主要著作有:《自我组织性——社会理论的复活》（创文社 1986 年）,《现代的解构》（中央公论社 1987 年）,《意义的文明学序说——其前的近代》（东京大学出版会 2001 年）。专业是社会学、社会系统论。

责任编辑:方国根

装帧设计:曹　春

图书在版编目(CIP)数据

21世纪公共哲学的展望/[日]佐佐木毅,[韩]金泰昌主编;卞崇道,王青,刁榴译. -北京:人民出版社,2009.6

(公共哲学丛书/第10卷)

ISBN 978 - 7 - 01 - 007481 - 8

Ⅰ.2… Ⅱ.①佐…②金…③卞…④王…⑤刁… Ⅲ.哲学理论-发展-研究-日本-21世纪 Ⅳ.B313.5

中国版本图书馆CIP数据核字(2008)第173628号

21世纪公共哲学的展望

21 SHIJI GONGGONG ZHEXUE DE ZHANWANG

[日]佐佐木毅 [韩]金泰昌　主编　卞崇道 王青 刁榴　译

人民出版社 出版发行

(100706　北京朝阳门内大街166号)

涿州市星河印刷有限公司印刷　新华书店经销

2009年6月第1版　2009年6月北京第1次印刷

开本:880毫米×1230毫米 1/32　印张:16.625

字数:394千字　印数:0,001-3,000册

ISBN 978 - 7 - 01 - 007481 - 8　定价:55.00元

邮购地址 100706　北京朝阳门内大街166号

人民东方图书销售中心　电话 (010)65250042　65289539

原 作 者：佐々木毅、金泰昌　編

原 书 名：21世紀公共哲学の地平

原出版者：東京大学出版会

　　　　　我社已获东京大学出版社（東京大学出版会）和公共
　　　　　哲学共働研究所许可在中华人民共和国境内以中文
　　　　　独家出版发行

著作权合同登记　01－2008－5130号